Slagmark

Israels historie 1945-2009

Jon Andersen

Israelbok.com
Himmelbok.no

Slagmark – Israels historie 1945-2009
Copyright © 2013 Jon Andersen
Alle rettigheter reservert.
Der ikke annet er oppgitt, er alle skriftsitater hentet fra Det norske
    bibelselskaps oversettelse fra 1978.
Forsidefoto: En israelsk stridsvogn på Golanhøydene
Baksidefoto: Israelere som feirer Israels 60-års jubileum i Jerusalem
Trykk: IngramSpark, UK
2. utgave på papir, august 2013
Utgitt av Israelbok, en underavdeling av Himmelbok.no
ISBN: 978-82-690624-2-7

Tilegnelse

Denne boka er tilegnet det jødiske folk.
- Dere ga oss Bibelen, bøkenes bok.
- Dere ga oss den moralske grunnvollen for den vestlige sivilisasjonen.
- Dere ga oss håpet om verdensfred og en messiansk tidsalder.
- Den personen som vi kristne i dag ærer som Messias, var en sønn av Abraham, Isak og Jakob.
- I 2000 år var dere spredt blant alle folk og alle kontinenter, og dere levde som gode innbyggere i alle landene dere kom til.
- I 2000 år har vi tegnet nedsettende karikaturer av dere, løyet om dere, forfulgt dere, satt dere i fengsel og til og med drept dere. Allikevel har dere aldri tatt hevn på oss.
- Dere har gitt oss mange av de største vitenskapelige og medisinske oppdagelsene.
- Mot alle odds kom dere tilbake til det landet dere ble drevet ut av.
- I en region der mange land forfølger kristne, har dere gitt oss full religionsfrihet til å tilbe Gud på de hellige plassene i Det hellige land.

For alt dette og mye mer er vi dere evig takknemlige. Det har alltid vært og kommer alltid til å være en ære for meg å få besøke hjemlandet deres og ta del av de rikdommer som landet og folket har å by på.

Innhold

Forord

Jeg tror ikke at du kan finne noe annet folk gjennom verdenshistorien som har hatt en slik kjærlighet til et land og en by som det jødiske folket har hatt til Israels land og byen Jerusalem.

Når vi går 2400 år tilbake i tiden, ser vi at Jerusalem ble erobret av babylonerne, det jødiske templet ble lagt i ruiner og jødene ble ført som fanger til Babylon. Allerede på den tiden kan vi se at de jødene som bodde i Babylon, hadde en enestående hengivenhet til Jerusalem.

Salme 137, som kanskje ble skrevet av profeten Jeremia, begynner som en klagesang over eksilet: «Ved Babylons elver, der satt vi og gråt når vi tenkte på Sion. På piletrærne der i landet lot vi harpene våre henge. Der bad de oss synge, de som holdt oss fanget; de som plaget oss, krevde glede: «Syng for oss av Sions sanger!» Hvordan kan vi synge Herrens sang her på fremmed jord?»

Jeremia skrev også Klagesangene der han bruker 154 vers på å gå igjennom hele registeret av klager og sorg over Jerusalem og templets ødeleggelse. Sju ganger går profeten gjennom alle bokstaver i det hebraiske alfabetet når han beskriver lidelsene og Jerusalems nederlag.

Men Jerusalem har ikke bare vært gjenstand for jødenes klager og sorg. Det finnes også utallige glade sanger som er skrevet om jødenes aller helligste by. De mest kjente av dem er selvfølgelig de vi kan lese fra Salme 120 til Salme 134. «En sang ved festreisene», står det i innledningen til alle disse salmene. For det var virkelig en festlig anledning når hele det jødiske folket kom sammen i Jerusalem for å feire påsken, pinsen eller løvhyttefesten. «Jeg er glad når de sier til meg: «Vi vil gå til Herrens hus,»» sang David da han var på vei opp til tabernaklet sammen med «stammene som hører Herren til» for å «prise Herrens navn».

Men det er ikke bare de jødiske forfatterne i Bibelen som har gitt uttrykk for sin kjærlighet til byen der Herrens tempel en gang sto. Jødiske sangere har bokstavelig talt skrevet tusenvis av sanger om Jerusalem de siste to tusen årene, og andre jødiske kunstnere har også satt Jerusalem og Israels land i sentrum for det de har produsert.

Byen er også sentrum for det jødiske religiøse livet, uansett hvor i verden jødene befinner seg. Synagoger og arken der Toraen blir oppbevart, er vendt mot Jerusalem; når jødene ber, vender de seg mot den hellige byen; tre ganger om dagen ber de om at byen og Davids kongedømme skal gjenoppstå; og hver påske forteller de hverandre at de forhåpentligvis vil bli i stand til å feire påske «neste år i Jerusalem».

Byen Jerusalem har også stått i sentrum for den visjonen av verdensfred og en messiansk tidsalder som jødene har gitt til verden. De jødiske profetene forutså at Jerusalem, «fredens by», en dag skulle bli sentrum for den verdensfreden som skulle utbre seg over hele jorden. Og for 2000 år siden, i Betlehem i Judea, ble det født en liten jødisk gutt som vi kristne i dag tilber som Fredsfyrsten.

Men på tross av den jødiske forkjærligheten for fred, er det et sørgelig faktum at nettopp de er blitt offer for mer vold enn kanskje noen annen nasjon opp gjennom historien. Men uansett hvor mange nasjoner som erobret Israels land, var det alltid en rest blant jødene som ikke ga opp. Håpet og drømmen om å kunne vende tilbake til Sion sluttet aldri å brenne, selv i de mørkeste stunder. Og på tross av alle farer som lurte på veien, fantes det alltid noen jøder som våget å legge ut på den risikable reisen til det samme landet som Abraham reiste til.

Hele 500 år før den jødiske nasjonen ble skapt, avslørte Gud hvilke planer han hadde for folket. Guds første befaling til Abraham var at han skulle dra ut fra det landet han bodde i og reise til det landet Gud ville vise ham.

Befalingen om å «gå opp» er så sentral i jødisk teologi at den hebraiske Bibelen faktisk slutter med denne befalingen. Andre Krønikebok er den siste boka i den jødiske kanon, og i kapittel 36 vers 23 står det: «Så sier Kyros, kongen i Persia: Herren, himmelens Gud, har gitt meg alle kongerikene på jorden. Han har pålagt meg å bygge et tempel for ham i Jerusalem i Judea. Gud være med alle dere som hører til hans folk. Nå kan dere dra tilbake,» eller «la ham dra opp,» som det står i den hebraiske Bibelen.

I den såkalte «moderne» tid er vi blitt vitne til hvordan det jødiske folket til slutt har vært i stand til å vende tilbake til sitt eldgamle hjemland i store antall, men ferden til det moderne jødiske hjemlandet har ikke vært noen dans på roser eller appelsiner. De har møtt motstand fra hedninger i alle tenkelige politiske farger og hudfarger. Og den største faren har ofte vært det jødiske folks spesielle evne til å så splid blant sine egne rekker og krangle seg imellom når de burde stå skulder ved skulder.

Staten Israel hadde en trang fødsel. Oppholdet i fødestua ble mye lenger enn noen kunne ha forestilt seg, og flere jordmødre kom og gikk før barnet så dagens lys en vakker dag i mai 1948. Barnets oppvekst har heller ikke vært problemfri. Spedbarnets bleier luktet vondt både titt og ofte, og folkets ledere var ikke alltid villige til å stå opp om natten for å skifte til renere utstyr. Og da barnet ble en tenåring, var det mer enn villig til å gjøre opprør mot de reglene som Far hadde fastsatt, og til syvende og sist ble resultatet at barnets problemer ble mye verre.

Ja, når man tar alle problemer i betraktning, må man nesten kalle det for et mirakel at Israel fortsatt eksisterer og at de har prestert så mye på bare 60 år.

Jeg vil herved ønske deg velkommen til å bli med på en reise gjennom de første 60 årene av Staten Israels historie. Når du har satt deg godt til rette, bør du spenne fast sikkerhetsbeltene, for denne reisen er som en berg-og- dalbane der forandringene kommer brått og ofte.

La oss håpe og be at de neste 60 årene blir mer fredelige enn de første.

> *«Nei, glemmer jeg deg, Jerusalem,*
> *da la min høyre hånd bli glemt!*
> *La tungen henge fast ved ganen*
> *hvis jeg ikke minnes deg,*
> *hvis jeg ikke setter Jerusalem*
> *høyere enn min største glede!»*
> Salme 137,5-6

Jon Andersen
Uppsala, mai 2009

Innledning

H elt siden templets ødeleggelse i 70 e.Kr., og siden romerne forsøkte å skjære av båndet mellom jødene og Jerusalem i 135 e.Kr., har det jødiske folk hatt en lengsel dypt der inne om at de en dag vil vende tilbake til Sion.

Bortsett fra religion og kjærlighet, finnes det kanskje ikke noe annet emne i noen nasjons litteratur som er så sentralt og pasjonert som jødenes lengsel etter og kjærlighet til *eretz Israel*, landet Israel. Når familien var samlet i hjemmet, i de daglige ritualene på hverdager og sabbaten, når han uttalte velsignelsen over måltidene, når han giftet seg, når han bygde huset sitt og når han trøstet de sørgende, gjorde han det alltid innenfor rammen av eksilet og håpet og troen på at han en dag ville vende tilbake til Sion og bygge opp igjen sitt jødiske hjemland.

Mange jøder gjorde dessuten alt de kunne for å sette drømmen ut i livet, og de foretok en lang og farefull reise til *eretz Israel*. Blant de mest kjente jødiske immigrantene var en gruppe på 300 rabbinere som kom til Israel fra Frankrike og England i 1210 for å styrke det jødiske samfunnet i Jerusalem, Akko og Ramle. Historien forteller oss at på denne tiden var det minst 50 jødiske samfunn over hele Israel, blant annet i Tiberias, Ashkelon, Cæsarea og Gaza. En generasjon etter at denne gruppen kom, ble landet invadert av mongoler som utslettet jødene i Jerusalem. Men kort tid etter kom det en ny immigrant, Moses Nachmanides. Da han ankom byen, fant han bare to jøder der, men Nachmanides oppfordret disiplene sine til å gjenopprette det jødiske samfunnet i Jerusalem igjen.

Mellom 1200- og 1800-tallet steg antallet *olim* (immigranter) betraktelig. Dette skjedde hovedsakelig på grunn av forfølgelse og at jødene i Europa mistet sin status. Da jødene ble utvist fra England (1290), Frankrike (1391), Østerrike (1421), Spania (1492) og Portugal (1498), mente mange jøder at det var et tegn på at forløsningen var nær, og mange trodde at den messianske tidsalderen var nær.

I Frankrike, Italia, de tyske statene, Russland og Nord-Afrika var forventningen til den messianske tidsalderen høye. Fordi mange mente at den jødiske messias ville komme snart, bringe alle jøder tilbake til landet og gjenopprette kongedømmet Israel, ble mange oppmuntret til å legge ut på den farlige reisen til landet.

11

På 1700- og 1800-tallet immigrerte mange tusen tilhengere av forskjellige kabbalistiske og hassidiske rabbinere, i tillegg til disiplene til Vilna Gaon og Chasam Sofer. De fleste av disse immigrantene slo seg ned i de fire hellige jødiske byene, Jerusalem, Hebron, Tiberias og Safed.

Den moderne sionismens ringe begynnelse

Antallet immigranter vokste og vokste, og i 1861 bodde det så mange jøder i Jerusalem at forholdene der var uutholdelige og det brøt ut kolera blant befolkningen. Det var på denne tiden sir Moses Montefiore fikk den radikale ideen at han ville bygge en jødisk bydel utenfor Jerusalems murer. Bydelen fikk navnet Mishkenot Shaananim, og leilighetene der holdt mye bedre standard enn de gamle husene innenfor bymuren. Allikevel var Jerusalems jøder redde for å flytte inn på grunn av faren for at beduiner og andre banditter kunne overfalle og plyndre dem som bodde utenfor murene.

Men siden befolkningen vokste så det knaket, var det ingen vei tilbake. Snart ble det grunnlagt flere nye bydeler utenfor murene, som for eksempel Nahalat Shiva og Mea Shearim.

Immigrasjonen skulle snart nå nye høyder. På grunn av voldsomme pogromer i Russland, begynte jødene å organisere seg for å kunne immigrere til Israel i store grupper. Organisasjonene Hibbat Zion og Bilu hadde en stor del av æren for de 35 000 jøder som immigrerte til Israel i det som er blitt kalt for «den første alija» mellom 1882 og 1903. De fleste immigrantene på denne tiden kom fra Øst-Europa, selv om en liten gruppe også kom fra Jemen. Disse immigrantene var for det meste idealister, men de visste lite eller ingenting om jordbruk. Allikevel grunnla disse immigrantene flere nye landsbyer der man holdt på med nettopp jordbruk. Noen av disse byene, som for eksempel Petah Tikva og Rishon LeZion, er i dag blant Israels største byer.

Men til tross for all sin idealisme var mange av immigrantene ikke forberedt på de prøvelsene som ventet dem i det nye hjemlandet. Det varme klimaet, sykdommene, de tyrkiske skattene og arabiske røverbandene var noen av problemene som førte til at nesten halvparten av de nye immigrantene forlot landet igjen i løpet av få år etter at de var kommet.

Mellom 1904 og 1914 kom det en ny bølge immigranter til landet i det som er blitt kalt for «den andre alija». Enda en gang var det antisemittiske pogromer i tsarens Russland som jaget jødene til sitt eldgamle hjemland. De fleste av de 40 000 nye immigrantene var unge og inspirert av de sosialistiske idealene, og det var disse immigrantene

SLAGMARK – ISRAELS HISTORIE 1945-2009

som grunnla den første sosialistiske kibbutzen, Degania, i Israel. Det var også i denne perioden at det hebraiske språket ble gjenopplivet; man begynte å trykke hebraisk litteratur og hebraiske aviser, og den første moderne jødiske byen, Tel Aviv, ble grunnlagt på sanddynene nord for Jaffa. Men på samme måte som før, forlot nesten halvparten av dem landet igjen da de fikk økonomiske problemer.

Herzl grunnlegger den politiske sionismen

De første sionistene viet så godt som all sin oppmerksomhet og alle sine krefter mot de praktiske spørsmålene, som immigrasjon, jordbruk, bygge boliger og lignende. Men da Theodor Herzl kom på banen, fikk sionismen også en politisk dimensjon.

Herzl ble født i Budapest i 1860, og i 1878 flyttet familien hans til Wien. På Herzls tid mente mange europeiske jøder at antisemittisme var noe som hørte fortiden til. I det moderne Europa, med all den teknologi og vitenskapelige kunnskap som moderne europeere hadde, var det utenkelig at det kunne bryte ut pogromer eller at jøder skulle bli forfulgt bare fordi foreldrene deres tilfeldigvis var jøder. Herzl var en av disse assimilerte jødene.

Som korrespondent for avisen *Neue Freie Presse* i Paris i 1894, bevitnet han imidlertid en hendelse som for alltid skulle snu opp-ned på livet hans. Da den franske, jødiske kapteinen Alfred Dreyfus ble feilaktig anklaget og dømt for spionasje, strømmet folkemengdene ut på gatene og ropte «død over jødene». Herzls konklusjon var at assimilering allikevel ikke kunne løse problemet med antisemittisme.

To år senere utga han en bok, *Der Judenstaat* (Jødestaten), der han argumenterte for at løsningen på antisemittismen var å opprette en jødisk stat i *eretz Israel*. I august året etter arrangerte han den første sionistkongressen i Basel, der Sionistorganisasjonen ble grunnlagt. «Vi er her for å legge grunnsteinen for det huset som vil beskytte den jødiske nasjonen,» var Herzls første ord da han innledet kongressen.

På kongressen vedtok sionistbevegelsen blant annet at de skulle opprette permanente institusjoner som kunne arbeide i perioden mellom kongressene. To av disse institusjonene var Zionist General Council, som fungerte som et slags parlament, og Zionist Executive, som i praksis var den ufødte statens regjering.

Da Herzl kom tilbake til Wien igjen, skrev han i dagboken sin: «Hvis jeg skal oppsummere Basel-kongressen i én enkelt setning, vil jeg si: I Basel skapte jeg den jødiske staten. Hvis jeg hadde sagt dette høyt, ville jeg bli møtt av generell latter. Men om kanskje fem år fra nå, og i hvert fall om 50 år fra nå, vil alle forstå det.»

Første verdenskrig

Da første verdenskrig brøt ut mellom ententemaktene (Russland, England og Frankrike) og sentralmaktene (Tyskland og Østerrike-Ungarn), var mange russiske og amerikanske jøder tilhengere av Tyskland. De ville absolutt ikke at den antisemittiske russiske tsaren skulle vinne krigen. Men noen jødiske ledere mente at dette ikke var i jødenes interesse.

En av dem var den russiske jøden Zeev Jabotinsky, som hadde vært en brennende sionist helt siden han så hvordan 47 jøder ble drept, nesten 600 ble såret og over 700 jødiske hjem ble plyndret og ødelagt under en pogrom i Kishinev i 1903. Da Tyrkia gikk med i krigen på Tysklands side, mente Jabotinsky at sionistene hadde en historisk anledning til å gjenvinne landet sitt. Hvis jødene kunne hjelpe Storbritannia med å beseire det tyrkiske riket, som på denne tiden hadde den politiske og militære kontrollen over Palestina, ville de ha en god sjanse til å nyte fruktene av seieren.

Jabotinsky begynte å samarbeide med den legendariske Josef Trumpeldor, og snart fikk de et tilbud av britene om å opprette et muldyrkorps, som skulle hjelpe britene på en av frontene i kampen mot tyrkerne. Den 23. august 1917 ble det dessuten opprettet en jødisk legion, som ble sendt til Egypt. Senere kjempet de side om side med britiske soldater i kamper i Samaria, i Jordandalen og på østbredden av Jordanelven.

Balfour og politiske framskritt

Som et resultat av første verdenskrig, fikk Storbritannia kontrollen over Palestina, mens Frankrike fikk kontrollen over Syria. Jerusalem ble erobret av general Allenby og hans menn den 9. desember 1917, men allerede før de britiske styrkene hadde fått kontroll over hele landet, begynte styresmaktene i London å selge skinnet.

Den 2. november 1917 sendte utenriksminister lord Arthur James Balfour et brev til sionistlederen lord Rothschild der han informerte ham om at den britiske regjeringen ville jobbe for å opprette et nasjonalt hjemland for jødene i Israel. Dette brevet, som senere er blitt kalt for Balfourdeklarasjonen, var hva jødene hadde ventet på i mange år.

Endelig hadde en suveren vestlig regjering anerkjent jødenes rett til deres gamle hjemland.

Noe som kanskje var enda mer bemerkelsesverdig, var at flere av de øverste arabiske lederne på denne tiden var enige i at jødene burde få et eget hjemland i Palestina. Hussein Sharif, som var den øverste lederen for araberverdenen under første verdenskrig, var en av disse. Sønnen hans, Feisal, som senere ble konge i Syria i noen få måneder i 1920 og deretter konge av Irak i perioden 1921–1933, var arabernes representant ved fredskonferansen i Paris etter krigen. Feisal sa: «Det finnes plass i Syria for oss begge. Jeg tror faktisk at ingen av oss kan lykkes uten den andre.»

Sionistenes leder, Chaim Weizmann, møtte Feisal under fredskonferansen i Paris, og den 3. januar 1919 undertegnet de en avtale om at de skulle hjelpe hverandre med å opprette en arabisk og en jødisk stat. Det var kanskje ironisk at selv om den arabiske staten ikke hadde noe spesifikt navn i avtalen, ble den jødiske staten kalt for «Palestina» av både Weizmann og Feisal.

Paragraf IV var kanskje den mest oppsiktsvekkende paragrafen i avtalen, for der bekreftet Feisal at jøder fra hele verden skulle oppmuntres til å immigrere til og bosette seg i landet: «Alle nødvendige midler skal tas i bruk for å oppmuntre og stimulere til jødisk immigrasjon til Palestina i stor skala, og så raskt som mulig å legge til rette for jødiske immigranter i landet gjennom nybyggerområder og intensiv dyrking av marken.»

Balfourdeklarasjonen ble senere bekreftet av både San Remo-konferansen og av Folkeforbundet. På konferansen i San Remo i Italia den 25. april 1920 bekreftet Storbritannias, Frankrikes og Italias statsministre og Japans ambassadør at jødene virkelig skulle få et hjemland i Palestina i overensstemmelse med Balfourdeklarasjonen. Og i juni 1922 godkjente Folkeforbundet Palestinamandatet. Palestina-mandatet var et dokument som regnet opp nøyaktig hvilket ansvar og myndighet britene hadde i Palestina, og en del av dette var at de skulle sikre opprettelsen av et jødisk nasjonalhjem i landet. De skulle også sikre de sivile og religiøse rettighetene til alle innbyggere i landet, men Palestinamandatet sa ingenting om at araberne også skulle ha politiske rettigheter i Palestina.

Nå som jødene endelig hadde politiske dokumenter som støttet tanken om en jødisk stat i Palestina, mente noen av sionistlederne at de burde handle raskt før råken frøs igjen. I 1919 foreslo Max Nordau at de raskt burde flytte 600 000 jøder til Israel for å skape en jødisk majoritet i landet. Men uheldigvis for Nordau var det ingen andre ledere som var villige til å gå til så drastiske skritt. Sionistene hadde ganske enkelt ikke nok klingende mynt i sparegrisen.

Den andre *alija* fikk en brå slutt da første verdenskrig begynte, men etter krigen begynte massene å bevege seg igjen. På grunn av Oktoberrevolusjonen i Russland, pogromene i Polen og Ungarn, den britiske invasjonen av Palestina og Balfourdeklarasjonen valgte 40 000 jøder å flytte til landet mellom 1919 og 1923. Denne gangen ble de fleste av dem værende i landet.

De nye immigrantene bygde veier og byer og drenerte sumpene i Jezreeldalen og Hefersletten. Det israelske fagforbundet, Histadrut, ble opprettet, og Haganah så dagens lys.

Masseimmigrasjonen fra Polen fortsatte mellom 1924 og 1929. Den økonomiske krisen og den antisemittiske politikken i Polen overbeviste mange jøder fra middelklassen om at de burde reise til Palestina, og 82 000 kom til landet i løpet av denne perioden.

Arabere i Palestinamandatet går til opprør

Samtidig som Weizmann og Jabotinsky jobbet for å legge henholdsvis det politiske og militære grunnlaget for en jødisk stat, og samtidig som Balfour og andre politiske ledere i Storbritannia forberedte Balfour-deklarasjonen, var flere britiske offiserer og tjenestemenn i Midtøsten opptatt med å gjøre det stikk motsatte.

Storbritannias regjering ønsket at de britiske generalene i Midtøsten skulle overtale araberne til å stå på britenes side i kampen mot tyrkerne, men de britiske arabistene i Egypt og Sudan hadde mye større planer enn som så. Sudans generalguvernør, sir Reginald Wingate, hadde en god forklaring på hva disse britiske offiserene ønsket å se: «En føderasjon av halvveis uavhengige arabiske stater under europeisk ledelse og oppsyn ... med åndelig troskap til én enkelt arabisk leder, og med Storbritannia som sin beskytter.»

Thomas Edward Lawrence, som senere er blitt kalt for Lawrence av Arabia, spilte en sentral rolle i denne prosessen. Da Lawrence senere skrev en bok om første verdenskrig, hevdet han at araberne hadde gjort opprør i Arabia, og at opprøret senere spredte seg til Syria. De britiske offiserene skal ha lovt araberne store landområder i Midtøsten som belønning for at de hjalp til med å beseire tyrkerne, men senere skal britene ha brutt løftene til araberne.

I senere år har det kommet avsløringer som viser at store deler av denne historien bare var oppspinn. Den britiske forfatteren Richard Aldington avslørte bløffen i et verk han publiserte i 1955, men da hadde allerede myten om Lawrence og de arabiske soldatene blitt en del av araberne propagandamaskineri om at araberne var blitt lovt landet av britene som takk for at de hjalp til med å beseire tyrkerne.

Det var også på denne tiden at pan-arabismen brøt ut. Drømmen var én enkelt arabisk stat fra Marokko i vest til Den persiske gulf i øst. Man ønsket å viske bort de kunstige grensene som europeerne hadde innført mellom Syria, Irak, Libanon, Transjordan og Palestina, og det var helt uakseptabelt med en jødisk stat som skulle dele denne pan-arabiske staten i to.

Da Balfourdeklarasjonen kom mot slutten av krigen – og det viste seg at Lawrence ikke hadde mandat til å gi bort landet til araberne – var det naturlig at flere arabere var skuffet. Men som vi allerede har sett, var de fremste arabiske lederne, slik som Feisal, tilhengere av å gi jødene en egen stat i Palestina. Det var først to år etter at krigen var slutt, at araberne i Palestina begynte å betrakte den lovede jødiske staten som en trussel.

En av dem som forsto at det ville bli en stor utfordring med araberne, var Zeev Jabotinsky. Han var selv blitt overbevist om at sionismen var redningen for jødene da han så hvordan jøder i Russland ble slaktet av antisemittiske folkemengder. «Vi som har kommet fra Russland, er som blodhunder som kan lukte blod på lang avstand,» sa han. Men da dommer Louis Brandeis besøkte landet i juli 1919, prøvde han å berolige befolkningen ved å forklare at pogromer aldri ville kunne finne sted under den «opplyste» britiske regjeringen.

Men Jabotinsky var fortsatt urolig, og i begynnelsen av 1920 begynte han å organisere et forsvar for jødene i Jerusalem. Denne organisasjonen ble kalt for *Haganah*, og i løpet av kort tid hadde 800 ungdommer sluttet seg til Haganah. Jabotinsky ble utnevnt til sjef for styrken, og han la en plan for hvordan man kunne forsvare byen.

Haganah ble ikke opprettet et øyeblikk for tidlig. Søndag 4. april gjorde en arabisk mobb opprør, på den muslimske helligdagen nebi Moussa, mens jødene feiret påskehøytiden. En prosesjon arabere fra Hebron kom sammen i nærheten av Jaffaporten der unge ekstremister overfalt den jødiske befolkningen med køller og kniver mens de ropte «etbah el yahud» (drep jødene) og «el dawla ma'ana» (regjeringen er med oss). De arabiske politifolkene som så hva som skjedde, og som egentlig skulle ha satt en stopper for mobben, egget dem isteden til å fortsette.

Opprøret varte i tre samfulle dager, og den første dagen gjorde de britiske myndighetene ingenting for å stoppe opprøret. Den andre dagen avvæpnet de det arabiske politiet og innførte unntakstilstand.

Den jødiske befolkningen i Gamlebyen hadde hindret Haganah fra å komme inn i bydelen for å forsvare dem, siden lederne stolte på at de ikke ville bli angrepet fordi de hadde et godt forhold til de arabiske naboene sine. Da angrepet kom, hadde ikke jødene i Gamlebyen noe forsvar mot køllene og knivene til mobben. Utenfor bymuren derimot klarte Haganah å forsvare den jødiske befolkningen slik at ingen jøder ble drept.

Etter tre dager kunne ikke de britiske myndighetene tvinne tommeltotter lenger, så da arresterte de noen av opprørerne. Og siden britene ikke ville bli anklaget for å være partiske, arresterte de også 19 jøder som hadde forsvart den jødiske befolkningen. Jabotinsky gikk frivillig til politistasjonen og forklarte at det var han som hadde organisert forsvaret, og han ble også arrestert. Noen dager senere ble han stilt for en militærdomstol, og den 19. april ble han dømt til 15 års fengsel med hardt straffarbeid, og deretter skulle han deporteres. De andre 19 forsvarerne fikk tre års straffearbeid hver.

De to arabiske lederne som hadde egget folkemengden opp til kamp, Haj Amin el-Husseini og Aref, som var redaktør for en ekstremistisk arabisk avis, flyktet fra landet og ble tiltalt *in absentia*. De fikk 10 år hver. To andre arabere, som ble funnet skyldig i voldtekt, fikk 15 år hver. De britiske styresmaktene viste dermed at de var villige til å straffe de jødiske ofrene hardere enn de arabiske opprørsmakerne.

Britene ønsket å sende de jødiske fangene til et fengsel i Egypt, men general Allenby, som var høykommissær i Egypt, ga klar beskjed om at han ikke ville ha noen «kriminelle jøder» i sin region. De ble i stedet fengslet i korsfarerborgen i Akko.

Den jødiske befolkningen i landet var sjokkert over hvordan Jabotinsky og forsvarerne var blitt behandlet. Alle politiske partier ble oppmuntret til å sette Jabotinsky på første plass på listene sine for det kommende valget. Og den siste dagen i påskehøytiden brøt over 2000 jøder sabbatsbudet for å kunne skrive under på et opprop om at de burde bli tiltalt for samme «forbrytelse» som Jabotinsky. Til og med i London måtte krigsminister Winston Churchill forsvare seg overfor en sperreild av kritiske kommentarer som regnet over ham fra begge partier i Underhuset.

Da den militære regjeringen i Jerusalem ble erstattet av en sivil regjering i juli samme år, og Herbert Samuel ble utnevnt til den første høykommissæren, ga han alle fangene fra opprøret amnesti, inkludert de arabiske opprørsmakerne. Jabotinsky reiste til London der han banket på dør etter dør helt til myndighetene gikk med på å etterforske hva som hadde skjedd i rettssaken hans. Året etter ble Jabotinsky og de andre medlemmene av Haganah frikjent for alle anklager.

Britene begynner å bryte sine løfter

De arabiske opprørsmakerne skulle snart få erfare at terrorisme lønner seg. Det første umiddelbare resultatet av voldshandlingen, var at Herbert Samuel for første gang siden 1917 satte en stopper for den jødiske immigrasjonen til Israels land, og i 1922 gikk britene enda lengre ved å utgi en «hvitebok» som begrenset de løftene de tidligere hadde gitt. Britene sendte et utkast av denne hviteboka til sionistenes regjering sammen med et ultimatum: Enten kan dere godkjenne forslaget, eller så trekker vi tilbake den status dere har som «et jødisk byrå» ifølge artikkel 4 i Palestinamandatet. Weizmann skrev under på dokumentet, men Jabotinsky, som var blitt innvalgt i regjeringen i mars 1921, nektet.

Sionismen led enda et nederlag i juni 1922 da det engelske Overhuset holdt en debatt om Palestinamandatet. Mange av representantene angrep sionismen, og i en avstemning stemte 60 mot og kun 29 for Balfourdeklarasjonen. Churchill grep inn, og på bakgrunn av hans innsats ratifiserte Underhuset regjeringens politikk i Palestina med et flertall på 292 mot 35.

Den britiske høykommissæren, sir Herbert Samuel, hadde enda en genial idé om hvordan han kunne smiske for de arabiske nasjonalistene. Haj Amin el-Husseini var allerede blitt benådet for den rollen han spilte i opprøret i 1920, og nå ble han dessuten utnevnt til mufti over Jerusalem. Husseini, som var født i Jerusalem i 1893, hadde deltatt aktivt i den arabiske nasjonalistiske bevegelsen siden 1919, og da han ble utnevnt til mufti, brukte han denne maktposisjonen til å oppmuntre araberne til en ekstremistisk politikk. Han var aktivt engasjert i å organisere opprøret i 1929, og han ledet den arabiske komiteen som hadde regien bak det antisemittiske opprøret i 1936. I 1937 avsatte britene ham fra stillingen og opprettet et forbud mot komiteen hans, men han flyktet til Damaskus og ledet opprøret derfra. I 1940 flyttet han til Irak, der han deltok i det nazi-vennlige kuppet i 1941.

Det tok heller ikke mange måneder før Storbritannia begynte å skjære bort deler av det landet som opprinnelig var lovt til jødene, og isteden gi araberne massive politiske rettigheter. I september sendte den britiske regjeringen et memo til Folkeforbundet der de uttalte at jødene ikke skulle få lov til å slå seg ned i områdene øst for Jordanelven. Og på grunn av arabernes motstand mot den jødiske immigrasjonen, ville Storbritannia begrense antallet immigranter på grunnlag av deres oppfatning av landets økonomiske evne til å absorbere nye innflyttere. Man opprettet årlige kvoter for hvor mange jøder som kunne immigrere, selv om rike jøder kunne immigrere slik de selv ville.

Britene slo to fluer i en smekk: Samtidig som de ville blidgjøre araberne i Palestina, ville de også finne en løsning på «Abdullah-problemet»: Feisal ble utnevnt til konge av Syria i mars 1920, men da Frankrike fikk et mandat over Syria i San Remo-konferansen, kastet de ut Feisal, som deretter reiste til London. Lawrence og flere andre britiske offiserer hadde jobbet hardt for å gi Feisal muligheten til å sitte på tronen i Syria, så når den muligheten var borte, fikk Feisal isteden et tilbud om å bli konge i Irak. Feisal takket ja til det britiske tilbudet, men dette skapte andre problemer siden Feisals bror, Abdullah ibn-Hussein, opprinnelig var blitt lovt tronen i Irak.

Abdullah fikk samlet en liten hær og erklærte at han ville kaste franskmennene ut av Syria, og de slo leir på østbredden av Jordanelven, i det landområdet som ble kalt for Transjordan. Dette var et område der britene ennå ikke hadde noen administrative organer, og de fryktet for at Frankrike ville bli så provosert at de ville gå til angrep på det nesten folketomme området. Løsningen var at de utnevnte Abdullah til britenes representant i Transjordan, og de endret teksten i Palestinamandatet slik at de hadde rett til å «utsette eller holde tilbake» det jødiske nasjonalhjemmet i Transjordan.

Sionismens ledere var sjokkert over at 78 prosent av det tiltenkte jødiske nasjonalhjemmet på ett blunk var blitt avskåret, men britene truet med å trekke seg helt ut fra mandatet og oppgi alle tanker på et jødisk nasjonalhjem hvis sionistene ikke støttet politikken deres. På denne tiden hadde sionistenes ledere ikke tilstrekkelig politisk erfaring til å gjennomskue de tomme britiske truslene, og dermed godtok de opprettelsen av Emiratet Transjordan, som senere skulle utvikle seg til Det hasjemittiske kongedømmet Transjordan. Jødene måtte ta til takke med de 22 prosentene som utgjorde Vest-Palestina.

Jabotinsky grunnlegger revisjonismen

På tross av de antisemittiske opprørene mente mange av de øverste sionistlederne at de kunne leve i fred med araberne. Det ble startet flere jødisk-arabiske vennskapsforeninger, som for eksempel *Brith Shalom*. Deres målsetting var å skape en bro mellom de to folkeslagene, men Jabotinsky var ikke enig i den retningen som sionistenes øverste ledere valgte.

Da Jabotinsky besøkte Riga vinteren 1923, talte han til jødiske studenter om sionisme og aktivisme. Etter talen stilte studentene et direkte spørsmål: Hva blir det neste? Du kan ikke egge ungdommene uten å be dem om å omgjøre denne entusiasmen til konkrete handlinger! Konklusjonen av samtalen ble at studentene ville at Jabotinsky skulle opprette et nytt sionistisk parti.

Han gikk straks i gang med oppgaven og laget en kampsang, *Shir Ha-Degel* (Flaggets sang), som skulle uttales etter den sefardiske dialekten. I sangen forklarte han symbolikken bak det blå, hvite og gullfargede flagget, og i løpet av de kommende årene jobbet han med å legge det ideologiske grunnlaget for «revisjonen av sionismens politikk».

Det nye partiet så dagens lys i Paris den 25. april 1925 og fikk navnet «Konferansen for forbundet av sionistrevisjonister», eller *Hatzohar* på hebraisk. Det nye partiet erklærte at de ville vende tilbake til Herzls sionisme, og Jabotinsky talte om behovet for å kvitte seg med de uklarhetene som var oppstått i kjølvannet av at Storbritannia hadde sviktet løftene fra Balfourdeklarasjonen og Palestinamandatet. Målet med sionismen skulle være en jødisk stat i Eretz Israel med en jødisk majoritet.

I partiets politiske plattform sto det blant annet at de skulle jobbe for immigrasjon i stor skala, at Transjordan atter en gang skulle åpnes for jødisk immigrasjon, at Jewish Legion skulle gjenopprettes og innlemmes i den britiske garnisonen, og at alle medlemmer i Jewish Agency sin regjering skulle utnevnes av Sionistkongressen.

Det var også i denne perioden Jabotinsky jobbet med å utvikle ungdomsorganisasjonen Beitar, som var bygd opp omkring sju prinsipper: Sion (troen på at det bare er *eretz Israel* som kan løse jødenes problemer), monismen (troen på ett ideal, at man ikke kunne forene sionisme og kommunisme), hebraisk, mobilisering (troen på at alle medlemmer av Beitar alltid skulle være rede til å utføre enhver oppgave for folkets beste), forsvar, disiplin og «hadar», et hebraisk ord som det er vanskelig å oversette til andre språk, men som handler om troen på at alle personer er majestetiske, aristokrater, stolte og oppreiste, høflige og lojale. *Hadar* handlet om at man skulle være «stolt når man snakket med statsråder, og ydmyk når man snakket med de fattige».

Revisjonismen var mer eller mindre en utfordring til Weizmanns politikk. Weizmann var tilhenger av en forsiktig kamp og av å ta ett skritt av gangen. Argumentet hans var at de aldri mer ville oppleve et mirakel som da Jerikos murer falt. Jabotinsky mente derimot at Weizmann sto for en forstummet sionisme og at man heller burde gi klart uttrykk overfor jøder og hedninger om sionismens mål. Jabotinsky var heller ikke glad

21

for at Weizmann i 1923 hadde begynt å forhandle om å innlemme rike jøder som var motstandere av sionismen, i Jewish Agency.

Jødene i Hebron blir massakrert

Det varte ikke lenge før det neste utbruddet kom. I 1929 gjorde araberne opprør enda en gang, og denne gangen var opprøret enda mer blodig enn voldshandlingene fra 1920 og 1921. På profeten Muhammeds fødselsdag, den 16. august 1929, strømmet 2000 muslimer mot Vestmuren mens de ropte slagord som «drep jødene».

En uke senere spredte volden seg til Hebron. Araberne i Hebron fikk høre et rykte om at jødene i Jerusalem massakrerte arabere, og reaksjonen lot ikke vente på seg. Opprørerne sparte verken kvinner, barn eller eldre, og det verste var kanskje at det britiske politiet ikke gjorde noe for å stanse opprøret. Da støvet hadde lagt seg, viste det seg at 67 jøder var blitt drept, 60 var blitt såret, synagogene var rasert og Torarullene brent.

Men jødene i Hebron ga ikke opp, og 35 familier bosatte seg i Hebron igjen i 1931, der de bodde inntil araberne atter en gang gjorde opprør i 1936. Denne gangen evakuerte de britiske myndighetene de jødiske innbyggerne, og bare én enkelt jøde fikk tillatelse av britene til å bo der inntil 1947.

I kjølvannet av angrepene begynte til og med Weizmanns tilhengere å lure på om jødene burde fortsette å stole på britene eller om man isteden skulle kreve at mandatet skulle opphøre. Revisjonistene mente det nå var på tide for sionistbevegelsen å gå ut offentlig og si at målet med bevegelsen er å opprette en jødisk stat. Da den 17. sionistkongressen skulle holdes i Basel i 1931, jobbet revisjonistene utrettelig for at kongressen skulle vedta en resolusjon som i klare ordelag sa at målet var en jødisk stat. Det virket også som om de ville lykkes, siden det ortodokse partiet og en gruppe amerikanske aktivister støttet dem. Men da Haganah sendte et telegram til kongressen der de advarte om at en slik resolusjon ville egge araberne til å angripe den jødiske befolkningen i landet, valgte mange å trekke sin støtte til resolusjonen.

Revisjonistene opplevde sitt neste store nederlag to år senere. Dr. Chaim Arlosoroff, en av de øverste politiske lederne for arbeiderbevegelsen og sjefen for den politiske avdelingen i Jewish Agency, tok en spasertur langs stranda i Tel Aviv da noen skjøt og drepte ham. Siden revisjonistenes avis, *Hazit Ha'am*, hadde trykket en sviende kritikk av Arlosoroff samme dag som han ble myrdet, mente mange at det var Jabotinsky og etterfølgerne hans som hadde utført angrepet.

Arlosoroff ble myrdet mens valgkampen til den 18. sionistkongressen var i full gang, bare en måned før selve valget. Og det var tydelig at mange jøder ga revisjonistene skylden for mordet på Arlosoroff. Arbeiderpartiet økte fra 29 til 44 prosent, mens revisjonistene falt fra 21 til 14 prosent av delegatene.

Haganah tar form

På grunn av de voldsomme opptøyene ble Haganah tvunget til å organisere styrkene sine på en bedre måte. Dermed opprettet de feltkompanier som var de første enhetene som kunne aktiviseres på landsbasis. En av oppgavene deres var å beskytte oljeledningen som gikk gjennom Jezreeldalen på veien fra Irak til Haifa.

Haganah lærte seg krigens kunster av den britiske kapteinen Orde Wingate, som var en kristen sionist. Da han kom til landet i 1936, mente han at det var en kristen plikt å opprette en jødisk stat i Palestina. Han opprettet «De spesielle nattlagene» som skulle kjempe mot arabiske geriljasoldater i Jezreeldalen. En av de jødene som fikk sin militære trening av Wingate, var den berømte Moshe Dayan, som senere hevdet at Wingate hadde «lært dem alt de kunne». Etter hvert ga jødene Wingate tittelen *HaJedid*, «Vennen».

I 1941 opprettet Haganah for første gang en styrke som skulle være soldater på heltid. Yitzhak Sadeh ble valgt til den første lederen for den nye styrken, som fikk navnet *Palmach*, en sammentrekning av de hebraiske ordene *plugot* og *mahatz*, som betyr «støttropper». Sadeh samlet sammen mange ungdommer som senere skulle bli de øverste lederne for den israelske hæren. Mange av dem kom til og med så langt at de ble statsråder i regjeringen. Navn som Yitzhak Rabin, Chaim Bar-Lev, David Elazar, Yigal Allon og mange andre begynte sin militære karriere i Palmach.

En av Palmachs første oppgaver var å hjelpe britene med et angrep på det franske Vichyregimet i Syria, og det var under denne operasjonen Moshe Dayan mistet det ene øyet. Kikkerten hans ble truffet av ei fransk kule mens han spionerte på en bro over Litanielven.

Etter at de allierte vant slaget ved El Alamein i 1943, ga britene ordre om at Palmach måtte opphøre å eksistere. Isteden ble Palmach omgjort til en underjordisk organisasjon, og under krigen i 1948 skulle Palmach vise seg å bli uunnværlig.

Uværsskyer over Europa

En av de mest velkjente delene av verdenshistorien fra det 20. århundre, handler om hva Adolf Hitler og Nazi-Tyskland gjorde fra 1933 til 1945. Det er blitt skrevet utallige bøker, og mange filmer er blitt produsert om de grufulle hendelsene som førte til at seks millioner jøder ble myrdet av nazistene og deres medsammensvorne i løpet av denne perioden. Denne boken er ikke ment å være en fortelling om jødene i diasporaen, og siden mange fakta fra nazitidens grusomheter er så velkjente for nordmenn, har vi valgt å ikke vie stor oppmerksomhet til Holocaust. Bokens forfatter mener at det er uhyre viktig for dagens generasjon å studere og ta lærdom av den ufattelige antisemittismen og rasismen som herjet i Europa på 1930- og 1940-tallet, men i denne boken har jeg valgt å fokusere på de sidene av Holocaust som er direkte relevante for Staten Israels historie.

Da nazistene kom til makten i Tyskland i 1933, tok Jabotinsky umiddelbart opp kampen. «Hvis Hitlers regime er bestemt til å vare, vil den jødiske verdens skjebne være forseglet,» uttalte han med noe som lignet på profetisk klarsyn. Han innså at jødene ikke hadde mange våpen de kunne bruke mot nazistene, men han oppfordret blant annet verdens jøder å boikotte Tyskland for å legge press på dem.

Atter en gang var Jabotinsky på kollisjonskurs med sionismens øverste ledere. I midten av 1933, kort tid før han ble myrdet, reiste Chaim Arlosoroff til Tyskland som sionistenes representant for å forhandle med Nazi-Tyskland om at tyske jøder skulle få lov til å ta med seg eiendelene sine når de immigrerte til Palestinamandatet. Arlosoroff undertegnet en avtale med nazistene, og i praksis betydde denne avtalen at nazistene fikk «låne» jødenes penger til å produsere tyske varer som senere kunne eksporteres til blant annet Palestina. Jabotinskys oppfordring om en økonomisk boikott av Tyskland falt for døve ører siden sionistenes ledere selv importerte tyske varer.

Husseini slår lag med nazistene

Som så mange ganger både før og senere, var det antisemittisme som åpnet jødenes øyne for at tiden var inne til å vende tilbake til forfedrenes hjemland. I løpet av de åtte årene fra 1933 til 1940 flyttet nesten 250 000 jøder til Vest-Palestina. De fleste av dem kom fra Tyskland, og mange av disse immigrantene hadde høy utdanning. Byene vokste så det knaket, nye fabrikker ble bygd, og havna i Haifa og oljeraffineriene ble fullført.

Araberne i landet protesterte mot den kraftige jødiske innvandringen, og den 15. april 1936 erklærte de generalstreik. Den dagen ble tre jøder angrepet og myrdet på veien fra Tulkarem til Nablus. Neste dag utførte den militante organsasjonen *Etzel* (en forkortelse for *Irgun Tzvai Leumi*, også kalt bare *Irgun*) en gjengjeldelsesaksjon mot arabiske arbeidere i nærheten av Tel Aviv, og i løpet av 48 timer hadde det arabiske opprøret spredd seg til Jaffa.

Den 7. mai krevde de arabiske lederne at den jødiske immigrasjonen skulle stanses med umiddelbar virkning, og over hele landet ble jødiske bondegårder, butikker og hus angrepet, plyndret og brent. Opprøret økte i styrke og intensitet, og før oktober var omme var 80 jøder blitt drept. De britiske troppene prøvde å stanse volden, og 140 arabere ble drept av de britiske myndighetene.

Mange jøder var sjokkert over at de britiske myndighetene ikke klarte å beskytte dem, og hele jødiske samfunn pakket kofferten og flyktet, blant annet de 350 jødene som bodde i Akko, der araberne var i majoritet. Storbritannia svarte på det arabiske opprøret med å sende en kommisjon, Peel-kommisjonen, til Palestina. I 1937 foreslo de at Vest-Palestina skulle deles i to stater, en arabisk og en jødisk. Både jødene og araberne forkastet planen. Den 20. sionistkongressen i Zürich i august 1937 aksepterte selve tanken på en delingsplan, men det området som Peel foreslo, var uakseptabelt.

Måneden etter at Peel-planen ble offentliggjort, begynte trinn to av det arabiske opprøret, og volden pågikk til 1939. Under hele det arabiske opprøret mellom 1936 og 1939 ble 415 jøder drept. På samme måte som i 1920, 1921 og 1929, var det muftien, Haj Amin al-Husseini, som bar en stor del av ansvaret for det arabiske opprøret. Etter opprøret i 1936 kunne han ikke lenger bli værende i landet, og dermed flyktet han først til Irak, der han hjalp til med å organisere et pro-nazistisk opprør, og senere fortsatte han til Italia og Tyskland.

Under andre verdenskrig bestemte Husseini seg for å slå lag med Hitler, og en av de viktigste oppgavene hans under krigen var å overbevise muslimer om at de skulle støtte Tyskland i krigen. Han hjalp også til med å opprette en bosnisk muslimsk bataljon som kjempet sammen med Waffen-SS, og de bosniske muslimene var blant annet involvert i en massakre på sivile i Bosnia. Muftien prøvde også å bruke sin innflytelse til å overbevise aksemaktene om at de skulle bombe Tel Aviv og utvikle en plan for hvordan «den endelige løsningen på jødeproblemet» også skulle omfatte Palestina og Nord-Afrika.

Hviteboka forsegler jødenes skjebne

Samtidig som det arabiske opprøret økte i Vest-Palestina, forverret situasjonen seg drastisk for de tyske jødene. Men selv om jødene sto i kø for å flykte fra Tyskland, Østerrike og Tsjekkoslovakia, var ingen land villige til å ta imot store grupper av flyktninger.

I juli 1938 tok den amerikanske presidenten Franklin Roosevelt et initiativ til å diskutere problemet med de jødiske flyktningene. Delegater fra 32 land, blant dem de skandinaviske landene, møttes i Evian i Frankrike der de i ni dager diskuterte hvordan de kunne hjelpe de jødiske flyktningene fra Tyskland. Men konferansen var dømt til å mislykkes fra starten av. Før konferansen hadde USA og Storbritannia kommet overens om at Storbritannia ikke skulle nevne at immigrant-kvoten til USA ikke var fylt opp, og til gjengjeld skulle USA unnlate å foreslå at flyktningene kunne komme til Palestina.

Selv om alle delegatene ga uttrykk for sympati med flyktningene, var de også veldig kreative når det gjaldt å finne unnskyldninger for hvorfor nettopp de ikke kunne ta imot flere flyktninger. Konferansen klarte heller ikke å bli enig om en resolusjon som fordømte måten de tyske jødene ble behandlet på.

I mai året etter satte den britiske regjeringen den siste spikeren i kista for de europeiske jødene. Neville Chamberlains regjering publiserte en hvitebok der man forkastet tanken på en jødisk stat og forkastet tanken på å dele Palestinamandatet. Isteden skulle man opprette et uavhengig Palestina som skulle styres av jøder og arabere i samsvar med hvordan befolkningen i landet ville se ut i 1949. Samtidig ville de gjøre alt de kunne for at araberne skulle ha et solid flertall når den tiden kom.

I en tid da ni millioner europeiske jøder var truet av utslettelse, fastsatte regjeringen en kvote på 75 000 jødiske immigranter til Vest-Palestina i femårsperioden fra 1940 til 1944. Etter dette skulle den arabiske majoriteten få vetorett over jødisk immigrasjon. Jødenes rett til å kjøpe arabiske eiendommer ble også begrenset.

Da andre verdenskrig brøt ut noen måneder senere, var det en skjebnens ironi at de første britiske skuddene som ble avfyrt under krigen, ikke ble avfyrt mot nazistenes soldater, men mot jødiske flyktninger på flukt fra nazistenes skrekkvelde. Den 1. september 1939, den samme dagen som krigen brøt ut, kom båten *Tiger Hill* til Israels kyst. Om bord i båten var det 1400 jødiske flyktninger fra Polen, Romania og Bulgaria. Da de prøvde å komme fram til kysten, begynte britiske båter å skyte mot dem. To flyktninger ble drept og 14 ble såret av de første britiske skuddene i krigen.

Tiger Hill rømte ut på havet igjen, men de hadde ingen steder å gjøre av seg. Det begynte å bli skralt med mat og bensin om bord, og de hadde ingen mulighet til å hjelpe de sårede. Neste morgen rente de båten på grunn på en israelsk strand, og noen hundre flyktninger klarte å komme seg inn på land der de blandet seg med mengden. Ikke lenge etter dukket det britiske politiet opp og arresterte 1200 personer, som ble plassert i en britisk konsentrasjonsleir.

I 1940 var tiden kommet for en ny tragedie. Tre elvebåter fikk tillatelse av nazistene til å seile nedover Donau med 3642 jødiske flyktninger fra Tyskland, Østerrike, Tsjekkoslovakia og Polen. I den rumenske havnebyen Tulcea gikk de om bord i tre dampbåter som fraktet dem resten av veien til Palestina, men da de to første båtene kom fram til Haifa den 1. og 3. november etter store strabaser, ble båtene tatt til fange i havna i Haifa.

Britene hadde kommet på en ny «genial» plan for disse flyktningene: Midt i en verdenskrig, når det var stor mangel på alle slags transportmidler, var britene rede til å sette disse «kriminelle» flyktningene på båter som skulle frakte dem flere tusen sjømil til eksil på Mauritius!

Et av skipene som skulle føre flyktningene dit, var den gamle holken Patria. I ren desperasjon bestemte Haganah seg for at de måtte gjøre hva som helst for å forhindre Patria fra å seile og forsinke britene slik at de kunne få mer tid til å protestere mot Mauritius-planen. Haganah bestemte seg for å smugle sprengstoff om bord for å sprenge et «lite hull» i skroget på båten, men siden Patria var i mye dårligere stand enn de hadde trodd, ble det et stort hull i skroget. Skipet sank på et kvarter, og 260 flyktninger døde.

I desember 1941 gikk 769 jødiske flyktninger om bord i båten Struma i den rumenske havnebyen Constanta. Britene fikk vite hva som var på ferde, og da båten kom fram til Istanbul, presset britene tyrkerne til å hindre båten fra å seile gjennom Dardanellene. Ifølge en internasjonal avtale hadde alle sivile skip rett til å passere gjennom Dardanellene, men internasjonal lov og rett betydde lite for britene hvis slike avtaler kunne hjelpe jødiske flyktninger med å komme seg til Palestina.

I mer enn to måneder lå Struma i havna i Istanbul, og ingen av passasjerene fikk forlate båten. I slutten av februar 1942 ble båten tauet tilbake til Svartehavet, der de drev med strømmen ettersom motoren var utslitt. Båten var mindre enn ti kilometer fra Istanbul da en sovjetisk ubåt avfyrte en torpedo mot Struma. Skipet sank i løpet av noen minutter, og bare én av passasjerene overlevde.

Selv om britene hadde store problemer i krigen med de tyske soldatene, klarte de å beseire de jødiske flyktningene. Seks millioner jøder tapte kampen mot det tyske utryddelsesmaskineriet og britenes hvitebok.

Kapittel 1: 1945-1947
Britenes politikk havarerer

De 19 amerikanske jødene følte seg beæret over å være invitert til et møte med den gamle palestineren.[1] En av dem var en rabbiner, fem var advokater, og de andre var forretningsmenn. Mange av dem hadde reist langt for å få delta på møtet. De kom fra Los Angeles, Toronto, Miami, St. Louis og andre nordamerikanske byer, og mange av dem var selvfølgelig fra New York.

Selv om det var en hetebølge i New York denne søndagen, den 1. juli 1945, og selv om 50 000 personer hadde flyktet fra de 36 varmegradene for å overnatte på strendene utenfor byen, hadde disse 19 kommet sammen i sentrum av den glohete stekepanna for å høre mer om hvordan situasjonen var for jødene i Europa og Palestina, og hva de kunne gjøre for å hjelpe.

Den gamle palestinske jøden tvilte virkelig på om tilhørerne hans ville være særlig entusiastiske over det budskapet han hadde å komme med. I en hel måned hadde denne hvithårete «sønnen av en løveunge», som navnet hans betydde, talt til jødiske ledere om hva man burde gjøre for å opprette en jødisk stat i Palestina, men de fleste var ikke særlig entusiastiske over det budskapet David Ben-Gurion hadde å komme med, og han tvilte på om denne gruppen ville reagere noe annerledes.

Ben-Gurion hadde nettopp besøkt London, fortalte han, og han var overbevist om at Arbeiderpartiet ville vinne det kommende valget over Churchills konservative parti. Dette var gode nyheter for de palestinske jødene, som håpet på at den nye regjeringen ville behandle dem mer rettferdig enn den gamle hadde gjort. Det var det konservative partiet som sto bak «hviteboka» fra 1939, men siden den gang var de blitt

---

1 På denne tiden ble ordet «palestiner» brukt om jødene som bodde i det britiske Palestinamandatet. De araberne som bodde i disse områdene, pleide ikke å bruke ordet «palestiner» på denne tiden. Det var først på 1960-tallet at det ble vanlig å bruke ordet «palestiner» om de araberne som bodde i Palestina. I denne boka har vi valgt å følge den historiske virkeligheten. Når vi bruker ordet «palestiner» om en person som bodde i Palestina før 1948, er det underforstått at vi snakker om en jøde som bodde i Palestinamandatet. Når vi bruker ordet «palestiner» om en person som bodde i Det hellige land etter 1960, er det underforstått at vi snakker om en araber.

kritisert av Arbeiderpartiet, som støttet tanken på fri immigrasjon og en jødisk stat i Palestina.

De 19 amerikanske jødene var glade for nyheten om et maktskifte i London, men den hvithårete gamlingen smilte ikke. Når Arbeiderpartiet kom til makten, fortalte han dem, var han overbevist om at de ville bryte alle løfter til jødene. Hviteboka ville fortsatt begrense den jødiske immigrasjonen, og om et par-tre år ville britene gi fra seg hele Palestinamandatet.

Det engelske utenriksdepartementet var overbevist om at Storbritannia var best tjent med at Palestina var styrt av araberne, og Arbeiderpartiet ville selvfølgelig sette sitt eget lands interesser i høysetet. Allerede under andre verdenskrig hadde britene begynt å fri til de araberne som støttet tyskerne, for å vinne deres støtte, og Arbeiderpartiets nye regjering ville fortsette å blidgjøre araberne.

En av de viktigste årsakene til at Storbritannia ønsket å støtte araberne, var rent økonomisk. I 1945 var Storbritannia konkurs. Landets soldater hadde kjempet mot fienden på fem kontinenter og hadde båret vekten av fiendtlighetene lenger enn noen av de andre allierte landene hadde gjort. Da regnskapet skulle gjøres opp etter krigen, viste det seg at de hadde brukt opp en fjerdedel av landets rikdommer. Sparegrisen var tom, og det på et tidspunkt da Arbeiderpartiet hadde bestemt seg for å øke folks velferd. Så da Ernest Bevin tok over ledelsen for utenriksdepartementet, var første prioritet å sikre den viktigste naturressursen som britene hadde tilgang til i utlandet – og det var selvfølgelig olje.

Storbritannia eide store oljefelt i Iran, Irak, Kuwait og Qatar, og oljefeltene her var som flytende gull for regjeringen i London. Oljeledningene fra disse oljefeltene passerte imidlertid tvers gjennom flere politisk ustabile araberland, og Storbritannia var avhengig av arabernes politiske velvilje og samarbeid hvis oljen skulle komme fram til havnene ved Middelhavet.

I Storbritannia begynte man også å bli nervøse for at Sovjetunionen skulle komme inn og ta kontroll over hele Midtøsten. Sovjeterne hadde allerede begynt å fingre med Hellas, Tyrkia og Iran, og britene ønsket å stanse dem for enhver pris. Løsningen var å fremme en arabisk konføderasjon som et instrument for regional stabilitet under britenes ledelse. Dette var noe som Churchills regjering hadde begynt å jobbe med allerede i 1942, og i mars 1945 gikk flere arabiske ledere med i Den arabiske liga.

Samme dag som Ben Gurion talte til de 19 i New York, hadde 41 representanter for de jødiske flyktningleirene et møte i Bavaria der de skrev et opprop til de tre allierte seierherrene med en bønn om å støtte opprettelsen av en jødisk stat. Ben Gurion mente likevel at jødene ikke kunne forvente seg så altfor mye hjelp fra de andre seierherrene i andre verdenskrig. De ville få sympati i bøtter og spann, men sympatien ville bare vare en kort stund, og snart kunne den bli erstattet av forakt. Hvis jødene skulle få et eget hjemland i Palestina, ville de bli nødt til å legge grunnlaget på egen hånd, uten hjelp av verken briter, amerikanere, russere eller noen andre nasjoner, mente Ben Gurion.

Selv om palestinerne jublet da Arbeiderpartiet vant valget noen uker senere, skulle ikke gleden vare lenge. Ikke før var den nye regjeringen kommet til makten før den nye utenriksministeren, Ernest Bevin, tilkjennega at den nye regjeringen også ville benytte seg av «hviteboka». Nazistenes krig mot jødene var over, men Storbritannias krig mot de jødiske flyktningene var bare så vidt begynt.

Fengslet på Kypros

Et av de fremste britiske våpnene i kampen mot de jødiske flyktningene, var interneringsleirene på Kypros. De jødene som faktisk klarte å flykte fra andre verdenskrigs grusomheter, prøvde å nå trygghet i Palestina om bord på skip, fiskebåter, vaskebaljer eller hva som helst som kunne flyte. Og de britiske krigsskipene, som kunne ha vært brukt til å kjempe mot Hitlers hærskarer, ble isteden satt inn i kampen mot de «ulovlige» immigrantene. Ifølge de engelske lovene var det tydeligvis forbudt å flykte fra nazistenes dødsmaskineri.

Jødene ble arrestert av den britiske marinen ute på havet, og de skipene som ved et mirakel ikke sank, ble eskortert til Kypros der man bygde interneringsleire for opptil 30 000 flyktninger. Interneringsleirene ble til overmål finansiert av skatter som ble pålagt den jødiske befolkningen i Palestina.

De første leirene ble bygd av tyske krigsfanger. Genevekonvensjonen satte betingelser for hvordan britene kunne behandle de tyske krigsfangene, men det fantes ingen konvensjon som regulerte behandlingen av de sivile flyktningene. Men da de tyske krigsfangene kom til den konklusjonen at britene ikke behandlet jødene noe annerledes enn det nazistene hadde gjort, bestemte britene seg for at det var dårlig propaganda å la dem bygge leirene.

Det ble satt punktum for den lovlige immigrasjonen til Palestina da 340 flyktninger kom med en båt fra Barcelona til Haifa i september 1945, men på grunn av amerikansk press og som et svar på anbefalingene til en engelsk-amerikansk undersøkelseskommisjon som var blitt nedsatt, bestemte den britiske regjeringen seg for å la 1000 jøder i måneden få komme til Palestina, og 500 av dem skulle få komme fra interneringsleirene på Kypros, noe som betydde at de fleste flyktningene måtte belage seg på å tilbringe et par år der før de fikk komme til det som hadde vært jødenes hjemland fra eldgamle tider.

Selv om amerikanske jøder og Jewish Agency prøvde å gjøre alt de kunne for å hjelpe flyktningene, var det tøffe kår i leirene. Det var mangel på alt: ferskvann, såpe, klær, lakener og mat. De fleste av fangene hadde dype sår i sjelen etter det de hadde vært vitne til under Holocaust, og mange av dem var barn som hadde mistet begge foreldre, alle søsken og alle andre de en gang kjente og elsket. Britene lot representanter fra de palestinske jødene få bo i leirene, og mange leger, sykepleiere og lærere meldte seg frivillig for å hjelpe til med å lege sjelelige og fysiske sår blant flyktningene fra Europa.

Immigrantene trosser hviteboka

Sionistenes ledere bestemte seg for å trosse den britiske innvandringspolitikken og gjøre alt de kunne for å bringe jødiske immigranter til Israel. Tanken på «ulovlig» innvandring var ikke noe nytt for jødene. Helt siden romerne kastet jødene ut av Jerusalem i 135 etter Kristus, hadde jøder forsøkt å vende tilbake til hjemlandet og den hellige stad, og dette hadde ofte skjedd uten tillatelse fra de hedenske makthaverne i landet. På samme måte som generasjoner av jøder før dem hadde trosset romerne, korsfarerne, tyrkerne og andre okkupanter, begynte det 20. århundrets jøder å trosse de britiske makthavernes immigrasjonspolitikk da de så at grensene begynte å bli stengt.

Britene hadde faktisk begynt å begrense innvandringen kort tid etter at Balfourdeklarasjonen ble utstedt i 1917. Som en reaksjon på dette, begynte jødene å immigrere i hemmelighet. De foretrakk å kalle seg for «hemmelige immigranter», og ikke «ulovlige immigranter», ettersom de mente at britene ikke hadde noen lovlig rett til å nekte dem å bosette seg i forfedrenes hjemland. «Storbritannia har mistet retten til å kreve moralsk respekt for sine lover i Palestina. Alle deres aktiviteter i Palestina er en fornærmelse mot moral og ærlighet,» mente Zeev Jabotinsky.

De hemmelige immigrantene benyttet mange metoder for å komme seg inn i landet. Noen ganger bestakk de arabiske sjøfolk på havna i Jaffa og Haifa, og andre ganger gikk de i land på øde strender fra egyptiske, syriske og greske fiskebåter. Flere og flere valgte også landeveien via Beirut og over grensa i nord, der første stopp ofte var i Kfar Giladi eller

Rosh Pina. Det antas at opptil 8000 immigranter kom inn i landet på denne måten mellom 1922 og 1935.

Den hemmelige innvandringen akselererte etter at nazistene kom til makten i Tyskland, og revisjonistene gikk i bresjen for å bringe så mange immigranter som mulig til landet. I begynnelsen hjalp de immigrantene med å snike seg inn over grensa fra Libanon, men senere begynte de å kjøpe eller leie gamle europeiske holker som kunne seile over Middelhavet med sin dyrebare last rett til Israels strender. Den største båten var Sacaria, som brakte 2400 immigranter fra Romania til Haifa i februar 1940. De fleste av dem ble sendt rett til britiske interneringsleire i Atlit og Safarand, og mange av dem ble værende i leirene inntil britene løslot dem seks måneder senere.

I 1939 opprettet dessuten Haganah en egen avdeling som skulle jobbe med å hjelpe hemmelige immigranter. Organisasjonen fikk navnet *Mossad le-aliya bet*, som betyr «Instituttet for B-immigrasjon», men da andre verdenskrig brøt ut noen få måneder senere, ble alle Mossads aktiviteter lammet.

Etter at andre verdenskrig var over, fikk Mossad ny vind i seilene. De som hadde overlevd Holocaust, samlet seg på forskjellige steder i Europa, og de hadde ett mål i sikte: Så raskt som mulig ville de forlate de landene der de hadde mistet sine kjære, og de ville reise til Palestina. Men til og med etter at britene fikk kjennskap til hvilke grusomheter disse menneskene hadde gått igjennom, nektet de å åpne landets grenser. De amerikanske myndighetene var heller ikke særlig ivrige etter å hjelpe flyktningene. I løpet av de første åtte månedene av 1946 tok Frihetsgudinnens land imot nøyaktig 4767 flyktninger.

Den jødiske brigaden, som ble opprettet på slutten av krigen for å kjempe på den italienske fronten sammen med britene, fikk en viktig rolle i den hemmelige innvandringen. Mange av soldatene fra den jødiske brigaden hjalp til med å samle sammen jøder over hele Europa, hente foreldreløse barn ut fra klostre og samle dem i havner der de kunne seile til Palestina.

Hensikten med den hemmelige immigrasjonen var ikke bare å hjelpe flyktningene, men også å bruke dem som et politisk våpen i kampen mot den britiske okkupasjonen. «Dere er ikke bare personer i nød. Dere er også en politisk maktfaktor,» sa Ben-Gurion da han talte til en gruppe flyktninger.

Den hemmelige immigrasjonen kom i det internasjonale rampelyset da Yehuda Arazi fra Mossad kjøpte båten *Pade* i La Spezia i Italia. Tre konvoier med totalt 1014 immigranter kom til La Spezia, men da støtte de på uventede problemer. En italiensk avis hadde skrevet at flere hundre nazister og fascister hadde planer om å flykte med båt fra Italia til Spania, og da det italienske politiet oppdaget flyktningene, informerte de det britiske militærpolitiet, i den tro at dette var de etterlyste nazistene.

Da det italienske politiet forsto hvilken grusom feil de hadde gjort, lot de flyktningene gå om bord i båten, men det britiske militærpolitiet ankom snart og forhindret båten fra å seile. Lederne for operasjonen ville at verden skulle se hva som skjedde med flyktningene, og dermed kontaktet de Aldo Restani, en lokal journalist, i tillegg til at de sendte telegrammer til Italias og USAs president, den italienske marineministeren og den internasjonale pressen.

Da britene ville arrestere alle passasjerer og ta dem ut av båten, truet Mossads ledere med å sette fyr på båten, og flyktningenes representanter bestemte seg for å sultestreike. Snart var aviser og radiostasjoner over hele verden fylt av nyhetene om de sta flyktningene som hadde overlevd Holocaust, og som nå ville reise til Palestina. Noen dager senere sluttet 15 av de øverste lederne for det jødiske samfunnet i Palestina seg til streiken. Det varte ikke lenge før britene skrinla planen om å arrestere flyktningene.

Mossad ba også om tillatelse til at noen av flyktningene kunne gå over til Mossad-båten *Phoenicia*, som var blitt konfiskert av britene tidligere. Etter at halvparten av flyktningene hadde gått over til den andre båten og det blå og hvite flagget var blitt heist over dem, ble båtene døpt etter to av Haganahs ledere: *Dov Hoz* og *Eliahu Golomb*.

Britene gikk snart med på at 600 av passasjerene kunne seile mot Palestina umiddelbart, mens resten kunne reise neste måned, men Arazi forkastet denne løsningen: Passasjerene har stått sammen i kampen for retten til å immigrere, og da skal de også immigrere sammen, mente han. Dette førte til at britene ga opp og lot begge båtene få seile mot Palestina.

Britene led nok et nederlag da båten *Beauharnais* seilte inn på havna i Haifa med et stort banner over dekket: «Vi overlevde Hitler. Døden er ikke fremmed for oss. Ingenting kan holde oss borte fra vårt jødiske hjemland. Blodet vil komme over deres hoder hvis dere skyter på dette ubevæpnede skipet,» sto det på banneret, som ble fotografert og trykket i mange av de største avisene i Europa og Nord-Amerika.

I mellomtiden økte antallet jødiske flyktninger i leirene i Europa. Mange av de jødene som overlevde Holocaust, møtte ny forfølgelse da de prøvde å reise tilbake til hjembyene sine. Sommeren 1946 økte antallet jødiske flyktninger i den amerikanske sonen av Tyskland da det brøt ut pogromer mot de gjenlevende jødene i Polen. Fra juli til september kom det 50 000 polske jødiske flyktninger og 25 000 jøder fra

Balkan til Vest-Tyskland. På slutten av 1946 bodde det mer enn en kvart million jøder i flyktningleirene i Vest-Tyskland.

Storbritannia sto fast på sin immigrasjonspolitikk og brydde seg ikke om at den amerikanske presidenten Truman og en engelsk-amerikansk undersøkelseskommisjon anbefalte at man umiddelbart burde slippe inn 100 000 jødiske immigranter til Palestina.

Kampen mot britene tilspisser seg

Da palestinerne forsto hvilken retning den britiske politikken tok etter andre verdenskrig, begynte de å gjøre militær motstand mot de britiske styrkene i landet. Nå begynte jødene å betrakte de britiske styrkene som militære okkupanter, og i en radiosending den 12. mai 1946 sendte Haganah en skarp advarsel til britene: «Dagens britiske politikk ... er grunnlagt på en feilaktig antakelse: Når Storbritannia evakuerer Syria, Libanon og Egypt [sic], har de til hensikt å konsentrere de militære basene i Palestina og er derfor opptatt av å styrke sitt grep om mandatet, og bruker sitt ansvar overfor det jødiske folk som et middel for å nå det målet. Men dette dobbeltspillet vil ikke virke ... Vi vil derfor offentlig advare Hennes Majestets regjering om at dersom de ikke oppfyller sine forpliktelser under mandatet, først og fremst med hensyn til spørsmålet om immigrasjon, så vil den jødiske motstandsbevegelsen gjøre alt de kan for å forhindre at britiske baser blir forflyttet til Palestina og forhindre at de blir opprettet her i landet.»

I løpet av denne perioden samarbeidet de tre jødiske militære organisasjonene, Haganah, Etzel og Lehi i kampen mot britene. Den 17. juni 1946 foretok Haganah det mest vågale angrepet hittil. De sprengte ti av de elleve broene som gikk fra Palestina over til nabolandene. Inntil da hadde britene forsøkt å vise moderasjon når de slo ned på den jødiske sabotasjen, men nå var begeret fullt. Lørdag 29. juni skulle senere bli kalt for «svartelørdag» blant jødene, for da foretok britene de mest omfattende arrestasjonene i mandatets historie. I to uker ble byer over hele landet gjennomsøkt kvartal for kvartal, og alle hus ble inspisert fra kjeller til loft. Britene gjennomsøkte også skoler og sykehus, de brøt opp gipsen til pasienter og arresterte mange av lederne for Jewish Agency. Ben-Gurion selv var i Paris, og britene kunne dermed ikke arrestere ham. Men på tross av den kraftige innsatsen, klarte de ikke å finne lederne for de militante undergrunnsbevegelsene, og de fant heller ikke særlig mye våpen.

Om de ikke fant det de lette etter, fikk arrestasjonene den ønskede psykologiske virkning. Jewish Agency var redd for hva britene kunne finne på heretter, og de ga Haganah ordre om å konsentrere seg om den hemmelige immigrasjonen. Etzel og Lehi, derimot, nektet å ta ordre fra Jewish Agency, og de lovte å fortsette kampen mot den britiske okkupasjonen. Den minste gruppen, Lehi, utførte på egen hånd 100 sabotasjehandlinger mellom september 1946 og mai 1948, og nå bestemte Etzel seg for at de også ville ty til mer voldelige metoder i kampen mot britene.

Etzel var blitt grunnlagt i 1931 som et alternativ til det «offisielle» og sosialistiske Haganah. Etzel var den hebraiske forkortelsen for *Irgun Tzvai Leumi*, eller «Nasjonal militærorganisasjon», og organisasjonen gikk ofte under navnet Irgun. De fleste av de cirka 2000 medlemmene var enten ungdommer fra Beitar eller andre revisjonister, og politikken deres var grunnlagt på Jabotinskys lære: Alle jøder har rett til å komme til Palestina, bare aktive represalier vil avskrekke araberne, og kun jødisk militær styrke vil trygge den jødiske staten. Etzels symbol var en hånd som grep rundt et gevær med kartet over hele Palestina i bakgrunnen, og med mottoet Rak Kakh, «bare slik». Siden 1943 hadde Menachem Begin vært leder for organisasjonen.

Den 4. mai 1947, noen uker etter at flere av organisasjonens medlemmer var blitt hengt av britene, gjorde organisasjonen et kupp. De brøt seg inn i det strengt bevoktede fengslet i Akko og satte fri 251 fanger. Flere av fangene ble arrestert igjen, og noen av dem ble også hengt senere den samme sommeren. To dager etter henrettelsen kidnappet Etzel to britiske sersjanter og ga dem den samme skjebnen.

Et av de mest dramatiske angrepene som Etzel utførte, var angrepet mot King David Hotel i Jerusalem. I tillegg til at King David var et vanlig hotell, var det også britenes militære hovedkvarter i Jerusalem. En hel fløy i hotellet var avsatt til regjeringskontorer og den britiske etterretningen.

Etzel sprengte hotellet i lufta med Haganahs velsignelse. Etter svartelørdagen hadde Begin faktisk fått et brev fra Moshe Sneh ved Haganahs hovedkvarter med instruksjon om å sprenge hotellet i lufta. Haganah fortalte Etzel at Jewish Agency ville at hotellet skulle sprenges fordi de fryktet alt materialet som den britiske etterretningen hadde om Jewish Agency i arkivene på hotellet. Britene hadde konfiskert mange dokumenter hos Jewish Agency på svartelørdagen, og alle disse dokumentene ble oppbevart på hotellet.

Den 22. juli gikk en gruppe bevæpnede menn fra Etzel inn på hotellets kjøkken og satte fra seg tunge melkespann med sprengstoff. Så innstilte de bombene til å sprenge 30 minutter senere og forlot hotellet. Haganah ville opprinnelig at lunten skulle settes til 15 minutter, slik at britene ikke ville få tid til å redde alle dokumenter før det sa pang, men Etzel forsikret dem om at alle dokumenter ville bli ødelagt med en 30 minutters lunte.

Deretter sendte de to kvinner til en telefonkiosk, og de to kvinnene ringte til hotellets sentralbord og avisa *Palestine Post* og ga dem følgende budskap: «Jeg snakker på vegne av den hebraiske undergrunnen. Vi har plassert eksplosiver i hotellet. Evakuer øyeblikkelig! Dere er blitt advart.» De ringte også til det franske konsulatet og ba dem om å åpne alle vinduer slik at de ikke ville bli knust av trykkbølgen.

Men selv om Etzel ringte for å advare staben på hotellet, ble hotellet aldri evakuert. I mange år hevdet britene at de aldri fikk noen advarsel, men på 1970-tallet ble den interne britiske politirapporten lekket til allmennheten, og den beviste at de faktisk hadde fått en advarsel. Men selv om advarselen kom, unnlot britene å evakuere hotellet, og vitner har senere også fortalt at de britiske soldatene forhindret sivile fra å forlate bygningen etter at telefontrusselen kom.

Resultatet av eksplosjonen var at 28 briter, 41 arabere, 17 jøder og fem andre personer ble drept, i tillegg til at 45 ble skadet. Angrepet skapte sjokkbølger både i Palestina og i Storbritannia. Jewish Agency fryktet at britene ville arrestere enda flere ledere, og de var derfor raskt ute med å fordømme operasjonen. I en pressemelding neste dag ga Jewish Agency uttrykk for at de følte avsky for det Etzel hadde gjort. Ben-Gurion sa i et intervju med den franske avisa *France-Soir* at Etzel var «det jødiske folkets fiende ... de har alltid vært imot meg».

Noen timer etter eksplosjonen ga general sir Evelyn Barker ordre om at alle jødiske underholdningssteder, restauranter, butikker og jødiske hjem skulle være forbudt område for britiske offiserer og soldater. «Målet med denne ordren er å straffe jødene på en måte som den rasen misliker mer enn noe annet, nemlig ved å slå til mot lommene deres,» skrev Barker. Etzels etterretningstjeneste fikk tak i Barkers brev, og de fikk det umiddelbart publisert over hele Palestina og i verden forøvrig. Den antisemittiske tonen i brevet avledet offentlighetens oppmerksomhet fra selve angrepet, i Underhuset ble det stilt spørsmål ved brevet, og *London Daily Herald* skrev at hvis general Barker faktisk hadde skrevet dette brevet, betydde det at han var uskikket for sin rolle som sjef for de britiske militære styrkene i Palestina. To uker etter at ordren ble utstedt, ble den tilbakekalt, men da var skaden allerede skjedd.

Et annet resultat av angrepet var at Jewish Agency ikke lenger ville delta i kampen mot de britiske styrkene i Palestina. I ti måneder hadde Haganah, Etzel og Lehi kjempet side om side mot de fremmede maktene, men den 5. august bestemte Jewish Agency seg for å avbryte dette samarbeidet. Fra nå av var Etzel og Lehi nødt til å gjennomføre kampen på egen hånd. Men Jewish Agency stoppet ikke der. Ben-Gurion ga også ordre om at Palestinas jøder skulle angi Etzels medlemmer over hele landet.

Den samme sommeren begynte dessuten amerikanerne og britene å samarbeide for å prøve å finne en løsning på palestinaproblemet. I juni sendte presidenten en viseutenriksminister ved navn Henry F. Grady til London for å diskutere hvordan de kunne løse problemene. Etter fem uker ble partene enige om en rapport som skulle danne grunnlaget for Storbritannias politikk i Palestina.

Rapporten, som er blitt kalt Morrison-Grady-planen, gikk ut på at de to regjeringene skulle samarbeide for å «skape forhold som er gunstige for å bosette et betydelig antall hjemløse personer i selve Europa, siden man erkjenner at en overveldende majoritet av dem fortsatt ønsker å bo i Europa». Vest-Palestina ville man dele inn i tre deler. Jødene skulle få en liten provins som bare besto av 17 prosent av Vest-Palestina, men den britiske høykommissæren skulle ha myndighet over militære spørsmål, utenriksspørsmål, tollvesenet, politiet, rettsvesenet og kommunikasjonen. Det første året skulle 100 000 jøder få lov til å immigrere, men deretter skulle høykommissæren kontrollere immigrasjonen på grunnlag av landets økonomiske situasjon.

«Det er en vakker plan,» sa en britisk tjenestemann da han skulle oppsummere planen. «Den behandler arabere og jøder på nøyaktig samme grunnlag ved at den ikke gir noen ting til noen av partene, og den gir oss fritt leide over hele Palestina.» Britiske myndigheter inviterte de jødiske og arabiske lederne til London for å forhandle om hvordan de kunne sette planen ut i livet, men begge grupper nektet å komme. Araberne nektet å delta i noen slike forhandlinger så lenge muftien var erklært *persona non grata* i Storbritannia. President Harry Truman var heller ikke spesielt imponert. «Jeg studerte planen nøye, men jeg klarte ikke å se noe som ville komme ut av det bortsett fra mer uro,» skrev han senere.

Muftien selv var i Kairo, der han prøvde å styre politikken for de palestinske araberne. I Kairo møttes også Den arabiske høyere komité, som blant annet snakket om hvordan de skulle boikotte jødiske produkter, blokkere salg av landområder til jøder og subsidiere arabiske paramilitære organisasjoner. Blant de sistnevnte var ungdomsbevegelsen Najjada, som ble grunnlagt av en advokat fra Jaffa i 1945, og Futuwwa, som var Husseini-fraksjonens aktivister. I 1946 hadde disse to gruppene totalt 30 000 medlemmer, og araberlandene smuglet inn militært utstyr til begge to.

I løpet av det neste halve året forsøkte britene å finne den ene løsningen etter den andre på palestinaproblemet, men uten å lykkes. Offisielt ble diskusjonene boikottet av jødene, men uoffisielt reiste både Ben-Gurion og Moshe Shertok til London der de hadde samtaler med visekoloniminister Arthur Creech-Jones, som viste sympati for sionistene.

På den 22. sionistkongressen, som ble holdt i Basel i desember 1946, bestemte delegatene at sionistene nå burde komme med et frontalangrep på britene i Palestina. Weizmann forsøkte som alltid å finne en moderat løsning, men denne gangen inntok kongressen den holdningen at den som representerte sionismen i London, burde være en talsmann for en jødisk stat, og på dette grunnlaget ble ikke Weizmann gjenvalgt som president for Sionistorganisasjonen.

Nøden lærer naken kvinne å spinne våpen

Britenes reaksjon på volden og den «ulovlige» immigrasjonen var å gjøre hele landet til én eneste stor militærleir. Britene hadde nå 100 000 soldater stasjonert i Palestina, og de anstrengte seg til det ytterste for å finne alle ulovlige jødiske våpenlagre og konfiskere alle jødiske våpen. Det var vanlig at britiske soldater endevendte jødiske kibbutzer og landsbyer på jakt etter våpen. I det mest vellykkede raidet klarte britene å konfiskere seks hundre geværer, pistoler, mortere og lette maskinpistoler på en bosetting i nærheten av Haifa. Og etter at britene var ferdige, tok det ofte ikke lang tid før landsbyene ble angrepet av arabiske røverbander som visste om at alle våpen var blitt konfiskert og at den jødiske landsbyen ikke lenger hadde noe å forsvare seg med.

Siden de britiske myndighetene hadde nedlagt forbud mot at jødene skulle få forsvare seg selv, måtte sionistene ty til kreative løsninger, og kreativitet var noe som ingeniør Chaim Slavin hadde fått utdelt en god porsjon av. Da Slavin ville produsere mortere, gikk han til Royal Navy med en falsk ordre på tre tommer tykke jernplater, og av dette jernet lagde de rør.

Noen av Slavins medhjelpere hadde lagt merke til at britene dumpet gammel korditt i Middelhavet, og dermed sendte han ut dykkere for å hente opp materialet. En gjeng unge kvinner fikk i oppdrag å skjære opp og tørke sprengstoffet, og deretter hadde Slavin det han trengte for å produsere en meget enkel morter.

Da andre verdenskrig gikk mot slutten, forsto Ben Gurion at USA snart ville oppdage at de ikke trengte alle våpenfabrikkene som hadde gått under høytrykk under krigen, og da ville de dyre maskinene bli solgt på billigsalg. «Gamlingen», som han gjerne ble kalt, mente at dette var en gyllen anledning for jødene. For å utruste en hær trengte de ikke bare ammunisjon og sprengstoff, men også geværer, maskingeværer og andre våpen.

Chaim Slavin ble sendt til USA der han og den amerikanske jøden Philip Alper fikk i oppdrag å kjøpe alt det som jødene trengte for å kunne produsere lette våpen. Alper og Slavin reiste land og strand rundt for å skaffe det som den framtidige jødiske staten trengte så sårt. På et lager i Massachusetts fant Alper mange «vakre maskiner» som kunne produsere geværløp med alt fra 20 til 75 millimeters kaliber. Alper bød 70 dollar pr tonn, som var skrapverdien på maskinene. Til sin forbauselse oppdaget Alper at han hadde vunnet auksjonen, og de trengte seks trailere for å transportere alle maskinene til et lager i New York. For litt over 10 000 dollar hadde Alper kjøpt maskiner som var verdt en kvart million dollar.

Det varte ikke lenge før Palestina sendte enda en mann, Elie Schalit, som fikk i oppdrag å smugle maskinene til Palestina. Schalit, som snakket både hebraisk, engelsk, tysk, arabisk, portugisisk, spansk og fransk, var rett mann på rett sted i rett tid.

Men det var ikke nok å bare produsere våpen. Jødene måtte også forsikre seg om at britene aldri fikk tak i dem. For å avverge dette kjøpte jødene radioer som de isolerte bosettingene kunne bruke til å advare hverandre om at britene var på jakt etter ulovlige våpen.

Volden på denne tiden var ikke begrenset til trefninger mellom jøder og briter eller jøder og arabere. De to arabiske paramilitære organisasjonene terroriserte også sin egen befolkning. De fleste arabiske ofrene hadde angivelig solgt land til jøder, men organisasjonene benyttet også muligheten til å henrette muftiens politiske motstandere.

I løpet av de 18 månedene som Arbeiderpartiet hadde hatt makten i London, hadde alt som heter sikkerhet kollapset i Palestina. I 1947 hadde de britiske myndighetene ikke mindre enn 80 000 soldater pluss enheter fra den trans-jordanske arabiske legion og 16 000 britiske og lokale politifolk. De hadde brukt to millioner pund på å bygge militære bygninger og politistasjoner over hele landet, og de engelske skattebetalerne hadde brukt cirka 50 millioner pund på militærtransport og militært underhold. Det som kanskje var det verste, var at britene selv ikke var trygge i Palestina. Situasjonen var faktisk så utrygg at i februar 1947 ble 2000 britiske sivile evakuert og sendt hjem til England.

Forente Nasjoner kommer på banen

I februar 1947 fikk britene nok av problemene, og den 25. februar opplyste Bevin at Storbritannia ville be FN om å løse problemene i Palestina. Men selv om de ville ha FNs råd, hadde de ikke på noen måte gitt opp å finne en egen løsning. «Vi skal ikke til De forente nasjoner for å oppgi mandatet,» advarte Creech-Jones samme dag. «Vi ... forklarer problemet og ber om deres råd med hensyn til hvordan vi kan administrere mandatet.»

Da den nye høykommissæren, general sir Alan Cunningham, besøkte London i mars 1947, fikk han også inntrykk av at Bevin og rådgiverne i utenriksdepartementet mente at beslutningen om å trekke seg ut ikke var endelig. Utenriksdepartementet både håpet og trodde at FN ville be Storbritannia om å bli værende som politifolk i Palestina. Den 2. april sammenkalte Storbritannia Generalforsamlingen for å be dem om hjelp med Palestina, men mer enn seks uker senere, den 29. mai, sa Bevin at han ikke ville føle seg bundet av FNs beslutning hvis den ikke var enstemmig. Og det ville jo neppe skje.

Selve det faktum at britene valgte å gå til Generalforsamlingen og ikke Sikkerhetsrådet, var et tegn på at de egentlig ikke ønsket at FN skulle finne en løsning på problemet. Og når FN mislyktes, ville britene få større frihet til å gjøre det de ville med sionistene. Arabisten Harold Beeley, som var myndighetenes ekspert på alle spørsmål som gjaldt Palestina, innrømmet dette overfor David Horowitz fra Jewish Agency: «Se på FN-charteret og på listen over de land som tilhører organisasjonen. For å kunne oppnå en gunstig beslutning, vil dere trenge to tredjedeler av stemmene fra de landene, og dere vil bare klare å få det hvis østblokken og USA går sammen om å støtte både selve beslutningen og den samme formuleringen. Ikke noe slikt har noen gang skjedd, det kan umulig skje, og det vil aldri skje,» mente Beeley.

Elleve land tar en viktig beslutning

Den 13. mai 1947 nedsatte Generalforsamlingen en undersøkelses-kommisjon som skulle besøke Palestina i fem uker og vurdere hva man burde gjøre for å løse problemet. Kommisjonen fikk navnet UNSCOP, «United Nations Special Committee on Palestine», eller «De forente nasjoners spesielle Palestinakomité». Elleve land var representert i kommisjonen: Australia, Canada, Guatemala, India, Iran, Jugoslavia, Nederland, Peru, Sverige, Tsjekkoslovakia og Uruguay.

Helt fra førsten av nektet araberne å samarbeide med UNSCOP. Da araberstatene fikk vite at komiteen blant annet skulle vurdere de jødiske flyktningenes situasjon, advarte de om at de kanskje ikke ville føle seg bundet av komiteens anbefaling. Den arabiske høyere komité advarte også om at de ville boikotte UNSCOP.

Da komiteen ankom Palestina i juni 1947, begynte muftiens menn å organisere anti-sionistiske demonstrasjoner i alle de største byene. Sionistene var mer enn villige til å treffe UNSCOP, og de ga dem detaljert informasjon om jødenes situasjon i landet og om hvordan jødene mente situasjonen burde løses. Og siden araberne generelt sett boikottet komiteen, betydde det at UNSCOP i stor grad fikk alle sine fakta fra sionistene.

UNSCOPs medlemmer traff ingen arabiske ledere før de kom til Beirut i slutten av juli. Der traff de Azzam Pasha, som var sjef for Den arabiske liga, og han advarte om at en delingsplan ikke bare var en fare for jødene i Palestina, men også for andre jødiske samfunn i Midtøsten, og da spesielt de 120 000 jødene i Irak. «Jeg tror ikke noen kan beskytte jødene i de forskjellige araberstatene,» sa Pasha. Denne advarselen førte til at UNSCOP ble mer overbevist enn noensinne om at de ikke kunne la jødene bo som en minoritet blant arabere.

Midt under UNSCOPs besøk ble delegatene vitne til en hendelse som kanskje mer enn noe annet overbeviste dem om at britene hadde mistet all kontroll og moralsk rett til å styre i landet. Det var da skipet *Exodus 1947* ankom Haifa.

Året før hadde Mossad kjøpt det 30 år gamle skipet *President Warfield* i USA like før det skulle hogges opp. Mange amerikanske jødiske ungdommer hjalp til med å pusse opp skipet, og etter hvert kom det til Italia, der det ble bevoktet av en italiensk kanonbåt. En natt klarte *President Warfield* å snike seg ut av havna og seile til Frankrike, der det klappet til kai i Sete og fikk navnet *Yetziat Europa Tashaz*, eller «*Exodus fra Europa i 1947*», et navn som ville gå over i historien. Over 4000 jøder som hadde overlevd Holocaust, flyktet til den franske rivieraen der de håpet at reisen til Palestina kunne fortsette. De kom med tog og lastebiler fra leire over hele Tyskland, og noen av dem snek seg over grensene for å komme fram til havna.

De britiske og franske myndighetene forsøkte som ventet å holde skipet tilbake, men nok en gang klarte skipet å snike seg ut av havna uten at myndighetene klarte å stanse det. To av skipets offiserer svømte mot land for å skjære av fortøyningene, samtidig som en amerikansk prest holdt en fest for de franske tjenestemennene som skulle være om bord og bevokte skipet. Siden skipet ikke hadde noen los, gikk de imidlertid på grunn på veien ut av havna, og det tok en og en halv time for kapteinen å få skipet løs igjen.

Rett utenfor havna ventet den britiske krysseren HMS *Ajax*, som hadde fått i oppgave å kjempe mot de jødiske flyktningene. *Ajax* fulgte etter skipet, og da de nærmet seg kysten, ga de skipet ordre om å stoppe. *Exodus 1947* nektet å følge ordre, og dermed begynte det britiske krigsskipet å skyte mot de 4500 flyktningene med maskingeværer. Britiske sjøfolk prøvde å borde skipet og ble møtt av en salve med hermetikk, bolter og poteter, men snart klarte de å innta skipet, der de banket opp kapteinen og flere andre. En av dem, den amerikansk-jødiske offiseren Bill Bernstein, døde av skadene han fikk. Passasjerene nektet å gi opp kampen, og de britiske soldatene skjøt mot flyktningene, kastet tåregass mot dem og brukte klubber. Snart lå det to døde og mange skadede passasjerer overalt på dekket.

Båten hadde også begynt å lekke vann, siden de britiske krigsskipene forsøkte å renne det i senk, og snart ba skipets offiserer om en våpenhvile. Klokka 14.00 kom skipet inn i Haifas havn mens passasjerene sang jødenes nasjonalsang, «Hatikvah». Britene ville transportere fangene til leirene på Kypros, så i Haifa ble passasjerene flyttet til tre andre mindre skip, som praktisk talt var flytende fengsler med piggtråd og høye gjerder som delte dekket inn i bur.

Men snart forverret situasjonen seg drastisk. Utenriksminister Bevin bestemte seg for at immigrantene skulle sendes tilbake dit de kom fra, til Frankrike. Noen dager senere kom de tre fangeskipene fram til Port-de-Bouc, men flyktningene nektet å gå fra borde. Etter tre uker bestemte britene seg for å gå mer drastisk til verks og opplyste at flyktningene skulle sendes tilbake til leirene i Tyskland. Tre dager senere kom skipene fram til Hamburg, der britene brukte brutal makt for å tvinge passasjerene på land. Flere hundre journalister fra hele verden ga uttrykk for sin avsky overfor hvordan britene behandlet dem.

Den 31. august fullførte UNSCOP sin rapport fra Palestina. I rapporten anbefalte komiteen elleve hovedprinsipper for det som burde gjøres videre i området, og det viktigste prinsippet av dem alle var at mandatet burde opphøre så snart som mulig slik at Vest-Palestina kunne deles inn i to uavhengige stater. Den arabiske staten skulle bestå av Vest-Galilea, fjellene i det sentrale Israel bortsett fra Jerusalem, og kystsletten fra Ishdud til den egyptiske grensa. Resten skulle tilhøre den jødiske staten, med unntak av Jerusalem og Betlehem, som skulle være en internasjonal sone. Canada, Guatemala, Nederland, Peru, Sverige, Tsjekkoslovakia og Uruguay stemte for denne løsningen. India, Iran og

Jugoslavia, derimot, mente at landet isteden burde omgjøres til en føderasjon med en samlet regjering. Australia avsto fra å stemme.

Suksess for jødene ved Suksessjøen

Selv om resolusjonen handlet om en deling av landet, visste alle parter at resolusjonen i bunn og grunn ikke handlet om hva som skulle skje med araberne i landet. Uansett hva FN ville finne på, var det en selvfølge at det ville komme en arabisk stat i Palestina før eller senere, men jødene hadde absolutt ingen garanti for at de noensinne ville få en del av dette. Avstemningen ville først og fremst handle om hvorvidt jødene skulle få rett til å opprette et hjemland som de kunne kalle sitt eget.

Selv om delingsplanen bare ga jødene en åttendedel av det historiske Palestina, som var blitt lovt dem i Balfourdeklarasjonen, bestemte de seg for å akseptere UNSCOPs anbefaling. Araberne, derimot, forkastet delingsplanen. For araberne var det utenkelig at det skulle opprettes en jødisk stat midt i et hav av araberstater. Den jødiske staten ville bli en kile mellom Egypt og araberlandene i Nord-Afrika, og Transjordan og de andre araberlandene i Asia. Arabernes drøm om en stor pan-arabisk nasjon, som skulle strekke seg fra Atlanterhavet i vest til Den persiske gulf i øst, ville aldri bli en virkelighet hvis jødene fikk noen kvadratkilometer med land midt i dette området. Det var derfor en selvfølge at alle araberstatene og araberne i Palestina forkastet delingsplanen.

I de tre månedene som gikk fra UNSCOP anbefalte deling til Generalforsamlingen stemte over planen, var det ingen mangel på arabisk retorikk som truet jødene med vold dersom delingsplanen ble en virkelighet. Azzam Pasha advarte fire dager før avstemningen at «delingslinjen ikke vil være noe annet enn en linje av ild og blod».

Men det at araberne truet med å ty til vold, var ikke det eneste problemet. Det skulle også vise seg at Storbritannia ikke var særlig samarbeidsvillige. Storbritannias representant, sir Alexander Cadogan, var nøye med å forklare Storbritannias politikk for FN. Den britiske regjeringen ville forlate Palestina når de selv valgte å gjøre det, og Generalforsamlingen kunne ikke forvente at regjeringen ville gjøre noen ting for å iverksette en plan som ikke var godkjent av både jøder og arabere. Alle visste at dette i praksis betydde at Storbritannia toet sine hender med hensyn til det som ville skje i framtiden.

Det var helt åpenbart at den jødiske staten ikke kunne sette sin lit til at Storbritannia ville forsvare dem og hjelpe dem med å overleve det arabiske angrepet. Abba Eban var en av dem som forsto at jødene aldri ville få noen stat hvis de ikke var rede til å forsvare seg selv. Han var uteksaminert fra Cambridge og hadde tidligere vært major i den britiske hæren under navnet Aubrey Eban, og nå var han en del av Jewish Agencys politiske avdeling ved Lake Success, der FNs midlertidige hovedkvarter lå.

Mange av de rike amerikanske jødene som støttet opprettelsen av en jødisk stat, trodde at en enkel avstemning i FN var det eneste hinderet for at en slik stat kunne bli opprettet, men Eban prøvde å overbevise dem om at jødene også måtte være rede til å ty til våpen. I en tale til amerikanske givere forklarte Eban at UNSCOPs svenske president hadde kommet til ham og sagt: «Uansett hvor overbevist vi er om at kravet deres er rettferdig, vil vi ikke tale for dette kravet hvis vi ikke tror at dere selv kan utføre det. Vi vil ikke anbefale en stat som dere ikke kan forsvare.»

Eban forsto også at mange av de mindre statene ikke ville bli involvert i det fysiske forsvaret av landet, og de to supermaktene var redde for at den andre supermaktens styrker kunne bli involvert i Midtøsten, så ingen av dem ville godta at den andre parten grep inn for å hjelpe jødene. For å vinne avstemningen var jødene nødt til å overbevise verden om at de ville klare å forsvare seg selv, og de ville bli nødt til å holde ord.

I den amerikanske regjeringen var det mange og sterke krefter som mente at USA ikke kunne støtte delingsplanen. Etter andre verdenskrig hadde USAs strategiske og økonomiske interesser økt kraftig i Midtøsten, og i 1947 eide de amerikanske oljeselskapene omtrent 42 prosent av alle oljefelt i Midtøsten, både i Saudi-Arabia, Kuwait, Bahrein og i Irak. Både i utenriksdepartementet og i næringslivet var det sterke interesser som jobbet for å hindre regjeringen fra å støtte sionistene.

Truman skrev senere at nesten alle de ansatte i utenriksdepartementet var «negativt innstilt til tanken om en jødisk stat ... I likhet med de fleste britiske diplomater mente også noen av våre diplomater at man burde blidgjøre araberne, både på grunn av deres antall og på grunn av det faktum at de kontrollerte så enorme oljeressurser. Jeg beklager å måtte si at noen av dem var tilbøyelige til å være antisemittiske.» På grunn av denne motstanden varte det helt til oktober 1947 før Truman bestemte seg for å støtte delingsplanen.

Den største spenningen knyttet seg til hvordan Sovjetunionen og østblokken ville stemme. Allerede i mai hadde Sovjetunionens delegat, Andrei Gromyko, kritisert Palestinamandatet og sagt at det hadde mislyktes, og han anbefalte jødenes plan om å opprette en egen stat. I talen bemerket Gromyko at ingen vestlige land hadde klart å forsvare det jødiske folkets grunnleggende rettigheter.

Det er blitt spekulert i det vide og brede rundt hvorfor Sovjetunionen valgte å støtte opprettelsen av en jødisk stat. Helt siden 1920-tallet hadde Stalin vært en fiende av sionismen, så Sovjetunionens støtte kom som en overraskelse på mange. En av de største grunnene til at Sovjetunionen støttet delingsplanen, var antakelig at de ønsket å kaste britene ut av Midtøsten så snart som mulig. De innså at en moderne jødisk stat ville være raskere til å kaste ut britene enn et bakstreversk arabisk regime. Uansett hvorfor Sovjetunionen støttet delingsplanen, gledet sionistene seg da den sovjetiske representanten Semyon Tsarapkin den 13. oktober opplyste at Sovjetunionen hadde bestemt seg for å støtte UNSCOPs delingsplan.

I løpet av de siste ukene før avstemningen fant sted, ble noen detaljer i planen endret. Det var USA som hadde foreslått disse endringene. Blant annet betydde det at havnebyen Jaffa nå skulle tilhøre den arabiske staten og ikke den jødiske. Samtidig skulle Beer Sheva og store deler av Negevørkenen også overføres fra den jødiske til den arabiske staten. Ifølge den endelige planen skulle den arabiske staten utgjøre nærmere 12 000 kvadratkilometer med 804 000 arabiske og 10 000 jødiske innbyggere. Den jødiske staten skulle utgjøre cirka 14 000 kvadratkilometer, og der skulle det bo 538 000 jøder og 397 000 arabere.

Lørdag den 29. november 1947 kom delegater fra 56 land sammen i Flushing Meadow, New York, i Generalforsamlingens midlertidige tilholdssted, for å stemme over Generalforsamlingens resolusjon nummer 181, som skulle avgjøre Vest-Palestinas skjebne. Selv om sionistene mente at de hadde et overtak, var det ingen som var sikre på hvordan det endelige utfallet ville bli. Jewish Agency hadde en delegasjon på pressetribunen, men Chaim Weizmann var ikke der. Weizmann var så overveldet av følelser at han ikke hadde klart å gå fra hotellrommet sitt.

Midt under debatten, i delegatenes lobby, gjentok de palestinske arabernes representant, Jamal Hussein, den trusselen som så mange arabere hadde framført de siste ukene: Hvis Generalforsamlingen stemte for en deling, ville araberne i Palestina og de arabiske statene gå til krig mot den nye staten så snart britene forlot landet.

Rett etter klokka 17.00 satte Generalforsamlingens president, Oswaldo Aranha fra Brasil, punktum for talene og informerte alle delegatene om at de nå skulle stemme over resolusjon 181, og Aranha fikk en kurv med 56 papirlapper. Han strakte ut armen og tok opp en av lappene, åpnet den og leste høytidelig: «Guatemala.» Det var så tyst i salen at man kunne høre en knappenål falle. Guatemalas delegat reiste seg for å bekjentgjøre hva landet hans hadde bestemt seg for å stemme.

Plutselig ble stillheten brutt av en røst fra galleriet som ropte ut på hebraisk: «Å Herre, frels oss!»

Guatemala var et av de 33 landene som stemte for resolusjonen sammen med de fleste søramerikanske og europeiske land, mens 13 land stemte imot, og ti land, blant dem Storbritannia, avsto fra å stemme. Ett land, Thailand, var ikke til stede ved avstemningen.

Etter at resultatet av avstemningen ble klart, rev jødene seg løs fra radioapparatene og begynte å danse runddans på gatene i New York og Tel Aviv. Men araberne feiret ikke. De tok fram geværene sine og begynte å forberede seg på krig.

Kapittel 2: 1947-1948
Sionismens visjon blir virkelighet

Da den 22 år gamle Shoshana Mizrachi Farhi gikk om bord på bussen i Netanya den 30. november 1947, var hun full av forventninger og gledet seg til det som skulle bli hennes livs reise. Hun skulle reise opp til Jerusalem for å gifte seg. Men gleden skulle vise seg å bli kortvarig.

I nærheten av Lod ble bussen angrepet av tre arabere, som skjøt med maskingeværer og kastet håndgranater mot passasjerene. Bryllupet ble avlyst da det viste seg at den 22 år gamle bruden var en av fire jøder som trakk sitt siste åndedrag om bord på denne bussen.

En halv time senere ble en annen buss angrepet like i nærheten, og en passasjer, dr. Nehama Hacohen fra Hadassah-sykehuset, ble drept. Senere samme dag ble en 25 år gammel jøde fra Jerusalem drept på grensa mellom Tel Aviv og Jaffa, og arabiske terrorister skjøt mot en ambulanse på vei mot Hadassah-sykehuset på Skopusberget.

Bare noen timer etter at FN hadde stemt for å opprette en jødisk og en arabisk stat i Vest-Palestina, begynte de arabiske terroristene sin kampanje for å forsøke å hindre FNs visjon fra å bli en virkelighet. Fra da av kom terrorangrepene på rekke og rad.

Den 1. desember gikk det rykter om at to arabiske kvinner var blitt voldtatt av jøder ved Jaffaporten, og det varte ikke lenge før en elv av arabere strømmet mot de jødiske boligområdene lik vann som har brutt igjennom en demning. Mengden ropte slagord på arabisk og klappet taktfast i hendene mens de svingte køller og jernstenger i lufta. Mange britiske politifolk hadde bare 24 timer tidligere skålt med og gratulert Jerusalems jøder med resultatet av avstemningen, men nå bare stirret de på den arabiske folkemengden som fosset fram.

Da araberne kom fram til den jødiske markedsplassen, klubbet de ned de jødiske butikkeierne, knuste vinduer, sparket inn dører og rev med seg alt de ville ha fra hyllene. De arabiske barna var henrykte over å få ta det de ville i de jødiske godteributikkene, mens de voksne var mer interessert i klær, sengetøy og sko. Enkelte britiske politifolk hjalp til med å skyte i stykker hengelåsene. Og da butikkene var halvtomme, begynte mobben å tenne på markedsplassen. Snart vellet det opp røyk fra mange av de jødiske butikkene. Samtidig hadde det britiske politiet opprettet en blokade, slik at Haganah ikke kunne komme jødene til unnsetning.

Volden bare fortsatte, og det varte ikke lenge før jødiske og arabiske barn i Jerusalem begynte å kaste stein på hverandre på vei til eller fra skolen. Den 8. desember angrep araberne et boligområde i den sørlige delen av Tel Aviv, og den 14. desember ble en jødisk konvoi angrepet av Den arabiske legion i nærheten av Ben-Shemen. I løpet av desember 1947 ble 216 jøder drept og 389 såret av en befolkning på 650 000.

Det meste av volden i denne perioden besto av opprør og trefninger i byene og raske angrep der mange sivile ble drept, lemlestet eller såret på begge sider av konflikten. Flere angrep var rettet mot å forsøke å avskjære kommunikasjonslinjene mellom jødene, og mange jødiske bosettinger ble avskåret fra all kontakt med Tel Aviv. Haganah tok en beslutning om at de ikke ville overgi noen bosettinger frivillig. De jødiske lederne forsto at den jødiske statens endelige grenser i stor grad ville følge den jødiske befolkningens fysiske nærvær i landet. Så på tross av den store risikoen dette innebar, ble ingen jødiske bosettinger evakuert før Staten Israel ble proklamert i mai 1948.

De fleste arabiske landsbyene hadde våpen, og araberne i Vest-Palestina hadde to paramilitære organisasjoner, Najada og Futuwa, som utad ble betraktet nærmest som speidertropper. Begge disse organisasjonene hadde begrenset samarbeid med Den arabiske legion og Transjordan Frontier Force.

Noen ganger fikk araberne dessuten uventet hjelp fra britiske desertører. De brukte stjålne britiske kjøretøyer og britisk militærutstyr til å bevege seg inn i de jødiske boligområdene der de kunne angripe lokalbefolkningen. To av de tre verste angrepene i Jerusalem ble utført av slike desertører. I det ene angrepet ble kontorene til avisa *Palestine Post* (nå *Jerusalem Post*) sprengt i lufta, og i det andre angrepet ble en bombe utløst på Ben Jehudas gate midt i Jerusalem.

Lederen for den arabiske befolkningen i Vest-Palestina, Jerusalems mufti Haj Amin el-Husseini, hadde erklært åpent at han ville tilintetgjøre hele det jødiske samfunnet i Vest-Palestina eller drive jødene på havet. Etter andre verdenskrig hadde han holdt til i Kairo, og fra Egypt ledet han arbeidet med å organisere araberne i Vest-Palestina.

Muftien hadde to geriljastyrker som gikk under navnet «Frelseshæren». Lederen for den ene styrken var muftiens slektning, Abd el-Kader el-Husseini, og den andre styrken ble ledet av Hassan Salameh, som hadde fått sin militære trening hos tyskerne. Det var omtrent 1000 mann i hver styrke. Abd el-Kader ledet opprøret i Jerusalem, mens Salameh hadde ansvaret for styrkene i området rundt Lod og Ramle. I den sørlige delen av landet var det også en radikal geriljagruppe som var organisert av det egyptiske Muslim Brotherhood (Det muslimske brorskap).

Bak disse irregulære arabiske styrkene sto hele araberverdenens militære potensial, med flere hundre fly i flyvåpnene til Egypt, Syria og Irak pluss britisk og fransk artilleri og panserstyrker. Og det som kanskje var aller viktigst, var at disse styrkene hadde tilgang på våpen, ammunisjon og reservedeler, mens de jødiske styrkene ble boikottet av alle våpenprodusenter.

Noe som gjorde situasjonen enda verre, var at de britiske styrkene gjorde lite eller ingenting for å stoppe terrorangrepene. På denne tiden hadde Storbritannia cirka 100 000 soldater utplassert i Palestinamandatet, men den viktigste oppgaven deres var mer eller mindre å forsvare seg selv og sine egne stillinger.

Jødene i araberlandene betaler prisen

Alt tydet dessuten på at jødene snart ville gå fra asken til ilden. De sju medlemmene av Den arabiske liga, Egypt, Irak, Saudi-Arabia, Syria, Jemen, Libanon og Transjordan, møttes i Kairo i desember 1947 for å drøfte hvordan de skulle reagere på delingsplanen. Mennene som kom sammen i det egyptiske utenriksdepartementet, representerte 45 millioner mennesker som var spredd over nesten åtte millioner kvadratkilometer. De hadde 30 ganger flere innbyggere og 200 ganger større territorium enn jødene i Palestina, og på disse enorme landområdene lå verdens største oljereserver. De disponerte fem regulære armeer, og nå begynte de å samarbeide for å legge kjepper i hjulene for den jødiske staten.

Samtidig spredte antisemittismen og terrorismen seg til flere araberland. I Beirut samlet flere tusen mennesker seg i gatene og ropte kamprop mot den jødiske staten. *Falastin biladna w'al yahud klabna* (Palestina er vårt land, og jødene er våre hunder), ropte forsangerne. Folkemengden svarte med utrop som «ned med sionistene» og «drep jødene».

Overalt fra araberverdenen kom det rapporter om hvordan jøder ble angrepet og plaget. I Aleppo i Syria ble jøder angrepet ute på gata, 300 jødiske hjem og butikker ble plyndret og ødelagt, og elleve synagoger ble stukket i brann. I Damaskus var situasjonen enda mer alvorlig. En stor folkemengde var på vei mot det jødiske kvarteret da de traff på en gruppe arabiske kommunister. Gruppene begynte å slåss seg imellom, og flere personer ble såret og drept. Som ved et mirakel kom de aldri fram til det jødiske kvarteret.

51

I Aden ble 76 jøder drept, og i Irak benyttet regjeringen seg av palestinaspørsmålet til å trygge sin egen posisjon. Siden slutten av andre verdenskrig hadde Iraks befolkning sett nøden i hvitøyet. Korrupsjon var regelen og ikke unntaket hos styresmaktene, forskjellige stammer utkjempet blodige kamper mot hverandre, og den ene regjeringen avløste den andre i rask rekkefølge. Noe som gjorde saken enda verre, var at britene hadde pumpet mye av Iraks rikdom ut fra landet siden Iraq Petroleum Company var blitt opprettet i 1939.

Da den irakiske regjeringen i november 1947 gjorde seg klar til å undertegne enda en avtale med britene, begynte stormskyene å samle seg i gatene i form av folkemasser. Regjeringen løste dette problemet ved å avlede folkets oppmerksomhet og rette den mot palestinaproblemet. De oppmuntret folk til å melde seg frivillig for å kjempe mot sionistene, og de lokale jødene ble truet til å gi sjenerøse økonomiske bidrag til krigen mot Israel. Regjeringen begynte også å plante sine egne agenter blant de demonstrantene som protesterte mot Iraks avtale med britene. Da politiet åpnet ild mot en demonstrasjon i Bagdad, ropte noen ut at det var jødene som hadde skutt. Umiddelbart vendte folkemassene raseriet mot en jødisk butikk i nærheten. De plyndret det de kunne og ødela resten.

Snart begynte demonstrantene å kreve en krig mot sionistene for å redde arabernes ære. Regjeringen «bøyde seg for folkets vilje» og sendte soldater til Transjordan, der de skulle vente inntil det britiske mandatet opphørte den 15. mai. I tillegg ble en gruppe på cirka 1000 mujaheddin-krigere sendt rett til Palestina der de meldte seg til tjeneste i Den arabiske frigjøringshær (Arab Liberation Army, ALA) under ledelse av Fawzi Kaukji. Det varte ikke lenge før Iraks befolkning hadde glemt korrupsjonen, brødmangelen og avtalene med Storbritannia. Isteden kunne man nå høre ropet «drep jødene» ute på Bagdads gater.

Jernmuren begynner å ta form

Israel var ikke forberedt på den arabiske terrorismen som begynte i november 1947 og det arabiske militære angrepet som kom et halvt år senere. Av en befolkning på 650 000 kunne Israel mobilisere 45 000 soldater, men 30 000 av disse var menn og kvinner som bare kunne forsvare sin egen bosetting, og de kunne ikke gå ut på slagmarken sammen med de regulære styrkene. På nasjonalt nivå kunne Israel dermed stille med cirka 15 000 soldater, og 3000 av disse var fra Israels elitestyrker, Palmach. I tillegg til Haganah hadde Etzel mellom 2000 og 4000 soldater, mens Lehi hadde mellom 500 og 800 medlemmer.

På utstyrsfronten så det enda mørkere ut. Palmachs luftstyrker besto av 11 énmotors lette fly. De hadde 20 piloter med privatflysertifikat og 20 piloter med erfaring fra Royal Air Force. Flyene kunne ta av og lande på flyplassene i Haifa og Lod, men disse flyplassene var også åpne for vanlig trafikk. «Marinen» besto av 350 sjøfolk med erfaring fra Royal Navy eller fra de illegale båtreisene med immigranter. De hadde noen få motorbåter og et antall froskemenn.

Det er et historisk faktum at Israel ikke hadde noe særlig å skryte av på militærfronten da krigen brøt ut den 15. mai 1948. Det er ofte blitt sagt at årsaken til dette var mangel på penger, den britiske blokaden og at amerikanerne nektet å selge dem våpen, men dette er bare delvis sant. Etter andre verdenskrig ble brukte militærfly solgt for en slikk og ingenting. Det var ikke før 5. desember 1947 at det amerikanske utenriksdepartementet bekjentgjorde at USA boikottet alle våpenleveranser til Midtøsten. Og den britiske blokaden ville naturlig nok opphøre før selve krigen kunne begynne. Den viktigste årsaken til at jødene i Israel ikke var rede for en krig i full skala, var ganske enkelt at Haganah ikke var interessert i jagerfly, stridsvogner, kanoner og annet tungt militært materiell.

Allerede i juli 1921 hadde Zeev Jabotinsky foreslått at jødene burde bygge opp en militær «jernmur». Han mente at jødene måtte bygge opp et forsvar som var så mektig at det ville avskrekke araberne fra å prøve å forhindre sionistene i å bosette seg i landet. Det var bare hvis araberne ble overbevist om at de aldri ville lykkes med å sette en stopper for sionismen, som de ville forsone seg med fakta og legge ned våpnene.

Men de fleste sionistlederne var uenige med Jabotinsky. Mange av de første sionistene var sosialister som var blitt inspirert av den mislykkede russiske revolusjonen i 1905 og den vellykkede revolusjonen i 1917. De hadde en utopisk visjon om et arbeidersamfunn der jøder og arabere ville leve sammen i fred og fordragelighet. I denne sosialistiske visjonen var det ikke rom for tungt militært materiell.

Og da mer enn 20 000 medlemmer av Haganah kom hjem fra andre verdenskrig i britiske uniformer, ble de uglesett av mange av Haganahs ledere. De fleste av dem fikk ikke lov til å slutte seg til undergrunnsenhetene igjen, og de som var blitt offiserer i den britiske hæren, og som hadde spesielt verdifull erfaring fra kampene under andre verdenskrig, ble anklaget for å være lojale mot britene og ble holdt på lang avstand fra kommandopostene i Israel. Haganah hadde bygd en modig, men amatørmessig og dårlig utrustet armé, men denne hæren var selve symbolet på ledernes sosialistiske visjon.

De fleste av Haganahs ledere hadde aldri trodd at de noensinne ville bli nødt til å kjempe mot noen andre enn de lokale arabiske geriljagruppene. De hadde absolutt ingen planer om å kjøpe kampfly. Selv om Palmach hadde opprettet en «flytropp», besto den bare av småfly som skulle støtte geriljatroppene deres. Og da Ben-Gurion i august 1946 insisterte på at Jewish Agency skulle bruke tre millioner dollar på å kjøpe våpen, var det bare med nød og neppe at planen ble godkjent.

Det fantes visjonære jøder som forsøkte å overbevise den vordende statens ledelse om behovet for bedre militært materiell. En av dem var Aharon Remez, som meldte seg frivillig til å bli pilot for Royal Air Force under andre verdenskrig. Under krigen hadde han truffet en engelsk offiser som advarte ham om at jødene var i stor fare, og at Storbritannia ikke ville løfte en finger for å forsvare dem når araberne angrep. Advarselen gjorde så stort inntrykk på Remez at han sendte flere brev til Palestina der han anbefalte at de opprettet et flyvåpen.

Ben-Gurion var den eneste lederen som var interessert i det Remez hadde å si. Haganah vendte det døve øret til. Men selv om Ben-Gurion tok Remez' advarsel på alvor, lot han tingene gå sin skjeve gang helt til sommeren 1947 før han tok over kontrollen. «Jeg så et skrikende behov for å kjøpe tunge våpen, stridsvogner, troppetransporter, kanoner, tunge mortere for infanteriet, jagerfly til et flyvåpen, torpedobåter og så videre for en marine, men jeg var overrasket over å se ... at det var liten forståelse for behovet for tunge våpen,» skrev han i dagboken sin. På denne tiden hadde Haganah totalt 10 500 geværer, 3500 automatvåpen, 775 lette maskingeværer, 34 tre-tommers mortere og 670 to-tommers mortere, og dessuten hadde de bare ammunisjon for tre dager med kamper. Til og med i Palmach, som var elitestyrkene, hadde bare to tredjedeler av soldatene våpen.

Seks måneder før krigen brøt ut, ble Haganah oppdelt i militære distrikter som skulle forsvare linjene der araberstatene sannsynligvis ville angripe. I februar 1948 opererte Golani-brigaden i Jordandalen og Øst-Galilea, Carmeli-brigaden i Haifa og Vest-Galilea, Givati-brigaden i lavlandet i sør, Alexandroni-brigaden på Sharonsletta, Etzioni-brigaden i Jerusalem og omegn og Kiryati-brigaden i Tel Aviv og omegn. I løpet av de kommende månedene opprettet Palmach tre brigader: Negev-brigaden i lavlandet i sør og Nord-Negev, Yiftach-brigaden i Galilea og Harel-brigaden i Jerusalem.

I oktober leverte Remez et forslag om hvordan det jødiske flyvåpenet skulle organiseres. Den første fasen handlet om å kartlegge alle tilgjengelige ressurser, kjøpe sivile énmotors-fly som man kunne utruste med bomber, og at man skulle utplassere vakter som kunne advare om fiendtlige flyangrep. Andre fase handlet om at de skulle erobre alle flyplasser så snart britene trakk seg ut og importere brukte fly til tre jagerskvadroner, to bombeskvadroner og to transportskvadroner. Prislappen var to millioner engelske pund.

Høsten 1947 lanserte Haganah «Operasjon jakum purkan» for å skaffe fly til den vordende statens flyvåpen. Al Schwimmer, som tidligere hadde vært mekaniker for Trans World Airlines, fikk i oppdrag å kjøpe de flyene de trengte i USA. Schwimmer hadde kontaktet Jewish Agency med et forslag om å kjøpe fly flere måneder i forveien, men Jewish Agencys representant i New York var ikke særlig begeistret for slike høytflyvende tanker. Nå reiste Schwimmer til Hollywood Hills der han opprettet flyselskapet Schwimmer Aviation, som angivelig skulle frakte flyktninger fra Europa til Sør-Amerika.

Noen dager senere tok han kontakt med Lou Lenart, en amerikansk veteranpilot fra andre verdenskrig som hadde meldt seg frivillig til å hjelpe jødene i Palestina, og ba ham om å kjøpe en C-46 Curtiss Commando for 5000 dollar. I løpet av noen måneder hadde Schwimmer kjøpt tre Lockheed Constellations og ti Curtiss Commandos, i tillegg til at han forhandlet om å kjøpe tre B-17 Flying Fortress og et antall Mustang-jagerfly.

For å få sendt flyene ut av USA, grunnla han et flyselskap i Panama ved navn Lineas Aereas de Panama. Men den 15. april bestemte Amerika seg for å stramme inn på boikotten. Dagen før de nye reglene begynte å gjelde, skyndte Schwimmer seg å fly ti av flyene over grensa til Mexico, men resten ble stående i California.

Samtidig som Schwimmer kjøpte fly i California, var Yehuda Arazi opptatt med samme aktivitet i Mexico, der han prøvde å kjøpe både bombefly og jagerfly. I tillegg forhandlet han også om å kjøpe et hangarskip i Virginia. Men alt dette endte med fiasko da Mexico bestemte seg for å beholde flyene.

I Europa gikk det ikke særlig bedre. En konvoi med Anson-bombefly ble konfiskert da de mellomlandet på Rhodos på vei til Palestina. Den eneste operasjonen som lyktes, var da jødene klarte å kjøpe 20 Norsemans i Frankrike. Den 2. mai skulle en gruppe piloter fly to av dem fra Bari i Italia til Palestina. Men etter at de hadde passert Kypros, ble havet dekket av et tykt skydekke. Pilotene var redde for å bomme på målet, og dermed fløy de de siste timene under skyene, kun 150 meter over havet. Mørket senket seg før de kom fram til Palestina, og noen få minutter senere så de lysene fra Tel Aviv. Hele flyturen fra Italia til Palestina tok 13 timer.

De dyre våpnene begynte å tære hardt på sparepengene til Jewish Agency. Ben Gurion forsto at hvis Jewish Agency skulle kunne fortsette på denne måten, måtte det skje noe drastisk med inntektene. Løsningen var å sende noen til de amerikanske jødene for å samle inn penger til landets forsvar. Denne jobben tilfalt en amerikansk kvinnelig immigrant ved navn Golda Meyerson, som senere skiftet navn til Golda Meir. Selv om hun var født i Russland, hadde hun vokst opp i Milwaukee og Denver, og i 1947 var hun en av de mest markante personlighetene i Jewish Agency. Ingen kjente de amerikanske jødene som Golda, og derfor var hun selvskreven for denne jobben.

«Jeg har kommet hit for å forsøke å legge jødene i USA på sinne det faktum at i løpet av en veldig kort periode, et par uker, må vi ha mellom 25 og 30 millioner dollar i kontanter,» begynte Meyerson da hun talte til en gruppe jødiske ledere i Chicago. Og de jødiske lederne var raske med å åpne pengepungen. I løpet av to og en halv måned klarte Meyerson å samle inn hele 50 millioner dollar.

Matmangel i den hellige staden

Et av de største problemene for jødene på denne tiden, var at araberne besluttet å avskjære den jødiske befolkningen i Jerusalem fra resten av landet. På den tiden bodde det 100 000 jøder i Jerusalem, som ligger oppe i fjellene 60 kilometer sørøst for Tel Aviv. Veien fra Tel Aviv til Jerusalem var full av farer. Omtrent halvveis fra kysten lå Bab el-Wad, et trangt og uoversiktlig pass. Her hadde potensielle angripere mange gjemmesteder der det var lett å forberede et bakholdsangrep.

Langs veien opp til Jerusalem lå det også mange arabiske landsbyer der angriperne kunne søke tilflukt. Kastel, Abu Ghosh, Kolonia og Deir Yassin var noen av de plassene der araberne hadde full kontroll, og jødene måtte på en eller annen måte passere gjennom eller rett forbi disse landsbyene hvis ikke befolkningen i Jerusalem skulle sulte i hjel.

Allerede i desember hadde araberne forsøkt å skremme jødene i Jerusalem ved å sprenge alle vannledninger i byen. Mens britene reparterte ledningene, undersøkte Jewish Agency alle cisterner under de jødiske bydelene.

For å ha i det minste en liten mulighet til å overleve kjøreturen opp til Jerusalem, begynte jødene å feste jernplater til alle busser og lastebiler som skulle foreta den farefulle ferden. Resultatet var at bussene veide åtte tonn, og de klarte ikke å kjøre fortere enn 15 kilometer i timen på de bratte veiene oppover Bab el-Wad. Lenge før solnedgang hver kveld begynte folkemengden å samle seg ved busstasjonen, der de ventet på dagens konvoi. Og da bussene ankom og dørene gikk opp, fikk de som regel se blodige passasjerer som snublet ut og skyndte seg mot ambulansene som sto og ventet. Etter at alle de sårede hadde kommet ut, hentet de ut alle lik. Ikke alle passasjerene overlevde turen til Jerusalem.

Ikke bare var Jerusalems jødiske befolkning beleiret, men en del av byens befolkning var til og med avskåret fra resten av befolkningen. I Gamlebyen i Jerusalem bodde det 2000 jøder, og disse var omringet av muslimske og kristne arabere og kristne armenere. Hvis jødene i de nye bydelene hadde dårlig med mat, var situasjonen enda verre blant jødene i Gamlebyen.

Jødene i Gamlebyen var meget religiøse. De ville heller be i de 27 synagogene de hadde innenfor bymuren, enn å samarbeide med de sosialistiske sionistene, som ikke fulgte Guds bud og regler. Gamlebyens jøder stolte på at det gode forholdet de alltid hadde hatt til sine muslimske naboer, ville vare ved. Haganah hadde ikke fått særlig innpass blant disse jødene, og den kvelden FN stemte fram delingsplanen, hadde Haganah nøyaktig 18 forsvarere innenfor bymuren. Til sammenligning hadde araberne mange tusen potensielle soldater som omringet det jødiske kvarteret.

Et annet problem var at jøder og arabere delte på plassen i mange av Jerusalems bydeler, og mange jøder hadde begynt å flykte fra de bydelene der de var i mindretall. Israel Amir, som var leder for Haganah i Jerusalem, bestemte seg for at hvis de ville stoppe den jødiske flukten, måtte de isteden drive araberne ut av områdene. Samtidig ville han også drive araberne ut av noen få, små arabiske enklaver midt i de jødiske bydelene.

Amir ville først forsøke med psykologiske knep. I løpet av natten snek Haganah seg inn i bydelene og satte opp plakater og flyveblader på vegger og biler der de oppfordret araberne til å flykte for sin egen sikkerhets skyld. Deretter begynte Haganah å kutte telefonledninger og strømkabler, de kastet håndgranater på bakken og skjøt opp i lufta og prøvde å skape en utrygg atmosfære. En av de landsbyene der Haganah prøvde seg med denne taktikken, var i Sheikh Badr. Noen dager senere pakket araberne i Sheikh Badr sakene sine og dro sin vei.

Samtidig foretok Abd el-Kaders arabiske geriljastyrke sitt første organiserte angrep i Jerusalem. De hentet 120 «hellige soldater» fra Hebron med lastebil og begynte å skyte mot et jødisk hus der Haganah var stasjonert. Etter at Abd el-Kader hadde skutt det første skuddet, foregikk kampen i 15 minutter inntil en britisk panservogn dukket opp. Under kampen hadde araberne mistet én mann. Han var blitt bitt av en slange.

Men jødenes største problem var at både Jerusalem og andre jødiske byer og landsbyer i landet var beleiret. Alle konvoier som ble sendt med forsyninger, ble praktisk talt utslettet. I løpet av bare to uker i mars ble 64 jøder drept i fire konvoier i nærheten av Jerusalem. I tillegg ble 46 jøder drept da en konvoi ble offer for et bakholdsangrep på veien til landsbyen Yehiam i det vestlige Galilea. I april hadde araberne vunnet krigen over konvoiene. Hele Negev og Galilea var helt avskåret fra det sentrale Israel, og Jerusalem var avskåret mesteparten av tiden.

Den 1. april traff Ben-Gurion Haganahs operative sjef, Yigael Yadin, som foreslo at Haganah skulle gå på offensiven for å bryte den arabiske beleiringen. Det betydde at Haganah ville være nødt til å erobre alle de arabiske byene og landsbyene som araberne kunne kontrollere beleiringen fra. Angrepet fikk navnet «Operasjon Nachshon», etter den første israelitten som tok det første skrittet ut i Rødehavet da det ble delt, og 1500 mann deltok i operasjonen. En av de viktigste kampene i «Operasjon Nachshon» fant sted i landsbyen Kastel, som lå på en fjelltopp rett ved hovedveien mellom Jerusalem og Tel Aviv. Abd el-Kader ble drept i kampene her, og Haganah klarte å gjenåpne veien til Jerusalem.

Jødene vant også en stor seier i Galilea da de erobret den hellige byen Safed. Ett tusen soldater fra Palmach erobret det britiske politifortet og militærbasen i Rosh Pina, og natten mellom den 9. og 10. mai angrep de de syriske soldatene i Safed. Muftien hadde allerede utsett Safed til hovedstad for den arabiske staten i Galilea, men da jødene erobret byen, valgte mange arabere i områdene rundt å flykte til Libanon og Syria. Seieren i Safed betydde også at jødene fikk full kontroll over resten av Galilea.

Deir Yassin sprer frykt blant araberne

Et ledd i kampen for å bryte beleiringen rundt Jerusalem, var kampene i de arabiske landsbyene Deir Yassin og Kastel i utkanten av Jerusalem. Fra begge disse landsbyene skjøt lokale arabere og irakiske soldater mot jødiske lastebiler som prøvde å komme fram til Jerusalem med mat og andre nødvendige forsyninger.

Tidlig om morgenen den 10. april ble Deir Yassin angrepet av en felles styrke med soldater fra Etzel og Lehi. Mange av soldatene som deltok i kampene, sloss for første gang i sitt liv, og de var dårlig utrustet. Noen av dem hadde geværer, andre hadde pistoler, og det tyngste våpenet var et lett maskingevær. De hadde også noen håndgranater og to svoveltabletter per mann for de sårede. De hadde også en lastebil med høyttalere, og ved daggry ropte de ut advarsler på arabisk til alle sivile i landsbyen om at de måtte trekke seg ut fra kampsonen, siden jødene snart ville angripe. To hundre landsbyboere hørte på advarselen, forlot landsbyen og søkte dekning lengre nede i skråningen.

Kort tid etter hengte araberne ut hvite flagg i landsbyen, men da flere jødiske soldater nærmet seg inngangen til landsbyen, ble de beskutt av araberne. Kampene var i gang, og snart sloss begge parter fra hus til hus. Midt i kampen slapp Etzel opp for ammunisjon, men de sloss videre med det de fant av våpen og ammunisjon i landsbyen.

Kampene i Deir Yassin er i ettertid blitt noen av de mest omtalte og omstridte kampene i konflikten mellom jøder og arabere. De palestinske araberne kaller episoden konsekvent for en «massakre», og de hevder blant annet at sivile ble henrettet av jødene.

Etzels øverstkommanderende, Menachem Begin, hadde derimot en helt annen historie å fortelle. Begin hevdet at alle de 200 som valgte å forlate landsbyen frivillig, ble eskortert til de arabiske bydelene i Øst-Jerusalem og at de aldri ble skadet på noen måte.

De første rapportene indikerte at så mange som 250 arabere var blitt drept i Deir Yassin. Selv om dette tallet senere er blitt nedjustert til 120, virker det som om alle de impliserte partene på den tiden var fornøyd med at det høyeste tallet ble publisert.

Araberne og britene ønsket å bruke episoden i Deir Yassin til å sverte jødene, og Haganah ønsket å bruke tallet for å sverte Etzel og Lehi i den interne jødiske maktkampen. Det kan også virke som om om Etzel og Lehi var fornøyde med det høye tallet ettersom mange arabere ble skremt til å flykte da de fikk høre nyheten om Deir Yassin.

Araberne spredte nyheter og rykter om Deir Yassin i alle retninger i et håp om å egge lokale arabere over hele landet til å ta opp kampen mot jødene, men planen slo feil. Mange arabere ble skrekkslagne da de fikk høre om hvordan «flere hundre» arabiske sivile var blitt «slaktet» i sine egne hjem, og episoden i Deir Yassin ansporet dem til å ta beina fatt og flykte til de omkringliggende araberlandene.

Britenes styre henger i en tynn tråd

Ifølge Generalforsamlingens delingsplan skulle britene legge forholdene til rette for at den jødiske og den arabiske staten kunne bli opprettet i landet. Det betydde blant annet at FN forventet at britene ville trekke seg ut fra landet senest den 1. februar 1948, at det skulle skapes en havn der jødiske immigranter fritt skulle få komme inn i landet, og at de skulle dele på administrasjonen av landet med en kommisjon som FN ville utnevne.

Britene, på sin side, var ikke villige til å følge Generalforsamlingens resolusjon. For det første var britene fortsatt redde for å provosere araberne på et tidspunkt da det britiske riket i Midtøsten begynte å falle fra hverandre. For det andre var de bitre på jødene. De jødiske flyktningene, den sionistiske propagandaen og den jødiske geriljakrigen mot britene hadde tross alt brakt skam over Storbritannia.

I tillegg hadde britene fortsatt et håp om at de kunne redde stumpene og fortsatt beholde i hvert fall en del av kontrollen over Palestina. Britene var overbevist om at araberstatene ville beseire jødene i den kommende krigen, og da kunne britene atter en gang få fotfeste i landet på grunn av samarbeidet med Transjordans kong Abdullah og andre araberland. Og hvis jødene så at det var en fare for at de ble utslettet, ville de bønnfalle britene om å gripe inn og redde dem fra en arabisk Holocaust. Da kunne britene kreve å få kontrollen over Haifa og Negev, der de kunne opprette militære baser hvis de ble kastet ut av Egypt.

Britene bestemte seg dermed for å gjøre alt de kunne for å legge hindringer i veien for den jødiske staten. I begynnelsen nektet de å fastsette en dato for evakuering av troppene sine, men etter hvert fastsatte de datoen til den 1. august 1948. Flere uker senere endret de planen og fastsatte datoen til 15. mai isteden. Ben-Gurion besøkte høykommissæren og ba ham om hjelp til å bygge videre på det politiske systemet i landet, men høykommissæren nektet å samarbeide.

Det varte ikke lenge før britene ekskluderte Palestina fra det indre markedet og frøs alle økonomiske tilganger i London. Den jødiske staten sto i fare for å gå konkurs samme dag som den ble grunnlagt, da britene nektet å legge igjen en eneste i krone i kassa til det neste regimet. Den eneste økonomiske hjelpen som britene var villige til å gi, var en tildeling på 300 000 pund til det øverste muslimske råd, noe som betydde at Storbritannia indirekte subsidierte den arabiske krigsinnsatsen.

Britene gjorde også alt de kunne for å forhindre at jødiske flyktninger fikk komme inn i landet, og de konfiskerte alle jødiske våpen de fant. Samtidig solgte de våpen til Irak og Transjordan. Araberne fikk dessuten ofte vite dato og tid for når britene skulle evakuere militærleire og politistasjoner, og dermed var det en lett sak for araberne å erobre disse umiddelbart etter at britene hadde forlatt området.

På grunn av den britiske uviljen mente både Lehi og Etzel at de måtte fortsette kampen mot de britiske styrkene inntil siste brite hadde forlatt landet. Lehi hadde faktisk økt antallet angrep på britiske styrker og installasjoner, og det gikk nesten ikke en dag uten at britiske soldater ble angrepet i landet.

Araberne pakker kofferten

I løpet av denne våren begynte dessuten det «palestinske» flyktningproblemet å ta form. Det var ikke første gang araberne hadde flyktet fra kampene i Palestina. I løpet av de tre årene det arabiske opprøret varte, fra 1936 til 1939, forlot 40 000 arabere landet som flyktninger, og da opprøret var slutt, kom de tilbake igjen. Men i 1947 begynte flukten å ta helt nye proporsjoner sammenlignet med tidligere.

Til og med i det 20. århundre hadde føydalsystemet en viss makt over araberne i Palestina. Bønder og vanlige mennesker var tilbøyelige til å følge borgermesteren, de religiøse lederne og andre viktige personers eksempel. Så når disse lederne søkte tryggheten utenfor landet, hadde mange vanlige mennesker et ønske om å gjøre det samme. De lokale lederne ble også påvirket av at de rike, myndighetspersonene og medlemmene av Den arabiske høyere komité hadde bestemt seg for å flykte.

Flyktningproblemet vokste sterkt da Uavhengighetskrigen brøt ut i mai. Da araberstatene angrep Israel, oppfordret de de lokale araberne til å flykte, slik at det ville være lettere for dem å rense områdene for jøder. De arabiske hærene var sikre på at de ville vinne en lett seier, og nå oppfordret de alle arabere i Israel til å flykte for sine liv.

I noen byer prøvde de lokale jødiske lederne å stoppe den arabiske flukten. Haifa var en slik by. Det jødiske arbeiderrådet i Haifa utstedte en bønn til alle de arabiske innbyggerne i byen der de bønnfalt dem om å bli: «Ikke frykt: Ikke ødelegg hjemmene deres med deres egne hender ... ikke bring tragedie over dere selv ved unødig evakuering og byrder som dere påfører dere selv.»

Andre steder ble den arabiske befolkningen oppmuntret til å reise av de jødiske forsvarerne. Haganah ønsket å unngå at en potensiell fiendtlig befolkning skulle bo på steder der de kunne sette de jødiske forsyningene i fare, blant annet langs veien opp til Jerusalem, der en relativt liten arabisk befolkning hadde klart å isolere alle de jødiske innbyggerne i hovedstaden.

Mange har forsøkt å regne ut hvor mange arabere det var som flyktet før og under Uavhengighetskrigen, og anslagene varierer sterkt. De fleste ligger på et sted mellom 430 000 og 650 000. Det sistnevnte tallet kan virke svært høyt når man tar i betraktning at det kun bodde 570 800 arabere i de delene av Palestina der jødene hadde slått seg ned i 1945.

Det finnes også mange versjoner med hensyn til hvem som har hovedansvaret for at flyktningproblemet ble skapt. Araberne forsøker gjerne å legge alt ansvaret på jødene, og de sier ofte at alle arabere ble kastet ut av landet. Men ifølge en rapport fra et institutt for Palestina-studier i Beirut, flyktet 68 prosent av araberne uten å ha sett en eneste israelsk soldat, og de fleste av dem ble ikke kastet ut.

Ben-Gurion tar en historisk beslutning

Verdenssamfunnet var tydeligvis ikke forberedt på den volden som ville bryte ut i kjølvannet av resolusjon 181. Det første landet som begynte å trekke seg, var USA. Ikke før var resolusjonen vedtatt før utenriksdepartementet begynte å trekke støtten til sionismen i tvil. Den arabiske terrorismen begynte å gi uttelling i begynnelsen av desember da USA iverksatte en våpenboikott for Midtøsten. Og da Jewish Agency ba USA om et lån på 500 millioner dollar for å ta hånd om flyktningene, var svaret negativt.

Den 19. mars skjedde det et lite jordskjelv i FN da USA foreslo at Sikkerhetsrådet burde utsette datoen for delingsplanen. De andre delegatene var ikke særlig positive til dette forslaget, siden de mente at dette var et slag mot FNs autoritet.

Mens den magiske datoen nærmet seg, økte det internasjonale presset på Ben-Gurion. I begynnelsen av mai ble sionistene kontaktet av den amerikanske assisterende utenriksministeren Dean Rusk, som bønnfalt dem om i det minste å utsette planen om å erklære en uavhengig stat.

Det var en kjent sak at Den arabiske liga hadde bestemt seg for å gå til angrep når britene trakk seg ut av landet, og ingen jøder i Israel hadde noen illusjoner om at araberne ville ombestemme seg i siste liten. Mange mente også at Israel ikke var rede for det kommende angrepet. I de siste månedene før mai 1948 hadde de britiske styrkene gjort alt de kunne for å hindre jødene fra å bygge opp et effektivt forsvar. Britene hadde kontrollen over alle de viktige veiene og forsvarsstillingene i landet, de britiske skipene patruljerte kysten og det østlige Middelhavet, og Royal Air Force hadde kontrollen i lufta.

Noe som var enda verre var at to av de «britiske» styrkene egentlig var arabiske styrker, nemlig de 8000 soldatene i Den arabiske legion og de 3000 soldatene i Transjordan Frontier Force. Disse styrkene hadde mer eller mindre total kontroll over grensene til Vest-Palestina, og de tillot araberne å sende ubegrenset med styrker og militære forsyninger over grensene.

Om kvelden den 12. mai hadde den jødiske provisoriske regjeringen et møte der de diskuterte hvorvidt de skulle akseptere det amerikanske forslaget om en våpenhvile, eller om de skulle gå videre med planene for en uavhengig stat. Seks av medlemmene stemte for å utrope en selvstendig stat, mens fire stemte imot.

Klokka åtte om morgenen, fredag den 14. mai, firet britene Union Jack i Jerusalem, og de britiske soldatene begynte å gå om bord på båter i Haifa for å forlate Palestina.

Siden neste dag var en sabbat, kunne ikke jødene vente til alle briter hadde forlatt landet ved midnatt før de erklærte sin egen stat. Dermed møttes de klokka 16.00 på ettermiddagen i Tel Aviv Museum. David Ben-Gurion reiste seg, og med høytidelig røst leste han opp «Erklæringen om opprettelsen av Staten Israel»:

«Landet Israel var det jødiske folkets fødested. Her ble deres åndelige, religiøse og politiske identitet dannet. Det var her de fikk en stat første gang, skapte kulturelle verdier av nasjonal og universal betydning og ga verden den evige bøkenes bok,» begynte erklæringen. «Dermed er vi, medlemmer av folkets råd, representanter for det jødiske samfunnet i landet Israel og sionistbevegelsen, samlet her på denne dagen da det jødiske mandatet over landet Israel er slutt, og på grunn av vår naturlige og historiske rett og med styrke fra De forente nasjoners Generalforsamlings resolusjon, erklærer vi herved opprettelsen av en jødisk stat i landet Israel, som skal være kjent som Staten Israel.»

USA anerkjente den nye staten *de facto* i løpet av en time etter at staten ble erklært, og Sovjetunionen fulgte etter tre dager senere. Men det skulle drøye ni måneder før Storbritannia, og Norge, fulgte i supermaktenes fotspor.

Umiddelbart etter at staten var proklamert, begynte massene å synge og danse på gatene, men Ben-Gurion deltok ikke i feiringen. Han skyndte seg til Haganahs hovedkvarter der han kunne overvåke arabernes reaksjon.

«Jeg er som en sørgende blant de jublende,» skrev han i dagboken sin. Ben-Gurion visste at den nye staten kom til å få en trang fødsel. Det var bare noen timer igjen til hele araberverdenen ville gå til et samlet angrep på den lille jødiske staten.

Kapittel 3: 1948-1949
Den nyfødtes kamp på liv og død

Samuel Brand var navnet. Han var den første personen som fikk immigrere til den nye Staten Israel. Nazistene hadde forsøkt å utrydde hele folket hans, men Samuel var en av dem som overlevde den tyske dødsmaskinen i konsentrasjonsleiren Buchenwald. Tre år etter at det tyske nederlaget var et faktum, gikk Samuel om bord på en gammel gresk båt som gikk under navnet SS *Teti*. Og den 15. mai kom han og reisefølget hans fram til havna i Tel Aviv.

Hadde de kommet dagen før, ville de kanskje ha blitt møtt av engelske soldater, men den 15. mai var Hennes Majestets hær som blåst for vinden. Isteden ble de tatt imot med åpne armer av sine egne landsmenn. I den ene hånda holdt Samuel en liten, sammenkrøllet papirlapp med de enkle ordene: «Retten til å slå seg ned i Israel er herved gitt.» Det var det første visumet som ble utstedt av den jødiske staten.

Golda Meyerson var til stede i havna da den første båtlasten med lovlige immigranter ankom den nye staten. Rett før soloppgang samme morgen hadde hun kikket ut av vinduet sitt samtidig som fire egyptiske Spitfire-fly suste over byen på vei for å bombe kraftstasjonen og flyplassen i den nordlige delen av Tel Aviv. Det å ha en egen stat medførte både fordeler og ulemper. Fordelen var at nå var alle porter vidåpne for alle jødiske immigranter og flyktninger som ville søke tilflukt i jødenes hjemland fra eldgammel tid. Ulempen var at den nyfødte staten ble angrepet av fem arabiske nasjoner, som hver enkelt hadde sverget at de ville kaste alle jødene på havet.

Fienden angriper fra alle kanter

Noen få dager før krigen brøt ut, hadde Meyerson reist til Transjordan for å forhandle med kong Abdullah om fred. Hun kledde seg ut som en arabisk kvinne da hun reiste på dette topphemmelige oppdraget. Hun håpet at hun ville klare å overtale Abdullah til ikke å gå til krig og isteden legge et grunnlag for et transjordansk-israelsk samarbeid, men kongen hadde allerede bestemt seg, og nå var det for sent å trekke seg.

Den første uka i mai møttes forsvarssjefene for de arabiske armeene i Damaskus for å utarbeide en felles invasjonsplan. Kong Abdullah ble utnevnt til øverstkommanderende for de arabiske armeene, men denne tittelen var ikke verdt så mye mer enn papiret det var skrevet på. I praksis skulle alle armeer handle for å fremme sin nasjons interesser og ta imot ordre fra sin egen generalstab.

Ifølge planen skulle Libanon angripe langs kysten i nord mot Nahariya. Syrerne skulle angripe nord og sør for Galileasjøen og okkupere hele Galilea. Irakerne skulle krysse Jordanelven sør for Galileasjøen, gå fram via det arabiske triangelet og rykke fram mot Netanya ved Middelhavet der de kunne skjære den jødiske staten i to.

Den jordanske arabiske legion hadde tre brigader til rådighet. Den ene skulle erobre Nablus og Samaria, den andre skulle erobre Ramle ved utkanten av Tel Aviv, og den tredje skulle være reserve. Egypterne skulle rykke fram i to kolonner. Den viktigste av dem skulle rykke fram langs kyststripen, okkupere Gaza og rykke fram mot Tel Aviv. Den andre skulle slå seg sammen med frivillige fra Det muslimske brorskap og angripe mot nordøst via Auja, Beer Sheva og Hebron og angripe Jerusalem sørfra. Kaukjis hær skulle ta hånd om det lokale forsvaret.

Da krigen brøt ut for fullt den 15. mai, bodde det cirka 650 000 jøder og 1,1 millioner arabere i hele det området som FNs delingsplan omfattet. Og samtidig som den jødiske staten måtte kjempe mot de lokale araberne, ble den også angrepet på alle kanter av hærene fra Egypt, Transjordan, Irak, Syria og Libanon. Azzam Pasha, som var generalsekretær for Den arabiske liga, var ikke sen med å erklære hva som var formålet med angrepet: «Dette kommer til å være en utryddelseskrig og en avgjørende massakre, som vil bli omtalt som de mongolske massakrene og korstogene.»

Selv om araberlandene rent offentlig gikk sammen om angrepet, var sannheten at det var splid og fiendskap dem imellom. Det eneste de var enige om, var at de måtte tilintetgjøre den jødiske staten. Transjordans hær, Den arabiske legion var den mest effektive av alle de arabiske hærene, og en del av styrkene var allerede stasjonert i Vest-Palestina som en del av de britiske styrkene. Men mange andre arabiske ledere hadde bange anelser med hensyn til hvilke motiver kong Abdullah hadde, for det var liten tvil om at han hadde en drøm om at Øst-Palestina og Vest-Palestina en dag skulle bli gjenforenet i et stort, jordansk rike.

På grunn av disse mistankene bestemte araberlandene seg for å opprette en arabisk frigjøringshær, som begynte å operere i Vest-Palestina mens britene fortsatt var i landet. Styrkenes leder var en tidligere syrisk offiser ved navn Fauzi el-Kaukji, som hadde vært en av lederne for de arabiske terrorgruppene i Nablus under opprøret i 1936.

Kairo og Bagdad hadde helt fra kalifenes tid vært rivaler. De fattige landene rundt omkring det oljerike Saudi-Arabia var misunnelige på saudiernes rikdom, mens Saudi-Arabia var redd for de små rivalene. Kongen av Saudi-Arabia, Ibn Saud, hadde trygget tronen sin nettopp ved å kaste ut hasjemittene fra landet, og nå var det disse familiene som regjerte i Jordan og Irak. Syria siklet etter Libanon. På samme måte var lederne i både Irak og Syria uavlatelig opptatt med en rekke konspirasjoner for å bli konge på haugen i de splittede samfunnene.

Haj Amin el-Husseini var et enda større problem. Han ville ikke ha noen fremmede arabiske hærer i Palestina, og spesielt ikke de rivaliserende hærene fra Jordan og Irak. Han ville beseire jødene på egen hånd slik at han kunne slippe å dele fruktene av seieren med de andre seierherrene.

De andre araberlandene hadde ofte bedt Saudi-Arabia om å stoppe oljeleveransene til Vesten, men prins Faisal, som visste at saudiernes økonomi var avhengig av oljeinntektene, svarte alltid: «Problemet er Palestina, ikke bensin.» Selv om alle var enige om at den jødiske staten var et stort problem, var de fleste mer opptatt av de indre stridighetene og kampen om lederskapet blant araberne.

De fleste velstående arabiske familiene i Palestina fant på gode unnskyldninger for å holde sønnene og mennene så langt borte fra krigen som mulig. Noen av de rikeste handelsmennene sendte sønnene sine for å studere i Amman eller Beirut, der det ikke var noen fare for at de ville bli tvangsrekruttert til muftiens hær.

En annen viktig forskjell på den jødiske hæren og muftiens soldater var at Haganah hadde dype røtter i det jødiske samfunnet, og soldatene visste at det var deres oppgave å forsvare brødre, søstre, mødre, fedre og alle andre de kjente. Muftiens styrker var egentlig bare en improvisert paramilitær organisasjon som sørget for ro og orden i arabernes landsbyer og stammer. Organisasjonen var grunnlagt på klaner og familier, og det var de som kom fra «riktig» klan som ble utnevnt til offiserer, og ikke de som hadde de nødvendige kunnskaper til å ta ledelsen. Det viktigste kravet til soldatene var at de var lojale mot muftien. Muftiens hær var omtrent som en privat hær. Soldatenes jobb var ikke bare å slåss mot jødene, men også å minne araberne om hvem det var som var sjefen.

Lederen for Den arabiske legion var den engelske generalløytnanten sir John Bagot Glubb, også kalt Glubb Pasha. Han og en gruppe britiske offiserer hadde hjulpet ørkensoldatene til å bli en moderne hær. Den arabiske legion besto av over 10 000 soldater i tre brigader og et antall panserbataljoner. Den egyptiske hæren var rede til å sende 5000 soldater til Vest-Palestina, og i nord sendte Syria 8000 soldater i to brigader i tillegg til en mekanisert bataljon med franske stridsvogner og et lite flyvåpen. Libanon sendte 2000 soldater, mens det fra Irak kom hele 10 000 mann i fire brigader, en panserbataljon, støttetropper og fly. I tillegg til disse sendte Saudi-Arabia også en kontingent som sloss sammen med de egyptiske styrkene.

De over 30 000 soldatene i angrepsstyrken hadde relativt bra militært materiell, i sterk kontrast til de israelske styrkene der de fleste bare hadde lette våpen. Israel hadde heller ikke noe artilleri, panser eller flyvåpen å snakke om. I tillegg var de jødiske kommunikasjonslinjene meget sårbare siden de gikk tvers gjennom en fiendtlig befolkning.

Hele Haganahs arsenal besto av 10 000 geværer av forskjellig alder og kalibre, 1900 hjemmelagde maskinpistoler, noen hundre lette maskingeværer og mortere. Den ene stridsvognen de hadde, hadde mistet kanonen sin. I tillegg hadde de fem feltkanoner og et par dusin luftverns- og panservernskanoner. På flyfronten så det enda mørkere ut. En håndfull énmotors propellfly hadde intet håp om å kunne måle seg med de arabiske flyvåpnene.

På sørfronten hadde Egypt to skvadroner med britiske Spitfire-fly og to skvadroner med amerikanske Dakotas, som var blitt ombygd til bombefly. Syria hadde tatt en hel skvadron med skolefly av typen Harvard og utrustet dem med kanoner og bomber, og Irak hadde nettopp fått levert moderne britiske Hawker Fury-jagerfly.

Flere av araberlandene dro fordel av at de var blitt uavhengige i de siste årene før Israel ble grunnlagt. Syria fikk sin uavhengighet to år før Israel, den 17. april 1946, og de to årene betydde at Syrias og Israels situasjon var som natt og dag. Syria kunne åpent kjøpe våpen på det internasjonale våpenmarkedet, og etter at landet fikk sin uavhengighet, hadde alskens våpenhandlere nærmest slått leir på kontoret til forsvarsminister Ahmed Sherabatti. Syria fikk tilbud om å kjøpe våpen fra Belgia, Spania, Sveits, Italia og mange andre land som nettopp hadde kommet ut fra andre verdenskrigs farer og som ikke lenger hadde behov for store våpenarsenaler. Libanon, som fikk sin uavhengighet tre år før Syria, var i samme situasjon.

Kampene raser i sør og nord

Det første store angrepet mot den nye jødiske staten, var det syrerne som sto for. Angrepet var rettet mot de jødiske kibbutzene i Jordandalen, rett sør for Galileasjøen, og det begynte allerede den 14. mai da bosettingene sør for innsjøen ble bombardert av det syriske artilleriet. Det eneste forsvaret som Israel hadde i dette området, var innbyggerne i landsbyene pluss en enkelt bataljon i Golanibrigaden. Denne enslige bataljonen fikk i oppdrag å stoppe framrykningen til den syriske og irakiske hæren.

Israelerne forsvarte området tappert, men resultatet var uunngåelig. De fleste av forsvarerne ble til slutt utryddet, og de syriske styrkene kunne rykke inn og ta over både Shaar Hagolan, Massada og Zemach. Nå rettet syrerne angrepet mot kibbutzene Degania A og Degania B. Situasjonen ved Galileasjøen var så desperat at bosetterne sendte en delegasjon til Tel Aviv for å bønnfalle Ben-Gurion om å sende forsterkninger, men de fikk et negativt svar: «Vi har ikke nok kanoner og nok fly. Vi har mangel på menn på alle fronter. Situasjonen i Negev er meget alvorlig, og den er også alvorlig i Jerusalem og Øvre Galilea. Hele landet er en front. Vi har ingen mulighet til å sende forsterkninger.»

Det arabiske angrepet på Degania A begynte ved soloppgang den 20. mai med at artilleriet bombarderte landsbyen. Israel hadde kun 70 personer til å forsvare Degania A mot det syriske angrepet, men forsvarerne kjempet tappert med det de hadde av utstyr. Den første stridsvogna kom helt fram til de israelske skyttergravene før forsvarerne klarte å stoppe den med molotovcocktails. Ved middagstider ga de syriske angriperne opp og trakk seg tilbake etter at de hadde mistet to panservogner.

Nå rettet de isteden angrepet mot Degania B. Åtte stridsvogner og panservogner angrep landsbyen sammen med to infanterikompanier. Både infanteriet og de syriske panserstyrkene ble drevet tilbake. Samtidig fikk forsvarerne tilgang på det første israelske artilleriet. Kanonene hadde kommet rett fra Tel Aviv til kampene i nord, og soldatene hadde ikke hatt tid til å lære seg hvordan de skulle bruke våpnene. Men da de begynte å skyte mot syrerne, som inntil da hadde hatt monopol på artilleriet, fikk de umiddelbart se resultater. Syrerne trakk seg raskt tilbake fra både Zemach, Shaar Hagolan og Massada, og dermed kunne de israelske styrkene rykke tilbake inn i disse landsbyene. Den 23. mai hadde Israel vunnet kampen om Jordandalen, og syrerne prøvde aldri mer å angripe denne delen av landet.

Nyheten om den israelske seieren i Degania spredte seg raskt over hele landet. Degania var tross alt den første kibbutzen og et av de største symbolene på sionismen, og siden Degania kunne stoppe det syriske angrepet, kunne man forvente seg lignende mirakler over hele landet. De israelske soldatenes kampvilje fikk en viktig vitamininnsprøytning med seieren i Degania.

Libaneserne angrep landsbyene Malkiya og Kadesh i Vest-Galilea, men Yiftach-brigaden overrasket libaneserne med et bakholdsangrep. Da libaneserne trakk seg tilbake, etterlot de store mengder våpen og ammunisjon som israelerne fikk god bruk for.

De jødiske landsbyene i Negevørkenen i sør var om mulig enda mer utsatt enn de jødiske kibbutzene i Jordandalen. Av 27 spredte jødiske bosettinger i Negevørkenen var det bare fem som hadde mer enn 30 personer til å forsvare landsbyen.

Den 14. mai krysset den egyptiske hæren grensa, og kong Farouk utga et spesielt frimerke til minne om den egyptiske marsjen mot Gaza. Hver dag utbasunerte egyptiske radiostasjoner og aviser de fantastiske nyhetene om hvordan de egyptiske styrkene vant seier etter seier da de erobret Gaza, Beer Sheva og Majdal uten å se en eneste jødisk forsvarer.

Den 19. mai kom den egyptiske hæren fram til Kibbutz Yad Mordechai, som hadde en viktig posisjon ved hovedveien mellom Gaza og Ashkelon. I fem dager holdt de tapre forsvarerne stand mot to infanteribataljoner, en panserbataljon og et artilleriregiment. Cirka 300 egyptere ble drept eller skadet i kampene, og i løpet av de fem dagene som kampene varte, kunne israelerne forsterke forsvaret lengre nord.

Redningen fra Tsjekkoslovakia

Da den jødiske advokaten Otto Felix besøkte sitt fødeland, Tsjekkoslovakia, på høsten 1947, oppdaget han at mange av klassekameratene hans nå hadde høye posisjoner i regjeringen. Og da Felix oppdaget at tsjekkerne solgte våpen på det internasjonale markedet, søkte han om og fikk Ben-Gurions tillatelse til å prøve å skaffe noen. I desember var avtalen i havn. En jugoslavisk lastebåt seilte til Palestina med 4300 geværer, 200 maskingeværer og ammunisjon gjemt under en last med poteter.

Felix rapporterte også at Skoda, som nå produserte Messerschmitt-fly, hadde 25 eksemplarer av flytypen til salgs. Men på denne tiden hadde Haganah store forhåpninger om at Schwimmer og Arazi skulle lykkes med å skaffe fly i Amerika, så de var ikke interessert.

Men da innkjøpene i Amerika slo feil våren 1947, fikk pipa en annen låt. Nå var Haganah interessert i de tsjekkiske jagerflyene, men de kostet masse. På denne tiden kunne man kjøpe en Mustang for 4000 dollar, men en Messerschmitt kostet 180 000 inkludert kanoner, ammunisjon og bomber. Den 23. april, mindre enn én måned før staten ble opprettet, kjøpte Felix ti fly til den nette sum av 1,8 millioner dollar.

Den 9. mai reiste en håndfull piloter til Tsjekkoslovakia, der de skulle lære seg å fly de nye jagerflyene. Det skulle vise seg at flyene hadde altfor store motorer og propeller, som dro hele flyet mot venstre.

Den 20. mai klatret de fem israelske jagerflypilotene inn i en C-54 sammen med en Messerschmitt som var blitt demontert, masse bomber og ammunisjon og noen tsjekkiske mekanikere. Nesten 12 timer senere landet de på den militære flyplassen Tel Nof sør for Tel Aviv. I løpet av de neste dagene fraktet de nye israelske transportflyene tre nye Messerschmitts til Israel.

Nå var den militære situasjonen på mange fronter blitt prekær. Den 29. mai hadde den andre egyptiske panserbrigaden kommet helt til den arabiske landsbyen Ishdud 27 kilometer sør for Tel Aviv. Der stanset de for å reparere en bro som israelerne hadde sprengt kvelden i forveien, men israelerne mente at det bare ville ta noen timer før de kunne krysse broa, og mellom den egyptiske panserbrigaden og Tel Aviv sto det kun to trette infanterikompanier fra Givati-brigaden.

Den samme morgenen var de fire jagerflyene rede til å settes inn i kamp, og Remez fikk ordre om å angripe den egyptiske brigaden ved Ishdud. Men pilotene hadde ikke hatt tid til å prøve jagerflyene etter at de ble montert, så de visste ikke om motorene ville starte, om flyene ville ta av, om kanonene ville skyte eller om bombene ville fungere.

Klokka 19.45 samme dag tok de fire pilotene av på det første israelske jagerflytoktet. Så snart de israelske flyene kom over Ishdud, eksploderte landsbyen idet så godt som alle de egyptiske soldatene begynte å skyte mot dem. Alle de fire flyene slapp bombene sine og begynte å skyte i hytt og pine før kanonene deres slo seg vrange. Tre av dem klarte å karre seg tilbake til basen, men en av dem brakk en vingetipp da han prøvde å lande. Den fjerde piloten, den sørafrikanske jøden Eddie Cohen, ble skutt ned og drept da han prøvde å lande på feil flystripe.

I det første jagerflyoppdraget noensinne hadde Israel mistet 50 prosent av flyene og 20 prosent av pilotene sine. Og rapportene fra de overlevende pilotene etterlot ingen tvil om at de få små bombene de hadde klart å slippe, ikke hadde gjort stor skade på den egyptiske brigaden. De to israelske kompaniene måtte pent finne seg i å forberede seg på det uunngåelige angrepet som ville komme tidlig neste morgen.

Men angrepet kom aldri. Den natten kalte sjefen for den egyptiske panserbrigaden opp sine overordnede og rapporterte at han var blitt angrepet av israelske fly og inntok defensive posisjoner. Selv om de israelske jagerflyene ikke hadde stoppet angrepet rent fysisk, hadde de gjort det psykologisk. Den egyptiske kolonnen krysset aldri broa, og innbyggerne i Tel Aviv kunne sove trygt.

Neste dag ble de to gjenværende flyene sendt for å stoppe en irakisk panserkolonne som snart var framme ved kysten. Den 25. mai hadde jordanerne angrepet fra Samaria i retning av Middelhavet, og den jødiske landsbyen Geulim ble erobret. Den 28. mai kom de fram til de jødiske landsbyene Kfar Yona, Ein Vered og Kfar Javits, og nå var det bare 10 kilometer igjen før irakerne kunne dele landet i to ved Netanya.

Den ene irakiske kolonnen hadde flere stridsvogner og mer artilleri enn det hele Israels forsvar hadde til sammen på den tiden. Da Ezer Weizman og Milton Rubenfeld begynte å slippe bombene mot irakerne, ble Rubenfelds fly truffet av luftvernskyts eller kanskje splinter fra sin egen bombe. Rubenfeld klarte å hoppe ut før flyet styrtet i havet, og han vasset mot stranda da en stor skare israelske bønder kom mot ham med spader og hakker for å ta livet av det de trodde var en arabisk pilot. Rubenfeld snakket ikke hebraisk, og frenetisk begynte han å rope de eneste ordene han kunne på jiddisk: «Sjabes, sjabes, gefilte fisj, gefilte fisj!»[2] Weizmans fly ble truffet av en fugl, men han klarte å lande flyet på basen igjen.

Enda en gang var operasjonen en teknisk fiasko, og nå hadde Israel kun ett jagerfly igjen. Allikevel fikk dette angrepet den samme psykologiske effekten som angrepet ved Ishdud. Irakerne avbrøt angrepet på Israels kyststripe.

Det siste israelske flyet ble satt til å forsvare Tel Aviv. På ettermiddagen den 3. juni patruljerte Modi Alon over byen da to egyptiske Dakota-fly kom for å bombe byen. Alon svingte ut over havet slik at han kunne angripe dem med sola i ryggen, og begge de egyptiske bombeflyene ble skutt ned. Tel Avivs innbyggere jublet av glede da de forsto at Israel endelig hadde et flyvåpen. Men det viktigste av alt var at de egyptiske bombeflyene aldri kom tilbake.

Den mest betydningsfulle fronten var kanskje i Jerusalem, der jøder og arabere levde side om side og det bare var et steinkast mellom de jordanske stridsvognene og det improviserte israelske forsvaret. Den arabiske legion samarbeidet med Det muslimske brorskap i et angrep på kibbutzen Ramat Rachel, som lå mellom Jerusalem og Betlehem. Araberne erobret kibbutzen tre ganger, men hver gang klarte Etzioni-brigaden, Etzel og Palmach å ta tilbake kibbutzen.

I sentrum av byen kom den arabiske legion helt til Notre Dame-klosteret på grensa til de jødiske bydelene før de ble stoppet. De jødiske forsvarerne sprengte klosterets vegg i lufta med molotovcocktails, og veien ble blokkert av rester og ruiner som lå overalt. De utbrente panservognene og ruinene skulle vise seg å utgjøre et meget effektivt

---

2 *Sjabes* betyr sabbat, og *gefilte fisj* er en matrett som var populær blant jødene i Øst-Europa.

forsvar mot de transjordanske stridsvognene. Nesten halvparten av de 200 transjordanske soldatene som deltok i angrepet, ble drept eller såret, i tillegg til så å si alle offiserer.

Men i Gamlebyen i Jerusalem led jødene nederlag. De 300 soldatene fra Haganah og Etzel som forsvarte Gamlebyen, kjempet desperat i de trange gatene. Mange ganger beveget kampene seg fra hus til hus og fra rom til rom. Israelerne forsøkte å angripe Gamlebyen fra Sions berg, men angrepet mislyktes. Israelerne gikk tom for ammunisjon, og den 28. mai hadde de bare et lite område på 200 kvadratmeter igjen og 16 mann som kunne slåss. Da rabbinerne så hvor desperat situasjonen var blitt, klarte de å overtale offiserene til å inngå en våpenhvile med transjordanerne.

De arabiske offiserene trodde nesten ikke sine egne øyne da de så hvor få forsvarere jødene hadde. Noen av dem ble tatt som krigsfanger, men rabbinerne kunne ta med seg 1190 sivile og flykte til den relative «trygghheten» i de nye bydelene i Jerusalem. Deretter ble det jødiske kvarteret plyndret og brent av den arabiske mobben, og 58 jødiske synagoger ble ødelagt. De neste nitten årene skulle de jødiske hellige stedene i Jerusalem forbli stengt for jødene.

Jøde mot jøde i Israels farvann

Den 10. juni ble begge sider enige om å inngå en våpenhvile som FN fikk i stand. Våpenhvilen kunne ikke ha kommet på et bedre tidspunkt for israelerne, for da våpenhvilen begynte, var det bare mat igjen for tre dager i den jødiske bydelen i Jerusalem.

Midt under den første våpenhvilen skjedde det noe som kunne ha blitt en stor seier for jødene, men som isteden nesten førte til borgerkrig. Etzel hadde gjort et kupp av de sjeldne. De hadde klart å samle sammen 900 rekrutter i Europa, og nå var de rede til å immigrere til Israel for å hjelpe Israel i krigen. Ikke bare hadde de 900 rekrutter, men de hadde også fått tak i våpen til en liten hær. Den andre uka i juni seilte skipet *Altalena* fra Frankrike med de 900 soldatene pluss 5000 geværer, fire millioner runder med ammunisjon, 300 Bren-geværer, flere tusen bomber og mange andre våpen. Våpnene om bord på *Altalena* kunne utrette mirakler for de jødene som prøvde å forsvare Jerusalem og de andre israelske byene.

Mens båten var på vei til Israel, kontaktet Etzel det israelske sikkerhetsdepartementet for å få vite om de skulle la båten seile hele veien til Israel eller ikke. Etzel var redde for at de kunne få problemer med FN hvis de importerte alle disse våpnene midt under en våpenhvile, men de var lettet da den israelske selvutnevnte regjeringen ga grønt lys for at *Altalena* kunne komme inn til Israel.

I løpet av de siste dagene før båten kom, forhandlet Etzel med regjeringen om når og hvordan soldatene og våpnene om bord på *Altalena* skulle integreres i det nyetablerte israelske forsvaret, Israel Defence Forces (IDF), eller *Tzahal,* som det het på hebraisk. Etzel ville at 20 prosent av våpnene skulle gå til Etzels egne soldater i Jerusalem, og resten skulle distribueres blant resten av de israelske soldatene. Men den israelske regjeringen nektet å gå med på dette og krevde isteden at de 20 prosentene som skulle til Jerusalem, skulle gå helt og holdent til Haganahs menn i byen. Det endte med at regjeringen nektet å hjelpe Etzel med å losse skipet da det kom fram til Israel.

Men etter at Etzel hadde lastet av en del av våpnene på stranda i Kfar Vitkin, begynte regjeringens soldater å skyte på dem, og Etzel bestemte seg for å fortsette til Tel Aviv. Men i Tel Aviv ble situasjonen bare verre. Samtidig som Etzel forsøkte å losse noen av våpnene av skipet, ble de beskutt av både soldater på stranda og israelske krigsskip som lå rundt *Altalena.* Snart begynte det å hagle granater over skipet, og det begynte å brenne. Flere av de soldatene som hadde kommet for å forsvare Israel, døde i brannen, sammen med alle våpnene.

I ettertid er det blitt spekulert på om Etzel ville benytte våpnene om bord i skipet til å gjøre et militærkupp i Israel, men de historiske kildene tyder ikke på at dette var tilfelle. Det som er sikkert, er at *Altalena* er et av de mørkeste kapitlene i moderne israelsk historie, og at mange liv gikk tapt som en følge av mulige misforståelser mellom de to gruppene.

Under våpenhvilen forsøkte også FN å megle mellom partene. FNs megler, grev Bernadotte av Sverige, håpet på at partene ville undertegne en våpenhvileavtale som senere ville føre til en fredsavtale. Bernadotte presenterte en plan som gikk ut på at hele Galilea skulle tilfalle Israel, og hele Negev skulle tilfalle den arabiske staten. Jerusalem skulle være underlagt FNs myndighet, og den arabiske delen av Vest-Palestina skulle administreres av Transjordan.

Både jøder og arabere forkastet Bernadottes plan, og de forberedte seg på de uunngåelige kampene som ville komme da den 28 dager lange våpenhvilen var slutt den 9. juli.

Bernadotte selv ble myrdet i Jerusalem den 17. september samme år. Det er blitt spekulert i om Lehi sto bak mordet på Bernadotte, men det er aldri blitt bevist. Lehi skulle angivelig ha gjort dette fordi de mente at Bernadotte forsøkte å tvinge Israel til å undertegne avtaler som var fordelaktige for araberne.

Egyptere og hasjemitter fester grepet

Da kampene begynte igjen, var det en drastisk endring i situasjonen. Hittil hadde israelerne stort sett bare forsvart de jødiske byene og landsbyene, men nå mente de at de hadde tilstrekkelig med soldater og materiell til å gå på offensiven. Det tunge militærutstyret som de hadde kjøpt før staten ble opprettet, men som britene hadde hindret dem fra å importere, var nå klart til bruk. Den israelske hæren begynte å ligne mer på en armé og mindre på en geriljastyrke.

Israelerne lanserte «Operasjon dekel» og «Operasjon brosh» for å ta kontrollen over Galilea. Resultatet var at de fikk full kontroll over Nedre Galilea og Nasaret. lengre sør fikk de også kontrollen over Lod, Ramle og den internasjonale flyplassen utenfor Lod. Tidligere hadde Den arabiske legion hatt kontrollen over disse byene. De forsøkte også å erobre Latrun for å skape en bred korridor opp til Jerusalem, men denne planen slo feil. De klarte heller ikke å erobre Gamlebyen i Jerusalem.

I sør klarte egypterne atter en gang å stenge hovedveien i Negev, men israelerne lyktes med å åpne en annen vei. Nå var det Israel som hadde overtaket, og araberne ba britene om å skaffe dem en ny våpenhvile i Sikkerhetsrådet. Partene hadde kjempet i knapt to uker da den andre våpenhvilen trådte i kraft den 21. juli.

Mot slutten av sommeren begynte det israelske luftforsvaret å bli desperate, for nesten alle israelske fly var gått tapt i kampene. I løpet av de første månedene hadde de kjøpt totalt 25 Messerschmitts fra tsjekkerne, men de fleste av dem var ødelagt i kamp eller ulykker. Selv om seks fly fortsatt var kampdyktige rent teoretisk sett, kunne de sjelden bruke mer enn ett eller to av dem på én dag.

I begynnelsen av juli kjøpte Israel ytterligere 50 britiske Spitfires for 23 000 dollar pr stykk fra tsjekkerne. Men selv om Sovjetunionen lot tsjekkerne få selge våpen til Israel, satte USA seg på bakbeina. Da CIA fant ut at Israel kjøpte våpen derfra, sendte Washington en streng melding til Tsjekkoslovakia om at de måtte slutte å selge våpen til Israel eller bli utsatt for internasjonale sanksjoner. Den 11. august fikk Israel ordre om å trekke alle sine folk ut av Tsjekkoslovakia.

Israelerne ble enda en gang nødt til å improvisere. De utrustet Spitfire-flyene med ekstra drivstofftanker og fikk ordnet en avtale med en flyplass i Jugoslavia der de kunne mellomlande og fylle drivstoff. Den 24. september tok seks israelske piloter av fra Tsjekkoslovakia mot Jugoslavia og Israel, men en av dem styrtet da han prøvde å lande i Jugoslavia, og to fly ble konfiskert av britene da de ble tvunget til å nødlande på Kypros.

Da grev Bernadotte ble myrdet i september, havnet Israel i en kinkig politisk posisjon. Det som Bernadotte hadde anbefalt i sin rapport, ble nå et politisk testamente som det internasjonale samfunn hadde bestemt seg for å fullbyrde. Israel var bundet på hender og føtter inntil egypterne «reddet» dem. De egyptiske soldatene nektet å følge et punkt i våpenhvilen som sa at de israelske konvoiene skulle få fritt leide i Negev, og dermed mente Israel at de hadde rett til å gå til angrep igjen. Siden egypterne ikke forsto hvilken vanskelig situasjon Israel var havnet i på grunn av mordet på Bernadotte, ga de dem den unnskyldningen som Israel trengte for å beseire den egyptiske hæren i Negevørkenen.

I mellomtiden begynte uvennskapet å blomstre mellom Egypt og Transjordan. Begge stater hadde store forhåpninger om å kontrollere Palestina, og begge stater hadde sine egne knep for å få mest mulig innflytelse. I september opprettet Kairo en «hel-palestinsk regjering» som skulle sitte i Gaza, og den 1. oktober opprettet de et nasjonalt palestinsk råd som møttes i Gaza for å «velge» muftien til president for den nye «staten». Gaza-regimet ble straks anerkjent av Syria, Libanon og Irak, men det skulle snart vise seg at de bare var marionetter for den egyptiske regjeringen. Da muftien besøkte Gaza, ble han arrestert av de militære myndighetene og kjørt til Suez.

Abdullah, kongen i Transjordan, hadde sine egne planer for landet. Han mente at regimet i Gaza bare var en fasade for en deling av området og advarte om at regjeringen ikke var velkommen i Transjordan. Han arrangerte også en konferanse med spesielt utvalgte arabere fra Vest-Palestina. I arabiske byer og landsbyer i Judea og Samaria ble det arrangert «spontane» demonstrasjoner som oppfordret kongen til å annektere de områdene som soldatene hans kontrollerte. Og den 1. desember arrangerte han en konferanse i Jeriko der delegater fra Transjordan og Vest-Palestina utstedte en erklæring om at de støttet at Transjordan, Judea og Samaria ble forenet i «Det hasjemittiske kongeriket Jordan». Nå hadde Abdullah kontrollen over Transjordan, eller «østbredden» av Jordanelven, og Judea og Samaria, eller «vestbredden» av Jordanelven.

De eneste landene som anerkjente den jordanske annekteringen av «vestbredden», var Storbritannia og Pakistan.

Uavhengighetskrigen går mot slutten

Samtidig som egypterne og jordanerne var bitre fiender, begynte jødene å forberede seg på å angripe og utslette den siste egyptiske garnisonen på israelsk territorium. Nå var Israels styrker rede. De siste styrkene fra Palmach og Etzel var innlemmet i hæren, de var blitt bedre organiserte, de hadde fått bedre og tyngre våpen, og i desember 1948 hadde de mer enn 100 000 mann.

På grunn av vinterregnet var store deler av ørkenen uframkommelig. Men i siste liten oppdaget de israelske arkeologene en gammel, romersk vei som gikk fra Beer Sheva til Sinai. De militære ingeniørene ryddet bort sanden, og nå kunne den israelske angrepsstyrken gå rundt de tunge egyptiske forsvarsstillingene og avskjære dem fra den største egyptiske styrken i den vestlige delen av Sinaiørkenen. Den 28. desember erobret de Abu Ageila, og deretter Kusseima, Kunteila, Bir-Hassne og flyplassene ved Bir-Gafgafa og El-Arish, og de hadde nesten omringet og fanget de egyptiske styrkene som var på Gazastripen. En liten mobil styrke kom så langt inn i Sinai at de bare hadde 60 kilometer igjen til Suezkanalen.

De israelske styrkene sto ved portene til El-Arish og var rede til å slå til da USA gikk til aksjon. Den israelske regjeringen bøyde av for det amerikanske presset, ga ordre om at angrepet skulle stoppes og at alle tropper skulle trekkes tilbake fra Sinaiørkenen.

Men krigen på Gazastripen var ikke over. En israelsk styrke klarte å krysse sanddynene og opprette en base sør for Rafah, slik at hele Gazastripen var avskåret fra Egypt og hovedveien var blokkert. Nå gikk den egyptiske regjeringen med på å forhandle om en våpenhvile med Israel, hvis Israel først trakk tilbake styrkene sine fra Rafah. Israel gikk med på egypternes krav, noe de skulle komme til å angre på senere, siden den israelske forhandlingsposisjonen ble svekket da de ikke lenger kontrollerte hovedveien mellom Gaza og Egypt. Den 24. februar 1949 undertegnet Egypt og Israel en formell våpenhvileavtale på Rhodos, og krigen i sør var formelt over. Egypt fikk ifølge avtalen beholde kontrollen over Gazastripen, og Israel fikk beholde kontrollen over Negevørkenen helt ned til Rødehavet.

En av de siste trefningene på sørfronten var faktisk at Israel skjøt ned fem britiske jagerfly. Royal Air Force sendte fire Spitfires på et etterretningsoppdrag ved den israelsk-egyptiske grensa da israelsk luftvern skjøt ned to av dem. Senere ble de to gjenværende flyene angrepet av to israelske Spitfires. De israelske pilotene skjøt ned det ene flyet i troen på at de var egyptiske, og det var først midt i kampens hete at den ene israelske piloten så de britiske kjennemerkene på det siste britiske flyet. Rett etterpå fikk han inn en fulltreffer, og det britiske flyet styrtet.

77

Da fire israelske Spitfires traff på en annen britisk patrulje på fire Spitfires og 15 Tempest-fly samme ettermiddag, skjøt de israelske pilotene ned enda et britisk fly, denne gangen en britisk Tempest. Storbritannia var rasende på Israel som hadde skutt ned britiske fly som var på «fredelig etterretningsoppdrag», og Israel anklaget Storbritannia for uprovosert aggresjon. Men både i London og i Washington fikk den britiske regjeringen kritikk fordi de hadde sendt bevæpnede kampfly inn i en krigssone. RAF hevdet at flyene deres ikke var utstyrt med våpen, men den løgnen ble raskt avslørt da de britiske pilotene innrømmet at de hadde skutt tilbake mot israelerne.

I den politiske stormen fikk Israel svar på enda et mysterium: Hele sommeren og høsten hadde de israelske pilotene sett et stort transportfly som med jevne mellomrom fløy over Israel. De hadde forsøkt å skyte det ned, men de klarte det ikke før den 1. desember, da Wayne Peak, en amerikansk frivillig pilot, skjøt ned det mystiske flyet. Men Israel fikk ingen forklaring på hva slags fly dette var før Churchill reiste seg i Underhuset i midten av januar og krevde å få en forklaring på hvorfor et britisk Mosquito-bombefly var blitt skutt ned over Israels kyst en måned i forveien. Den britiske regjeringen ble dermed tvunget til å innrømme at flyet hadde samlet informasjon for London.

Nå som spillet var over for egypterne, kunne israelerne frigjøre styrkene sine til å ta et fastere grep om Negevørkenen. Tre israelske brigader ble satt på jobben, og de erobret den sørlige enden av Dødehavet, Masada, Ein Gedi og en del av Judeas ørken, og den 16. mars kom de så langt sør som til Umm Rash-Rash ved Akabagulfen, som var en del av Rødehavet.

Rent teknisk pågikk krigen i flere måneder til, selv om kampene var mer eller mindre over. Den 23. mars 1949 undertegnet Israel en våpenhvileavtale med Libanon, den 3. april med Jordan og den 20. juli med Syria.

Uavhengighetskrigen var over. Israel hadde vunnet krigen, men de hadde betalt en fryktelig høy pris. Mer enn 6000 israelere var blitt drept av en befolkning på 650 000 personer – nesten én prosent av befolkningen. Det er også blitt anslått at cirka 2000 arabiske soldater pluss et ukjent antall irregulære styrker ble drept.

Kapittel 4: 1949-1956
Håpet om fred blir knust

Du skal hente jøder. Si at de må komme raskt. Hva om irakerne plutselig ombestemmer seg og opphever loven? Dra og hent dem raskt!»

Dette var David Ben-Gurions beskjed til Shlomo Hillel da sistnevnte besøkte statsministeren den 27. mars 1950 for å spørre hvor mange jøder han skulle ta med fra Irak til Israel i lys av den vanskelige økonomiske situasjonen i den jødiske staten. Før han traff Ben-Gurion, hadde Hillel truffet Jewish Agencys leder, Levi Eshkol, og andre israelske ledere som mente at situasjonen var altfor vanskelig, og landet hadde altfor lite penger til å ta imot immigranter. Men Ben-Gurion var av en annen oppfatning. Han forsto nødvendigheten av å hente immigranter så raskt som mulig.

De første årene etter 1948 var virkelig tøffe tider for den nyfødte staten. Jødene kjempet i en økonomisk motvind av orkans styrke. I løpet av noen få år ble den jødiske befolkningen i Israel mer enn fordoblet, og innbyggerne måtte betale for denne immigrasjonen samtidig som de skulle finansiere en krig og bygge opp et levedyktig forsvar.

Før 1948 hadde 15 prosent av den palestinske eksporten gått til araberlandene, men nå boikottet de Israel. I tillegg var mange fabrikker, slik som den ved Dødehavet som produserte kalium, satt ut av spill, og produksjonen i oljeraffineriene i Haifa falt drastisk. Mange av de beste frukthagene ble dessuten ødelagt i krigen, så produksjonen av appelsiner nådde et bunnivå sammenlignet med før krigen. Det nasjonale flyselskapet El Al var et av firmaene som merket det økonomiske presset disse årene. I et internt memo fra august 1949 sto det: «Ledelsen har bestemt at det å anskaffe enda en sykkel vil være en unødvendig utgift i lys av selskapets økonomiske problemer.»

Det varte ikke lenge før regjeringen så seg nødt til å begynne med rasjonering av mat og klær. På menyen sto det blant annet én liten porsjon kjøtt og to egg i uka, og nesten alt annet av mat og klær var rasjonert til fastsatte priser. Folk sto i lange køer utenfor butikkene for å kjøpe noen få varer som ofte hadde gått ut på dato.

Ørnene risikerer livet over Rødehavet

Første prioritet for den israelske regjeringen var å hente europeiske jøder til Israel. På første plass i køen sto alle overlevende fra Holocaust som bodde i flyktningleirene i Tyskland, Østerrike og Italia. Mellom september 1948 og august 1949 ble 52 flyktningleire stengt, og alle flyktningene reiste til Israel via Marseille og Bari. Samtidig kom det også 25 000 flyktninger fra de britiske interneringsleirene på Kypros. Men selv om de fleste av flyktningene på Kypros ble løslatt da Staten Israel ble opprettet, nektet britene å løslate den siste gruppen på 11 000 jøder i «militær alder» før krigen var over i februar 1949.

Samtidig begynte også regjeringen å hente hjem store grupper av jøder fra østeuropeiske land. Store grupper av bulgarske, jugoslaviske, rumenske og polske jøder immigrerte mellom våren 1948 og høsten 1950. Men da Sovjetunionen begynte å legge press på Warszawa og Bucuresti, ble grensene stengt for de polske jødene i september 1950 og for de rumenske jødene i februar 1952. Men da hadde allerede 100 000 polske og 120 000 rumenske immigranter kommet til Israel.

Men selv om immigrasjonen fra Europa var imponerende, var det bare blåbær sammenlignet med de skarene av jøder som kom fra araberlandene. En av de mest sagnomsuste operasjonene fra denne perioden var «Operasjon flyvende teppe». Britiske og amerikanske fly fra blant annet et selskap med det forfrosne navnet Alaska Airlines, brakte 49 000 jøder til Israel på 380 flyvninger mellom juni 1949 og september 1950. De fleste av dem var jemenittiske jøder, men en håndfull kom fra Djibouti eller Eritrea.

Etter at FN stemte for delingsplanen, startet muslimer et opprør i Jemens hovedstad Aden, der 82 personer ble drept og mange jødiske hjem ble rasert. De fleste jødiske butikker ble ødelagt, og det jødiske samfunnet ble lammet. Jødene reagerte med å samle seg i Forløsningsleiren (Mahane Geula på hebraisk) i Aden, men på denne tiden var Aden en britisk kronkoloni, og de britiske styresmaktene ville ikke ha noen jødisk immigrasjon til Israel. De jødiske flyktningene fikk ikke tillatelse til å forlate Aden før i 1949.

De jemenittiske jødene hadde aldri sett et fly før, men de hadde lest den bibelske profetien i Jesaja 40,31: «Men de som venter på Herren, får ny kraft; de løfter vingene som ørnen, de løper og blir ikke utmattet, de går og blir ikke trette.» For å berolige de jemenittiske jødene malte Alaska Airlines en ørn med utstrakte vinger over flydørene.

Passasjerene hadde imidlertid problemer med å forstå hvordan man skal oppføre seg om bord i et moderne transportmiddel. En gang kom en av passasjerene inn til pilotene for å servere dem varm te. Pilotene var forundret, siden de ikke hadde noe utstyr om bord til å koke vann med, og da en av dem gikk ut i kabinen for å sjekke, oppdaget han til sin forskrekkelse at noen av passasjerene hadde tent bål midt i kabinen.

Mange av flyene ble utrustet med ekstra drivstofftanker for den lange turen. Man fryktet at alle passasjerene og besetningen ville bli drept hvis de ble tvunget til å mellomlande i et araberland, og mange av flyene ble også beskutt av araberne. Noen av dem fikk til og med kulehull i skroget. I tillegg til alt dette ble flyplassen i Tel Aviv bombet uopphørlig. Men likevel gikk ikke et eneste liv tapt under hele operasjonen. Et av flyene ble tvunget til å lande før det kom helt fram til rullebanen i Asmara, men selv om det var fullastet med bensintønner, begynte det ikke å brenne.

Det var bare ett fly som gikk tomt for drivstoff og ble nødt til å nødlande på en flyplass i fiendtlig territorium. Da den snarrådige piloten Bob Maguire landet i Port Sudan i Egypt, fortalte han myndighetene at han trengte ambulanser for å frakte de syke passasjerene sine til sykehus med en gang. De spurte ham hvorfor han trengte det, og svaret var at de hadde kopper. Ikke lenge etter ga myndighetene ham drivstoff og oppfordret ham til å forlate Egypt så snart som mulig.

De fleste flyene hadde også mange flere passasjerer om bord enn det som var tillatt. C-46-flyene hadde 76 passasjerer; nesten 30 flere enn de var godkjent for. Og DC-4-flyene hadde 150 passasjerer, selv om de bare hadde sitteplasser for 60 personer.

Flyene tok som regel av fra basen i Asmara i Eritrea om morgenen, og derfra fløy de til Aden der de plukket opp passasjerer og fylte drivstoff. Så fløy de nordover langs Rødehavet til Israel, der de landet i Tel Aviv. Og på grunn av alle bombeangrepene fløy de videre til Kypros der flyene parkerte over natten. Alt dette førte til at besetningen gjerne hadde arbeidsdager på mellom 16 og 20 timer.

Den andre hjemkomsten fra Babylon

Den største gruppen immigranter som kom til Israel i denne perioden, var de irakiske jødene. Helt siden kong Nebukadnesar erobret Jerusalem, ødela templet og tok jødene som fanger til Babylon i 586 før Kristus, har det bodd jøder i Babylon, og det jødiske samfunnet her har faktisk hatt en svært viktig rolle blant alle verdens jøder. Det var her den babylonske Talmud ble skrevet.

Da Irak gikk til krig mot Israel, benyttet myndighetene krigen som et påskudd til å erklære unntakstilstand. Folk kunne bli arrestert, forhørt, torturert og fengslet ved den minste mistanke, og de første som fikk lide for dette, var selvfølgelig jødene. Inntil det britiske Palestinamandatet opphørte, ble posten sendt som vanlig mellom de to landene. Men da mandatet nærmet seg slutten, samlet britene opp all post og overleverte den i ni store sekker til de irakiske myndighetene. Sensoren i forsvarsdepartementet hadde fått tak i denne posten siden den angivelig inneholdt bevis på kontakt med fienden i krigstid.

Flere hundre jøder ble arrestert sammen med alle brødre og søstre, onkler og tanter, naboer og venner som ble nevnt i brevene. Sionisme ble dessuten forbudt på lik linje med kommunisme, og alle som ble tatt til fange når de gjorde eller uttalte noe som kunne kalles for sionisme, kunne risikere lange straffer i arbeidsleir – eller til og med dødsstraff.

En av Iraks rikeste jøder, Shafiq Addas, var i lang tid blitt betraktet mer som iraker enn jøde. Ingen jøder var så assimilert som Addas, og det gikk rykter om at til og med kongen ofte besøkte hjemmet hans i Basra. Men etter at avisene begynte å hevde at han var sionist og kommunist, ble han arrestert og tiltalt for å drive med kommunisme og sionisme: Mer enn 20 vitner talte imot Addas, men da det var forsvarets tur, avbrøt rettspresidenten advokaten og sa at det var unødvendig å sløse bort tiden på flere vitnesbyrd. Kort tid etter ble Addas dømt til døden og hengt rett utenfor hjemmet sitt i Basra.

På grunn av Addas' skjebne begynte de fleste irakiske jøder å forstå at antisemittismen ikke bare rammet de fattige jødene, og ønsket om å reise opp til Sion blusset opp blant dem. I mars 1950 ga det irakiske parlamentet sin tillatelse til at jødene kunne emigrere hvis de først frasa seg sitt irakiske statsborgerskap. Den irakiske regjeringen forsikret emigrantene om at hjemmene, forretningene og bankkontoene som de etterlot seg, ville bli solgt og pengene sendt til de rettmessige eierne. Men den 10. mars 1951, dagen etter at fristen var gått ut for å søke om utreisevisum, ombestemte regjeringen seg og opplyste at alle eiendeler og bankkontoer ville tilfalle regjeringen.

Den irakiske regjeringen ga også sin tillatelse til at Israel kunne hente emigrantene med fly, på betingelse av at flyene mellomlandet i det nøytrale Kypros på vei til Israel. I mai 1950 begynte «Operasjon Ali Baba», som var kodenavnet på flytransporten til Israel. Da operasjonen var over i desember året etter, hadde 113 000 jøder foretatt reisen til Israel. Senere fikk noen jøder også tillatelse til å reise via Iran, slik at totalt 121 000 irakiske jøder fikk immigrere til Israel.

Det kom også store grupper av jøder fra andre land i Midtøsten. Nesten hver eneste én av Libyas 23 000 jøder immigrerte til Israel mellom 1949 og 1951. Fra Syria og Libanon kom det 14 000 immigranter, og fra Tyrkia kom det 33 000 immigranter. Mellom 1948 og

1956 kom det dessuten cirka 39 000 persiske immigranter til Israel, og de fleste av dem var meget fattige.

Mange av de egyptiske jødene hadde levd i relativ velstand før andre verdenskrig, men da den egyptiske nasjonalismen blomstret etter krigen, måtte jødene og andre minoriteter betale prisen. Og for jødene ble situasjonen bare verre etter november 1947. I august 1949 fikk de egyptiske jødene lov til å emigrere, men regjeringen konfiskerte så godt som all eiendom og eiendeler fra dem som ville reise fra landet. De 20 000 jødene som kom seg ut av Egypt, var svært fattige da de kom til Europa, og 7000 av dem valgte å fortsette reisen til Israel.

Det fargerike hjemlandet

Immigrasjonen fra araberlandene betydde at Israels befolkning endret karakter på en dramatisk måte i løpet av bare noen få år. Før 1939 var omtrent 89 prosent av verdens jøder askenasiske, mens kun 11 prosent var sefardiske.[3] Men denne situasjonen endret seg kraftig da seks millioner askenasiske jøder ble drept under andre verdenskrig. Før krigen hadde nesten all organisert sionisme vært rettet mot de askenasiske jødene i Europa og Nord-Amerika, og Sionistorganisasjonen hadde nesten totalt oversett de sefardiske jødene.

Da Staten Israel ble opprettet, bodde det anslagsvis 650 000 jøder i landet, men da den første folketellingen ble foretatt et halvt år senere, fant man at det bodde 712 000 jøder og 69 000 arabere i staten. Mellom 1948 og 1953 kom hele sju prosent av hele den jødiske diasporaen til Israel, noe som betydde at befolkningen ble fordoblet på bare fire og et halvt år. Og før utgangen av 1956 var den nesten tre ganger så stor, med 1 667 000 innbyggere.

Og siden en stor del av immigrantene var fra araberlandene, betydde det at andelen sefardiske jøder i landet økte fra 25 prosent i 1948 til 45

---

3 Askenas og sefard: Disse uttrykkene kommer fra middelalderens hebraiske navn på det området som i dag er Tyskland, «Ashkenas», og det hebraiske navnet på Spania, «Sefarad». Askenasiske jøder har røtter i Tyskland, Polen og andre østeuropeiske land. De fleste jøder som i dag bor i Europa og Nord-Amerika, er askenasiske jøder. Sefardiske jøder har sine røtter på den iberiske halvøy. Da de ble utvist fra Spania og Portugal på 1400-tallet, valgte de fleste av dem å slå seg ned i land i Nord-Afrika og Midtøsten. I tillegg finnes det mange jødiske grupper som har bodd i Midtøsten i mer enn 2000 år, som for eksempel de babylonske jødene. Selv om disse jødene egentlig ikke har noen bakgrunn fra Spania, blir de iblant kalt for sefardiske jøder, skjønt det er mer korrekt å kalle dem for orientalske eller mizrahi jøder.

prosent i 1961. Dette fortonte seg som en etnisk revolusjon for statens ledere, som alltid hadde trodd at Israel ville være en vestlig utpost i Asia. Nå ble landet stadig mer orientalsk.

De nye israelerne møter veggen

Den lille, nyfødte staten var ikke rede til å ta imot så store grupper av immigranter og flyktninger. De fleste av dem var dessuten lutfattige, siden de enten var overlevende fra Holocaust eller mennesker som ble nødt til å flykte fra araberlandene uten eiendelene sine.

Mange av de første flyktningene som kom til landet, fulgte overlevelsesinstinktet og slo seg ned i de tomme husene som araberne hadde etterlatt seg i Haifa, Jerusalem, Jaffa og mange andre israelske byer. De 80 000 tomme, arabiske leilighetene kunne imidlertid bare romme 200 000 jødiske immigranter, og immigrasjonen fortsatte stadig.

Snart begynte Jewish Agency å importere prefabrikkerte hus, og et nasjonalt selskap, Amidar, ble grunnlagt for å bygge permanente hus så raskt og billig som mulig. En familie på fire fikk ett rom pluss et lite bøttekott der de kunne vaske klær og lage mat. I slutten av 1950 hadde Israel bygd 50 000 slike boliger, men det gikk altfor sakte. Jewish Agency ble også nødt til å innkvartere immigranter i kaserner og teltleire over hele landet. I begynnelsen av 1951 bodde det 97 000 menn, kvinner og barn i 17 000 telt i 53 leire. Hele 10 prosent av Israels befolkning bodde i telt på denne tiden.

I alle disse leirene ble maten servert i et sentralt kjøkken, klærne fikk man fra Jewish Agencys lager, regjeringen improviserte skoler for barna, og nesten alle voksne var arbeidsledige. Immigrantene var dessuten avskåret fra de sosiale omgivelsene de var vant til, og det oppsto mange problemer da flyktninger fra Europa, Asia og Nord-Afrika måtte sove i samme telt. I begynnelsen av 1952 hadde nesten 40 000 av immigrantene gitt opp håpet om å få et godt liv i Israel, og de emigrerte til Europa, Nord- og Sør-Amerika eller det britiske samveldet.

Da israelerne ikke lenger hadde flere hus å innkvartere flyktningene i, begynte de å kjøpe telt fra britiske militære overskuddslagre i India. I løpet av 1949 ble hele 250 000 immigranter innkvartert i militærkaserner og teltleire, og senere ble de flyttet til transittleire. Kostnadene var skyhøye. Man regnet med at det ville koste 3000 dollar å integrere hver enkelt immigrant, og selv om man brukte hele statsbudsjettet på immigranter, ville det ikke være nok penger.

I 1950 hadde situasjonen blitt så vanskelig at de ikke lenger hadde telt til nye immigranter, og mangelen på mat var prekær. I flyktningleirene ble all mat rasjonert, og matinspektørene måtte bære pistoler for å kunne beskytte seg mot sultne og aggressive immigranter. Arbeidsløsheten var et kapittel for seg. I tillegg til alle flyktningene i leirene, var 30 000 av de «gamle» israelerne også uten jobb. Mange av de immigrantene som hadde vendt tilbake til Sion med høye forhåpninger om livet i det jødiske hjemlandet, fikk sine drømmer knust.

Folks misnøye med økonomien ga seg også utslag i det politiske bildet. Herut, den politiske arvtakeren til Etzel, fikk ofte æren for å ha tvunget britene til å forlate landet og dermed åpnet døren for at Staten Israel kunne bli opprettet i 1948. Men selv om dette i begynnelsen skulle vise seg å være positivt for Herut, viste det seg snart at de også måtte ta noe av skylden for den dårlige økonomien. Israelske kynikere oppsummerte problemet i en enkel vits: «Hvorfor fikk Herut 14 mandater i det første valget til Knesset i 1949?» «Fordi de sparket ut britene.» «Hvorfor fikk Herut bare åtte mandater i det andre valget til Knesset i 1951?» «Fordi de sparket ut britene.»

Den nyfødte staten tar form

En annen utfordring i løpet av de første årene var at jødene i Israel måtte bygge opp alle de institusjoner man behøver i en moderne stat i det 20. århundre. Og dette var ingen enkel oppgave. Britene hadde etterlatt seg et eneste kaos da de trakk seg ut i mai 1948. Da de trakk seg ut fra de forskjellige områdene, gjorde de ingenting for å overlevere det administrative ansvaret til nye myndigheter, og dette skapte et vakuum over hele landet. Politivesenet eksisterte ikke lenger, postvesenet lå i ruiner, og landet var ikke lenger med i den internasjonale postunionen.

Den FN-kommisjonen som var blitt utnevnt for å iverksette Generalforsamlingens resolusjon 181, rapporterte at fordi mandatets regjering hadde nektet å samarbeide med dem når det gjaldt overleveringen av myndighet, var det brutt ut totalt kaos i Palestina. Dermed ble jødene nødt til å bygge opp alle institusjoner og myndighetsapparater helt fra grunnen av. Den arabiske siden, derimot, gjorde ikke noe forsøk på å bygge opp en egen stat. De forkastet tanken på en arabisk stat i deler av Palestina og satset alt på å tilintetgjøre den nye jødiske staten.

Den 25. januar 1949 ble det første nasjonale valget holdt. Ben-Gurions parti Mapai vant overlegent og fikk 46 mandater i Knesset, mens det venstreradikale Mapam ble det nest største partiet med 19 mandater. Det var åpenbart at Mapai ikke hadde nok mandater til å danne regjering på egen hånd, og Ben-Gurion erklærte at han var villig til å starte forhandlinger med alle partier «bortsett fra Herut og kommunistene». Det var tydelig at den gamle feiden med revisjonistene og Begin ikke var glemt.

Da Israels første demokratisk valgte regjering ble dannet den 8. mars, var følgende partier med i koalisjonen: Ben-Gurions eget Mapai, Den forente religiøse fronten, Fremskrittspartiet, De sefardiske og orientalske samfunn og Nasarets demokratiske liste, som hadde to arabiske representanter fra Josef og Marias hjemby.

Den politiske virkeligheten i det første Knesset skulle komme til å bli representativ for alle de første 60 årene av Staten Israels eksistens. Ingen politiske partier har noensinne fått så mange mandater at de kunne danne en flertallsregjering på egen hånd, og alle regjeringer har vært avhengige av å få med seg flere småpartier for å danne en regjeringskoalisjon med flertall i Knesset. Mapai, som dominerte den israelske politikken de første 30 årene, fikk aldri mer enn 38,2 prosent av stemmene, og inntil 1974 klarte ingen andre partier å klatre over 20 prosentstreken. Dette forklarer hvorfor småpartiene alltid har hatt relativt stor makt i koalisjonsforhandlingene i Israel.

Noe av det første Knesset bestemte, var at det skulle utpekes en israelsk president. Det var aldri noen tvil om at Chaim Weizmann skulle få denne jobben. Det virkelige spørsmålet var hvor stor innflytelse Weizmann skulle få på den nye republikkens politikk. Som statsminister ønsket Ben-Gurion selvfølgelig å beholde mest mulig makt på sitt eget kontor, så han var raskt ute med å forsikre seg om at Israels president bare skulle være en symbolsk figur. Det er ingen hemmelighet at Weizmann ble skuffet over den rollen han fikk i Israel. «Jeg er en fange i Rehovot,»[4] sa Weizmann til sin omgangskrets.

Den 11. mai samme år ble Israel også innlemmet som det 59. medlemmet i Forente Nasjoner.

Da det første Knesset ble valgt, var det underforstått at en av de første oppgavene var å utforme en grunnlov, men det tok ikke lang tid før Ben-Gurion og Mapai forkastet disse planene. For det første mente statsministeren at det var galt at staten skulle ha hastverk med å ta på seg en juridisk tvangstrøye. Dessuten hadde Knesset mange andre viktigere gjøremål ettersom Israels befolkning var i sterk vekst, de hadde mange

---

4   Chaim Weizmann, Israels første president, var den eneste presidenten som ikke bodde i Jerusalem under sin tid som president. Weizmann bodde isteden i sitt eget hjem i byen Rehovot, cirka 15 kilometer sør for Tel Aviv. I dag bor Israels president i «Beit HaNasi», eller «Fyrstens hjem», i bydelen Rehavia i Jerusalem. Presidentboligen ligger bare et steinkast eller to fra statsministerens bolig.

nye immigranter å ta hånd om, og de måtte hanskes med trusselen om en arabisk invasjon.

I tillegg var det sterk uenighet om dette sentrale temaet mellom flere koalisjonspartier. De religiøse partiene ville at Bibelen skulle danne grunnlaget for Israels grunnlov, mens andre partier i regjeringen totalt forkastet tanken på Guds eksistens, og de ville aldri gå med på noe slikt. Isteden vedtok Knesset «Overgangsloven», og i løpet av de kommende årene utviklet Knesset en rekke «grunnleggende lover» som omhandlet alle de temaene en grunnlov vanligvis omfatter. Per 2013 har Israel elleve grunnleggende lover.

Den første regjeringen satt bare ved makten i et og et halvt år før statsministeren trakk seg den 15. oktober 1950. To uker senere kom den andre regjeringen til makten. Nok en gang var det Ben-Gurion som var statsminister, og de samme partiene ble med i koalisjonen, men denne regjeringen klarte bare å holde vannet over hodet i tre og en halv måned før de trakk seg. Siden da har det gått slag i slag med nye israelske regjeringer. Fra 8. mars 1949 til 8. mai 2008 (17 962 dager), da Staten Israel feiret sitt 60-års jubileum, har Israel hatt 31 regjeringer, som i gjennomsnitt har sittet ved makten i 579 dager, eller ett år og sju måneder.

De første månedene holdt Knesset til i Tel Aviv, der de flyttet fra bygning til bygning. Men den 9. desember stemte FN for å gjøre Jerusalem til en internasjonal by, og Ben-Gurion bestemte seg for å handle. Nå var tiden kommet for å flytte hovedstaden opp til Jerusalem. «Det jødiske Jerusalem er en integrert og uadskillelig del av Staten Israel, på samme måte som det er en uadskillelig del av Israels historie, Israels tro og vårt folks ånd,» erklærte han da Knesset bestemte seg for å flytte til Jerusalem den 5. desember 1948.

I juli 1951 var det valg igjen. Mapai ble igjen det største partiet med 45 mandater, mens De generelle sionistene fikk 20 og Mapam fikk 15. Denne gangen fikk Herut kun åtte representanter. En stor del av forklaringen var antakelig at mange av de flere hundre tusen nye immigrantene fra araberlandene aldri hadde hørt om verken Herut, Begin eller Jabotinsky, men de visste at det var Ben-Gurions regjering som hadde ført dem til Det lovede land med ørnens vinger.

Ben-Gurion dannet en ny regjeringskoalisjon med åtte partier. Mapai hadde, som allerede nevnt, 45 Knesset-representanter, og de sju andre småpartiene i koalisjonen hadde totalt 20 representanter. Med andre ord var Mapai det klart dominerende partiet i regjeringen.

Da den israelske regjeringen ble opprettet, betydde det blant annet at Jewish Agency ikke lenger hadde noe mandat til å utføre de samme oppgaver som de hittil hadde gjort. Fra nå av tok Jewish Agency isteden over Mossads oppgave, som var å bringe immigranter til Israel. En viktig forskjell mellom dem var imidlertid at Jewish Agency kunne gjøre alt lovlig og synlig, siden de hadde regjeringens velsignelse til å bringe immigranter til landet.

I denne perioden ble også Israels nasjonale flyselskap startet. Den første flyvningen skjedde i september 1948, da Chaim Weizmann skulle fly fra Genève til Israel. Det nøytrale Sveits var ikke særlig begeistret for å ta imot et militært israelsk fly, og dermed omgjorde israelerne et militært C-54 Skymaster til et sivilt fly og skrev ordene «El Al/Israel National Aviation Company» på siden av flyet. Den 30. september ankom den kommende presidenten Israel.

I 1952 begynte Israels regjering å forhandle med Vest-Tysklands regjering om krigsskadeerstatning for de seks millioner jøder som Tyskland myrdet under krigen. Dette vakte stor oppstand blant mange jøder. Begin gikk i bresjen for demonstrasjoner mot å ta imot tyske erstatningspenger – Wiedergutmachung («å gjøre godt igjen») – fra et land som bare noen år i forveien hadde utslettet en tredjedel av det jødiske folket. «Du kan ikke gjøre forretninger med morderen, motta penger fra ham og fortsatt hevde at du aldri vil tilgi ham for forbrytelsene hans,» insisterte Begin.

Over hele Israel ble det holdt store demonstrasjoner, og flere titusen overlevende fra Holocaust deltok. Og mens Knesset diskuterte spørsmålet, gikk mengden til angrep og kastet stein på bygningen. Det endte med at 56 jødiske og fem arabiske representanter støttet regjeringens forslag mens 50 stemte imot, fem avsto fra å stemme og fire var fraværende. Blant de jødiske Knesset-representantene var situasjonen dermed slik at 56 stemte for og 59 ikke gjorde det.

Etter noen år begynte den politiske hestehandelen å tære hardt på Ben-Gurion, og i desember 1953 trakk han seg fra statsministerposten. De neste to årene var Moshe Sharett (tidligere Shertok) hode[5] for Israels regjering. Han skulle ikke få noen lett oppgave. I juni 1955 ble Sharetts regjering styrtet av De generelle sionistene. En måned senere ble det holdt nytt valg til Knesset, og nå kom Ben-Gurion tilbake og tok over tømmene igjen.

---

5 Det hebraiske uttrykket for statsminister, «rosj hamemsjala», betyr direkte oversatt «regjeringens hode».

Håpet om fred blir knust

Etter at Israel gikk seirende ut av Uavhengighetskrigen, forventet de fleste israelere at nå ville det bli sann og varig fred med araberstatene. Overalt i landet kunne man høre folk som sa: *Krigen er over! Vi har slått araberne! Nå er det mulig, og til og med nødvendig, å gå tilbake til sionismens oppgaver: å bygge opp landet, utvikle jordbruket og opprette et sunt og fredelig samfunn.*

Og når israelerne leste våpenhvileavtalene fra Rhodos, hadde de grunn til å være optimistiske. I alle avtalene sto det svart på hvitt at hensikten med avtalen var «et uavvendelig skritt for å gjenopprette freden i Palestina», og da avtalene ble undertegnet på Rhodos, forventet alle partene at de bare ville trenge noen måneder på å forhandle fram varige fredsavtaler.

Alle avtalene støttet Sikkerhetsrådets forbud mot å bruke makt og bekreftet at Israel og araberstatene hadde rett til å leve i sikkerhet og uten frykt for å bli angrepet. Avtalene innebar også at det ble opprettet to organer som skulle redusere faren for vold langs grensene. Den ene var de blandede våpenstillstandskommisjoner (MAC), og den andre var FNs observatørkorps i Midtøsten (UNTSO), som skulle overvåke våpenstillstanden.

Den 11. desember 1948 ble resolusjon 194 vedtatt av Generalforsamlingen. Et resultat av resolusjonen var at det ble nedsatt en forsoningskommisjon som fikk tre viktige oppgaver: å opprette en fredsavtale mellom Israel og araberne, å legge forholdene til rette for at de arabiske flyktningene kunne vende tilbake, og å formulere en plan for å organisere et internasjonalt regime for Jerusalem. Det burde ikke komme som noen overraskelse at kommisjonen mislyktes totalt i alle disse oppgavene. Et av kommisjonens største feilgrep var at da de startet diskusjoner i Lausanne i Sveits i april 1949, lot de de forskjellige arabiske representantene delta i diskusjonen som én blokk istedenfor enkeltvis. Dermed var det ingen arabere som turte å ta initiativet til å moderere posisjonene.

Blekket i våpenhvileavtalene var ikke engang tørt før arabere i Judea, Samaria og Gaza overtrådte de våpenhvilelinjene som partene var blitt enige om. Noen av dem gjorde det ganske enkelt for å treffe familiene sine, mens andre gjorde det med mer lumske hensikter.

I begynnelsen klarte MAC midlertidig å forhindre at arabere stjal avlinger, men mot slutten av 1951 ble tyveriene og vandalismen så omfattende at israelske styrker var nødt til å slå tilbake. Det israelske grensepolitiet gikk til aksjon for å arrestere lovbryterne, og de som gjorde motstand, ble skutt. Bare i 1952 ble 2595 arabere arrestert, mens 394 ble drept og 227 ble såret. Etter 1952 begynte noen arabere dessuten med regelrett mord og mordbranner. Det gikk nesten ikke en uke uten at sivile israelere ble drept eller såret av arabiske banditter.

De laverestående arabiske tjenestemennene og det jordanske politiet gjorde lite eller ingenting for å stoppe bandittene, og israelerne valgte å gi de arabiske regjeringene ansvaret for angrepene. Fra juni 1949 til oktober 1954 hevdet Israel at Jordan hadde brutt våpenhvileavtalen 1612 ganger. Jordan, på sin side, anklaget Israel for å ha brutt avtalen 1348 ganger.

Blodsutgytelsen ble som verst da en granat ble kastet inn i et hus i Tirat Yehuda den 13. oktober 1953, der en mor og to barn ble drept. MAC ble tilkalt og trakk den konklusjonen at jordanske terrorister sto bak angrepet.

Nå ville den israelske regjeringen slå hardt tilbake mot jordanske terrorbaser, og en av disse lå i landsbyen Qibya. Kommandoenhet 101, under ledelse av Ariel Sharon, fikk i oppdrag å hevne angrepet. Da enhet 101 kom fram til Qibya, begynte de å sprenge flere hus etter å ha forsikret seg om at det ikke var noen inni husene. Uheldigvis hadde noen i troppen gjort svært dårlige forberedelser, og resultatet var at soldatene ikke fant alle de sivile som gjemte seg inne i husene. Sharon selv forsto ikke omfanget av tragedien før dagen etter, da han hørte på radioen at 69 personer var blitt drept, og at halvparten av dem var kvinner og barn.

Den 17. mars 1954 ble ytterligere 11 jøder drept og to såret da en buss ble angrepet i Negevørkenen. MAC nektet å gi den jordanske regjeringen skylden for udåden og mente at det var private, kriminelle arabere som sto bak angrepet. Dermed trakk Israel delegatene sine fra kommisjonen. Nå begynte dessuten den jordanske regjeringen å sette en stopper for infiltrasjonen. Som et resultat av dette sank antallet drepte israelere til 33 i 1954 og til 24 i 1955.

Ved den syriske grensa var ikke situasjonen stort bedre. Syriske soldater begynte å skyte på sivile ingeniører som drenerte Huladalen, og israelske fiskebåter på Galileasjøen ble også beskutt, selv om hele Galileasjøen ifølge våpenhvileavtalen lå inne på israelsk territorium.

Men på og rundt Gazastripen var situasjonen verre enn langs noen av de andre israelske grensene. På et område som var omtrent seks kilometer bredt og mindre enn 50 kilometer langt, bodde det opptil 200 000 flyktninger og 50 000 vanlige innbyggere. Det egyptiske militære styret hadde tett kontroll over Gazastripen, og flyktningene fikk ikke lov til å ta seg arbeid i selve Egypt. Det er kanskje ironisk at det var nettopp der hvor flyktningene ble behandlet så dårlig av sine arabiske brødre, at hatet mot Israel vokste seg sterkere enn noe annet sted. Og fordi flyktningene hatet Israel, betraktet de det ofte som en patriotisk plikt å infiltrere og angripe jødiske mål.

Mellom 1949 og 1956 ble 1300 israelere drept av arabiske terrorister, banditter og fedayeen, og 80 prosent av de drepte israelerne var sivile. Til sammenligning var 67 prosent av de arabiske ofrene militært personell.

I begynnelsen av 1950 fikk Israel det gjennombruddet de hadde ventet på i fredsforhandlingene med et araberland. Transjordan gikk med på å skrive under på en fredsavtale med Israel, og ifølge avtalen ville hasjemittene blant annet få tilgang til en sone i Haifas havn og tilgang til en trang korridor mellom Jordanelvens vestlige bredde og Middelhavet. Begge folk ville også få garantier om gjensidig tilgang til de hellige stedene i begge deler av Jerusalem.

I samme øyeblikk som nyheten ble kjent, begynte det å storme rundt kong Abdullah, og det ble regjeringskrise i Transjordan. Flyktningene på vestbredden oste av sinne, og Syria truet med å stenge grenseovergangene. Og da Den arabiske liga kom sammen i Kairo noen dager senere, ville Egypt og Saudi-Arabia kaste ut Transjordan fra organisasjonen, men de fikk lov til å bli da de aksepterte en resolusjon som opprettet et forbud mot separate avtaler med Israel.

På tross av dette sendte kongen en hemmelig beskjed til Israel om at «Abdullah, Husseins sønn, ikke bryter sitt ord». Den 1. januar 1950 annekterte han alle de områdene han kontrollerte i Vest-Palestina, og den 25. april endret han offisielt navn på riket til Det hasjemittiske kongedømmet Jordan. Den arabiske liga protesterte, men de gjorde ingenting. Det gjorde imidlertid Egypt. Den 30. juli 1951 ble kong Abdullah skutt og drept utenfor Al Aqsa-moskeen i Kairo av en drapsmann på egypternes lønningsliste.

Men Abdullah var ikke den eneste arabiske lederen som ble myrdet av sine egne arabiske brødre. Den egyptiske statsministeren Nuqrashi Pasha var blitt henrettet av Det muslimske brorskap fordi han hadde gått med på en våpenhvile før Egypt undertegnet våpenhvileavtalen på Rhodos. Libanons statsminister Riad al-Suhl ble henrettet fordi han uttrykte at han var moderat. Hele det syriske regimet ble styrtet i et militærkupp fordi de hadde tapt krigen og undertegnet våpenhvileavtalen.

Men selv om Jordan ga signaler om at de ville ha fred med israelerne, virket det ikke som om de andre araberlandene hadde noe hastverk med å innlede fredsforhandlinger. Problemet var at de fleste araberstatene ikke hadde tapt så mye på grunn av krigen. De hadde nesten ikke mistet noe eiendom eller territorium, de militære tapstallene var ubetydelige i forhold til befolkningen, og hele krigen hadde kostet araberstatene kun 300 millioner dollar.

Araberne hadde dessuten tålmodighet, og de forsto at det kunne ta mange år før de ville klare å overvinne den jødiske fienden. Azzam Pasha mente at dette var arabernes fremste styrke: «Vi har et hemmelig våpen som vi kan bruke bedre enn geværer og maskingeværer, og det er tid. Så lenge vi ikke stifter fred med sionistene, er ikke krigen over. Og så lenge krigen ikke er over, finnes det verken noen som er seierherre eller noen som er beseiret.»

I tillegg til tidsfaktoren hadde araberne enda flere ess i ermet. I januar 1950 kom Den arabiske liga med en plan for å avskrekke andre nasjoner og selskaper fra å gjøre forretninger med Israel. Året etter opprettet de et kontor i Damaskus som skulle administrere boikotten. Europeiske og nordamerikanske selskaper som hadde kontakt med Israel, ble også boikottet.

Araberstatene kuttet også alle bånd med det israelske postvesenet, telefonnettet og telegrafene. De satte en stopper for all transport med båt, fly, bil og tog mellom Israel og araberstatene. Ingen personer som hadde et israelsk visum i passet, fikk lov til å besøke en arabisk stat. Egypt blokkerte også alle israelske skip fra å seile gjennom Tiranstredet eller Suezkanalen, til tross for at Egypt hadde undertegnet Konstantinopel-konvensjonen, som garanterte fri ferdsel for alle nasjoner både i krigstid og i fredstid gjennom Suezkanalen.

I august 1951 klaget Israel til Sikkerhetsrådet, og i september ga Sikkerhetsrådet ordre om at Egypt skulle la de israelske skipene få slippe igjennom. I flere måneder etter dette var egypterne mer rause enn normalt, men i løpet av 1952 ble blokaden gradvis gjeninnført. Og da Storbritannia og Egypt undertegnet en avtale om å evakuere britiske styrker fra Suez i juli 1954, virket det som om det internasjonale samfunnet godtok blokaden som et *fait accompli*. Nå hadde dessuten Sovjetunionen begynt å vende seg mot Israel, så de hadde ingen forhåpninger om at Sikkerhetsrådet ville hjelpe dem.

Våpenhvileavtalene etter Uavhengighetskrigen betydde at Israel hadde grenser som i beste fall kunne kalles for latterlige, og i verste fall kunne kalles for dødelige. Én ting var sikkert: Grensene var svært skjøre, og de befant seg på steder der de praktisk talt inviterte araberstatene til å angripe og invadere landet. I Midtøsten gikk det 40 arabere på hver jøde, og arabernes armeer hadde åtte ganger flere soldater enn Israel hadde.

Jødenes eldgamle hovedstad, Jerusalem, var delt i to. De jordanske skarpskytterne kunne ligge på lur på Gamlebyens murer og plaffe løs mot de jødiske bydelene, som bare lå et steinkast unna. Grensa mot Syria gikk ved foten av Golanhøydene, og det var ingen som hadde noen illusjoner om at Israel skulle klare å bevare freden når de syriske kanonene hadde verdens beste utsikt over de israelske kibbutzene i Huladalen og ved Galileasjøen.

Det var bare 15 kilometer mellom Jordans hær og Middelhavet, og alle israelske generalers skrekk var at de skulle avskjære forbindelsen mellom de nordlige og de sørlige delene av Israel.

Egypterne hadde full kontroll over Sharm el-Sheikh og Tiranstredet, og dermed var det umulig for israelerne å bygge en fungerende havn i Eilat.

På henholdsvis den jordanske og den israelske siden av Jerusalem fikk ordet «religiøs frihet» to vidt forskjellige betydninger. I Israel ble kristne og muslimer aldri nektet adgang til sine hellige plasser, men på den jordanske siden av grensa hadde ingen jøder adgang til sine hellige plasser. Ifølge våpenhvileavtalen skulle jødene ha ubegrenset adgang til Vestmuren, men hasjemittene nektet å overholde denne regelen. Senere gjorde de situasjonen enda verre da de ryddet en vei gjennom den jødiske gravlunden på Oljeberget og brukte de jødiske gravsteinene til å bygge gangveier til hærens latriner.

På grunn av den skjøre sikkerhetssituasjonen ønsket Israel å opprette et militært samarbeid med ett eller flere vestlige land som kunne garantere den jødiske statens sikkerhet. Og i begynnelsen av 1951 virket det faktisk som om det kunne skje en revolusjon i det anglo-israelske forholdet.

Bare to år etter at israelerne skjøt ned fem britiske fly på slutten av Uavhengighetskrigen, reiste general sir Brian Robertson på offisielt besøk til Tel Aviv. Robertson var øverstkommanderende for de britiske styrkene i Midtøsten, og han snakket åpent om de fordelene som både Israel og Storbritannia ville få av et militært samarbeid mellom de to statene. Han ønsket at landene kunne bli enige om en pakt som ville gi de britiske styrkene tilgang til israelske flybaser og havner.

Kort tid etter skrev utenriksminister Herbert Morrison et brev til Ben-Gurion der han presiserte at han ønsket å oppnå bedre forståelse mellom de to regjeringene, og den israelske statsministeren svarte i samme tone. Men snart ble alle drømmer knust. Etter det britiske valget høsten 1951 tok arabisten Anthony Eden over posten som utenriksminister igjen, og han satte umiddelbart en stopper for de militære samtalene med Israel.

På dette tidspunktet hadde Israel allerede fått tillatelse til å begynne å samle inn penger blant de amerikanske jødene, og i 1950 fikk de også et lån på 100 millioner dollar fra Washington. Når de grønne sedlene begynte å strømme inn i landet, forsto til og med de mest hardnakkete sosialistene på hvilken side av Atlanterhavet deres beste venner bodde.

Washington satte også en prislapp på vennskapet, så da Koreakrigen begynte i juni 1950, og USA trengte stemmer i FN for å fordømme den nordkoreanske aggresjonen, ble Israel nødt til å oppgi sin nøytrale politikk og isteden begynne å støtte «den frie verden».

Men selv om Washington var villig til å låne penger til jødestaten, kom det ikke på tale å selge verken fly eller stridsvogner. Den britiske regjeringen var villig til å selge noen få utaterte Meteor-fly, men hovedtyngden av det israelske arsenalet besto av et sammensurium av gammelt krigsmateriell fra andre verdenskrig.

Ingen løsning for de arabiske flyktningene

I framtiden skulle det vise seg at et av de mest omstridte spørsmålene i den israelsk-arabiske konflikten var, og er, spørsmålet om de arabiske flyktningene. Paragraf 11 av Generalforsamlingens resolusjon 194 sa at «de flyktningene som ønsker å vende tilbake til hjemmene sine og leve i fred med naboene sine», skulle få lov til å gjøre det, og at de ansvarlige regjeringer og myndigheter skulle betale økonomisk kompensasjon til de flyktningene som ikke ville vende tilbake og som hadde mistet eiendommer i krigen.

Alle araberland stemte imot resolusjonen, siden den ga uttrykk for full fred med Israel, men senere benyttet araberne nettopp paragraf 11 i resolusjon 194 for å hevde at Israel ikke har fulgt internasjonal lov siden de ikke har latt flyktningene få komme tilbake. Dette til tross for at hovedformålet med resolusjonen var å skape fred mellom Israel og araberstatene, noe som araberne nektet å føye seg etter.

Araberne insisterte på at det arabiske flyktningproblemet måtte løses før de ville vurdere å begynne fredsforhandlinger, men israelerne forkastet dette. Så sent som i januar 1949 mente den israelske regjeringen at freden måtte komme før flyktningene kunne få vende tilbake, men de endret snart mening. Snart rådet den israelske regjeringen til at løsningen på flyktningproblemet måtte være at de fikk nye hjem i araberlandene. I arabernes boliger i Israel bodde det nå jødiske familier som selv var blitt kastet ut fra sine egne hjem i araberlandene, eller som var blitt satt i europeiske konsentrasjonsleire av muftiens allierte, nazistene. Og de nektet å bli kastet ut av hjemmene sine igjen.

Israels FN-ambassadør, Abba Eban, forfektet det israelske synet i en tale i Generalforsamlingen. Eban snakket blant annet om den arabiske økonomiske boikotten av Israel og hvordan araberlandene hadde avskåret all kontakt som Israel kunne hatt over alle landegrenser og over Rødehavet, hvordan Israel var utsatt for en konstant krigssituasjon og målet for en sterk opprustning. «Kan man tenke seg noe mer fantastisk enn tanken på at vi skal øke denne faren med en stor eller liten invasjon fra fiendtlig territorium, av mennesker som er støpt i hat mot vår stat?»

På denne tiden var det omtrent 60 millioner flyktninger bare i den frie verden. Det palestinaarabiske flyktningproblemet var et av de minste av dem, med kun omlag én prosent av hele verdens flyktninger.

På begynnelsen av 1920-tallet skiftet nesten to millioner flyktninger hjemland fra Tyrkia til Hellas og omvendt. Etter andre verdenskrig ble 900 000 tyskere tvangsflyttet til Tyskland fra Tsjekkoslovakia, Polen, Ungarn og Jugoslavia. I en utveksling av flyktninger mellom Polen på den ene siden og Sovjetunionen på den andre siden ble 2,5 millioner polakker, ukrainere, hviterussere og litauere nødt til å flytte. Etter at India ble delt i 1947, skjedde det en enorm toveis migrasjon av nesten 13 millioner hinduer og muslimer. Verdenssamfunnet betraktet alle disse forflytningene som et *fait accompli*, og det var ingen som drømte om at noen av disse skulle flytte tilbake til sitt gamle hjemland. Den israelske regjeringen mente at man burde betrakte Midtøsten på samme måte. Her hadde det også skjedd en utveksling av jødiske flyktninger og arabiske flyktninger, og nå var det for seint å snu denne strømmen.

I mars 1950 kom Generalforsamlingen fram til omtrent samme konklusjon som Israel. Så tidlig som i juli 1948 hadde grev Bernadotte oppfordret FN til å ta hånd om de arabiske flyktningene. Den gangen utnevnte Generalforsamlingen sir Raphael Cliento fra Australia til å koordinere hjelpearbeidet, og flere internasjonale nødhjelps- organisasjoner samarbeidet for å gjøre livet bedre for araberne. Blant disse kunne man finne International Refugee Organization, Røde Kors og American Friends Service Committee. I november og desember 1949 skrev Generalforsamlingen ut sjekker på 34 500 000 dollar for å hjelpe de arabiske flyktningene.

Men i mars 1950 satte FN sluttstrek for den komiteen som bare hadde i oppgave å gi midlertidig nødhjelp, og isteden opprettet de et United Nations Refugee Works Administration, som fikk 54 millioner dollar av FN til å hjelpe de palestinske flyktningene. UNRWA sin oppgave skulle ikke være å gi midlertidig nødhjelp men å starte programmer for å omplassere flyktningene i de araberlandene der de hadde søkt tilflukt.

En del av flyktningene begynte også å forstå at de ikke kunne forvente seg noen snarlig hjemreise til byene de kom fra, og i januar 1951 skrev en komité for arabiske flyktninger i Libanon til Den arabiske ligas politiske komité at inntil man fant en politisk løsning, kunne man ikke la flyktningene råtne ute på landet uten skikkelig mat, husrom eller arbeid. I brevet foreslo komiteen at i hvert fall de flyktningene som ønsket å slå seg ned i andre araberland, burde få lov til å gjøre det. Men det eneste positive svaret på dette brevet, var at Abdullah ga jordansk statsborgerskap til de 200 000 flyktningene som var bosatt på vestbredden av Jordanelven.

Flyktningene på vestbredden hadde det dessuten relativt bra. Omtrent 100 000 av disse hadde fått jobb, og resten bodde i UNRWA sine leire. Flyktningene på Gazastripen, derimot, levde som fanger i den lille sonen. Egypt ville ikke gi dem verken statsborgerskap eller jobb, og de fleste levde i en fattigdom uten like, bortsett fra 20 000 av dem som klarte å få jobb i Irak og landområder i Den persiske gulf. Israel lot dessuten en del arabiske flyktninger få komme tilbake som en del av et program for å gjenforene familier, og inntil 1956 hadde 35 000 flyktninger benyttet seg av denne muligheten.

Fra tid til annen forsøkte UNRWA å starte programmer for å skaffe jobber til flyktningene i araberlandene, men de arabiske regjeringene var raske med å sette en stopper for alle slike planer. Noen av flyktningene ønsket dessuten å fortsette å leve som flyktninger, siden dette kunne ha sine fordeler. Flyktningene hadde tilgang på helsetjenester, slik at flyktningene faktisk levde lenger og fikk flere barn enn den arabiske befolkningen som bodde rundt dem. Cirka 45 prosent av barna fikk gratis skolegang, og selv om de bare fikk en mager rasjon på 1600 kalorier med mel, sukker og ris pr dag, så led de ikke av underernæring. Mot slutten av 1956 var det bare 39 prosent av dem som fortsatt bodde i leirene, men nesten alle dem som hadde fått seg en fast bolig, var fortsatt registrert som flyktninger, på grunn av fordelene som flyktningstatusen ga dem.

I 1950 kom FN fram til at det fantes over 600 000 arabiske flyktninger. Omtrent 100 000 hadde flyktet til Libanon, 80 000 til Syria, mellom 5000 og 10 000 til Irak, mellom 115 000 og 150 000 til Gazastripen og mellom 250 000 og 325 000 til de jordansk-okkuperte områdene.

Det som kanskje var mest sjokkerende, var at de oljerike araberlandene nektet å hjelpe sine arabiske brødre og søstre i nødens stund. Jødene samlet inn mange hundre millioner dollar i USA, Storbritannia og andre land for å hjelpe de jødiske flyktningene som hadde overlevd Holocaust, og de flere hundre tusen jødiske flyktningene som enten var blitt kastet ut av eller som hadde forlatt araberstatene på egen hånd. Men Kuwait, Saudi-Arabia og andre araberland gjorde lite eller ingenting for å skaffe mat og husrom til de palestinske araberne som de så stolt kalte for sine brødre.

Kong Hussein av Jordan var en av dem som kritiserte araberstatene for hvordan de behandlet de arabiske flyktningene: «Siden 1948 har arabiske ledere nærmet seg palestinaproblemet på en uansvarlig måte ... De har brukt det palestinske folket til egoistiske, politiske motiver. Dette er latterlig, og jeg vil til og med si kriminelt,» uttalte Hussein i 1960.

De arabiske flyktningene var blitt en brikke i arabernes politiske sjakkspill i kampen mot den jødiske staten, og de visste at misnøye blant flyktningene var god grobunn for antisemittisme og potensielle terrorister.

Kapittel 5: 1956-1957
Det brenner i Sinai

Tonene fra *Scheherazade* fylte rommet der de tre offiserene satt. Den russiske komponisten Nikolai Rimsky-Korsakovs symfoni om hendelsene i boka «Tusen og en natt» var deres favoritt, og de pleide ofte å høre på nettopp dette stykket når de samlet seg hos oberst Tharwat Okasha. Major Khalid Mohieddin og oberst Gamal Abdel Nasser nøt musikken, og sistnevnte drømte seg bort der han satt og lyttet. Da den siste tonen døde ut, reiste han seg opp, løftet nålen bort fra platespilleren og sa: «Vi slår til i begynnelsen av neste måned.»

Oberst Nasser var lederen for en gruppe offiserer som mente at Egypt var brakt i vanry på grunn av nederlaget i krigen mot Israel. «De frie offiserene» kalte de seg, og med én gang etter at krigen var slutt, begynte de å legge planer for hvordan de skulle kunne styrte kong Farouk. Nå ble datoen for kuppet fastsatt til den 5. august 1952. Men da de frie offiserene bare ti dager senere fikk høre fra redaktøren for avisen al-Misri, Ahmed Aboul Fath, at kongen hadde bestemt seg for å arrestere 14 av de frie offiserene, framskyndet de planene til kvelden den 22. juli.

Sent på kvelden den 22. juli gikk enhetene til aksjon, og de møtte nesten ingen motstand noe sted. Hovedstaden falt som moden frukt, og et par dager senere hadde de også erobret Alexandria og Sinaihalvøya. Den 26. juli ble kongens palass omringet av stridsvogner. Farouk var redd for at han ville bli drept, og dermed undertegnet han abdikasjonen uten å gjøre motstand. Samme kveld reiste han fra landet om bord på den private yachten sin sammen med dronning Narriman, kronprins Ahmed Fuad og 204 kofferter. Egypt var i hendene på kuppmakerne. Kun to mann var blitt drept og sju såret i hele kuppet.

De frie offiserene hadde erfaring fra det militære livet, men var helt grønne når det kom til politikken. De fleste av dem hadde heller ingen politiske interesser. Et par av dem var radikale muslimer eller marxister, men for de fleste av dem var den politiske interessen begrenset til egyptisk nasjonalisme. Ingen av dem visste hvordan man skulle styre et land. Allikevel tok det ikke lang tid før de oppløste alle politiske partier og konfiskerte pengene deres.

Den 18. juni 1953 var monarkiet offisielt over, og den egyptiske republikken ble skapt, på ordre fra den militære komiteen. General

Mohammed Neguib ble både president og statsminister, og oberst Nasser måtte nøye seg med posten som vise statsminister og innenriksminister. Men Neguibs tid ved roret ble kort. I februar 1954 trakk han seg fra presidentembetet da Nasser nedla forbud mot Det muslimske brorskap etter et voldsomt studentopprør. Nasser tok over jobben som president og statsminister den 27. februar, og fra nå av forsøkte Nasser å ta over rollen som øverste politiske leder for hele araberverdenen.

I begynnelsen var Israel positiv til revolusjonen og den nye egyptiske presidenten. Den første kontakten som Israel hadde med det nye regimet, ga dem forhåpninger for framtiden. Men Nassers radikalisme, ekstreme arabiske nasjonalisme og ambisjon om å bli leder for hele den arabiske verden, islams verden og de såkalte alliansefrie nasjonene, fikk snart sitt utløp i et blindt og bittert hat overfor Israel. Med Nasser i toppen tok det ikke lang tid før Egypts propaganda begynte å forlange en «andre runde» i krigen mot den jødiske staten.

Det året markerte på mange måter et veiskille for Midtøsten. Sovjetunionen hadde støttet Israel siden 1948, men nå satset de alle pengene på den andre hesten. Sovjetunionen hadde ikke mer å tjene på å støtte sionismen, men alt å tjene på å støtte de nye arabiske regimene, som kunne true oljeleveransene til Vesten. «Berettiget til fordømmelse ... er Staten Israel, som fra de første dager den eksisterte, begynte å true sine naboer,» erklærte Kommunistpartiets førstesekretær Nikita Khrusjtsjov.

Samme år satte også USA og Storbritannia en plan ut i livet for å forsvare Midtøsten med en allianse av nordlige stater, nemlig Iran, Tyrkia og Pakistan, og deres arabiske naboer. Engelskmennene og amerikanerne mente at den arabisk-israelske konflikten var et hinder for deres egne planer, og dermed prøvde de å sette en sluttstrek for konflikten med et hemmelig fredsinitiativ. Kodenavnet var Alfa, og planen var at de skulle tvinge Israel til å gi fra seg store landområder til araberne i bytte mot et løfte fra araberne om at de ville avstå fra å bruke vold. Og for å få avtalen i boks, lovte USA at Nasser skulle få våpen både i bøtter og spann i tillegg til en korridor fra Sinaihalvøya gjennom Negevørkenen til Jordan.

Suezkanalen nasjonaliseres

Britenes kontroll over Suezkanalen var selvfølgelig en torn i øyet for de nasjonalistiske frie offiserene. Britene hadde gått inn i kanalområdet for å beskytte kanalen under en borgerkrig i Egypt i 1882, og i 1936 hadde britene og egypterne skrevet under en avtale om at britene skulle administrere Suezkanalen i 20 år.

Allerede i 1951 begynte den egyptiske regjeringen å sabotere Suezkanalen for å forsikre seg om at britene ville trekke seg tilbake når avtalen gikk ut på dato i 1956. Oberst Nasser forklarte for en amerikansk avis hvordan egypterne ville gå fram i forholdet til de britiske styrkene: «Ingen formell krig. Det ville vært selvmord. Det vil bli en geriljakrig. Granater vil bli kastet om natten. Britiske soldater vil bli knivstukket i det skjulte. Det vil bli slik terror, håper vi, at det blir altfor dyrt for britene å la sine statsborgere opprettholde okkupasjonen av landet vårt.» På dette tidspunktet hadde britene 80 000 soldater i området, og for å sikre vanntilførselen til troppene, satte britene fyr på en egyptisk landsby.

Israel likte ikke tanken på at britene skulle reise fra kanalen, og om sommeren 1954 begynte den israelske militære etterretningen, Aman, å sprenge bomber ved amerikanske, britiske og egyptiske mål i Egypt for å skape kaos og tvinge britene til å beholde kontrollen over Suezkanalen. Men planen slo feil. Elleve egyptiske jøder ble arrestert og anklaget for høyforræderi, og to av dem ble dømt til døden. En av de mistenkte ble også drept under tortur, og en israelsk jøde begikk selvmord i fengselet. Israels forsvarsminister, Pinchas Lavon, ble tvunget til å trekke seg da den israelske regjeringen fikk vite detaljene om operasjonen.

Etter at Nasser kom til makta, i april 1954, gikk britene til slutt med på å skrive under en avtale om at de skulle forlate Suezkanalen uten forbehold i 1956. Nasser, som hadde forhandlet fram denne avtalen med britene, var redd for hvilke konsekvenser denne avtalen kunne få for ham personlig. Mange egyptiske nasjonalister var absolutt ikke fornøyd med at Egypt hadde undertegnet en fredelig avtale med britene. For å avlede oppmerksomheten fra avtalen med britene, og for å overbevise de andre araberlandene om at Nasser var den arabiske nasjonalismens sanne leder, valgte han å vende oppmerksomheten mot en politikk som alltid var vellykket blant araberne: Nasser økte sin støtte til de palestinske terroristene.

Storbritannia opplevde enda et tilbakeslag i Midtøsten på grunn av Nassers kometkarriere. Jordanerne var blitt tvunget til å kutte noen bånd til den vestlige verden og forene seg med den fremadstormende pan-arabismen. Glubb Pasha og de engelske offiserene i Den arabiske legion var blitt avskjediget, og antallet terrorangrep fra jordansk mark mot Israel økte. Etter at britene til slutt trakk seg ut fra Suezkanalen, gikk det bare noen uker før egypterne nasjonaliserte kanalen, og de fortsatte å hindre alle israelske skip fra å seile gjennom Suezkanalen.

To fiender utveksler ild

I 1954 var det ikke lenger noen tvil om at fedayeen[6]-angrepene mot Israel ikke var isolerte hendelser, men at de arabiske regjeringene kjente til og samarbeidet med angriperne. Bare i 1955 ble 260 israelere drept eller såret i terrorangrepene. Den 28. februar 1955 bestemte forsvarsminister David Ben-Gurion seg for at nok er nok. Som en gjengjeldelsesaksjon for alle de egyptiske raidene, gikk Israel til angrep mot Gaza, og flere egyptiske militære installasjoner ble ødelagt. I raidet ble 51 egyptiske og åtte israelske soldater drept, og nå begynte nedtellingen til Sinaikrigen.

Senere samme år gikk Nasser på offensiven med geriljaangrep mot Israel. Men det var ikke bare israelerne som fikk føle Nassers vrede. De konservative arabiske dynastiene i Jordan, Irak og Saudi-Arabia, som hadde vært motstandere av Nassers radikalisme, ble også offer for egyptiske angrep. Egypt fortsatte å ruste seg til neste krig. I 1955 reiste de på handletur til Tsjekkoslovakia, der de kjøpte mengder av moderne våpen, og Nasser erklærte at dette var et viktig skritt i den avgjørende kampen for å tilintetgjøre Israel. På lista sto det blant annet 230 stridsvogner, 200 pansrede troppetransportkjøretøyer, 100 motordrevne kanoner, 500 artillerikanoner og inntil 200 fly pluss jagere, torpedobåter og ubåter. Nå hadde Egypt mer våpen enn alle andre land i Midtøsten sammenlagt.

Nassers avtale med tsjekkerne betydde at Sovjet for første gang hadde fått fotfeste i Midtøsten. I ett enkelt trekk hadde Sovjetunionen hoppet bukk over de nordlige landene, som var allierte med Vesten, og landet der som Asia og Afrika møttes. I oktober 1955 opprettet Egypt en felles militær kommando med Syria, og i 1956 ble Jordan også med i denne militærkommandoen.

Inntil 1953 hadde det egyptiske militæret i Sinai vært et rent forsvar. De hadde bare én bataljon der, og den bataljonens viktigste oppgave var å stoppe smuglere. Men da Nasser kom til makta, begynte han å bygge veier for militære transporter i Sinaiørkenen. Flyplasser ble opprettet overalt på halvøya, slik at de kunne utplassere det egyptiske flyvåpenet i nærheten av de potensielle målene. De bygde også militærleire med svære lagre på strategiske punkter langs alle de viktigste aksene. I andre halvdel av 1956 hadde egypterne to infanteridivisjoner, en panserbrigade og en infanteribrigade pluss en lett, mobil grensestyrke i Sinai. Alt var klart for en ny runde i kampen mot Israel.

---

6   Fedayeen: Et arabisk ord for selvmordspatruljer, sabotasjegrupper, geriljasoldater og terrorister som er opptatt av politisk motiverte drap.

Før Nasser kom til makta, mente Ben-Gurion at det bare var et tidsspørsmål før det kom en sterk og karismatisk arabisk leder som kunne forene alle araberstatene til en krig mot Israel, og nå så det ut som om det marerittet var blitt en virkelighet. Når Egypt hadde lært seg å bruke alle de nye sovjetiske våpnene, ville ikke Nasser ha noen flere unnskyldninger for ikke å bruke dem. Dessverre skulle det vise seg at Ben-Gurion hadde rett i sine antakelser. I løpet av de første seks månedene etter handleturen til Tsjekkoslovakia, ble flere hundre drept i kamper ved grensene.

I juli 1956 bestemte Ben-Gurion seg for at den eneste utveien var å gå på offensiven for å sette en stopper for terroristene. Nå fikk den israelske generalstaben beskjed om at de skulle legge planer for å føre krig en gang i 1956 og at de først av alt skulle konsentrere seg om å åpne Tiranstredet.

I oktober 1956 var den egyptiske trusselen større enn noensinne. Terrorangrepene hadde nådd nye høyder både i intensitet og i vold, og de israelske gjengjeldelsesaksjonene hjalp ikke. Det planlagte israelske angrepet skulle ha tre hovedmål: For det første helt eller delvis å fjerne den trusselen som den egyptiske hæren i Sinai utgjorde. For det andre å ødelegge terroristenes infrastruktur. For det tredje å sikre retten til å seile gjennom Tiranstredet.

Den anglo-franske alliansen tar form

Den siste biten Israel trengte før puslespillet for Sinaikrigen var klart, var en stormakt som var villig til å selge våpen og forsvare Israel hvis sovjeterne bestemte seg for å gripe inn. På begynnelsen av 1950-tallet hadde Israel begynt å fri til Frankrike. Både Israel og Frankrike hadde problemer med muslimske nasjonalister. Nasser var opptatt av å hjelpe den algeriske revolusjonsbevegelsen FLN, som kjempet mot det franske styret i Algerie. Og i forholdet mellom Israel og Frankrike betydde dette at det eldgamle ordspråket ble sant: «Min fiendes fiende er min venn.»

En polsk jøde ved navn Szymon Perski, som skiftet navn til Shimon Peres etter at familien hans immigrerte til Palestina i 1934, fikk en sentral rolle i kontakten med Israels franske venner. På 1950-tallet var Peres generaldirektør for forsvarsdepartementet, og dermed hadde han hovedansvaret for det israelske forsvarets politiske spørsmål og all våpenhandel.

I mai 1955 reiste Peres til Frankrike der han traff den franske forsvarsministeren, Pierre Koenig, som gikk med på å selge stridsvogner, artilleri og 24 Mystère-2-jagerfly. Selv om dette var relativt få fly sammenlignet med det Israel behøvde, hadde de ikke råd til å klage. Ingen andre land var villige til å selge så mye som reservedeler til fly til Israel. Problemet var at på denne tiden var Egypt og Syria offisielt Frankrikes allierte, og Paris var redde for å provosere de to araberlandene hvis de solgte store kvanta våpen til Israel.

Noen måneder senere fikk Israel vite at de franske jagerflyene hadde alle mulige mangler, og offiserer i det franske flyvåpenet foreslo at Israel burde kansellere avtalen og isteden kjøpe Mystère-4, som var et mye mer moderne fly. Statsminister Moshe Sharett fløy til den franske hovedstaden for å forhandle om fly, men da han ankom Paris, hadde Peres allerede skrevet under på en avtale om at Israel skulle kjøpe 24 Mystère-4. Det eneste problemet var amerikanerne. Frankrike hadde produsert flyet for NATO på oppdrag fra USA, og Washington nektet å godkjenne at franskmennene fikk lov til å selge slike fly til Israel. De kommende månedene hadde Peres klippekort på flyene til Paris, der han prøvde å overtale regjeringen til å selge fly på tross av Washingtons protester.

Israel ble imidlertid nødt til å vente til en ny fransk regjering kom til makten i begynnelsen av 1956. Etter at Guy Mollet hadde sverget eden som statsminister, tok det ikke lang tid før regjeringen bestemte seg for å fullbyrde alle avtaler som den forrige regjeringen hadde underskrevet, og den 11. april kunne Ben-Gurion bevitne at de franske Mystère-4-flyene landet på Ramat David-flyplassen i Israel.

Frankrike var plutselig blitt Israels nærmeste allierte, og da USA forklarte for franske myndigheter at de nektet å fordømme nasjonaliseringen av Suezkanalen eller å bruke makt mot Egypt, vendte Frankrike seg til de nye vennene sine og overbeviste britene om at de burde gjøre det samme.

Den 24. oktober møttes representanter fra de tre landene i forstaden Sèvres utenfor Paris der de undertegnet en topphemmelig avtale. Israelske styrker skulle late som om de angrep Suez, og dermed ville europeerne få et påskudd til å okkupere kanalen for å «beskytte» den. Israelerne ville få hjelp av de franske og britiske styrkene når de tilintetgjorde den egyptiske hæren i Sinai og gjenåpnet Tiranstredet.

Fallskjermer over Mitlapasset

Før angrepet forsøkte Israel å villede araberne ved å gi inntrykk av at de var rede til å starte et større angrep mot Jordan som en gjengjeldelse for terrorangrep fra Jordan. Etter at to israelske bønder ble drept i en appelsinhage i nærheten av grensa, lanserte Israels forsvar et angrep mot grensebyen Kalkilya. Israelerne hadde høye tapstall i dette angrepet; 18 soldater ble drept og over 50 såret i angrepet på politifortet til Den arabiske legion. Kong Hussein trodde at sannhetens øyeblikk var kommet, og dermed ba han de britiske styrkene om å sende det engelske flyvåpenet til Jordan for å forsvare landet.

Sinai er en 60 000 kvadratkilometer stor halvøy som skiller Middelhavet i nord fra Rødehavet i sør, Israel i øst og Egypt i vest. Halvøyas strategiske beliggenhet betyr at den kan fungere som en barriere som skiller Afrika fra Asia, eller den kan brukes som det ideelle utgangspunkt for et egyptisk angrep på Israel eller et israelsk angrep på Egypt. I den nordlige delen av halvøya kan man finne sanddyner, kammer, palmetrær og saltsletter. Midt på Sinai ligger det sentrale høylandet med fjelltopper på opptil 1000 meter. I den sørlige enden av halvøya kan man finne den mest uvennlige topografi, med dype canyons, skarpe fjellkjeder og knusktørre daler.

Omtrent midt på halvøya, 250 kilometer vest for den israelske grensa, eller 72 kilometer øst for Suez, ligger det 32 kilometer lange Mitlapasset. Veien gjennom passet snirkler seg fram og tilbake som en ål, og det finnes mange gjemmesteder for den som vil legge et bakholdsangrep i passet. Hvis man vil reise mellom Israel og Egypt, er det naturlig å velge veien gjennom Mitlapasset, og det er derfor blitt sagt at den som kontrollerer Mitlapasset, kontrollerer hvem som kommer og går i Sinaiørkenen.

Mitlapasset ble utvalgt av israelerne til stedet hvor krigen skulle starte. Klokka 17.00 den 29. oktober 1956 hoppet oberstløytnant Rafael Eitan og 394 andre fallskjermsoldater fra den 202. fallskjermbrigaden ut av 16 Dakota-fly over Mitlapasset. Dakota-flyene ble eskortert av ti Meteor-jagerfly samtidig som 12 Mystère-fly patruljerte langs Suezkanalen. To timer tidligere hadde fire israelske Mustang-fly fløyet i lav høyde over Sinaihalvøya og skåret over telefonledningene med vingene og propellene sine i fire meters høyde over bakken. Nå var den sørlige sektoren av Sinai avskåret fra den nordlige delen, der de største egyptiske troppekonsentrasjonene holdt til.

Fra et strategisk og psykologisk synspunkt var ikke fallskjermangrepet nødvendigvis en umiddelbar trussel mot de egyptiske styrkene i Sinai. De fleste kriger begynner med et flyangrep, et bombardement eller raske bevegelser på mange fronter, men Israel valgte å åpne krigen med et mye lettere angrep nettopp for at egypterne ikke skulle forstå hva som var på ferde før det var for seint. I tiden før krigen hadde Israel ofte sendt soldater inn over Sinaihalvøya på tokter for å hevne et eller annet terrorangrep, og det kunne virke som om fallskjermangrepet ved Mitlapasset var nok et slikt geriljaraid. Faktum er at i løpet av de første 24 timene etter at krigen begynte, var ikke Egypt sikre på om det faktisk var en krig eller bare en gjengjeldelsesaksjon. Den egyptiske forsvarssjefen og øverstkommanderende, general Abd el-Hakim Amer, var i Jordan da krigen brøt ut, og han hadde ikke særlig hastverk med å komme seg tilbake til Egypt.

En annen hensikt med fallskjermangrepet ved Mitlapasset var at det skulle betraktes som en trussel mot Suezkanalen, og dette ville gi Storbritannia og Frankrike en unnskyldning for å gripe inn militært for å beskytte kanalen.

Da Eitans fallskjermsoldater nådde bakken, inntok de forsvarsposisjoner øst for inngangen til passet, og om kvelden ble det sluppet forsyninger til dem, inkludert fire panservernskanoner, to 120-millimeters tunge mortere, åtte jeeper, ammunisjon og personlig utstyr. Eitan hadde fått ordre om å holde posisjonene inntil en annen enhet med fallskjermsoldater hadde krysset ørkenen i bil og slått seg sammen med dem.

I løpet av hele den første dagen forekom det trefninger mellom Eitans fallskjermsoldater og forskjellige egyptiske styrker. Allerede samme kveld overrasket de en egyptisk styrke, som ikke visste at det var israelske soldater i Sinaiørkenen. Neste dag ble de angrepet av to egyptiske MiG-15, men de egyptiske pilotene hadde problemer med å finne de israelske troppene da tåken senket seg over området. Det israelske flyvåpenet klarte også å skyte ned fire egyptiske Vampire-fly.

Den 30. oktober gikk de egyptiske styrkene inn i den vestlige enden av Mitlapasset, og samme ettermiddag ble de israelske styrkene angrepet. Før midnatt samme kveld kom til slutt oberst Ariel Sharon og resten av den 202. fallskjermbrigaden fram til Mitlapasset etter den lange kjøreturen gjennom ørkenen. Sharon hadde vært stasjonert ved grensa til Jordan, og han krysset grensa inn i Sinaihalvøya samtidig som Eitan hoppet over Mitlapasset.

Sharon hadde to fallskjermbataljoner, to beltebilbataljoner, et kompani med lette AMX-stridsvogner, en feltartilleribataljon med 25-punds kanoner og en bataljon med tunge mortere.

På veien til Mitlapasset hadde Sharon passert tre egyptiske forsvarsposisjoner. Ved den første, Kuntilla, hadde forsvarerne flyktet etter at bare noen få skudd var blitt løsnet. Senere fikk Sharon store problemer med ørkenlandskapet. Kjøretøyer satte seg fast, leveransen av drivstoff ble forsinket, og flere kjøretøyer fikk tekniske problemer. Da de kom fram til Themed, som var en sterkt befestet posisjon med minefelt og piggtrådgjerder, fungerte bare to av de 13 stridsvognene. Sharon angrep om morgenen den 30. oktober med soloppgangen i ryggen, og forsvaret brøt sammen etter bare 40 minutter.

Den siste forsvarsposisjonen var Nakhle, der den egyptiske grensestyrken hadde sitt hovedkvarter og terroristene hadde treningsleirer. Sharons menn ble angrepet av egyptiske Vampire-fly og MiG-fly, men etter at luftangrepet var over, begynte israelerne å bombardere Nakhle. Det varte ikke lenge før denne posisjonen også falt.

Egypt svarer

Det egyptiske motangrepet kom i form av en ordre til den 2. brigaden om å rykke fram fra Suez for å angripe israelerne ved Mitlapasset. Den 5. bataljonen fikk forsterkninger av et kompani fra den 6. bataljonen og tunge maskingeværer, rekylfrie våpen og tunge mortere før de rykket fram mot Mitlapasset. Men på tross av at de mistet mange kjøretøyer og utstyr da de ble bombardert av israelske fly, klarte de å komme inn i passet, der de gjemte seg i de mange naturlige grottene nord og sør for den slingrete veien gjennom passet. Her kunne ikke de israelske flyene nå dem, og de israelske fallskjermsoldatene visste ikke hvor de hadde gjemt seg.

Den østlige delen av Mitlapasset var ikke den beste taktiske posisjonen for fallskjermsoldatene, så Sharon ba om tillatelse til å sende en rekognoseringsstyrke lengre inn i passet. Etter å ha diskutert spørsmålet med forsvarssjef Moshe Dayan, fikk han grønt lys på betingelse av at patruljen ikke skulle begi seg inn i alvorlige kamper.

Før klokka 12.00 den 31. oktober sendte Sharon inn et team under ledelse av major Mordechai Gur. Styrken besto av to geværkompanier i beltebiler, tre stridsvogner, en rekognoseringsenhet, et 120-millimeters morterbatteri og et batteri med 25-punds feltkanoner. I løpet av få minutter etter at styrken gikk inn i passet, var de blitt offer for en bitter kamp. Gur og to beltebiler ble truffet, og israelerne satt i fella. De kunne verken rykke fram eller trekke seg tilbake, og baktroppen ble angrepet av egyptiske fly så tankbilene begynte å brenne. I sju timer, fra klokka 13.00 til 20.00, kjempet fallskjermsoldatene en kamp på liv og død.

Sharon sendte en infanteribataljon for å hjelpe Gur, og de erobret hver eneste stilling og grotte i kamper mann-mot-mann. Om kvelden meldte en soldat seg frivillig til å kjøre en jeep gjennom passet for å lure egypterne til å slutte å skyte på den israelske styrken og gi dem tid til å trekke seg tilbake. Soldaten ble truffet gjentatte ganger og døde, men på grunn av hans heltemot kunne de fleste israelske soldatene komme seg bort fra Mitlapasset med livet i behold. Totalt ble 38 israelske fallskjermsoldater drept og 120 skadet i kampene, i tillegg til at 200 egyptiske soldater også ble drept.

Denne tragiske operasjonen hadde vært helt unødvendig fra et taktisk og et strategisk synspunkt. Dayan hevdet at han var blitt villedet av Sharon, som hadde bedt om og fått tillatelse til å sende en patrulje inn i passet, men som isteden hadde benyttet tillatelsen til å sende inn en styrke for å slåss mot egypterne. Etter krigen ble Dayan kritisert fordi han ikke straffet Sharon etter denne episoden.

Etter å ha slikket sårene og fått 48 timers hvile, fikk Sharon ordre om å overlate ansvaret for Mitla-Nakhle aksen til den 4. infanteribrigaden. Sharon skulle isteden sende en bataljon gjennom Mitlapasset vestover mot Ras Sudar ved Suezbukta. Samtidig skulle han også sende to fallskjermkompanier til At-Tur, som lå 60 kilometer nord for Sharm el-Sheikh ved sørspissen av Sinaihalvøya. Der skulle de slutte seg til den 9. brigaden og hjelpe til med å angripe Sharm el-Sheikh og fullføre utslettelsen av det egyptiske militæret øst for Suezkanalen.

Sinaihalvøya faller

Det andre slaget i krigen var kanskje det viktigste av dem alle, og det var Israels forsøk på å nøytralisere de egyptiske troppekonsentrasjonene i Kusseima, Abu Ageila og Um-Kasef i den nordlige delen av Sinaihalvøya. Ved Abu Ageila hadde egypterne bygd tre sterkt befestede sanddyner, der de hadde utsikt over den viktigste hovedveien østover. Stillingene var beskyttet av dype skyttergraver, bunkre, et dobbelt piggtrådgjerde, minefelt, et feltartilleri og panservernsvåpen.

Den 4. og 10. infanteribrigaden og den 7. panserbrigaden, under ledelse av oberst Yehuda Wallach, fikk i oppdrag å erobre Abu Ageila. Om kvelden den 29. oktober begynte angrepet, og om morgenen den 2. november hadde alle forsvarsverker falt.

Senere under krigen angrep Israel den egyptiske 3. divisjonen ved El-Arish og den 8. divisjonen på Gazastripen. Den israelske 11. infanteribrigaden under ledelse av oberst Aharon Doron fikk i oppdrag å erobre Gazastripen. Ordren om å angripe kom klokka 06.00 om morgenen 2. november, samtidig som den 27. panserbrigaden gikk inn i El-Arish. Ved middagstider samme dag overga den egyptiske guvernøren i Gaza seg, og han overtalte alle egyptiske garnisoner i byen til å legge ned våpnene.

De siste kampene i krigen skjedde ved sørspissen av Sinaihalvøya, der israelske fallskjermsoldater erobret Sharm el-Sheikh og Tiranstredet. Den 2. november kom Eitans styrke fram til landsbyen Abu-Zneima ved

Suezbukta, der de ble hilst velkommen med jubelrop av de glade innbyggerne. De israelske soldatene fikk snart vite at landsbyboerne var så glade for å ta imot de «syriske» soldatene som var kommet for å «redde dem» fra den israelske hæren. Da israelerne informerte dem om at det faktisk var de som var den israelske hæren, ble gatene tomme på et blunk.

Da bataljonen kom fram til At-Tur ved sørspissen av Sinaihalvøya, var de gått tomme for matrasjoner. Eitan kjørte til den eneste butikken som eksisterte i byen og overrasket den egyptiske handelsmannen med at han ville kjøpe all hermetikk i butikken. Eitan tømte en pose med egyptiske penger ut på disken og ba kjøpmannen om å ta det beløpet som varene var verdt.

Da krigen var slutt, hadde Israel total kontroll over hele Sinaihalvøya.

Tilbake til utgangspunktet

Den israelske seieren kom raskt. Faktum var at Israel vant en så rask seier at Storbritannia og Frankrike ikke fikk tid til å gripe inn slik de hadde avtalt. Invasjonen begynte ikke før den 4. november, og da kunne egypterne hevde at de aldri var blitt drevet ut av Sinai, men at de hadde tatt en taktisk beslutning om å trekke seg tilbake for å forsvare hjemmene sine.

Den anglo-franske operasjonen var en ubetinget militær suksess. Den egyptiske hæren ble knust, og europeerne fikk kontroll over tre fjerdedeler av kanalen. Men på det politiske plan var det en katastrofe. Det tok ikke lang tid før hele verden gikk sammen om å fordømme britene og franskmennene, og da USA truet med sanksjoner og Sovjetunionen truet med raketter, ble trikoloren og Union Jack firet for siste gang i Midtøsten, og europeerne trakk seg tilbake.

Israelerne, derimot, hadde ikke noe hastverk med å trekke seg tilbake. Selv om begge supermaktene også la et enormt press på den jødiske staten, ble de samtidig betraktet som et offer for blokade og terrorisme, og Ben-Gurion nektet å trekke seg ut før han fikk garantier om fri ferdsel gjennom Tiranstredet.

Etter fire måneder med diplomati kom den kanadiske utenriksministeren, Lester Pearson, på en løsning. Pearson ville opprette en FN-styrke, som skulle kalles United Nations Emergency Force (UNEF). Ideen handlet om at flere nasjoner skulle gå sammen om å utplassere soldater langs den egyptisk-israelske grensa, på Gazastripen og ved Sharm el-Sheikh med utsikt over Tiranstredet. Nasser var en motstander av denne ideen, siden han mente at det var en belønning for den israelske aggresjonen. Ben-Gurion protesterte også, siden han mente at Nasser da ville ha rett til å kaste ut UNEF når han selv ønsket.

Løsningen på uenighetene var en avtale mellom FNs generalsekretær Dag Hammarskjöld og Nasser, og en annen avtale mellom Israels utenriksminister Golda Meir og den amerikanske utenriksministeren John Foster Dulles. Hammarskjöld lovte Nasser at Egypt ville få lov til å kaste ut UNEF hvis Generalforsamlingen var enig i at den fredsbevarende styrken hadde fullført oppdraget sitt, og Dulles lovte at USA ville betrakte et egyptisk forsøk på å blokkere Tiranstredet som en krigshandling, og at Israel skulle ha rett til å forsvare seg mot dette i overensstemmelse med paragraf 51 i FNs charter.

UNEF ble sammensatt av soldater fra Brasil, Canada, Colombia, Danmark, Finland, India, Indonesia, Jugoslavia, Norge og Sverige. Den 11. mars 1957 trakk de siste israelske soldatene seg ut fra Sinaihalvøya samtidig som UNEF tok over alle de israelske posisjonene. For andre gang hadde Israel erobret Sinaihalvøya og Gazastripen i en krig, og for andre gang hadde USA og andre land tvunget Israel til å gi fra seg hele halvøya. Men senere skulle det vise seg at dette ikke ble siste gang Israel hadde kontroll over den store, omvendte ørkentriangelen.

Kapittel 6: 1957-1966
Uværsskyer i horisonten

Klokka fem over halv åtte om kvelden parkerte de to bilene langs riksvei 202 denne kalde og mørke vinterdagen. En av passasjerene i den ene bilen åpnet panseret og tuklet med motoren slik at det skulle se ut som om han hadde motorproblemer. Den andre bilen sto parkert omtrent 30 meter fra den første bilen, ved hjørnet av Garibaldigaten. Denne bilen hadde åpenbart også «tekniske problemer», for de hadde også åpnet panseret.

Et par minutter senere stoppet buss nummer 203 ved en kiosk like i nærheten, og sju par øyne i de to bilene skuet engstelig bort mot bussen, men Ricardo Klement var ikke å se. Det kom enda en buss, og enda en, men Klement dukket ikke opp. I to uker hadde de spionert på Klement, og hver dag kom han hjem fra arbeidet til et fast tidspunkt med buss nummer 203, men det virket som om han hadde andre planer denne dagen.

Folkene i de to bilene hadde nesten gitt opp håpet, men rett etter klokka åtte kom det en ny buss, og snart kom det en mann gående rett imot dem i mørket. «Det kommer noen, men jeg kan ikke se hvem det er,» sa den ene av agentene til lederen for operasjonen. Noen sekunder senere hvisket han: «Det er han!» Hviskingen lød som torden i den nervøse agentens ører.

Noen sekunder senere kom Klement opp på siden av bilen, og en annen agent hoppet fram mot ham: «Momentito,» sa han rett før han hoppet mot Klement og slengte ham i bakken. Snart var det mørke fortauet blitt en liten slagmark før agentene fikk kontroll over Klement og fikk slept ham inn i den ene bilen.

Femti minutter etter at Klement hadde gått av buss nummer 203 for siste gang, kom han og kidnapperne hans fram til det sikre huset Tira. Da de kom fram dit, tok det ikke lang tid før agentene kunne fastslå utenfor enhver tvil at Ricardo Klement egentlig var SS-offiser Adolf Eichmann, som hadde organisert og gjennomført nazistenes utryddelse av seks millioner jøder under andre verdenskrig.

I 15 år hadde Eichmann vært på flukt fra loven. I løpet av de årene hadde mange vært involvert i letingen etter nåla i høystakken, men Eichmann hadde alltid klart å unnslippe. I en kort periode satt faktisk

111

Eichmann i en amerikansk fangeleir, men han brukte falsk navn, så amerikanerne visste aldri hvem han var før han klarte å flykte fra leiren.

Den kjente nazijegeren Simon Wiesenthal var en av dem som etterforsket saken, og nyttårsaften 1949 klarte han nesten å fange nazilederen i den østerrikske landsbyen Altaussee. Uheldigvis ble Eichmann advart i siste liten, og han klarte å komme seg unna før politiet fikk tatt ham.

Det skulle gå nesten et tiår før Israel fikk konkret informasjon om hvor Eichmann oppholdt seg. I løpet av denne tiden hadde Eichmann flyktet til Italia, der en fransiskanermunk i Genova ga ham et flyktningpass i navnet Ricardo Klement. I 1950 kom Klement til Argentina, der han fikk seg jobb i en provins der mange andre nazister også hadde søkt tilflukt. Et par år senere kom også hans kone, Veronica, og de tre sønnene Klaus, Horst og Dieter til Argentina. Barna, som var altfor små til å huske faren sin, hadde fått vite at han var død, og nå skulle de reise til Argentina for å besøke «onkel Ricardo». Senere «giftet» Ricardo seg med moren deres, hun ble «fru Klement», og senere fikk de en ny sønn, som også fikk navnet Ricardo.

Mot slutten av 1950-tallet fikk den israelske etterretningen informasjon om hvor Eichmann oppholdt seg, og de sendte etterforskere til Argentina for å prøve å oppspore krigsforbryteren. Da etterforskerne var sikre på at Ricardo Klement faktisk var Eichmann, fikk etterretningen Ben-Gurions tillatelse til å kidnappe Eichmann og føre ham til Israel for å stille ham for retten der.

Isser Harel, som på denne tiden både var sjef for Mossad og fungerende sjef for den interne sikkerhetstjenesten Shin Bet, satte sammen et team av mer enn 20 av de beste agentene fra begge tjenester. Harel reiste selv til Buenos Aires for å overvåke operasjonen, og Rafi Eitan fra Shin Bet fikk i oppdrag å lede den daglige planleggingen.

Etter at agentene hadde overvåket Eichmann og familien hans i flere uker, bestemte de seg for å slå til om kvelden den 11. mai 1960. Eichmann ble tatt til fange og ble holdt i varetekt i det sikre huset i ni nervepirrende dager inntil et israelsk fly brakte en israelsk delegasjon til feiringen av Argentinas 150-årsjubileum. Eichmann ble dopet ned og fikk på seg en El Al-uniform før agentene ledet ham om bord i flyet, og noen minutter etter midnatt den 21. mai forlot flyet Argentina. Ved ankomst i Israel ble Eichmann arrestert og tiltalt, og den 31. mai 1962 ble han henrettet av en suveren jødisk stat for sin rolle under jødeutryddelsen i Europa.

«Operasjon Eichmann» var kronen på verket for et etterretningsvesen som i løpet av bare 12 år hadde fått et rykte som et av verdens beste etterretningsvesen. Navnet Mossad var raskt blitt et berømt, beryktet og fryktet navn blant Israels venner og fiender, og Mossad fikk ofte æren eller skylden (alt etter som du snakker med Israels venner eller fiender) for å ha utført operasjoner som det egentlig var en av de andre hemmelige tjenestene som sto bak.

Det israelske etterretningsvesenet ble født på et møte i Ben Jehudas gate 85 i Tel Aviv den 30. juni 1948. Den dagen gikk Haganahs etterretning, Shai, i graven, og på Shais ruiner ble fire nye hemmelige tjenester grunnlagt. Aman, den militære etterretningen, skulle blant annet ha ansvaret for å samle informasjon om arabernes militære styrker. Shin Bet, den interne sikkerhetstjenesten, skulle først og fremst ha ansvaret for å beskytte Ben-Gurion og den israelske regjeringen mot den israelske opposisjonen. Utenriksdepartementets politiske avdeling skulle ha ansvar for å samle informasjon utenfor Israel. Den siste av de fire, *Mossad le-aliya bet*, skulle fortsatt jobbe med immigrasjon, selv om arbeidet ble omorganisert nå som de israelske myndighetene hadde åpnet portene på vidt gap for alle jødiske immigranter.

Men utenriksdepartementets politiske avdeling skulle ikke få et langvarig liv. Etter en maktkamp mellom de forskjellige etterretningstjenestene, ble organisasjonen opphevet i 1951, og på ruinene av den politiske avdelingen vokste det opp en ny tjeneste som fikk navnet *Ha-mossad le-modiin ve-le-tafkidim meyuhadim* («Instituttet for etterretning og spesielle oppgaver»), og som over hele verden ganske enkelt er kjent og beryktet som «Mossad».

Den israelske etterretningens far var Reuven Shiloah, som var statsministerens rådgiver for utenriksspørsmål og strategiske spørsmål. Det var Shiloah som hadde planlagt hvordan ansvaret for den israelske etterretningen skulle deles inn i fire tjenester, og Shiloah var beryktet for det enorme hemmelighetskremmeriet han omga seg med. Det er blitt fortalt om Shiloah at når han satte seg inn i en israelsk drosje, ga han sjåføren en kort ordre: «Kjør!» Og hvis sjåføren våget å spørre hvor Shiloah skulle, fikk han som regel et kort svar: «Det har du ingenting med å gjøre.»

I løpet av de kommende årene ble det israelske etterretningsvesenet verdensberømt. Da den sovjetiske lederen Nikita Khrusjtsjov holdt en tale på Kommunistpartiets kongress i Moskva i februar 1956, der Stalin for første gang fikk sitt pass påskrevet i Sovjetunionen, klarte Shin Bet det som alle vestlige spioner higet etter, men som ingen av dem lyktes med: å få tak i en kopi av den sovjetiske lederens tale. Av frykt for sovjetiske represalier valgte Israel å ikke publisere talen selv, men isteden å gi den til CIA, som så sørget for at talen ble spredd for alle vinder. Men det internasjonale etterretningssamfunnet visste at det var Israel som hadde fått tak i talen, og med ett ble Israel betraktet som et land med spioner i verdensklasse.

Befolkningen vokser

I kjølvannet av Sinaikrigen økte immigrasjonen til Israel merkbart. Bare i 1956 og 1957 kom det totalt 125 000 immigranter, og de fleste av dem var fra Nord-Afrika og Egypt. Etter at Nassers regjering var ydmyket av tapene på slagmarken i 1956, ble det vanskelig for alle «utlendinger» som bodde i landet. Siden jødene var de mest sårbare av alle minoriteter i landet, valgte 25 000 av dem å flykte, og de «betalte» for en utreisetillatelse ved at de etterlot seg alt det de eide. To tredjedeler av disse flyktningene kom senere til Israel.

Mange jøder flyktet også fra de kommunistiske landene i Øst-Europa, og bare i 1957 kom det 40 000 immigranter til Israel fra Polen og Ungarn. Mellom 1958 og 1960 kom det ytterligere 43 000 rumenske jøder til landet. Immigrasjonen fortsatte på 1960-tallet. Mellom 1961 og 1964 kom det ytterligere 194 000 immigranter, både fra Europa og fra islamske land som Iran og Marokko. Men selv om nesten 150 000 jøder flyktet fra Algerie etter at det landet fikk sin uavhengighet, valgte de fleste av dem å bosette seg i Frankrike, og kun 15 000 kom til Israel.

Den stadige immigrasjonen betydde at Israels befolkning vokste fra 1 667 000 i 1956 til 2 384 000 på slutten av 1967. I 1965 hadde det dessuten kommet så mange orientalske jøder at det var like mange sefardiske som askenasiske jøder i landet, og i 1968 utgjorde de orientalske jødene et flertall på 55,5 prosent. Og siden de orientalske jødene fikk dobbelt så mange barn som en gjennomsnittlig «europeisk» jødisk familie, betydde det at gapet bare ville øke.

Men det var ikke bare den jødiske befolkningen som vokste i antall. Da Uavhengighetskrigen var slutt, bodde det 156 000 arabere i landet, og som et resultat av at de fikk flere barn enn jødene og at barnedødeligheten sank drastisk, hadde den arabiske befolkningen vokst til 301 000 i 1966. Nå utgjorde araberne hele 12 prosent av hele den israelske befolkningen, og de fleste av dem bodde i Galilea, på Karmelfjellet og i et triangel ved den jordanske grensa.

Blant araberne var det cirka 30 000 drusere, og disse var ofte blitt diskriminert av de muslimske araberne. Men nå som jødene hadde kontrollen, ble druserne behandlet bedre enn noensinne tidligere. Druserne fikk status som et offisielt religiøst samfunn med sitt eget religiøse råd og domstoler, og de fikk tillatelse til å gjøre militærtjeneste.

I senere år skulle det vise seg at druserne var noen av Israels beste soldater.

Israels økonomi vokste også meget raskt i denne perioden. Økonomisk hjelp fra Vest-Tyskland, USA og verdens jøder bidro sterkt til dette, men Israel begynte også å produsere flere varer som de kunne eksportere. Tidligere hadde sitrusfrukter vært de eneste matvarene som den jødiske staten kunne sende ut av landet, men nå begynte de også å selge bomull, peanøtter og mer eksotiske frukter og grønnsaker til omverden. I 1964 sto jordbruket for en tredjedel av Israels totale eksport og 10 prosent av nasjonens inntekter.

Et av Israels største problemer var naturligvis vann. Selv om det kunne regne over 1000 millimeter i året noen steder i Galilea, regnet det bare et par centimeter i året i den sørlige delen av Negevørkenen. I 1960 hadde Mekorot, som var den offentlige institusjonen med ansvar for vannforsyningen, planene klare for hvordan opptil fem millioner mennesker skulle kunne leve i landet. Det betydde blant annet at Israel var nødt til å gjøre større bruk av grunnvannet, at de måtte begynne å behandle kloakkvannet, og at de måtte begynne å tappe vannet i Kishon- og Jarkonelven. Men det største og viktigste prosjektet var at Israel bygde en nasjonal vannledning fra Galileasjøen i nord til Negevørkenen i sør.

Den nasjonale vannledningen kunne pumpe vann fra Israels eneste ferskvannssjø, som ligger 200 meter under havoverflaten, og sende det videre gjennom et system av rør og ledninger som strakte seg helt ned til Negev i den sørlige delen av landet. På veien dit passerte vannledningen mange lokale pumpestasjoner som enten hadde et overskudd eller et underskudd av vann, og dermed kunne vannledningen rette opp situasjonen i store deler av landet. Da vannledningen var ferdig i 1964, kunne den forsyne Israel med 320 millioner kubikkmeter vann i året, noe som var en økning på 25 prosent. Plutselig kunne slike byer som Ashdod, Ashkelon, Kiryat Gat, Beer Sheva og Dimona få tilgang på rent ferskvann, og de begynte å vokse kraftig.

På det politiske plan virker det som om Mapai-partiet fikk all æren for seieren i krigen i 1956. I Knesset-valget tre år senere fikk Mapai så mye som 47 mandater. Nå hadde Ben-Gurion all den makt han måtte ønske seg, og den makten brukte han til å plassere sine unge disipler, Moshe Dayan og Shimon Peres, høyt opp på listene. Peres ble også utnevnt til forsvarsminister i den nye regjeringen.

Men det skulle vise seg at politiske stormskyer begynte å brygge seg opp i det fjerne. En av tvistene sto mellom den gamle garden i Mapai, som besto av slike folk som Golda Meir, Shraga Netzer og Zalman

Aranne, og Ben-Gurions unge disipler. En annen tvist sto mellom de to samme unge disiplene og den tidligere forsvarsministeren Pinchas Lavon. I juli 1963 var Ben-Gurion utslitt av striden i sitt eget parti, og meget uventet trakk han seg tilbake. Statsministeren flyttet tilbake til Kibbutz Sde Boker i Negevørkenen, og han passet på at alle forsto at nå var det ingen vei tilbake. Den nye statsministeren, som ble håndplukket av den gamle mannen, var teknokraten Levi Eshkol.

Eshkol og Ben-Gurion var som natt og dag. Den førstnevnte hadde tidligere vært bonde, så han visste mye om hvordan man driver jordbruk og hvordan man tar hånd om økonomi, men han visste svært lite om statlige spørsmål. Da han tok over jobben, var det mange som trodde at han bare ville holde ut en kort tid og at Ben-Gurion snart ville komme tilbake og overta tøylene igjen.

Atomalderen kommer til Israel

Det gode samarbeidet som Israel og Frankrike hadde innledet før Sinaikrigen, fortsatte i det neste tiåret. I løpet av disse årene fikk Israel blant annet tillatelse til å produsere sine egne øvelsesfly av typen Fouga Magister, og de fikk tillatelse til å kjøpe noen av de beste franske kampflyene, slik som Ouragan, Mystère og Mirage.

Bortsett fra det franske flyvåpenet, var Israel den viktigste kunden som de franske flyfabrikkene hadde. Israel var dessuten det eneste landet som brukte de franske flyene i aktiv kamp mot sovjetiske fly, og Israel leverte utallige forslag til franskmennene om hvordan de kunne forbedre flyene sine slik at de ville være bedre rustet for kriger i framtiden. Det fransk-israelske samarbeidet skulle vise seg å være av ubeskrivelig økonomisk og teknologisk verdi for Frankrike, men Israel var mest interessert i det som Frankrike kunne lære dem om universets bittesmå byggesteiner.

Israels moderne historie og strategiske tankegang er formet av frykten for et nytt Holocaust. Araberstatene hadde gjentatte ganger avgitt løfte om at de skulle avslutte den jobben Hitler påbegynte, og en av de høyeste arabiske lederne, mufti Husseini, hadde samarbeidet med tyskerne om planer om utryddelsesleire for jødene i Palestina under andre verdenskrig.

Den israelske regjeringen forsto tidlig at den beste garantien mot et nytt Holocaust ville være «Samson-valget»: Hvis araberne vil utrydde oss, så tar vi dem med oss i døden. Det eneste våpenet som kunne gi Israel en slik mulighet, var atomvåpen.

Ben-Gurion hadde lenge vært tilhenger av at Israel burde skaffe seg atomreaktorer, både av hensyn til muligheten for å produsere elektrisitet uten å importere kull og olje, men også på grunn av Samson-valget. Men atomvåpen var noe Israel ikke kunne skaffe seg på egen hånd, og Israel håpet at Frankrike ville være villig til å hjelpe dem. Det finnes de som hevder at den egentlige grunnen til at Israel allierte seg med Frankrike under Sinaikrigen, var at de ville vise franskmennene hvor gode venner de kunne være, og at dette ville bidra til å åpne dørene for et kjernefysisk samarbeid i framtiden.

Israel hadde også behov for atomvåpen av økonomiske grunner. I løpet av de første årene av Israels eksistens – da de var nødt til å ta imot flyktninger fra Europa og araberstatene, og da araberverden startet en økonomisk boikott av Israel – forsto Moshe Dayan at Israel ikke kunne utplassere en stridsvogn i hver eneste israelske hage og bakgård, siden staten ville bli ruinert. «Vi trenger en liten hær som er effektiv, billig og profesjonell, for pågående sikkerhet og for begrensede trefninger, med kjernefysiske våpen for generelle konfrontasjoner,» sa Dayan.

I 1955 gikk president Eisenhower med på å selge en liten forskningsreaktor på fem megawatt til Israel, og den ble bygd ved Nahal Soreq et par mil sørvest for Tel Aviv. Men her kunne de amerikanske våpeninspektørene komme og gå som de ville, og dessuten var denne reaktoren altfor liten til at man kunne produsere noe som militæret kunne bruke.

Shimon Peres tok opp spørsmålet om en atomreaktor hver gang han var på besøk i Paris, og i de siste seks månedene mens de to landene forberedte seg på Sinaikrigen, ble spørsmålet om en reaktor en integrert del av den hemmelige forståelsen mellom Israel og Frankrike. Vendepunktet kom den 21. september 1956, i en villa omtrent 16 mil sør for Paris, der Peres hadde et møte med forsvarsminister Bourges-Maunoury. På denne tiden var Frankrike lettet over at Israel ville delta i krigen, og de håpet at israelerne ville gjøre det skitne arbeidet for dem og fjerne den egyptiske armeen fra Suezkanalen.

Under dette møtet tilbød den franske forsvarsministeren for første gang å hjelpe Israel med å skaffe en atomreaktor som takk for deltagelsen i krigen. Allikevel skulle det gå et helt år til før den franske statsministeren og utenriksministeren undertegnet to topphemmelige dokumenter. Det ene dokumentet var en politisk pakt som handlet om det vitenskapelige samarbeidet mellom nasjonene, og det andre dokumentet var en teknisk avtale om å forsyne Israel med en 24 megawatts reaktor. En slik reaktor ville være i stand til å produsere like mye plutonium i året som tilsvarer én Hiroshima-bombe.

Peres visste at kunnskap er makt, og han hadde ingen planer om å dele kunnskapen om atomreaktoren med den israelske etterretningen. Så istedenfor å be Mossad, Shin Bet eller Aman om å beskytte de kjernefysiske hemmelighetene, valgte Peres isteden å opprette et eget etterretningsorgan for kjernefysiske spørsmål. Binyamin Blumberg fikk i oppdrag å lede det nye organet, så han flyttet inn på et lite kontor i forsvarsdepartementet og kalte den nye enheten sin for «Kontoret for spesielle oppgaver». Noen få år senere skiftet organet navn til Lakam, den hebraiske forkortelsen for *Lishka le-Kishrei Mada*, eller «Det vitenskapelige sambandsbyrået».

Blumberg og Peres var så paranoide at i alt hemmelighetskremmeriet ville de ikke engang at de andre israelske etterretningsorganene skulle vite om at Lakam eksisterte. «Lakam ble opprettet bak min rygg og uten mitt kjennskap,» mintes Isser Harel, som var sjef for Mossad og fungerende sjef for Shin Bet. Harel hevdet også at ikke engang Ben-Gurion visste om hva som foregikk.

Israel klarte å bevare hemmeligheten helt til et amerikansk U2-spionfly fotograferte reaktoren i 1960. De amerikanske analytikerne hadde ingen problemer med å se hva dette var, og fra da av begynte USA å sende spioner på oppdrag til Dimona i Negevørkenen, der reaktoren lå. Det tok ikke lang tid før den amerikanske og britiske pressen rapporterte at Israel holdt på med å utvikle atombomber, og nå krevde Washington en forklaring.

Etter at Charles de Gaulle tok over roret i Paris i 1958, begynte Israel også å få problemer med sin fremste allierte. De Gaulle ville forsone seg med araberlandene, og han tilbød Algerie uavhengighet, og det var åpenbart at Frankrike ville bli nødt til å ofre Israel til fordel for denne nye arabervennlige politikken. Så i mai 1960 bestemte Frankrike seg for at de ikke ville selge mer plutonium til Israel.

Men presset mot Israel økte, og den 21. desember 1960 fant Ben-Gurion ut at det ikke nyttet å holde planene hemmelig lenger. Den dagen gikk han på talerstolen i Knesset og fortalte offentlig at Israel holdt på med å bygge en kjernefysisk reaktor nummer to, og at den bare skulle brukes til fredelige formål. Dette var den innrømmelsen som de Gaulle hadde vært ute etter, så nå gikk han med på å sende de siste delene som Israel trengte for å fullføre reaktoren.

Ben-Gurion forsto tidlig at Israel ikke kunne stole altfor mye på at Frankrike og Storbritannia ville selge våpen til den jødiske staten i all framtid, så i september reiste Peres til Vest-Tyskland der han traff forsvarsminister Franz-Josef Strauss. De fant raskt tonen, og i begynnelsen av 1959 begynte strømmen av våpen fra Vest-Tyskland til

Israel. De fleste leveransene skjedde i skjul, og de ble ofte sendt via franske havner for ikke å tiltrekke seg oppmerksomhet. Israel fikk blant annet kjøpe transportfly, helikoptre og øvelsesfly i tillegg til lastebiler, ambulanser, luftvernskanoner, haubitsere og panservernsraketter. Noen ganger spilte tyskerne også rollen som mellommenn. De kjøpte blant annet helikoptre i Frankrike, luftvernskanoner i Sverige og to ubåter i Storbritannia, og disse våpnene ble straks sendt videre til den jødiske staten. Litt etter litt vokste det israelske forsvaret, inntil de var en stormakt i regionen.

Nasserismen sprer seg blant araberne

Nasser gikk styrket ut av Sinaikrigen i 1956. Egypt kunne endelig glede seg over at de kontrollerte Suezkanalen, og dette var det instrumentet som Nasser hadde ventet på som kunne gjøre landet til en internasjonal stormakt. Helt på egen hånd hadde også Nasser klart å «beseire» Egypts erkefiende, Israel, og de to europeiske stormaktene som prøvde å erobre kanalen.

Etter krigen benyttet Nasser «seieren» i sin politiske propaganda og i sine oppildnende taler mot den jødiske staten. Den andre runden i kampen mot sionistene hadde vært mye mer vellykket enn den første krigen, og det var åpenbart at araberne ville gå av med den endelige seieren når den tredje runden av krigen ville finne sted en gang i framtiden.

Men selv om Nasser tordnet mot Israel når han sto bak talerstolen, visste han at Egypt faktisk hadde lidd et militært nederlag i 1956, og han forsto at araberne ikke var rede for en direkte militær konfrontasjon med Israel. Og så lenge som UNEF hadde kontrollen over Gaza, hadde han en god unnskyldning til å utsette et angrep inntil det egyptiske militæret etter hans mening var rede til å utslette fienden.

Istedenfor å forberede seg på en ny krig med Israel, valgte Nasser å vende oppmerksomheten mot en mer radikal variant av sosialismen og nasjonalismen. Den nye bevegelsen, som ble kalt for nasserismen, var ment å skulle stimulere massene og gi den egyptiske økonomien et løft. Selv om denne siden av nasserismen ble en fiasko, ble bevegelsen uhyre populær blant massene i mange araberland. I tillegg begynte Nasser å bli mer militant i sin omtale av de arabiske monarkiene i Midtøsten, og kong Hussein av Jordan var et yndet mål for Nassers kritikk.

I kjølvannet av nasserismen spredde volden og opptøyene seg over hele Midtøsten, og Nassers disipler prøvde å styrte både regjeringen i Jordan og regjeringen i Libanon.

Mellom 1956 og 1967 skjedde det en lang rekke opptøyer, revolusjoner og kuppforsøk i araberstatene. Irak var et av de landene der det ene blodige kuppet avløste det andre. Volden hadde allerede begynt med Bakr Sidqi-kuppet i 1936, og deretter gikk det slag i slag. I 1941 gjorde militæret opprør, i 1948 fant Wathbah-oppløpene sted, og i 1952 og 1956 var det voldsomme protester.

I juli 1958 ble det hasjemittiske monarkiet i Irak styrtet i et militærkupp under ledelse av brigader Abd al Karim Qassim og oberst Abd as Salaam Arif. Kong Faisal II og mange andre medlemmer av kongefamilien ble henrettet. På grunn av revolusjonen ble det kaos i hele den sosiale orden i Irak, og dermed fikk mange eldgamle sekteristiske, etniske og stammebaserte konflikter nytt liv. De sterkeste konfliktene var mellom kurdere og arabere og mellom sunnimuslimer og shiamuslimer.

Iraks nye leder begynte snart å føre en kommunist-vennlig politikk, og det var ikke alle frie offiserer som var like glade for dette. I 1959 kom dermed det neste kuppforsøket, som slo feil, og i ettertid massakrerte kommunistene mange nasjonalister og velstående familier i Mosul. Det samme året brøt det også ut kamper i Kirkuk der mange fra overklassen ble drept av kurderne. Deretter prøvde Baath-partiet å sette en stopper for Qasim-regimet ved å drepe Qasim, men Qasim overlevde drapsforsøket.

I 1961 tok kurderne atter en gang opp våpen mot regjeringen, og i september 1961 brøt det ut kamper mellom kurdiske geriljasoldater og den irakiske armeen. I februar 1963 ble Qasim drept, og i perioden umiddelbart etter drapet kjempet kommunistene og Baath om å ta kontrollen over landet. Ni måneder senere tok Abd as Salaam Arif initiativ til et nytt kupp, og han var president inntil mars 1966 da han ble drept i en helikopterulykke og broren hans, Abdul Salaam Arif, tok over presidentembetet. I juli 1968 var Baath-partiet enda en gang blitt så sterke at de tok over makten, og det samme året gjorde også kommunistene opprør i det sørlige Irak.

Selv om Irak er et ekstremt eksempel, der vold og blodige opprør mellom de forskjellige folkegruppene og stammene har foregått i lang tid, er Irak likevel et mikrokosmos når det gjelder den uroen og volden som preget araberlandene på denne tiden. I løpet av de to første tiårene av Israels eksistens skjedde det omkring 20 revolusjoner i araberverden. Og volden var dessverre ikke begrenset til indre strider. Flere araberstater havnet også i klammeri med hverandre. Krigen i Jemen er et eksempel på dette.

På bakgrunn av alle de indre kampene arabere seg imellom, er det ikke rart at araberstatene verken hadde tid eller krefter til å utslette den sionistiske fienden, selv om de ofte og gjerne holdt taler der de fordømte jødestaten. Det var også i denne perioden som Den forente arabiske republikk (FAR) ble dannet. FAR var Nassers oppfinnelse, og den var urbildet av det radikale arabiske idealet. FAR var en union mellom Egypt og Syria der Egypt, og dermed Nasser, satt igjen med all reell kontroll over superstaten. Jemen var også en del av FAR i en kort tid, men det varte ikke lenge før FAR begynte å rakne, og despotismen regjerte da staten fikk kontroll over Syrias tradisjonelt sett åpne økonomi.

Syriske offiserer ble også opprørt ettersom de oppdaget at de ikke lenger hadde noen innflytelse. I september 1961 gikk en gruppe av disse offiserene, blant dem Salah Jadid og Hafez al-Assad, sammen om et vellykket kupp, og de erklærte at Syria forlot unionen. Det eneste som fortsatt eksisterte av Den forente arabiske republikk, var selve navnet, som i noen år etterpå var det offisielle navnet på Egypt.

Året etter ble imam Badr av Jemen styrtet av en gruppe frie offiserer under general Abdallah al-Sallal, og Badr flyktet til Riyadh der han prøvde å overtale saudierne til å slå tilbake mot opprøret. Al-Sallal, derimot, ba Kairo om hjelp, og flere av de øverste offiserene i den egyptiske hæren gikk sammen om å sende tropper til Jemen uten å spørre Nasser til råds. I Jemen fikk den egyptiske hæren fritt spillerom til å vandalisere og terrorisere slik de ville, og denne muligheten benyttet de så godt de kunne. Fanger ble henrettet, lik ble lemlestet, og hele landsbyer ble tilintetgjort. Egypterne slapp også giftgass over den sivile befolkningen i landet.

Gutten fra Kairo tyr til våpen

Det var også i denne perioden at terrororganisasjonen Fatah ble opprettet. Mohammed Abdel Rahman Abdel Raouf Arafat al Qudua al-Husseini, eller bare Yasser Arafat, ble født i Kairo en gang i 1929. Historikerne er ikke enige seg imellom, men ifølge journalisten Said Aburish, som var den første palestinske araberen som skrev en biografi om Arafat, ble han født den 24. august. Arafats far, Abdoul Raouf, var en arabisk handelsmann med en egyptisk mor og en far fra Gaza, for på denne tiden var giftemål mellom egyptere og arabere fra Gaza vanlig. Det var også vanlig at arabere kunne flytte fra den ene plassen til den andre, siden både språket og folket var det samme i Gaza og Kairo.

To år før Arafat kom til verden, flyttet familien til Kairo, og det var der Arafat ble født. Familien hans stammet fra Husseini-klanen i Gaza, og selv om Arafat senere hevdet at han var en nær slektning av Haj Amin el-Husseini, var sannheten den at Husseini-klanen i Gaza ikke hadde noen forbindelse til Husseini-klanen i Jerusalem. Selve navnet Arafat fikk han fra bestefaren sin.

Da moren hans døde i 1933, sendte Abdel Raouf de to yngste barna sine til morens slektninger i Jerusalem, der morens bror, Selim Abul Saoud, var en relativt velstående mann som kunne ta hånd om Arafat og broren hans, Fathi. Men Arafat ble bare boende i Jerusalem i fire år inntil den eldste søsteren hans, Inam, var gammel nok til å ta hånd om de to yngste brødrene, så i 1937 flyttet Arafat og Fathi tilbake til Kairo.

Arafats far oppdro barna med strenge bud og regler, og selv om Inam forsøkte å beskytte brødrene sine mot den strenge faren, var det ikke alltid hun lyktes. Da valgte Arafat ofte å stikke av til noen slektninger i Kairo, der han kunne lære seg mer om islam og lære seg å sitere en stor del av Koranen.

Selv om Arafat i de unge år var mer opptatt av politikk enn av skolegang, klarte han å komme inn på King Fuad I University i 1947, men mot slutten av 1947 begynte han å vie seg til «viktigere» oppgaver, slik som å kjøpe våpen og sende dem til muftiens arabiske soldater i Palestina. I 1948 bestemte han og noen av klassekameratene hans seg for å slutte seg til Det muslimske brorskap, og sammen klarte de å komme seg til Gaza i en kort periode under Uavhengighetskrigen.

Etter krigen var Arafat skuffet over det inkompetente og korrupte arabiske lederskapet, og han mente at hvis araberstatene ikke hadde blandet seg inn i kampene, ville araberne i Palestina ha klart å vinne krigen på egen hånd.

Det var omtrent på denne tiden at Arafat tok navnet Yasser, etter den muslimske krigeren Yasser bin Ammar, som var en av profeten Muhammeds nære følgesvenner. Fra nå av sluttet Arafat å bruke de palestinske navnene sine, og han ble mer og mer godtatt som en egypter. Han hadde egyptisk fødselsattest, pass og aksent, og han hadde kjempet sammen med den egyptiske organisasjonen Det muslimske brorskap i krigen. Men likevel ville han forlate Egypt. På tross av at han ofte hadde forkynt anti-amerikanske dogmer, søkte han i 1953 om å få studere på University of Texas. Senere søkte han om å få immigrere til Canada.

Da Det muslimske brorskap forsøkte å myrde president Nasser i oktober 1954, var Arafat en av dem som ble arrestert av myndighetene. I over to år satt Arafat i et egyptisk fengsel. Etterpå reiste han til Gaza der han slo lag med den beryktede terroristen Abu Jihad, som også var med i Det muslimske brorskap. Men da UNEF ble sendt til Gaza og Sinaihalvøya etter krigen i 1956, fikk de arabiske terroristene en tøffere jobb, og dessuten ble de arabiske massene hengivne Nasser-tilhengere etter at de så hvordan han hadde kjempet mot Vesten under krigen. Arafat bestemte seg isteden for å immigrere til Kuwait, der det bodde mer enn 50 000 palestinere, og der han kunne fortsette med sitt radikale politiske arbeid.

Det var her i det britiske protektoratet Kuwait ved Den persiske gulf at terrororganisasjonen Fatah så dagens lys. Blant Arafats sammensvorne og Fatahs grunnleggere var Abu Iyad, Abu Jihad, Adil Abdel Karim, Mohammed Yusuf al Najjar, Khalid Al Amira, Abdel Fatah Lahmoud og Khalid Al Hassan. Mange av dem hadde vært medlemmer av Det muslimske brorskap, og alle var sunnimuslimer. De fleste av dem ba vendt mot Mekka fem ganger om dagen og fastet under fastemåneden ramadan, og ikke en eneste av dem drakk alkohol eller spilte om penger. Alle oppførte seg som arabere hadde oppført seg i mange århundrer, og som gode arabere spilte de backgammon og røkte vannpiper. Favorittmaten var lammekjøtt blandet med ris, og i ung alder begynte magene deres å øke i omfang.

Ingen av dem kom fra noen fornem arabisk familie, og inntil da hadde alle de palestinske arabiske politiske lederne kommet nettopp fra de fornemme klanene og familiene. De fleste av dem hadde verken utdannelse eller intellekt til å forstå den internasjonale betydningen av det problemet de hadde viet livene sine til.

På samme måte som historikerne har hatt problemer med å fastsette datoen for Arafats fødsel, har de også hatt problemer med å fastsette når Fatah så dagens lys. Alt sammen var en prosess som fant sted i 1959 eller der omkring. Det som er sikkert, er at organisasjonens navn, Fatah, er en omvendt forkortelse av det arabiske uttrykket *Harakat Tahrir Filastin* (som betyr «Den palestinske frigjøringsbevegelsen»), og navnet ble uttalt baklengs for at det skulle passe med Koranens ord for «erobring».

I 1959 begynte de å gi ut månedsbladet *Filastinuna, Nida Al Hayat* («Vårt Palestina, livets kall»). Artiklene i bladet ble skrevet av anonyme forfattere, og det var fylt av lidenskap og opprop om å tilintetgjøre Staten Israel. Istedenfor å være avhengige av araberstatene, ville Fatah at de palestinske araberne skulle følge sin egen politiske linje og bevæpne seg slik at de selv kunne «frigjøre» landet fra «okkupasjonen». Og den «okkupasjonen» som Fatah ville kjempe mot, var ikke den egyptiske okkupasjonen av Gaza eller den jordanske okkupasjonen av områdene vest for Jordanelven. Organisasjonens målsetting var ikke å opprette en «palestinsk» stat i Gaza og på den såkalte «Vestbredden», men å utslette Staten Israel.

Arafat visste at flere arabiske ledere hadde holdt hemmelige samtaler med Israel, og mer enn noe annet fryktet han at araberstatene ville skrive under på fredsavtaler med den jødiske staten. Det var sant at det arabiske folket var i fyr og flamme for de palestinske araberne, men Fatah mente at denne flammen ikke ville brenne for alltid. Arafat mente at tiden var en negativ faktor for de palestinske araberne, og han ville gjøre alt han kunne for å forhindre at araberstatene stiftet fred med Israel.

Arafat forsto også at han trengte penger for å kunne kjempe mot Israel, og dermed begynte han å samle inn penger blant de rike palestinerne som bodde i Kuwait og andre oljerike områder ved Den persiske gulf. Det var aldri noe snakk om å bruke pengene til å gjøre livet bedre for de palestinske flyktningene i Gaza, Jordan, Libanon eller andre arabiske land. Snart begynte Fatah dessuten å samle inn penger blant kongefamiliene i Kuwait og Qatar, og det var i Qatar at Arafat begynte å samarbeide med Mahmoud Abbas, også kalt Abu Mazen, som på den tiden var en vellykket forretningsmann i landet.

I 1959 hadde Nasser kommet med et radikalt forslag til Den arabiske liga. Nasser foreslo at araberne burde opprette en palestinaarabisk politisk enhet, som Nasser selvfølgelig ville ha kontrollen over. Året etter bestemte Iraks president Qasim seg for å overkjøre Nasser, og han opprettet en palestinsk frigjøringhær (Palestinian Liberation Army, PLA) i Irak. Han gikk også lengre enn Nasser på det politiske plan og oppfordret til at det burde opprettes en palestinaarabisk regjering i eksil.

I januar 1964 ble det holdt et politisk toppmøte i Kairo, angivelig for å diskutere Israels planer om å avlede Jordanelvens vann for å vanne Negevørkenen. Men de arabiske lederne klarte ikke å bli enige om hvordan de skulle svare på den israelske trusselen, og for å fraskrive seg alt ansvar for det som skjedde i Israel, valgte de isteden å opprette en separat palestinaarabisk organisasjon ved navn Palestine Liberation Organization (PLO), som skulle gå i bresjen i kampen for å utslette Israel. Ahmad Skukeiri ble valgt til leder for den nye organisasjonen, og fire måneder senere holdt PLO sin første konferanse på National Hotel i Jerusalem der de utformet en nasjonal pakt. Gjennom PLO kunne Nasser tilfredsstille de palestinske araberne samtidig som han hadde kontrollen over dem.

PLO var en større trussel for Arafat og Fatah enn noe annet som hadde skjedd tidligere. Siden alle araberland støttet opprettelsen av PLO som en paraplyorganisasjon der alle palestinske grupper skulle være med, hadde Fatah valgt mellom enten å gå med i den nye organisasjonen og miste sin frihet til å handle på egen hånd, eller å opphøre å eksistere. Arafat valgte å ikke komme på konferansen i Jerusalem, og isteden sendte han Abu Jihad og et dusin Fatah-medlemmer som observatører.

Den 31. desember 1964 lanserte Fatah det første terrorangrepet mot Israel da en gruppe fra Fatah krysset grensa fra Libanon inn i Israel. Målet med aksjonen var å sprenge en vannpumpe i været, men angrepet slo feil. For det første klarte de ikke å sprenge det sovjetiske sprengstoffet, og for det andre ble terroristene arrestert av det libanesiske politiet på veien tilbake. Men det betød ikke nødvendigvis at operasjonen var mislykket. Tanken bak angrepet var ikke bare å slå til mot vanntilførselen til Negev, men å provosere Israel til å slå tilbake mot en av araberstatene. Fatah håpet således på at dette ville tvinge araberstatene til å gå til full krig og utslette Israel.

Tre dager senere, i et angrep som var rettet like mye mot PLO som mot Israel, sendte de kommandosoldater fra vestbredden inn i Israel der de utplasserte dynamitt ved en vannkanal i nærheten av landsbyen Beit Netopha. En måned senere sendte Arafat en ny gruppe som skulle infiltrere Israel via Jordan, men på veien dit ble de stoppet av en jordansk militærpatrulje, som drepte en av terroristene.

Fatahs mål med terrorangrepene var å dra araberlandene inn i en full krig med Israel. Det er kanskje ironisk at selv om Fatah lyktes med dette, ble resultatet av krigen det stikk motsatte av det som Fatah ønsket. Istedenfor at Israel ble tilintetgjort i krigen, klarte de å erobre hele Jerusalem, Judea, Samaria, Gaza, Sinaihalvøya og Golanhøydene. Israel ble over dobbelt så stort da Fatah begynte å egge araberlandene til krig mot den jødiske staten.

Israel på sin side hadde demonstrert for Vesten og araberstatene at den jødiske staten var en maktfaktor og et etablert faktum i Midtøsten. Før Sinaikrigen hadde mange diplomater den oppfatningen at Israel i bunn og grunn ikke var en stat, men egentlig en kjempesvær flyktningleir som frenetisk prøvde å organisere sitt fattige liv i en ørken der de var omringet av fiender på alle kanter. Men etter 1956 var dette historie. Verden kunne se at Israel kunne ta vare på seg selv.

Men israelerne var også blitt mer følsomme for internasjonalt press. Selv om de gikk inn i Sinaikrigen med en fast beslutning på å sette en stopper for terrorismen fra Gaza og blokaden av Tiranstredet, forsto de etter krigen at supermaktene hadde midler til rådighet som de kunne bruke til å tvinge Israel til å gi fra seg det militære overtaket som soldatene deres hadde kjempet og gitt livet for.

Spionen i Damaskus

Israels etterretningsvesen gjorde det de kunne for å forberede Israel på den kommende krigen. Historien er tyst angående de «vellykkede»

125

spionene som ikke ble tatt til fange, men vi vet desto mer om de «mislykkede» spionene som faktisk ble tatt til fange etter at de hadde avslørt mange av fiendens hemmeligheter for Israel.

Eli Cohen var en av de «mislykkede» spionene. Cohen ble født i Egypt, men ble rekruttert til Aman i 1960. To år etterpå flyttet han til Damaskus der han gikk under navnet Kamel Amin Tsa'abet. I løpet av de neste tre årene var han Israels kanskje mest verdifulle spion i araberverden, og han ble venner med mange av de øverste politikerne i den syriske hovedstaden. Det hevdes til og med at han var en venn av Amin El-Hafez, som ble president i Syria etter revolusjonen i mars 1963, og etter revolusjonen arrangerte Cohen en fest for alle de nye høye herrer i landet, inkludert forsvarsministeren, finansministeren, generaler og oberster. Det hevdes også at presidenten var på nippet til å utnevne Cohen selv til vise forsvarsminister, men disse planene ble skrinlagt. En gang fikk Cohen en personlig omvisning blant de syriske militærpostene på Golanhøydene, og den informasjonen han skaffet israelerne derfra, skulle vise seg å være uvurderlig under Seksdagerskrigen i 1967.

I januar 1965 ble han tatt på fersk gjerning mens han sendte radiomeldinger til Israel. Nettverket hans hadde vært så omfattende at 500 syrere også ble arrestert de første dagene etterpå, og tre av hans nærmeste syriske venner ble også stilt for retten. Men Cohen hadde handlet på egen hånd, og den 1. mai ble han dømt til døden av en syrisk domstol. Sytten dager senere ble han hengt på offentlig plass i Damaskus mens kona hans, Nadia, bevitnet hendelsen på TV hjemme i Israel.

I Egypt hadde Israel også en mann som leverte uvurderlig informasjon om det landets militære aktiviteter. Wolfgang Lotz ble født i Tyskland i 1921. Faren hans var tysker, og moren var jøde, men i 1933 skilte de seg, og moren flyttet til Palestina med den lille gutten sin. Lotz meldte seg frivillig til å bli soldat i den britiske hæren, og under hele andre verdenskrig tjenestegjorde han i Egypt og Nord-Afrika.

I 1960 begynte han å jobbe for Aman, og den gangen var han den perfekte spion. Siden han hadde en tysk far, hadde han rett til tysk statsborgerskap, og han kunne reise til Egypt på et ekte tysk pass i sitt eget navn. Og siden han snakket både tysk, engelsk, arabisk og hebraisk flytende, kunne han komme seg fram i alle mulige situasjoner.

Da han ankom Egypt i desember 1960, ble han raskt invitert til å bli medlem i rideklubben i Gezirah. Klubbens ærespresident var general Youssef Ali Ghorab, som også var øverstkommanderende for den egyptiske politistyrken. Det var Ghorab som foreslo at Lotz burde slå seg ned i Egypt og avle opp arabiske fullblodshester, og på kort tid klatret Lotz til topps blant den egyptiske sosieteten. Men det skulle vise seg at dette kostet penger. Masse penger. Da Lotz senere ble overført fra Amans til Mossads budsjett, begynte de å kreve å få se alle mulige slags kvitteringer og skjemaer for å få en nøyaktig oversikt over hva pengene gikk til. En gang ble Lotz så irritert at han spurte om å få et israelsk offentlig skjema som han kunne be alle generalene om å skrive under på hver gang han utbetalte bestikkelser.

Lotz' sjefer ble enda mer himmelfalne da han fortalte dem at han hadde møtt en vakker tysk dame, Waltraud, på en togtur i Tyskland, og at de allerede hadde giftet seg og skulle bo sammen i Egypt. Men det skulle vise seg at Lotz var verdt pengene. Nesten hver eneste kveld sendte han informasjon fra «baderomsvekta» si til hovedkvarteret i Tel Aviv, og dette materialet hjalp israelerne med å danne seg et nøyaktig bilde av Egypts politiske, militære og økonomiske styrke og svakhet.

Men den 22. februar 1965, bare en måned etter at Cohens karriere i Damaskus var over, ble både han og kona arrestert i sitt eget hjem i Kairo. Lotz bestemte seg raskt for å samarbeide med den egyptiske etterretningen, og han innrømmet at han hadde jobbet for Israel. Men han holdt tett om at han var jøde, og siden han ikke var omskåret, trodde egypterne at han bare hadde gjort det for pengenes skyld. Det var dette som reddet både hans og konas liv.

Wolfgang ble dømt til livstid, og Waltraud ble dømt til tre års straffearbeid. Etter Seksdagerskrigen ble ekteparet Lotz og noen andre israelske spioner utvekslet med 500 egyptiske krigsfanger, inkludert ni generaler.

Kapittel 7: 1966-1967
Seks dager som forandret Midtøsten

Yak Nevo hadde så buskete øyenbryn at han kunne minne om ørnen Sam i Muppet Show. Den israelske jagerflypiloten ble født på en bondegård et steinkast fra militærflyplassen Ramat David, men han viste aldri noen interesse for flymaskiner før han fikk et forslag om å gå inn i flyvåpenet i 1950. Men da han begynte å fly Spitfire ved Ramat David, skulle det vise seg at Yak var så dyktig at han ble utvalgt til å være blant de få pilotene som fikk plass i nasjonens første skvadron av jagerfly.

Som jagerflypilot tøyde Nevo grensene lengre enn noen annen pilot. «Han tok flere sjanser i livet enn noen annen,» mente en av de andre pilotene i skvadronen hans. Nevo tok flyene til det ytterste av det de kunne prestere og det han kunne tåle før han besvimte, og mer enn én gang begynte vingene å bøye seg under de påkjenningene han utsatte dem for. Nevo hadde også en egen evne til å se for seg og huske langvarige, tredimensjonale scenarier. Han kunne forestille seg lange luftkamper og skrive ned nøyaktig hva som skjedde i hver fase av kampen.

Det var Yak Nevo som lærte de israelske pilotene hvordan de skulle vinne en luftkamp mot fiendtlige jagerfly. I begynnelsen av 1957 skrev han en 70-siders manual for luftkamper som fikk det enkle navnet «Luftkamp». En av de teknikkene som Nevo utviklet, var en manøver som ble kalt «la ham passere». Den besto av to deler. Den første delen handlet om at hvis en fiende kom opp bak Nevo, ville han sette på alle luftbremser, skru av motoren og gjøre alt det han kunne for å bråstoppe, slik at flyet bak ville fyke forbi Nevo i brøkdelen av et sekund. Den andre delen handlet om at Nevo umiddelbart rullet rundt slik at han hele tiden hadde fienden i sikte og kom opp rett bak fienden, klar til å skyte ham ned.

Under krigen i 1956 fikk han testet ut manøveren mot virkelige fiender. I løpet av krigen skjøt han ned to egyptiske MiG-fly, og under en luftkamp over Sinaiørkenen lekte han med tre egyptiske jagerfly i ti minutter. Det ene flyet kom opp bak ham, og han lot det passere. Så forsøkte det neste flyet å angripe, og det samme skjedde igjen.

Ezer Weizman, en av heltene fra krigen i 1948, var sjef for det israelske flyvåpenet lenger enn noen av forgjengerne sine. I løpet av de sju årene han sto ved roret, gjennomgikk flyvåpenet en forvandling fra en gjeng med cowboyer med propellfly eller billige jetfly istedenfor hester, til et moderne flyvåpen med de beste jagerflyene som fantes på markedet.

Weizman kjente alle pilotene sine personlig, og han hadde et fotoalbum på kontoret med bilder av hver eneste mann i flyvåpenet. Han beordret også pilotene til å bo på basene og tegne kontrakt for minst tre år, og han fortalte konene deres at jobben deres var å passe på at pilotene var sunne og at de kunne konsentrere seg om jobben. Han kjente alle og husket hver eneste feiring eller tragedie, og når noen var syke, viet han dem personlig oppmerksomhet.

Han fløy fram og tilbake mellom de forskjellige basene i sin egen personlige, svartmalte Spitfire, og når han traff pilotene, pleide han å oppmuntre og berømme dem angående den jobben de gjorde. Under Weizman fikk flyvåpenet bedre menyer i kantinen, bedre muligheter til å bli med i klubber, og han organiserte turer og utflukter.

Det var også Weizman som introduserte det franske jagerflyet Mirage i flyvåpenet, og som alltid gjorde Weizman det motsatte av det andre flyvåpen over hele verden gjorde på denne tiden. De beste jagerflyene på denne tiden, slik som det amerikanske F-104 eller det sovjetiske MiG-25, kunne klatre høyere og raskere enn noe annet fly, men de kunne ikke begi seg inn i nærkamp med andre jagerfly. De hadde rett og slett ingen kanoner, men bare raketter, og dette var fordi de fleste flyvåpen på denne tiden mente at den eneste nytten et jagerfly kunne gjøre, var å stoppe de store bombeflyene som hadde atomvåpen.

Weizman, derimot, mente at det israelske flyvåpenet først og fremst burde bekymre seg for de sovjetiske MiG-21-flyene som Egypt hadde tatt i bruk, og dermed krevde han at Dassault, som produserte Mirage-flyene, skulle ta ut rakettmotoren og montere inn gammeldagse kanoner isteden.

I løpet av Weizmans tid som sjef for IAF (Israeli Air Force, det israelske flyvåpenet) brukte han masse tid og penger på å utvikle en kampplan for hvordan Israel kunne beseire alle de arabiske flyvåpnene i én enkelt operasjon. Weizman forsto hvilket talent som Nevo var, så han fikk i oppdrag å lede arbeidet med å utvikle planen. Navo rekrutterte i sin tur navigatøren og helikopterpiloten Rafi Sivron for å hjelpe til, og det var disse to som utviklet detaljene i den planen som senere skulle få navnet Moked, som betyr «fokus» på hebraisk.

Nevo og Sivron forsto at det viktigste i den første fasen av en krig var å få overtaket i lufta, og for å få det burde de bombe fiendens flyplasser for å hindre fiendens fly fra å ta av. Men det var ikke lett å ødelegge de solide rullebanene, som var bygd av støpt betong. Noen bomber ville bare sprette eller rulle av rullebanene, og raketter kunne bare skape noen små hull her og der. Løsningen ble de topphemmelige nye Durendal-bombene, som Israel utviklet i samarbeid med Frankrike. Durendal kunne bore seg dypt ned i rullebanen og sprenge ut et fem meter bredt krater.

Men da IAF til slutt fant ut hvilke bomber de trengte for å sprenge store hull i betongen, fortsatte Nevo og Sivron med å beregne og teste hvor lang rekkevidde de israelske jagerflyene ville ha når de var utstyrt med seks bomber istedenfor to, som var standard. De israelske flyene fløy oppover og nedover i landet, ut over havet og tilbake igjen, til alle døgnets tider og ofte i lav høyde over vannet eller bakken, inntil de var sikre på at de hadde nøyaktige tall på hvor lenge hvert fly kunne holde seg i lufta.

Samtidig hadde den israelske etterretningen spioner som sendte dem informasjon om alle de arabiske flyplassene. Israelerne fikk informasjon om alle rullebaner, hvilke fly som brukte dem, bakgrunnsinformasjon om pilotene og offiserene, hvilken mat de spiste og til og med hvilke biler de brukte. Sivron skrev all denne informasjonen inn i planene sine, og dermed kunne han regne ut nøyaktig hvor mange rullebaner de måtte ødelegge og hvor de måtte treffe dem for å kunne sette flyplassene ut av spill. Dette var som et tre- eller fire-dimensjonalt spill for Sivron, men det var bare et teoretisk spill for denne israelske helikopterpiloten. Av en eller annen grunn trodde han ikke at disse planene noensinne ville bli satt ut i livet.

Den første delen av den ferdige planen handlet om bakgrunnen for kampene. I denne delen beskrev Nevo og Sivron flere mulige scenarier, slik som en krig med Egypt, en krig med tre araberstater på én gang, og en forsvarskrig der Israel ble tatt på senga. Den andre delen beskrev målet med operasjonen, og den tredje delen var en kort liste over hvilke flyplasser de skulle angripe. Men den viktigste informasjonen var i de seks tilleggene, der alle detaljer ble beskrevet. Hvert tillegg beskrev hva hver av flyvåpenets avdelinger skulle gjøre under en krig, og siden hver avdeling hadde ansvar for hvert sitt tillegg, var det enkelt for dem å oppdatere planen etter hvert som både Israels flyvåpen og araberstatenes flyvåpen utviklet seg.

Selv om israelerne hadde lagt ned mye arbeid på Moked, hadde de absolutt ingen garanti for at de ville vinne kampen. Da IAF simulerte Moked på data, kom de fram til at til og med under ideelle forhold hadde de mindre enn 50 prosents sjanse til å lykkes. For å ha en rimelig trygg grunn å stå på, trengte de 530 fly, men dette var 200 flere fly enn det

Israel hadde til rådighet, og landet hadde ikke penger til å kjøpe så store mengder fly. Men alle visste jo uansett at Israel aldri ville få bruk for en så storslagen plan.

Araberne hisser hverandre til krig

Sekstitallet var et merkelig tiår i araberverdenen. I tillegg til alle de urolighetene, kuppene og krigene vi snakket om i forrige kapittel, var 1960-tallet også en periode da de arabiske lederne kritiserte og hudflettet hverandre med hensyn til hvem som hadde ansvaret for at den jødiske staten fortsatt ikke var blitt tilintetgjort. Ofte kritiserte kongene og presidentene hverandre for å avlede offentlighetens oppmerksomhet fra sine egne feil og mangler, og på den måten hisset de hverandre til krig.

I 1963 forsøkte Egypt, Syria og Irak å gå sammen i en treenig union, og kampen mot Israel var angivelig grunnen til at de tre araberlandene skulle danne en felles koalisjon. Men da planene falt i fisk, gikk den syriske diktatoren, general Hafiz Amin, til angrep på Nasser og hevdet at han solgte «Palestina for noen tønner med amerikansk hvete».[7] Nasser på sin side anklaget Syria for at de hadde dolket Egypt i ryggen og at de ville dra araberne inn i en krig før de var rede for det. Jordans statsminister, Wasfi al-Tall, sluttet seg til hylekoret og kritiserte Nasser fordi han gjemte seg bak UNEF istedenfor å kjempe mot Israel.

Da Nasser forsto at han var isolert i spørsmålet om Israel, tok han initiativet til å arrangere et toppmøte mellom alle araberstatene. Formålet med toppmøtet skulle angivelig være å komme til enhet om hva araberlandene kunne gjøre for å stoppe Israel fra å bygge ut den nasjonale vannledningen til Negevørkenen, noe som ville gi rom for flere millioner nye jødiske immigranter i Israel. Men den egentlige årsaken til toppmøtet var ikke å kjempe mot Israel, men å forhindre at Syria fikk angi tonen i kampen mot Israel, å avverge en krig der Egypt ikke kunne vinne og å få de egyptiske soldatene ut av Jemen. Så langt hadde krigen i Jemen kostet Egypt 9,2 milliarder dollar, eller omtrent en halv million dollar for hver egyptisk landsby. Flere tusen egyptere var blitt drept eller såret, og 50 000 soldater var for tiden stasjonert i landet.

Den 14. januar kom de arabiske lederne sammen i Kairo, der de vedtok en plan til 17,5 millioner dollar for å avlede Jordan og to av

---

7   Den «hveten» som Amin snakket om, var to årlige forsendelser av hvete og andre matvarer fra USA til Egypt. USA begynte å sende hveten til Egypt under president Kennedys tid som et lokkemiddel for å slutte med krigshissingen og begynne å bygge opp landet for de fattige egypterne. I en periode kom 60 prosent av Egypts brød fra den amerikanske hveten.

Jordanelvens kilder i den nordlige delen av Huladalen. De opprettet også en forenet arabisk kommando (UAC, United Arab Command), som var kontrollert av Egypt og som skulle beskytte prosjektet og forberede araberstatene på en krig med Israel. UAC skulle etter planen komme i funksjon i 1967. Dette var angivelig det første toppmøtet i historien som alle de arabiske lederne var enige i, og det var en stor seier for Nasser.

Men det varte ikke lenge før syrerne atter en gang begynte å anklage Egypt for å skjule seg bak UNEF, og de ville benytte seg av UAC i kritikken mot Nasser. Den kommandoen som Nasser hadde opprettet for å få kontroll over araberne, ble isteden brukt mot ham og for å egge ham til krig.

De krigerske tonene under toppmøtet skapte også frykt blant israelerne. Tidligere hadde Israel trodd at araberne ikke var villige til å gå til krig på grunn av vann, men nye rapporter fra den israelske etterretningen tydet på at araberne ville være rede til å gå til krig en gang i 1967 eller 1968. Etterretningen mente også at neste krig ville begynne med at araberne forsøkte å avlede Jordanelven, at de gjennomførte terrorangrep eller trefninger ved grensene, eller ved at Egypt stengte Tiranstredet.

Det skulle heller ikke gå lang tid før det viste seg at andre araberland begynte å sette bremsene på for å unngå en krig. Jordan nektet å utplassere irakiske eller saudiske tropper på eget territorium, og de var absolutt motstandere av å utstasjonere enheter fra PLA[8] på Vestbredden. Libanon ville heller ikke ha noen fremmede styrker på libanesisk mark, og Irak ville ikke låne ut flyene sine til UAC. Ingen av de landene som hadde vestlige våpen, var villige til å skifte til sovjetiske våpen, og ingen ville ta imot ordre fra en egyptisk general. Ahmad Shukeiri var populær i Egypt, men de andre araberstatene foraktet sjefen for PLO, og sju palestinske terrorgrupper, blant dem Fatah, tok avstand fra PLO. Den egyptiske hæren var fortsatt i krig i Jemen, og selv om Nasser og Saudi-Arabias kong Faisal undertegnet en fredsavtale i august 1965, ignorerte begge parter avtalen. Nå hadde Egypt 70 000 soldater i Jemen.

Våren 1964 begynte Syria jobben med å avlede Jordanelvens kilder. Israel visste at hvis syrerne lyktes med denne planen, kunne det bety at de ville tørste ihjel, og det varte ikke lenge før Israel begynte å bombardere de syriske arbeiderne. Samtidig ble de israelske bøndene i Huladalen bombardert og beskutt av den syriske hæren, som hadde full kontroll over alt det Israel gjorde fra de syriske militærpostene på

---

8   PLA (Palestine Liberation Army), Den palestinske frigjøringshær, som ble opprettet samtidig som PLO.

Golanhøydene. På grunn av det konstante syriske bombardementet, sov de fleste israelerne i Huladalen i tilfluktsrom, og mange av barna som bodde i området, så sjelden dagslyset. De israelske fiskebåtene på Galileasjøen ble også beskutt av de syriske kanonene på Golanhøydene.

Mot slutten av 1964 la syrerne «et teppe av granater» over alle de israelske landsbyene i Huladalen, og de syriske kanonene var utenfor de israelske stridsvognenes rekkevidde. Eshkol visste at det israelske flyvåpenet kunne slå ut de syriske kanonene, men han var redd for at hvis han valgte denne løsningen, så kunne han tenne gnisten til en ny krig og ødelegge Israels sjanser til å få kjøpt fly i USA. Men Rabin klarte å overbevise Eshkol om at det ikke ville bli noen full krig og at USA, som selv bombet Nord-Vietnam, ikke kunne kritisere Israel fordi de gjorde det samme i Syria. Fire israelere ble drept og ni ble såret i angrepet, og syrerne led også alvorlige tap. Det syriske flyvåpenet oppdaget dessuten at de var et lett bytte for israelerne, og dermed bestemte de seg for å kjøpe 60 nye sovjetiske MiG-21-fly.

Ingen vei tilbake for Nasser

Israel, på sin side, var bekymret for at vennskapet med Frankrike ville lide, men de var desto mer lettet over at USAs president, Lyndon Johnson, var en større israelsvenn enn noen annen president før ham hadde vært. Allerede i begynnelsen av sin presidentperiode hadde Johnson innvilget 52 millioner dollar i økonomisk hjelp til Israel, men det skulle ta tid før det var snakk om militær hjelp. Israel fikk riktignok lov til å kjøpe noen amerikanske stridsvogner fra Vest-Tyskland, men som en motvekt til dette fikk Jordan også lov til å kjøpe amerikanske stridsvogner. Den amerikanske våpeneksporten økte fra 44,2 millioner dollar til 995,3 millioner dollar i løpet av noen få år, men Israel fikk bare en mikroskopisk del av dette.

Sovjetunionen, på sin side, hadde ingen betenkeligheter med å forsyne araberne med alle de våpnene de ønsket seg. Siden 1956 hadde Sovjet eksportert 1700 stridsvogner, 2400 kanoner, 500 jetfly og 1400 militære rådgivere til Israels fiender, og bare i 1966 fikk Syria økonomisk hjelp til en verdi av 428 millioner dollar.

I mellomtiden fikk Syria en ny regjering, som var forhatt av landets innbyggere, og løsningen på dette var som alltid å avlede folkets oppmerksomhet mot Israel. Syrerne mente dessuten at de ikke hadde noe å tape på en krig. Enten ville Israel bli utslettet, eller så ville Nasser og kong Hussein bli beseiret. Men selveste Sovjetunionen beskyttet Syria, så de kunne aldri tape en krig, mente de.

Problemet med syrernes resonnement var imidlertid at selv om Sovjetunionen kritiserte Israel både titt og ofte, var de motstandere av en krig i Midtøsten. De hadde isteden foreslått at araberne burde undertegne en fredsavtale med Israel med delingsplanen fra 1947 som grunnlag. Men det fantes også tegn som tydet på at Sovjetunionen kunne komme til å støtte araberne militært i den «rettferdige» kampen mot sionistene.

Israel var på sin side livredde for å terge russerne, og dermed måtte de begrense seg til å slå tilbake mot de terroristene som holdt til i Judea og Samaria. Nå fantes det 26 forskjellige palestinske terrorgrupper, og Israel slo tilbake mot Jordan som takk for sist.

Nasser fryktet at Syria ville trekke hele regionen inn i en krig, og for å berolige dem foreslo han en gjensidig forsvarsavtale. Fordelen med denne avtalen var at Egypt ville være i stand til å tøyle Syria, men ulempen var at det ville bli lettere for Syria å lokke Egypt inn i en konflikt. Den 4. november 1966 undertegnet de to landene avtalen, og et resultat av den nye enheten var at begge land kritiserte Hussein og truet med å drepe ham.

Husseins situasjon ble enda mer prekær da israelske styrker angrep landsbyene Rujm al-Madfa og Samu i nærheten av Hebron. Ifølge Israel var Samu en av de viktigste basene for terroristene, og israelerne trodde at palestinerne ville bli skremt og bønnfalle Hussein om å kaste ut terroristene fra området slik at israelerne aldri ville angripe dem igjen. Men selv om den opprinnelige planen handlet om at Israel bare skulle sprenge en politistasjon og noen hus i lufta, og selv om israelerne ikke hadde til hensikt å såre mennesker, ble de stilt overfor en helt ny situasjon da en kolonne med cirka 100 jordanske soldater ved en tilfeldighet måtte passere gjennom Samu på vei til en annen landsby.

Resultatet var en katastrofe der 15 jordanske soldater, tre sivile arabere og den israelske bataljonens øverstkommanderende, oberst Yoav Shaham, ble drept. I tillegg ble også 54 jordanske soldater, 10 israelske soldater og 96 sivile arabere såret. Jordanerne sendte opp fly for å bombe israelerne, men de ble avskåret, og et av de jordanske flyene ble skutt ned.

De lokale palestinerne gjorde opprør mot Hussein og krevde at han måtte bli avsatt. Overalt på den såkalte «Vestbredden» var det opptøyer. Demonstrantene kastet stein mot offentlige bygninger og brente bilder av kong Hussein.

Da Den arabiske liga hadde et militært møte i Kairo i desember 1966, ble Ammans representanter kritisert fordi de selv ikke hadde klart å forsvare palestinerne og fordi de hadde nektet irakerne og saudierne å utplassere tropper som kunne forsvare dem. Men Jordan slo tilbake.

Hvorfor gjenopptok ikke Egypt terrorangrepene fra sitt eget territorium? Hvorfor kastet de ikke ut UNEF? Hvorfor sendte de ikke de egyptiske troppene inn i Sinai?

I begynnelsen av januar 1967 blusset kampene mellom Israel og Syria opp igjen, der flere israelere ble drept og såret. Samtidig ble syrerne egget av at Sovjetunionen ved flere anledninger advarte dem om at Israel hadde samlet troppene sine ved grensa mot Syria, selv om Israel ved hver eneste anledning insisterte på at det ikke var sant.

Senere samme vår ble trefningene ved grensa bare mer blodige. Den 7. april ble to israelske traktorer truffet av syriske kanoner ved Galileasjøen, og de israelske stridsvognene svarte med samme mynt. I løpet av noen timer skjøt Syria 247 granater mot Kibbutz Gadot, og flere bygninger i kibbutzen sto i brann. Det varte ikke lenge før Israel sendte inn bombefly mot de syriske bunkerne og landsbyene, og da Syria sendte fly for å stoppe israelerne, begynte det en luftkamp over Golanhøydene der to syriske fly ble skutt ned. De andre syriske flyene ble jaget helt tilbake til Damaskus, og 130 fly deltok i luftkampene over den syriske hovedstaden. Fire nye syriske fly ble skutt ned, og alle innbyggerne i byen kunne se med egne øyne at Syrias luftvåpen ikke hadde mye å stille opp med overfor Israel.

Etter kampene begynte munnhuggeriet mellom de arabiske lederne igjen. Syrerne kritiserte Egypt, Egypt kritiserte Syria, Jordan kritiserte Egypt, og Nasser anklaget Hussein for å ha samarbeidet med Israel under kampene. Syria var blitt skremt av at Israel fikk overtaket i lufta så raskt, så nå prøvde de å overbevise egypterne om at Israel snart ville gå til full krig mot dem. Noen uker senere fikk Kairo besøk av en sovjetisk delegasjon, som informerte dem om at Israel hadde utplassert 11 brigader ved grensa mot Syria. Israels statsminister inviterte den sovjetiske ambassadør Chuvakhin til å bli med til grensa, slik at han kunne se med egne øyne at dette ikke var sant og at Israel bare hadde 11 kompanier i området, men Chuvakhin nektet og forklarte at jobben hans var å formidle sovjetiske sannheter, ikke å sette dem på prøve.

På denne tiden var Syria det eneste landet i Midtøsten der Sovjetunionen hadde fått et godt fotfeste, og de ville naturligvis styrke regimet i Syria. Ved å påvirke Egypt til å true Israel i sør, regnet sovjeterne med at Syrias grenser ville bli sikrere og at regjeringen i Damaskus ville sitte tryggere. Det er lite trolig at Sovjetunionen faktisk ville drive regionen til en full krig.

Men nå som Nasser «visste» at israelske tropper var rede til å angripe Syria, tok det ikke lang tid før han gikk til aksjon. I en stor maktdemonstrasjon lot Nasser store egyptiske styrker rulle gjennom

Kairo på vei til Sinai. Han ga også UNEF ordre om å omgruppere seg og ta et skritt til siden, slik at det ble plass til de egyptiske styrkene i Sinai. FNs generalsekretær U Thant forklarte for Nasser at enten ville UNEF forbli utplassert der de var, eller så ville han trekke dem helt ut av Sinaihalvøya. Nasser svarte med å gi dem ordre om å trekke seg helt ut av Sinaihalvøya. Uten å rådspørre seg med verken Generalforsamlingen eller Sikkerhetsrådet gikk U Thant med på Nassers krav, og den 19. mai trakk FN styrkene sine ut av Sinaiørkenen. Nå hadde Egypt 100 000 soldater i sju divisjoner med mer enn 1000 stridsvogner ved grensa til Israel.

Tre dager senere erklærte Nasser at Tiranstredet var stengt for alle israelske skip og andre skip på vei til eller fra Israel. Plutselig var Israel tilbake på det samme punktet som før Sinaikrigen i 1956. Tiranstredet var stengt, og store mengder av fiendtlige soldater var utplassert langs grensene. Den 26. mai uttalte Nasser at Egypt ville utslette den jødiske staten i den kommende krigen, og denne typen retorikk førte til at flere araberland ble revet med i hysteriet. Flere araberland, slik som Kuwait og Algerie, sendte tropper til Egypt for å delta i den «hellige krigen» mot fienden, og snart var Israel omringet av en arabisk styrke på 250 000 mann, over 2000 stridsvogner og 700 kampfly bare ved fronten.

Verden var vitne til det de trodde var Israels endelikt, men ingen nasjoner gikk til aksjon for å hjelpe Israel. I løpet av en periode forsøkte USA å samle en gruppe nasjoner for å danne en internasjonal skipskonvoi for å bryte igjennom blokaden ved Tiranstredet, men de ga opp da det viste seg at ingen nasjoner var rede til å ta en slik risiko for Israels skyld.

Kong Hussein, som var den svakeste av de arabiske statsoverhodene, fryktet for sitt eget liv. Hvis han ikke gikk med i krigen, og araberne tapte, var det stor sjanse for at palestinerne ville myrde ham. Men hvis araberne vant krigen, derimot, var det stor fare for at Nasser ville sende den egyptiske hæren strake veien til Amman for å avsette og drepe monarken.

For å redde sitt eget liv reiste han til Kairo, der han skrev under på en felles forsvarsavtale med Egypt og Syria. Den egyptiske generalen Abdal Muneim Riadh ble utnevnt til øverstkommanderende for de arabiske styrkene på den jordanske fronten, og noen dager senere kom general Riadh til Amman for å ta over kommandoen over Husseins styrker. Nettet holdt på å snøre seg sammen rundt Israel.

Israelerne får panikk

Yitzhak Rabin var antakelig en av de mest populære forsvarssjefer noensinne, og de fleste israelere betraktet ham som en urokkelig klippe. Men sannheten var derimot at Rabin holdt på å bryte sammen. I et møte med utenriksminister Abba Eban den 21. mai innrømmet Rabin at han følte at han hadde mislyktes med å forberede IDF på den krigen som var rundt hjørnet. «Israels militære forberedelser de siste ti årene ... har handlet om nordfronten og østfronten, med lite oppmerksomhet viet til sørfronten,» uttalte Rabin. Siden UNEF hadde vært en buffer mellom Israel og Egypt, hadde det israelske forsvaret viet oppmerksomheten mot Syria og Jordan istedenfor mot den mektige fienden i sør. Dermed ville det ville ta lang tid for IDF å forberede seg og utplassere mannskapene slik at de kunne slåss mot en fiende i sør.

Rabin bar dessuten tunge politiske byrder, selv om dette egentlig ikke var jobben hans. Rabin mente at Eshkols regjering ikke bare hadde bedt ham om å analysere og presentere de militære alternativene, men også å gi dem råd om hvilket alternativ de burde velge. Rabin følte seg meget alene i denne saken, og den 22. mai oppsøkte han David Ben-Gurion og Moshe Dayan i håp om at de ville si noen gode ord til den slitne forsvarssjefen.

Skuffelsen var desto større da Ben-Gurion lot kritikken hagle mot Rabin og Eshkol fordi de hadde innkalt reservistene og tvunget Nasser til å gå på offensiven. «Du har ledet staten inn i en alvorlig situasjon. Du bærer ansvaret,» var ordene som ringte i Rabins ører i flere dager etterpå. Etter møtet med den gamle mannen, ble byrdene enda tyngre å bære for Rabin.

Neste dag ble Rabin vekket klokka 03.45 om morgenen og fikk høre nyheten om at Nasser hadde stengt Tiranstredet. Israel hadde aldri lagt skjul på at de betraktet en stenging av Tiranstredet som en krigserklæring, og nå forsto Rabin at det ikke var noen vei tilbake. Denne gangen var det innenriksminister Moshe Chaim Shapiras tur til å legge stein til byrden for forsvarssjefen da han anklaget Rabin for å ha trukket nasjonen inn i en håpløs krig. Den dagen tjente sigarettprodusentene store penger på Rabins forbruk, og den samme kvelden fikk han et mentalt og fysisk sammenbrudd.

Da Ezer Weizman, som i egenskap av operativ sjef for IDF var Rabins nestkommanderende, kom for å besøke forsvarssjefen klokka 20.00, satt Rabin alene i stua i leiligheten sin. Alt var stille, og Rabin var knust og deprimert da han ba Weizman om å overta stillingen som forsvarssjef.

138

Weizman nektet å høre på slikt prat. Da han reiste derfra, ba han Rabin om å hvile, og kona hans ringte etter en lege som ga ham beroligende midler. I løpet av de neste 36 timene var Rabin avskåret fra omverdenen, og Weizman brukte denne tiden så godt han kunne på å forberede IDF på den kommende krigen. Da Weizman kom tilbake til hovedkvarteret, ga han ordre om at all militær informasjon og etterretning midlertidig skulle sendes til ham. I et møte med forsvarets ledelse neste morgen kansellerte han Rabins plan om et lite angrep mot Gazastripen og godkjente isteden et større angrep inn i Sinai hele veien til Suezkanalen. Weizman ringte også til Moti Hod, som nå var sjef for luftforsvaret, og ba ham om å være rede til å angripe Egypts flyplasser neste morgen.

Men samme kveld møtte Eshkol sitt eget Waterloo da han talte til nasjonen. Siden mange jøder var urolige for situasjonen og bekymret for det som kunne komme, mente statsministeren at det beste han kunne gjøre var å tale direkte til nasjonen via radio, slik at alle kunne få vite nøyaktig hvor Israel sto. Problemet var bare at det manuskriptet han leste fra, var fullt av revisjoner og endringer med røde pennestrøk både her og der, så da Eshkol skulle lese talen på radio, hadde han ofte så store problemer med å forstå hva som sto skrevet, at han stammet og stotret seg fram gjennom den.

Da israelerne hørte at deres egen statsminister var så «skrekkslagen» at han ikke engang klarte å snakke rent, brøt det ut panikk. Som et resultat av dette, kunne ikke Eshkol lenger stå imot Knessets og folkets vilje, som var å utnevne Moshe Dayan til forsvarsminister. I den nye samlingsregjeringen som Eshkol opprettet, ble det til og med plass til sosialistenes gamle erkefiende, Heruts Menachem Begin, som for første gang fikk en plass i den israelske regjeringen.

Nå som Dayan kom inn på scenen, fikk både folket og militæret en sårt tiltrengt vitamininnsprøytning. Nå var det ikke lenger noen tvil om at det faktisk kom til å bli en full krig. Til og med Weizmans ambisiøse plan om å erobre Gazastripen og den østlige delen av Sinaihalvøya med et angrep mot Suezkanalen, kunne ikke løse problemet med skipstrafikken gjennom Tiranstredet, og helt fra starten av lot Dayan alle få vite at han planla å beseire og tilintetgjøre den egyptiske hæren i hele Sinaiørkenen.

Det var nå som luftforsvarets sjef Moti Hod, som hadde tatt over jobben etter Weizman noen måneder i forveien, kom inn på banen. I løpet av de to siste ukene hadde staben hans lagt siste hånd på Moked-planen og gjort de siste oppdateringene av planene. Men likevel var Moked en meget risikabel plan.

For at Moked skulle kunne fungere, betydde det at egypterne ikke måtte ha noen mistanker om at Israel ville angripe dem. Det betydde at Israels bakketropper ikke kunne begynne å bevege seg før de israelske flyene begynte å angripe de egyptiske flybasene. Den minste uro ved grensene kunne bety at flyangrepet var dømt til å mislykkes. Men hvis det israelske flyvåpenet tapte, betydde det at bakkestyrkene ville bli nødt til å stride mot en fiende som var alert og som hadde støtte fra det egyptiske flyvåpenet.

Det andre problemet med Moked var at Israel bare hadde 200 noenlunde moderne kampfly til rådighet, og med en så liten styrke kunne de ikke slå til samtidig mot Egypt, Syria og Jordan. Hod bestemte seg for å konsentrere seg om Egypt i det første angrepet, og la Jordan og Syria vente til etter at det egyptiske flyvåpenet var beseiret.

Det tredje problemet var at Hod bestemte at han bare kunne unnvære 12 Mirage-fly som skulle forsvare Israel hvis fienden valgte å angripe samtidig som hele det israelske flyvåpenet holdt på med å bombe de egyptiske flyplassene. Men Israels politiske ledere ble meget nervøse da de fikk høre om disse planene, og de var redde for at araberlandene ville angripe de israelske storbyene med bombefly på et tidspunkt da Israel ikke var i stand til å avskjære dem.

Av alle de israelske statsrådene var Dayan kanskje den eneste som forsto rekkevidden av Moked, og Dayans ord var en av de største grunnene til at den israelske regjeringen søndag den 4. juni til slutt tok en beslutning om at de ikke lenger ville vente på at onkel Sam skulle finne en løsning, men at de isteden ville gå på offensiven mot Egypt. Det angrepet som regjeringen godkjente, var «en militæraksjon som skulle bryte blokaden rundt Israel og forhindre det kommende angrepet fra styrkene til UAC».

Det var Dayan og Rabin som bestemte at angrepet skulle finne sted den 5. juni, men Hod var den som fastsatte nøyaktig tidspunkt for angrepet. Hod bestemte at de første flyene skulle angripe målene sine klokka 07.45 om morgenen, og det var flere grunner til dette. For det første ville tåken ha lettet tidsnok til at flyene kunne ta av og komme til målene sine til klokka 07.45. For det andre regnet man med at det ville være stabil vind i målområdet på denne tiden. For det tredje hadde de egyptiske flyene vendt tilbake til basene sine etter rutineturene som de foretok ved daggry hver morgen. Og for det fjerde visste israelerne at klokka 07.45 israelsk tid var klokka 08.45 egyptisk tid, og på denne tiden satt de fleste egyptiske offiserer fast i trafikkorker på vei til jobben.

Weizmans gutter slår til

Klokka 07.14 om morgenen den 5. juni tok fire Ouragan-fly av fra rullebanen på Hazor. Et minutt senere tok åtte Mirage-fly av fra Ramat David. Et minutt senere tok fire nye Ouragan-fly av fra Hazor, og deretter gikk det slag i slag med de ulike flytypene fra alle de israelske militærflyplassene.

For å beholde overraskelsesmomentet, og for å unngå at de israelske flyene ble oppdaget på den egyptiske radaren, hadde israelerne bestemt at flyene deres måtte fly rett vest over Middelhavet i 18 minutter før de kunne svinge sørover og angripe Egypt fra den kanten der de minst av alt forventet seg å få besøk. De israelerne som tok seg en svømmetur på de gyldne israelske strendene tidlig på morgenen denne sommerdagen, må ha fått sjokk da de så at praktisk talt hele det israelske flyvåpenet pakket sammen og satte kursen mot Europa. Det de imidlertid ikke visste, var at målet for flyturen var 11 egyptiske flyplasser i Sinaiørkenen og langs Suezkanalen.

Alle piloter hadde fått nøyaktige instruksjoner for når de skulle ta av, hvor fort de skulle fly, hvilken kurs de skulle holde, og når de skulle svinge sørover. Alle de israelske flyene måtte begynne å angripe på nøyaktig samme tidspunkt. Det var likevel noen av dem som fikk problemer, og to formasjoner holdt nesten på å kollidere med hverandre over Middelhavet da den ene formasjonen var litt for tidlig ute og den andre var noe forsinket. For å unngå å bli oppdaget på radar, holdt de meget lav høyde over havet, og noen av flyene fløy så lavt at jetstrømmen fra motoren pisket opp vannet i havet.

Nøyaktig klokka 07.45 hadde Ran Ronens formasjon kommet fram til den egyptiske landsbyen Faqus, og her ga Ronen gass slik at flyene raskt vant høyde. Da Ronens Mirage-fly skjøt i været, kunne han for første gang se hvor han faktisk var. Tidligere hadde han holdt så lav høyde at han ikke kunne kjenne igjen noen kjennemerker. Da han nådde toppen og rullet rundt, fikk han øye på rullebanene på flyplassen Inshas langt der nede. Overalt sto det MiG-fly på rekke og rad, men Ronen hadde ikke tid til å tenke på dem ennå. Da han stupte ned over flyplassen, siktet han på et punkt nøyaktig en tredjedel fra den ene enden av rullebanen, og i en høyde av 2000 fot slapp de israelske flyene bombene sine. Både Ronen og de tre andre pilotene som fulgte hakk i hæl, traff målene de siktet på. Nå var rullebanen helt ubrukelig.

Klokka 07.50 kom de israelske flyene tilbake. Denne gangen skjøt de på alle de egyptiske flyene de kunne se, og hver gang de passerte over basen, gikk flere og flere egyptiske fly opp i flammer. Ved en annen

141

flyplass, Fayid, hadde de israelske flyene ingen problemer med å sette 16 egyptiske MiG-fly ut av spill, og de bommet såvidt på et stort Antonov-transportfly som mirakuløst nok klarte å lande uten å bli skutt ned. Senere fikk Israel vite at Egypts forsvarssjef feltmarskalk Abdel Hakim Amer og hele generalstaben hans hadde vært med på det flyet.

Etter ti minutter vendte de israelske flyene nesa hjem igjen, men egypterne fikk ikke lang tid til å puste ut før den andre angrepsbølgen kom. Allerede klokka åtte kom den andre bølgen med fly fram til de forskjellige basene i Sinaiørkenen og ved Suezkanalen. Ved Inshas hadde Ronens Mirage-fly såvidt forlatt området da Yalo Shavit stupte ned med fire Super-Mystère-fly for å fortsette med å skape kaos. Og 15 minutter etter dem igjen kom den tredje bølgen.

Den morgenen hadde alle de øverste militære lederne valgt å legge turen til det israelske flyvåpenets krigssentral. Moti Hod var selvfølgelig der sammen med flere avdelingsledere innenfor IAF, forsvarsminister Moshe Dayan, Eshkols militære rådgiver Yigael Yadin, forsvarssjef Yitzhak Rabin og flyvåpenets forrige sjef, Ezer Weizman. Flere av dem var synlig nervøse, blant dem Weizman. Det var Weizman som hadde tatt initiativet til Moked, men nå kunne han ikke gjøre noe fra eller til for å hjelpe de israelske pilotene med å fullføre sitt oppdrag.

Nøyaktig klokka 07.40 gratulerte tre IAF-sjefer hverandre med en vellykket jobb. «Vi har klart det,» sa de til hverandre. Det de mente, var at det nå var åpenbart at de hadde klart å holde planene sine hemmelige, og at det egyptiske forsvaret ikke hadde noen anelse om hvilke uværsskyer som truet i horisonten og som nærmet seg med en hastighet på mange hundre kilometer i timen. I løpet av den siste halvtimen før dette hadde de vært i kontakt med alle de israelske spionene i araberstatene, og samtlige meldte at det var rolig og fredelig på alle kanter.

Nøyaktig klokka 07.45 visste Rabin at de israelske flyene hadde innledet angrepet, og nå ga han bakkestyrkene ordre om å begynne angrepet mot Sinaihalvøya og Gazastripen.

Klokka 07.55 ble det til slutt liv i høyttalerne i krigssentralen hos IAF da én etter én av pilotene begynte å avgi rapport. Den lille skaren i krigssentralen trodde nesten ikke sine ører da de hørte de gode nyhetene. Før klokka ble 09.00 hadde Israel klart å utslette de fleste egyptiske bombeflyene og så godt som alle jagerfly i Sinai, eller nesten 200 fly. Etter at slakten hadde pågått i tre timer, snudde Hod seg mot Rabin og rapporterte: «Det egyptiske flyvåpenet eksisterer ikke lenger.»

Etter flere timer hadde israelerne ikke sett snurten av verken jordanske eller syriske fly, og nå ga Hod ordre om en ny angrepsrunde mot de egyptiske flyplassene. Denne gangen gikk flyene til angrep på de flyplassene som lå litt lengre borte. To timer og 164 flyvninger senere sto ytterligere 107 egyptiske fly i flammer. Nå var to tredjedeler av alle egyptiske fly tilintetgjort, og det hadde bare gått noen timer. Men selv om israelerne hadde vunnet en stor seier, hadde de også betalt en høy pris. Så langt hadde de mistet åtte fly. Fem piloter var døde, tre var såret, og to var tatt til fange av egypterne.

Klokka 12.00 fikk BBCs korrespondent i Israel, Michael Elkins, lov til å sende den første rapporten fra krigen. Elkins rapporterte at etter en tre uker lang krise hadde Israel vunnet krigen på bare tre timer. De som hørte Elkins' rapport, var alle enige i at dette måtte være israelsk propaganda.

Israel erobrer Sinai

Den israelske sørkommandoen under generalmajor Yeshayahu Gavish var inndelt i tre divisjoner, og ansvaret for hver enkelt av disse tre divisjonene falt på tre av de mest kjente israelske generalene gjennom tidene: Israel Tal, Avraham Yoffe og Ariel Sharon.

Strategien for Sinaihalvøya var et angrep på tre fronter, og hele planen var dessuten inndelt i tre faser. Den første fasen var at israelerne skulle åpne opp den nordlige og den sentrale aksen ved å tilintetgjøre de egyptiske befestningene der. Den andre fasen var å trenge dypt inn i det indre av Sinaihalvøya. Den tredje fasen var at de skulle erobre de to fjellpassene der egypterne ville trekke seg tilbake på vei til Suezkanalen.

Egypterne hadde ikke ventet at israelerne ville gå til et direkte angrep på de sterke forsvarsposisjonene de hadde i ørkenen, og en av de viktigste panserdivisjonene var stasjonert langt sør for der det israelske angrepet kom. I de siste dagene før krigen hadde israelerne flyttet stridsvogner fram og tilbake langs grensa lengre sør, og derfor misforsto egypterne de israelske kampplanene. Det egyptiske forsvaret ble tatt på senga da det største israelske angrepet isteden fant sted ved Rafah ved grensa mellom Egypt og Gaza.

General Tal, som hadde ansvaret for angrepet på den nordlige aksen, hadde tjenestegjort i den britiske hæren under andre verdenskrig, og i IDF ble han betraktet som et teknisk geni. Det var general Tal som senere tegnet en av de mest avanserte stridsvognene i hele verden, den israelske stridsvogna Merkava.

Klokka 07.50 mottok general Israel Tal kodeordet *Rødt laken*, som betydde at bakkeoffensiven i Sinai skulle begynne. General Tals divisjon besto av 250 stridsvogner, 50 kanoner, en brigade med fallskjermsoldater og en rekognoseringsenhet, og de krysset grensa over til Gazastripen på to steder. Foran seg hadde de den korteste veien fra Israel til Suezkanalen, og nettopp derfor hadde Egypt utplassert hele fire divisjoner i dette området. Området var også fylt av minefelt, underjordiske bunkre, skyttergraver og kanoner som var gjemt i sanda. På begge sidene av veien var det enten sand eller dype raviner, og der kunne ikke de israelske stridsvognene komme fram.

Den 7. panserbrigaden under oberst Shmuel Gonen fikk i oppdrag å bane vei inn i Rafah, og byen falt etter en grusom kamp mellom de israelske stridsvognene og de egyptiske stridsvognene i den 20. og den 7. divisjonen. Samtidig kjørte oberst Rafael Eitan i en stor halvsirkel rundt de stridende partene. Da Eitan snudde nesa nordover, passerte han over flere sanddyner der egypterne hadde trodd at ingen stridsvogner kunne komme seg fram. Eitans brigade angrep bakfra og kunne rense opp i den ene forsvarsposisjonen etter den andre.

Sharon hadde fått ansvar for angrepet langs den sentrale aksen fra Nitzana til Ismailia. Fra denne aksen kunne man kontrollere hovedveiene til El-Arish i nord og Nakhle i sør, og egypterne hadde bygd opp en befestet og kompleks barriere fra Umm-Katef og Abu Ageila i vest til Umm-Shihan i sør. Også her skjedde deler av det israelske angrepet over sanddyner som egypterne trodde var uframkommelige, og Sharon klarte å avskjære forsvarsverkene her fra alle forsterkninger fra El-Arish, Kusseima og Jebel Libni. Nå var de egyptiske stridsvognene omringet av israelere, og det slaget som fant sted ved Abu Ageila var kanskje den mest kompliserte kampen i historien om de arabisk-israelske krigene. Klokka 06.00 neste morgen hadde israelerne fått kontroll over aksen, og veien lå nå åpen for at Yoffes divisjon kunne angripe dypere langs den sentrale aksen.

Den tredje israelske divisjonen angrep midt mellom de to andre, og generalmajor Yoffe klarte også å gjøre noe som egypterne mente var umulig. En del av divisjonen hans krysset de myke sanddynene mellom den nordlige og den sentrale aksen og tilbakela 56 kilometer på ni timer. Neste dag hadde styrken kommet fram til veikrysset ved Bir Lahfan, der flere av de viktigste hovedveiene møttes. Yoffes oppgave var å hindre de egyptiske styrkene fra å bevege seg fram og tilbake mellom de to aksene og blokkere alle egyptiske forsterkninger. Det varte ikke lenge før egypterne faktisk forsøkte å sende en egyptisk panserstyrke som forsterkninger, men Yoffe klarte å utslette den egyptiske styrken.

På tross av at Egypt hadde enorme tapstall i løpet av de første minuttene, var de militære lederne i landet glade for at krigen endelig hadde begynt. I det militære hovedkvarteret satt de fleste offiserene og drakk kaffe mens de lyttet på radio, og innbyggerne feiret på gatene over hele hovedstaden. Flere hundre tusen personer sang: «Ned med Israel! Vi skal vinne krigen!» Radioen spilte patriotiske sanger og opprop om at araberne nå skulle vende tilbake til Palestina og møtes i Tel Aviv.

Den egyptiske regjeringen innrømmet at Israel hadde angrepet dem, men de påsto samtidig at de egyptiske flyene hadde kommet seg på vingene og hadde innledet et motangrep mot sionistene. Det ble rapportert at 85 israelske fly var blitt skutt ned pluss et amerikansk bombefly, og at Egypt bare hadde mistet to fly. Tel Aviv var allerede blitt bombardert av egyptiske fly, og oljeraffineriene ved Haifa sto i brann, hevdet de.

Egypts forsvarssjef Amer sendte også et telegram til general Riadh i Amman der han fortalte at 75 prosent av de israelske flyene var blitt skutt ned og at den egyptiske hæren gikk på offensiven i Sinai. Den øverste sjefen, Nasser selv, ble også ført bak lyset. Antakelig var både hæren og regjeringen redde for å fortelle ham sannheten, og alle holdt fast på den versjonen som ble kringkastet på radioen: «Flyene og rakettene våre er i dette øyeblikk i ferd med å bombardere israelske byer og landsbyer.» Nasser fikk ikke vite sannheten før klokka 16.00 samme ettermiddag, sju timer etter at krigen var begynt, men da var skaden allerede skjedd.

I løpet av de timene som Nasser trodde at Egypt vant en stor seier, ringte han til kong Hussein og oppmuntret ham til å gå til angrep på den jordanske fronten. Han «opplyste» Hussein om at de egyptiske styrkene nå var på vei inn i Negevørkenen og at de kunne møte jordanerne halvveis mellom Sinai og Hebron.

De øverste lederne i Jordan, Syria og Irak trodde på de egyptiske seiersrapportene, og det varte ikke lenge før de bestemte seg for at de også ville være med i «seierstoget». Noen timer etter at krigen begynte, angrep syriske bombefly oljeraffineriene utenfor Haifa og en flyplass ved Megiddo. Jordanerne prøvde å skyte på en liten flyplass i nærheten av Kfar Sirkin, og irakiske fly angrep badebyen Netanya ved Middelhavet.

Nå var det israelske flyvåpenet nødt til å vende oppmerksomheten mot disse tre landene. Før kvelden var omme, var også det jordanske flyvåpenet utslettet. Det syriske flyvåpenet mistet 32 MiG-21, 23 MiG-15 og MiG-17 og to Il-28-bombefly, det vil si to tredjedeler av flyene sine. Israel angrep også den irakiske flybasen H3, der flere irakiske fly ble satt i brann. I løpet av den første dagen hadde Israel klart å ødelegge 416 arabiske fly, og 393 av dem var blitt ødelagt på bakken. Israelerne hadde på sin side mistet 26 fly.

Samtidig holdt krigen i Sinai på å gå fra vondt til verre. Feltmarskalk Amer holdt på å få panikk, og dermed begynte han å utstede motstridende ordre direkte til offiserene i Sinai istedenfor å gå via bakkekommandoen på Sinaihalvøya. Mange av de øverste offiserene i Sinaiørkenen fikk panikk da de fikk høre ordrene, og de bestemte seg for å redde sitt eget skinn og flykte til tryggheten på den andre siden av kanalen.

I løpet av de neste dagene drev Israel de egyptiske styrkene foran seg mot Mitlapasset, og der holdt Tal og Yoffe på med å legge opp et bakholdsangrep. De israelske flyene møtte liten eller ingen motstand i lufta, så nå kunne de vie oppmerksomheten mot å bombardere de egyptiske kolonnene

som trakk seg tilbake i det smale Mitlapasset. Snart var passet og områdene rundt fylt av flere tusen brennende egyptiske kjøretøyer. I tillegg ble de også beskutt av oberst Shadmi, som hadde ni stridsvogner øst for passet. Bare én egyptisk stridsvogn klarte å komme seg helskinnet gjennom passet.

Midt i kampens hete endte et israelsk kompani opp i en pussig situasjon. Både israelske og egyptiske stridsvogner kjørte det remmer og tøy kunne holde for å komme fram til passet så raskt som mulig, og midt på natten havnet noen israelske stridsvogner midt blant de egyptiske stridsvognene på en av veiene. Israelerne forsto raskt det som hadde skjedd, men egypterne, som flyktet i panikk, var ikke klar over at de hadde fått besøk av flere israelere i mørket. Den israelske offiseren ga ordre om at alle de israelske stridsvognene skulle fortsette framover, og da han ga signal, skulle de umiddelbart kjøre over på høyre side av veien og skyte mot alle stridsvogner som fortsatt var på veien. De egyptiske stridsvognene var ikke forberedt på angrepet, og på kort tid hadde israelerne utslettet en hel bataljon med stridsvogner.

Om morgenen den fjerde dagen, den 8. juni, hadde israelerne kommet fram til Suezkanalen, og på krigens siste dag tilintetgjorde de alle de egyptiske panserstyrkene i Sinaiørkenen.

Den fjerde dagen skjedde det en stor tragedie til havs. Et amerikansk etterretningsskip, USS *Liberty*, var stasjonert utenfor kysten av Sinaihalvøya, og det var på vei nordvestover. Amerikanerne hadde ikke fortalt noen av partene at de hadde et militært skip så nær slagmarken, og da israelske styrker ved El-Arish ble bombardert den 8. juni, trodde disse styrkene at granatene kom fra et skip. Umiddelbart sendte IAF ut fly for å finne den egyptiske båten som skjøt mot dem, og snart oppdaget de silhuetten av et skip som de mente var det egyptiske forsyningsskipet El Quseir.

146

De israelske flyene gikk til angrep på båten, og resultatet var at 34 amerikanske sjøfolk ble drept og 164 ble såret. Da de israelske lederne forsto hvilken feil de hadde gjort, tilbød de seg å betale kompensasjon både til den amerikanske regjeringen og til familiene til ofrene.

Israel sendte også tre torpedobåter fra Eilat til Tiranstredet, og da de kom fram dit, oppdaget de at egypterne ikke hadde noen marinefartøyer der. Det var den angivelige blokaden av Tiranstredet som var en av de viktigste grunnene til at Israel hadde angrepet Egypt, og det var av frykt for blokaden at Vesten ikke hadde våget å sende skip for å åpne Tiranstredet.

I løpet av hele Seksdagerskrigen ble mellom 10 000 og 15 000 egyptiske soldater drept eller såret, og mer enn 5000 soldater og 500 offiserer ble tatt til fange. Samtidig ble 300 israelske soldater drept og over 1000 såret. Israel konfiskerte også mange egyptiske stridsvogner, feltkanoner og omkring 10 000 kjøretøyer. Noen måneder senere innrømmet Nasser at 80 prosent av det egyptiske materiellet var gått tapt i kampene i Sinai.

Den arabiske sammensvergelsen

Den første dagen av krigen var alle de arabiske rapportene positive. Det ble meldt om seier på den ene fronten etter den andre. Men den arabiske propagandaen kunne selvfølgelig ikke holde fast på dette eventyret i all evighet. Den andre dagen klarte ikke det egyptiske propagandamaskineriet å forhindre at mer nøkterne nyheter spredde seg på gatene i Egypt. Og den tredje dagen skjedde det en radikal endring i den egyptiske nyhetsrapporteringen. Befolkningen ble både sjokkert og sint da de fikk vite sannheten om det som hadde skjedd ved fronten.

Det store nederlaget var selvfølgelig en ydmykelse uten like både for Nasser og alle andre arabiske ledere og nasjoner. I en telefonsamtale mellom Nasser og Hussein ble de to lederne enige om å legge skylden på USA og England. Nasser og Hussein ville at verden skulle tro at araberne hadde tapt fordi USA og Storbritannia sloss sammen med israelerne. Uheldigvis for dem avlyttet Israel telefonsamtalen, og det varte ikke lenge før de offentliggjorde den arabiske sammensvergelsen for hele verden. Telefonsamtalen lød som følger:

Nasser: *Hvordan har du det? Broren vil vite om kampene pågår langs hele fronten.*

(De to lederne brøler mot hverandre.)

Nasser: *Vil Hans Majestet komme med en uttalelse om amerikanernes og britenes deltagelse?*

(Svaret er utydelig.)

Nasser: *Hallo, skal vi si USA og England eller bare USA?*

Hussein: *USA og England.*

Nasser: *Har britene hangarskip?*

(Svaret er utydelig.)

Nasser: *Bra. Kong Hussein vil komme med en uttalelse, og jeg vil komme med en uttalelse.*

Hussein: *Tusen takk.*

Nasser: *Ikke gi opp!*

Hussein: *Ja.*

Nasser: *Ved Allah sier jeg at jeg vil komme med en uttalelse, og du vil komme med en uttalelse, og vi vil sørge for at syrerne vil komme med en uttalelse om at amerikanske og britiske kampfly deltar mot oss fra hangarskip. Vi vil sende ut en kunngjøring. Vi vil legge vekt på spørsmålet, og vi vil påpeke dette punktet.*

Hussein: *Bra. Ok.*

Nasser: *Tusen takk. Ikke gi opp! Vi er med dere av hele vårt hjerte, og vi flyr flyene våre over Israel i dag. Flyene våre har slått til mot Israels flyplasser siden i dag morges.*

Nasser selv holdt på å bli arabernes syndebukk. Det arabiske militære apparatet og den egyptiske økonomien lå i ruiner, og i all hemmelighet begynte befolkningen i Kairo å kalle Nasser for «Dyret». I andre araberland ropte demonstranter at Nasser var en forræder, og egyptiske bygninger ble angrepet. Nasser selv var redd for at han ville bli offer for et militærkupp, så han sov med en pistol under puta, alltid beredt til å vende pistolen mot seg selv hvis noen skulle forsøke å ta ham til fange.

Klokka 07.00 om morgenen den 9. juni fikk Nasser besøk av redaktøren for *Al-Ahran*, Mohammed Hassanein Heikal. Heikal var sjokkert da han så at presidenten var blitt ti år eldre på fem dager. Nasser påtok seg ansvaret for krigen og sa at han ville trekke seg og til og med stå foran en eksekusjonspelotong hvis folket ønsket det. Klokka 18.30 samme kveld talte Nasser til folket på radio og fortalte dem at han trakk seg tilbake og overlot roret til Muhieddin.

Overalt i Kairo begynte folk å strømme ut på gatene. Flere hundre tusen personer strømmet nedover hovedgata, rev seg i håret og klærne, slo seg på hodet og ropte: «Nasser, ikke forlat oss!» Tilsvarende demonstrasjoner brøt også ut i mange andre byer i Midtøsten, og kong Hussein bønnfalt Nasser om «å lytte til nasjonens ønske» og fortsatt ta sitt ansvar som president. Mange vestlige observatører mente at demonstrasjonene var arrangert av Nassers egne folk, og det varte ikke lenge før Nasser trakk tilbake sin oppsigelse.

Den hellige byen faller

På den jordanske fronten var det Israel som ble tatt på senga. Israel hadde forsøkt å unngå en krig med Jordan. Da krigen i Sinai var i full gang, sendte statsminister Eshkol en beskjed til kong Hussein via den norske FN-generalen Odd Bull og fortalte ham at hvis Jordan holdt seg borte fra kampene, ville ikke Israel ta noe initiativ til å angripe dem. På tross av dette følte kongen at han ikke hadde noe valg. Han hadde inngått en forsvarsavtale med Syria og Egypt, og nå som egypterne meldte at de holdt på å overkjøre israelerne, visste Hussein at det ville bli hans tur etterpå hvis han ikke sluttet seg til kampene.

Klokka 11.00 den 5. juni begynte det jordanske artilleriet og soldatene å skyte langs den lange våpenhvilelinja som snirklet seg fra Jordandalen i nord, via Jezreelsletten og kyststripen til korridoren opp mot Jerusalem, og videre sørover til Negevørkenen og østover til Dødehavet. Batterier med 155-millimeters kanoner begynte å hamre mot Tel Aviv ved kysten og Ramat David i nord. Jerusalem ble også bombardert, og de jordanske soldatene okkuperte den demilitariserte sonen der FN-hovedkvarteret i Jerusalem lå.

Krigen med Jordan hadde ingenting til felles med krigen i Sinai. Denne delen av krigen var en kamp om de bibelske områdene Judea og Samaria, som Hussein hadde kalt for «Vestbredden» etter at han okkuperte dem. Dette er en cirka 12 mil lang fjellkjede som strekker seg fra Galilea i nord til Negevørkenen i sør. Vest for denne fjellkjeden ligger den tett befolkede israelske kyststripen, og på østsiden ligger den dype Jordandalen og Dødehavet.

Omtrent midt på fjellkjeden ligger Jerusalem, og her hadde Israel en trang korridor fra kysten og inn til hovedstaden. Den israelske delen av Jerusalem var omringet av fiendtlige jordanske styrker på tre kanter, både i nord, øst og sør. Sinaihalvøya var nesten tom for sivilister, men i Judea, Samaria og Jerusalem bodde det skarer av både israelere og palestinske arabere.

Men det var ikke bare geografien og befolkningen som skilte seg ut fra Sinai. Judea og Samaria hadde også en mye viktigere historisk og religiøs betydning for både jøder, kristne og muslimer. De helligste jødiske og kristne plassene lå her, inkludert den byen som var hellig for tre religioner. Det var her det jødiske templet en gang hadde stått, det var her Jesus var blitt korsfestet, og det var herfra Muhammed ifølge legenden hadde steget opp til himmelen.

Den jordanske hæren hadde 270 stridsvogner og 150 kanoner, og i tillegg var en irakisk brigade stasjonert i landet. I løpet av krigen vokste de irakiske styrkene i landet til tre infanteribrigader og en panserbrigade.

Den som fikk ansvaret for å forsvare Israel mot det jordanske angrepet, var sentralkommandoen under generalmajor Uzi Narkiss. Nord for Samaria hadde nordkommandoens oberst David Elazar ansvaret for å trygge Israels grenser med Syria og Libanon, og han hadde også utplassert en brigade rett nord for Samaria. Siden Israel nå ble bombardert, fikk general Narkiss ordre om å gå på offensiven.

I nord fikk Generalmajor Peled ordre om å angripe de jordanske kanonene i Dotandalen, vest for Jenin. Peleds styrker krysset våpenhvilelinjene klokka 17.00, og de fikk kontrollen over området etter at flyvåpenet hadde bombardert artilleriet i den øvre delen av dalen. En panserbrigade under oberst Moshe Bar-Kokhva deltok også i slaget ved Jenin, samtidig som Israel innledet en avledningsmanøver sørover fra Beit Sheandalen. Samme kveld støtte israelske og jordanske panserstyrker sammen utenfor Jenin.

Neste dag ble en av Bar-Kokhvas rekognoseringsenheter omringet av 60 jordanske Patton-stridsvogner. Etter bitre og harde kamper klarte et israelsk kompani å skyte hull på den jordanske sirkelen, og dermed kunne rekognoseringsenheten slutte seg til resten av de israelske styrkene igjen. Skritt for skritt klarte israelerne å beseire de jordanske styrkene, og nå rykket de sørover mot Nablus.

Det var oberst Uri Ram som først kom fram til Nablus. Jordanerne hadde forventet at israelerne ville angripe byen fra vest, men Ram hadde kjørt i sirkel og kom fram til byen fra nøyaktig motsatt retning. Det var helt stille i byen da de kom fram, så Ram ga fronttroppene ordre om å gå inn i Nablus. De israelske troppene ble meget forbauset da innbyggerne i byen kom ut på gater og streder og klappet og heiet på dem. De trodde at den israelske kolonnen var en irakisk panserstyrke, som de hadde ventet på. Da en israelsk soldat prøvde å avvæpne en araber, forsto begge parter at alt sammen var en stor misforståelse. I seks timer pågikk det et forvirrende slag der Israel måtte kjempe mot de jordanske panserstyrkene vest for byen og infanteriet øst for Nablus.

Selv om Jordan hadde fire brigader i Jerusalem, Ramallah og Judea, hadde de merkelig nok ingen sentralkommando for denne fronten. Narkiss ville isolere Jerusalem fra de største jordanske styrkene i nord, og oberst Ben Aris 10. mekaniserte brigade fikk ordre om å angripe de jordanske linjene ved Maale Hahamisha i korridoren opp mot Jerusalem. Derfra skulle han erobre fjellkjeden og veien mellom Jerusalem og Ramallah. Ben Ari innledet angrepet på ettermiddagen, og etter mange timer fikk han til slutt det gjennombruddet han hadde ventet på ved midnatt. Neste morgen hadde han fått kontrollen over den strategiske kammen.

Samtidig klarte enheter fra en infanteribrigade å erobre Latrun, der mange av de bitreste kampene hadde stått i 1948. Oberst Amitai angrep områdene sør for Jerusalem, der han kunne avskjære de jordanske kommunikasjonslinjene mellom Betlehem og Jerusalem og true kommunikasjonen med Jeriko.

Det israelske flyvåpenet hadde forlengst utslettet det jordanske flyvåpenet, og nå bombarderte de de jordanske styrkene i Jordandalen og på veien fra Jerusalem til Jeriko. Det varte ikke lenge før det jordanske hovedkvarteret for vestbredden ble tvunget til å trekke seg tilbake til østbredden av Jordanelven. På veien fra Jeriko til Jerusalem lå de utbrente restene av stridsvognene i den 60. brigaden, som hadde forsøkt å komme seg opp til Jerusalem.

Oberst Motta Gurs 55. fallskjermbrigade skulle egentlig ha deltatt i krigen i Sinai, men siden kampene der gikk langt bedre enn de israelske militære lederne hadde trodd på forhånd, ble Gur omdirigert til Jerusalem. Istedenfor at disse soldatene skulle hoppe i fallskjerm over Sharm el-Sheikh eller El-Arish i ørkenen, fikk de på et øyeblikk ordre om å kjempe inne i en storby. Bare noen timer etter at de fikk de nye ordrene, var brigaden i aksjon i Jerusalem.

Nå fikk Gur i oppdrag å angripe bydelene nord for Gamlebyen, der jordanerne hadde bygd opp kompliserte forsvarsverker ved Ammunition Hill. Det var dette området som kontrollerte veien opp til den israelske enklaven på Skopusberget, der Israel hadde hatt en liten styrke med 120 politifolk helt siden 1949. Gur fikk kontroll over området etter lange kamper der mange israelere og jordanere viste stort mot, og mange måtte bøte med livet.

Gur fikk også ansvaret for å angripe og erobre Gamlebyen i Jerusalem. Om morgenen den 6. juni hadde Gur fått kontrollen over hele området fra Gamlebyen i sør til Skopusberget i nord. Det endelige slaget om Jerusalem fant sted den 7. juni, og første post på programmet var å erobre kammen fra Oljeberget øst for Gamlebyen til Skopusberget i nordøst.

Angrepet begynte klokka 08.30. To bataljoner angrep Augusta Victoria samtidig som den tredje bataljonen angrep fra Rockefellermuseet mot Løveporten. Etter at styrkene fikk kontroll over Oljeberget, skyndte Gur seg mot Løveporten med beltebilen sin. Det tok ikke lang tid før styrkene hans hadde kommet seg inn i Gamlebyen, og fra Tempelplassen spredde de seg over hele byen for å sette en sluttstrek for de jordanske styrkene i byen.

Klokka 10.00 kom de første israelske soldatene fram til Vestmuren, og mange av dem gråt når de for første gang fikk berøre og be ved de steinene der mange tusen jøder før dem hadde bedt de siste 1900 årene.

Jordanerne hadde lagret masse ammunisjon på Tempelplassen, og selv om den jordanske guvernøren i byen, Anwar el-Khatib, hadde protestert mot denne beslutningen, tok ingen advarselen hans på alvor. Da kampene brøt ut, var han redd for hva som ville skje hvis all ammunisjonen eksploderte, for det kunne jevne hele plassen og alle hellige bygninger med jorda. Da Israel til slutt fikk kontrollen over området, brukte de flere dager på å fjerne alt sprengstoff og all ammunisjon fra plassen.

Da krigen var over, viste det seg at 258 israelere var blitt drept, og over 6000 jordanere var blitt drept eller meldt savnet.

Seier på nordfronten

Selv om krigen i Sinai, Judea og Samaria begynte den 5. juni, var det ikke før den 9. juni, den femte dagen av krigen, at Syria kom med i krigen for alvor. I løpet av de foregående dagene hadde det syriske artilleriet bombardert de israelske styrkene i Galilea, og artilleriet utvekslet ild langs hele fronten. Men de syriske styrkene gjorde ingen alvorlige forsøk på å bryte igjennom de israelske stillingene. Til og med da kong Hussein bønnfalt Syria om å sende forsterkninger, sendte de ikke en eneste brigade for å hjelpe den jordanske monarken.

Golanhøydene er et sju mil langt høydedrag som strekker seg fra Hermonfjellet i nord til Jarmukdalen i sør. Selve Hermonfjellet er 2814 meter høyt, men mesteparten av Golanhøydene ligger bare noen få hundre meter over havet. Vest for Golanhøydene går det en bratt skråning ned til Huladalen og Galileasjøen, som var israelske områder. Høydeforskjellen mellom Golan og Huladalen hadde gitt syrerne en strategisk fordel som de hadde benyttet seg av både titt og ofte for å bombardere de israelske landsbyene langt der nede. Syrerne hadde også omgjort disse høydene til en dyp forsvarssone med bunkre og gjemmesteder for stridsvogner og kanoner. De regnet med at terrenget, med de dype dalene og bratte skråningene, ville gi israelerne problemer med å angripe.

Den israelske regjeringen nølte med å angripe Syria, siden Syria var Sovjetunionens beste venner i Midtøsten på denne tiden. Man ville for all del ikke risikere at Sovjetunionen ble dratt inn i krigen, og dessuten var mesteparten av det israelske panseret opptatt med kampene i Sinai. Men ettersom syrerne bombarderte Israel, økte presset fra innbyggerne i Huladalen. Samtidig mente flere statsråder at Syria, som kanskje hadde det største ansvaret for at det ble en krig, ikke burde få unnslippe ustraffet. Men den 9. juni ga regjeringen til slutt grønt lys for at general Elazar kunne angripe Golanhøydene.

De israelske styrkene gikk til angrep fredag morgen. I den nordlige sektoren var formålet med angrepet å åpne en vei gjennom Banias ved foten av Hermonfjellet. Herfra kunne israelerne nå veien fra Masada til Kuneitra nordfra. Samtidig angrep infanteriet også i området rett nord for Bnot Jaakov-broa. En panserbrigade under oberst Albert Mandler og en infanteribrigade under oberst Yona Efrat tok ansvaret for angrepet på Banias.

Mange israelere døde under angrepet på Tel Azaziat og Tel Fakher. Noen av de israelske soldatene kastet seg over piggtrådgjerdene og skapte en menneskelig bro som de andre israelske soldatene kunne krysse.

Kampene på Golan raste hele fredagen, og lørdag morgen begynte syrerne å flykte og sprenge stillingene sine. Panikken spredde seg da det israelske flyvåpenet bombarderte dem, og mange av dem hoppet ut av stridsvognene sine og løp hjemover. Den største byen på Golanhøydene, Kuneitra, var helt forlatt da Mandlers styrker rullet inn i byen klokka 14.00. Noen soldater ble også sendt med helikopter for å okkupere en av de strategiske fjelltoppene på Hermon.

I FN forsøkte både USA og Sovjetunionen å få til en våpenhvile mellom partene, men Israel forsøkte å vinne tid slik at de kunne sikre grensa i nord. Syrerne var villige til å skrive under på en enkel våpenhvileavtale, bare det ville stoppe den israelske framrykkingen, men Sovjetunionen spilte et høyere spill. Den sovjetiske FN-ambassadøren, Federenko, krevde at man måtte tilføye paragrafer som fordømte Israel og krevde at de skulle trekke seg tilbake til våpenhvilelinjene, men USA parerte ved å hevde at Sovjetunionen lekte politikk og risikerte menneskeliv. Israelerne vant dermed verdifull tid på grunn av spillet mellom supermaktene.

FNs våpenhvile begynte å gjelde klokka 18.30 om kvelden lørdag den 10. juni 1967. Da hadde Israel opprettet en ny, stabil grense på Golanhøydene. Fra nå av var det umulig for syrerne å bombardere de israelske landsbyene i Huladalen og ved Galileasjøen.

Kapittel 8: 1967-1970
Krigen som aldri fant sted

Sheikh Abdul Hamid Saiah var nødt til å stå opp tidlig denne morgenen, og han fryktet for hva dagen kunne bringe. Det var nå gått sju dager siden Seksdagerskrigen var over, og den muslimske dommeren Saiah visste at fra nå av ville de muslimske araberne leve på nåden til den mannen som snart ville banke på døra på Tempelplassen. I 19 år hadde muslimene hindret jødene fra å be ved Vestmuren, og nå som israelerne hadde fått kontroll over hele Jerusalem, var han redd for at de ville slå tilbake med samme mynt.

Saiah var ikke den eneste araberen som var nervøs. Israel hadde plutselig fått en million arabere i fanget,[9] og overalt i de erobrede områdene hengte araberne ut hvite lommetørklær fra vinduene mens de gjemte seg innendørs med bange anelser for framtiden. Bare noen dager i forveien, da de hørte rapporter på egyptisk radio som hevdet at Israel var på retrett på alle fronter, hadde mange av disse araberne feiret Israels såkalte «undergang». Og da jordanerne hadde okkupert Øst-Jerusalem under krigen i 1948, hadde de vanæret og lagt mange jødiske helligdommer og gravlunder i ruiner. Ville jødene ta hevn over dem, undret araberne.

Samtidig som den muslimske dommeren og Jerusalems mufti gjorde seg klare til å ta imot den israelske delegasjonen, passerte den israelske generalen Vestmuren. Nå som jødene endelig hadde full adgang til den 2000 år gamle muren som Herodes hadde bygd rundt Herrens tempel, samlet mange tusen israelere seg der hver dag for å be til Gud. Men den israelske generalen og følget hans hadde ikke tid til å stoppe opp ved muren for å be. Det tok ikke lang tid før de var framme ved Mughrabiporten, og derfra fortsatte de til al-Aqsa-moskeen på den omstridte Tempelplassen.

Før forsvarsminister og general Moshe Dayan gikk inn i moskeen, ga han de israelske offiserene sine ordre om å ta av seg skoene og legge igjen våpnene utenfor døra, og vel inne i moskeen satte han seg ned på

---

9 Cirka 670 000 arabere i Judea, Samaria og Jerusalem, 356 000 på Gazastripen, 33 000 i Sinai og 6000 på Golanhøydene.

teppet med beina i kors og ba vertene om å fortelle hvilke forventninger de hadde for framtiden.

De urolige araberne ble snart beroliget da det viste seg at den israelske regjeringen ikke bare ville la muslimene få beholde sin religiøse frihet, men at muslimene faktisk ville få større spillerom under den israelske enn under den jordanske regjeringen. Da jordanerne hadde kontrollen over Tempelplassen, sensurerte jordanske myndigheter hva som ble sagt i prekenen på Tempelplassen hver fredag, men israelerne ville gi muslimene rett til å forkynne fritt om sin religion såframt de ikke benyttet den friheten til å oppildne muslimene i Jerusalem til fiendtligheter mot israelerne. Dayan viste også sin velvilje ved å delta på ved den ukentlige fredagsbønnen på Tempelplassen sammen med 4000 muslimer.

Den israelske regjeringen hadde bestemt at araberne også skulle ha frihet til å organisere sitt eget skolevesen. Israelerne innførte kun to begrensninger. For det første måtte alt oppvigleri mot Israel fjernes fra skolebøkene, og for det andre ble hebraisk innført som fremmedspråk på pensum.

Dayans møte med Saiah var bare ett eksempel på hvordan jøder og arabere lærte seg å leve sammen innenfor de nye grensene, som var blitt et faktum i kjølvannet av Seksdagerskrigen. Bare noen dager etter at krigen var slutt, ga Dayan ordre om at soldatene skulle fjerne alle veisperringer og restriksjoner, og muren som tidligere hadde delt Jerusalem i to deler, ble revet ned.

På tross av at Jerusalems borgermester Teddy Kollek protesterte på planene om å forene de østlige og vestlige bydelene i Jerusalem innenfor samme kommune, tok det ikke lang tid før gjenforeningen var et faktum, og jødenes 3000 år gamle hovedstad ble åpnet for trafikk i begge retninger. Dayan ga ordre om at både jøder og arabere skulle ha frihet til å reise fram og tilbake over de nye grensene. Alle kontrollposter skulle fjernes, og ingen skulle være nødt til å søke om tillatelse for å kunne reise fritt. På et øyeblikk var Jerusalem kommune blitt dobbelt så stor.

I framtiden skulle det vise seg at araberne i den østlige delen av Jerusalem skulle nyte godt av skattepengene fra de mer velstående jødene i vest. Til og med før våpenhvilen trådte i kraft, begynte ansatte fra Jerusalem kommune å reparere skadede vannledninger og elektriske ledninger, nedmontere murer og veisperringer og piggtråd, og telefonledningene fra begge bydeler ble sammenføyet. I løpet av det første halve året var araberne vitne til hvordan 24 kilometer med veier ble asfaltert, 1200 nye gatelykter ble satt opp, flere tusen nye trær ble plantet i parkene, byen fikk et nytt søppeltømmingssystem, og cirka 50 arabiske hus ble koblet opp mot de israelske vannledningene hver uke.

Det ene unntaket som israelerne gjorde i forhold til den tolerante politikken overfor araberne i Øst-Jerusalem, var at de ryddet vekk alle de arabiske hjemmene i Mughrabi-kvarteret, rett foran Vestmuren, slik at de kunne bygge en stor, åpen plass der jødene kunne samle seg for å be.

I nærheten av Latrun, der mange av de hardeste kampene hadde stått under krigen i 1948, bestemte Israel seg også for å utslette tre arabiske landsbyer, Yalu, Beit Nuba og Imwas. Israel hevdet at de tre landsbyene hadde innkvartert egyptiske kommandosoldater i angrepet på Lod. De arabiske innbyggerne ble tilbudt kompensasjon, men de fikk ikke lov til å vende tilbake.

Og det var ikke bare araberne i Øst-Jerusalem som fikk nyte godt av de nye grensene. De gamle bibelske byene, som Hebron, Betlehem, Shekem og Jeriko, var plutselig åpne for israelske turister, og de arabiske kafeene og markedene ble fylt av jøder som ville treffe sine nye naboer og se de stedene der Abraham satte sin fot for nesten 4000 år siden. «Vi skal spise frokost i Hebron, lunsj i Jerusalem og middag i Shekem,» som general Ariel Sharon uttrykte det. Flere hundre tusen israelske turister strømmet inn i gatene i Gamlebyen i Jerusalem, og de kjøpte nesten alt det som de forbausede arabiske butikkeierne og kunstnerne hadde å tilby.

Araberne fikk også gradvis større og større frihet til å reise hvor de ville i Israel, og i 1970 hadde araberne på vestbredden[10] av Jordanelven full frihet til å reise hvor de ville i Israel. Nå ble de israelske byene og strendene fylt av arabere. Nesten umiddelbart etter at krigen var slutt, fikk araberne i Øst-Jerusalem mulighet til å søke jobb i de jødiske bydelene, og et år senere hadde 15 000 arabere fått jobb på forskjellige plasser i Israel. Dette tallet fortsatte å vokse helt til så mange som 140 000 hadde skaffet seg jobb i Israel sju år senere. Lønningene i de

---

10 De fleste norske publikasjoner skriver «Vestbredden» med stor forbokstav. Vestbredden med stor forbokstav er et navn som ble satt på området av de jordanske styresmaktene da de annekterte de områdene som inntil da enten hadde vært kalt for Cisjordan eller Judea og Samaria. Siden det er bred internasjonal enighet om at den jordanske okkupasjonen var ulovlig, og siden «Vestbredden» med stor V er et politisk navn som ble satt på området for å forsvare den ulovlige okkupasjonen, har jeg valgt å bruke liten forbokstav på uttrykket «vestbredden av Jordanelven» i denne boka, slik også «vestbredden av Glomma» skrives med liten forbokstav. Andre steder bruker jeg de gamle historiske navnene, Judea og Samaria, som er blitt brukt om dette området i flere tusen år.

israelske byene lå langt over det araberne hadde vært vant til fra Jeriko og Betlehem.

Arabernes økonomi vokser

Regjeringen bestemte også at de gamle jordanske lovene fortsatt skulle gjelde for de araberne som bodde i Judea og Samaria, eller vestbredden av Jordanelven. De skattepengene som de lokale araberne betalte, skulle også brukes lokalt, og hvis de lokale styresmaktene trengte mer penger, ville den israelske militærkommandoen skyte inn penger. To måneder etter at krigen var slutt, innførte Israel dessuten det israelske pundet som gyldig betalingsmiddel på lik linje med den jordanske dinaren.

Det var viktig for Israel at araberne skulle få en mulighet til å utvikle økonomien, og oberstløytnant Israel Eytan, som ble utnevnt til militærguvernør for Samaria, bestemte at de arabiske bøndene skulle få lov til å krysse Jordanelven for å selge produktene sine på østbredden. Snart ble denne politikken utvidet til å gjelde alle typer gods, og senere fikk også vanlige mennesker lov til å krysse grensa fram og tilbake.

Dette fortsatte å utvikle seg helt til flere tusen arabere fra østbredden reiste på ferie til vestbredden, Jerusalem, Gazastripen og andre områder i Israel. Andre arabiske regjeringer var ikke særlig glade for at Jordan begynte å normalisere forholdet til Israel, og de la press på kong Hussein for at han skulle begrense denne trafikken, men den jordanske kongen nektet å gi etter.

Israel hjalp også araberne med å omstrukturere jordbruket. Tidligere hadde mange av bøndene dyrket veldig billig mat, men nå ble de oppmuntret til å dyrke frukt og grønnsaker som ga høyere inntekt. For å få ned arbeidsløsheten oppfordret Israel også de arabiske bøndene til å dyrke tidkrevende produkter. Tidligere hadde mange dyrket meloner, men nå ble linfrø, sesamfrø og tobakk mer vanlig. Resultatet av denne omstruktureringen var at i årene mellom 1968 og 1972 ble verdien av vestbreddens jordbruksproduksjon mer enn fordoblet – fra 135 millioner til 280 millioner israelske pund.

Araberne opplevde også en industriell revolusjon under den israelske administrasjonen. Den eneste formen for industri som var tillatt på vestbredden under jordansk styre, var hjemmeindustri. Kongen foretrakk å ha alle store fabrikker på østbredden. Israel, derimot, oppmuntret araberne til å starte bedrifter av mange forskjellige slag.

Resultatet av at økonomien ble modernisert var at gjennomsnittsinntekten i Cisjordan økte med 80 prosent fra 1967 til 1973, og brutto nasjonalproduktet økte med 15 prosent i året. Og det var ikke bare økonomien som var på glid. Under det jordanske styret var innbyggerne blitt nektet noen form for administrativt selvstyre, men da Israel opprettet militært styre på vestbredden, opprettet de samtidig den første palestinske administrasjonen som de lokale araberne noensinne hadde hatt.

Oppbyggingen av Gaza begynner

Araberne på Gazastripen var langt fattigere enn på vestbredden. På den 360 kvadratkilometer store Gazastripen dominerte de trangbodde flyktingleirene, og da Israel overtok kontrollen over Gazastripen, var mange arabere redde for at situasjonen bare ville bli enda verre. For det første betydde det israelske militære nærværet at det lokale smuglermarkedet ble eliminert. Samtidig ble den relativt velstående egyptiske hæren nødt til å trekke ut alle troppene sine fra området, og egyptiske lærere, leger og administratorer reiste også sin kos.

På grunn av fattigdommen og frykten for framtiden var det enkelt for Fatah å rekruttere terrorister blant flyktningene på Gazastripen. Fatah betalte dem noen sedler for å kaste granater mot israelske patruljer eller arabiske «kollaboratører», og mange flyktninger var glade for å kunne spe på sin magre inntekt med pengene fra Fatah.

Men situasjonen begynte å endre seg drastisk i 1968, da flere tusen palestinere fikk jobb i Israel, og for første gang fikk de et offentlig kollektivtilbud. Seks år etter krigen hadde så mange som 25 000 flyktninger et arbeid å gå til i Israel, og lønningene lå på et nivå som de aldri kunne ha drømt om tidligere. I tillegg gikk mange israelske forretningsmenn inn og startet opp bedrifter på selve Gazastripen, der opptil 27 000 arabere ble ansatt. Flere hundre andre verksteder i Gaza fikk andre kontrakter og ordre fra den israelske industrien. Så da kalenderen viste 1973, var arbeidsløsheten på Gazastripen nede i utrolige to prosent.

Samtidig satset Israel mange penger på å forbedre levevilkårene for flyktningene. Myndighetene opprettet et fond som brukte flere millioner pund på å utbedre kloakksystemet og sette opp gatelys, og i løpet av få år hadde 36 000 flyktninger flyttet til nye eller større hjem. Mange flyktninger nølte med å flytte inn i mer permanente boliger ettersom de var redde for å miste sin flyktningstatus eller rasjonene fra UNRWA (United Nations Relief and Works Agency for Palestine Refugees in the Near East), men både Israel og FN forsikret dem om at dette ikke ville skje.

Den samme teknikken som Israel hadde prøvd ut på de jødiske flyktningene på 1950- og 1960-tallet, kom nå araberne til del. Da Israel ble oversvømmet av flyktninger fra araberlandene og Europa, forsøkte Israel å tynne ut flyktningleirene ved «å så» dem ut som frø rundt omkring i landet der det var behov for arbeidskraft, og nå brukte de samme metode på araberne, og 12 000 familier fikk lov til å flytte til vestbredden, der det var flere arbeidsgivere å velge mellom.

Resultatet av Seksdagerskrigen ble også at jødene endelig fikk muligheten til å vende tilbake til de bibelske byene og landsbyene der israelittene hadde bosatt seg 3300 år tidligere. I Hebron, som er jødenes nest helligste by etter Jerusalem, hadde det bodd jøder kontinuerlig fra den gangen Kaleb erobret byen og til britene kastet dem ut av byen som et resultat av den arabiske terrorismen i det 20. århundre. Nå som jødene atter en gang hadde en mulighet til å slå seg ned i de områdene som på Bibelens tid tilhørte stammene Juda, Benjamin og Efraim, var de ikke sene med å handle.

Den 24. september opplyste statsminister Eshkol at Israel hadde planlagt å gjenopprette de jødiske landsbyene i Gush Etzion, mellom Betlehem og Hebron, der mange jøder var blitt drept i kampene i 1948. Mange av de unge menneskene som flyttet til Gush Etzion, var barna til de jødene som var blitt drept der i kampene i 1948. Året etter, rett før påskefeiringen begynte i 1968, kom rabbi Moshe Levinger og flere andre israelske familier til det arabiske Park Hotel i Hebron, og to dager senere bekjentgjorde rabbi Levinger at jødene hadde vendt tilbake til Hebron for å bli der.

Antallet flyktninger vokser

En stor andel av de nye israelske «undersåttene» bodde i UNRWA sine flyktningleire i Judea, Samaria og på Gazastripen. I de trangbodde leirene på Gazastripen bodde det omtrent 220 000 personer, mens de 120 000 araberne i UNRWA sine leire i Judea og Samaria var jordanske statsborgere. Felles for dem alle var at de selv eller foreldrene deres hadde mistet hjemmene sine under krigen i 1948. Og tragedien ble mye verre i 1967 da enda flere familier flyktet fra hus og hjem.

Opptil 150 000 arabere fra Judea og Samaria valgte å flykte til Jordan eller Syria under Seksdagerskrigen. Over halvparten av disse var fra UNRWA sine flyktningleire, men den andre halvparten hadde inntil krigen vært vanlige innbyggere på vestbredden. Det varte ikke lenge før FN begynte å legge press på Israel for at de skulle åpne de nye grensene sine slik at flyktningene kunne komme tilbake til de gamle hjemmene sine, og Eshkols regjering gikk med på at 40 000 arabere skulle få vende tilbake.

Men selv om den israelske regjeringen gikk med på å ta imot flyktningene, bestemte den jordanske regjeringen seg for å stikke kjepper i hjulene for dem. I begynnelsen nektet de jordanske myndighetene å fylle ut søknadsskjemaet, der det var et stempel fra den israelske regjeringen, og da de to partene til slutt ble enige om et annet symbol, nølte den jordanske regjeringen fortsatt med å oppmuntre flyktningene til å vende tilbake.

Før sommeren var over hadde kun 14 000 arabere vendt tilbake til Judea og Samaria, og da var det jødenes tur til å sette en stopper for repatriantene. I løpet av de seks neste årene fikk ytterligere 40 000 flyktninger gradvis vende tilbake til hjemmene sine.

Men det var ikke bare arabere i de administrerte områdene som måtte lide. Da nyheten om Israels seier nådde araberlandene, gikk mobben til angrep på jødiske hjem i Egypt, Jemen, Libanon, Tunisia og Marokko. Synagoger ble brent ned til grunnen, og innbyggerne ble angrepet. I Tripoli i Libya ble 18 jøder drept og 25 såret, og de som overlevde angrepet, ble satt i arrest. Blant de 4000 jødene som bodde i Egypt, ble 800 arrestert, og eiendommene deres ble konfiskert. Jødene i Bagdad og Damaskus, som hadde bodd i de to byene i over 2000 år, ble satt i husarrest, og lederne ble fengslet og bøtelagt.

Mange jøder ble også kastet ut av landene de bodde i, og bortsett fra president Bourgiba i Tunisia og kong Hassan i Marokko, var det ingen arabiske statsledere som protesterte på behandlingen. Sikkerhetsrådet i FN gjorde som vanlig ingenting når det var jøder som led nød.

Israel vil ha fred

Selv om israelerne var glade for at forholdet til de arabiske naboene var bedre enn noen kunne ha håpet på, skulle de snart få en diplomatisk kalddusj. Da Seksdagerskrigen var over, trodde mange israelere at de nå hadde kommet til veis ende i krigen med araberstatene. Optimismen spredde seg i folket, og «alle» trodde at fredsforhandlinger var like rundt hjørnet.

En av de omveltningene som krigen forårsaket, var at Israel fikk mye tryggere grenser. Tidligere var landet bare en og en halv mil bredt ved Netanya, men nå hadde de fått en nesten seks mil bred buffersone mot Jordan. Hvis jordanerne ble fristet til å angripe Israel, ville de først måtte krysse elven og deretter ta seg 1200 meter oppover de bratte og ugjestmilde fjellene i Judea-ørkenen. I sør hadde Israel fått kontrollen

161

over Sinaiørkenen og Tiranstredet, og i Suezbukta fantes det flere oljefelt. Men det viktigste av alt var at Sinaihalvøya var en ideell buffer som kunne garantere Israels sikkerhet mot et egyptisk angrep. Med kontroll over Sinaihalvøya ville Israel få 16 minutters forvarsel istedenfor fire minutter i tilfelle egypterne startet et flyangrep. I nord hadde Israel fått kontrollen over en opptil tre mil bred buffersone, og de syriske kanonene kunne ikke lenger skyte uhindret mot de israelske bondegårdene i Huladalen.

To dager etter at krigen var over, holdt Eshkol en tale i Knesset der han forsikret alle om at Israels fiender ikke lenger hadde å gjøre med det lille Israel fra 5. juni: «La dette være sagt. Det skal ikke være noen illusjoner om at Israel er beredt til å vende tilbake til den tilstanden som eksisterte for ei uke siden ... Vi har kjempet alene for vår eksistens og vår sikkerhet, og vi er derfor berettiget til selv å bestemme hvilke genuine og uunnværlige interesser vår stat har og hvordan vi kan garantere statens framtid.»

Men det varte ikke lenge før ulike regjeringer verden over, samt FN, begynte å jobbe for å rasere den strategiske fordelen som israelske soldater hadde betalt med sitt blod for. På ettermiddagen den 13. juni overleverte den sovjetiske FN-ambassadøren, Nikolai Fedorenko, et brev til Sikkerhetsrådet der utenriksminister Andrej Gromyko fordømte den israelske «aggresjonen» under Seksdagerskrigen. Gromyko krevde videre at Generalforsamlingen måtte komme sammen i løpet av de neste 24 timene og kreve at Israel måtte trekke seg tilbake til de linjene der soldatene sto den 5. juni, før krigen begynte. Men da Sikkerhetsrådet skulle stemme over det sovjetiske forslaget, viste det seg at kun fire delegasjoner støttet den sovjetiske ordlyden.

I den israelske regjeringen sprikte meningene om hvordan man burde gå fram for å oppnå fred, og hvilke offer Israel burde være villige til å gjøre for å stifte fred med nabostatene. Det var bred enighet, både i befolkningen og i regjeringen, om at Jerusalem ikke var gjenstand for forhandlinger. Jerusalem hadde vært jødenes hovedstad i nesten 3000 år, og ingen statsråder kunne tenke seg å vende tilbake til den situasjonen som hadde vært rådende de siste 19 årene, da Jerusalem var delt i to av en mur og ingen jøder kunne be ved Vestmuren.

På vestbredden lå Israels historisk sett viktigste områder. Det var her de bibelske byene Samaria, Sikem, Hebron og Jeriko lå, og siden jødene hadde bodd i disse områdene i flere tusen år, var det åpenbart at de ville legge stor vekt på dette når de forberedte en fredsplan. Det var dessuten utenkelig at israelerne skulle la det jordanske artilleri få mulighet til å gjenoppta bombardementet av israelske landsbyer fra fjellene i Judea og

Samaria. Samtidig var det flere statsråder, blant annet utenriksminister Abba Eban, som advarte mot farene ved å annektere områder der det bodde rundt en million arabere. Eban og andre mente at dette ville undergrave det jødiske flertallet i den jødiske staten. Eshkol foretrakk å finne arabere som han kunne samarbeide med for å opprette noe som potensielt sett kunne bli en selvstendig palestinsk stat på vestbredden.

Samtidig fantes det «hauker» i Israels regjering som, i motsetning til «duen» Eban, tvilte på om araberne var rede til å forhandle om fred. Haukene mente dessuten at Israel burde beholde mesteparten av de erobrede territoriene av strategiske og ideologiske grunner.

Ni dager etter krigen bestemte regjeringen seg for at de ville gi Sinaihalvøya tilbake til Egypt og Golanhøydene tilbake til Syria i bytte mot fred. Israel ville kreve at noen områder skulle være demilitarisert, og de ville dessuten ha garantier om at de kunne seile gjennom Tiranstredet. Gazastripen skulle innlemmes i de områdene som Israel administrerte, og flyktningene på Gazastripen skulle flyttes til permanente hjem som en del av en regional plan. Den israelske fredsplanen for Sinaihalvøya og Golanhøydene ble vedtatt med en stemmes overvekt, men regjeringen klarte ikke å bli enig om hva de skulle gjøre med Judea og Samaria. Mange statsråder hadde fortsatt et håp om å kunne opprette en selvstendig palestinsk stat på vestbredden, men andre var sterke motstandere av dette.

Menachem Begin var en av statsrådene som forkastet enhver tanke på å gi landområder for fred. Han advarte på det sterkeste mot å treffe tiltak som førte til at det ble opprettet en palestinsk stat, og han hadde en drøm om at det bibelske hjemlandet, med de bibelske byene i Judea og Samaria, kunne bli en del av et større Israel. Arbeidsminister Yigal Allon var også en av haukene. Allon stemte imot fredsplanen og forsøkte i stedet å overtale regjeringen til å opprette israelske bosettinger i Jordandalen, sør for Jerusalem og sørover mot Hebron. Disse bosettingene ville bli en naturlig forsvarslinje som skulle sikre Israel mot et angrep fra øst. «Allon-planen», som den er blitt kalt, skulle senere faktisk bli den offisielle israelske politikken fram til 1993.

På tross av alle de forskjellige meningene var det bred enighet om at de grensene som hadde eksistert mellom 1949 og 1967, ikke på noen måte var hellige, og den israelske regjeringen påpekte at de endelige grensene mellom Israel og araberstatene ville bli et resultat av forhandlinger dem imellom. Moshe Dayan påpekte at grensene som hadde eksistert mellom 1949 og 1967, bare var et resultat av krigen i 1948 og de våpenhvileavtalene som ble undertegnet i 1949. De grensene som Israel nå satt med, var resultatet av en krig og en våpenhvile fra

1967, og det var ingen grunn til at grensene etter krigen i 1948 skulle være mer hellige enn grensene etter krigen i 1967.

Ingen løsning på konflikten

Men selv om den israelske regjeringen forberedte seg på fredssamtaler, kunne de ikke stifte fred på egen hånd, og blant araberne var det vanskelig å finne en partner som var rede, villig og i stand til å undertegne en sann fredsavtale med Israel. Dette problemet var spesielt prekært blant araberne på vestbredden og på Gazastripen.

Problemet var at det ikke fantes én enkelt «palestinsk enhet». Så lenge området ble styrt av Jordan, var det inndelt i separate distrikter, og det konservative Hebron, det radikale Nablus og det internasjonale Jerusalem hadde ikke mye til felles. Det fantes personer som hadde autoritet og makt i hver enkelt by og landsby, men ingen arabere hadde myndighet til å forhandle på vegne av alle arabere i Jerusalem, Samaria, Judea og Gazastripen.

Det arabiske samfunnet i disse områdene var splittet i forskjellige klaner og familier, og selv om én klan var allmektig i Nablus, hadde de ingenting de skulle ha sagt i Betlehem. I løpet av de 47 årene som var gått siden Haj Amin el-Husseini sådde de første spirene til den arabiske «nasjonalismen» i Palestina, hadde ingen arabiske ledere løftet en finger for å legge det politiske grunnlaget for en arabisk stat i Vest-Palestina. Selv om flere israelske ledere var villige til å danne en palestinsk stat, fantes det ingen palestinere[11] som de kunne samarbeide med.

---

11 Fram til 1948 var det jødene i Palestina som identifiserte seg med ordet palestiner. Jødene kalte seg for «palestinske jøder», og i den politiske prosessen som pågikk for å legge grunnlaget for en jødisk stat, var det mange tegn som tydet på at den jødiske staten kunne få navnet Palestina. Men da navnet ble endret til Israel den 14. mai 1948, og jødene i landet begynte å kalle seg for israelere istedenfor palestinere, skapte det et vakuum der det ikke fantes noen folkegruppe som kalte seg for palestinere. I løpet av de kommende årene begynte araberne i Judea, Samaria og Gazastripen gradvis å kalle seg for palestinere, og etter 1967 ble dette navnet allment akseptert på befolkningen i disse områdene. I 1968 fastslo PLO i sitt charter at «palestinerne er de nasjonale araberne som inntil 1947 normalt bodde i Palestina» og «enhver som er født etter den datoen av en palestinsk far», uansett hvor lenge de hadde bodd i Palestina før 1947 og uansett om etterkommerne noensinne hadde vært i Palestina. De fleste massemedier i dag holder seg til PLO sin definisjon av begrepet palestiner. Fra nå av og i resten av denne boka vil jeg bruke ordet palestiner om de araberne som bor i de administrerte områdene i Judea, Samaria og Gazastripen. De araberne

Samtidig var mange av de lokale lederne redde for å inngå et altfor nært samarbeid med de israelske myndighetene. De lokale palestinske lederne i de administrerte områdene husket hvordan lederne på Gazastripen i 1957 hadde vært villige til å samarbeide med Israel, men da Israel trakk seg ut, var de blitt straffet hardt av egypterne. I løpet av sommeren 1967 gjennomførte de israelske lederne samtaler med 80 palestinske ledere på vestbredden, men de færreste av dem var enige om hvordan det palestinske selvstyret skulle se ut. Og de palestinerne som bodde i de andre arabiske landene, forkastet helt den israelske planen.

Tre år etter regjeringens beslutning innså Israel til slutt at tanken på en uavhengig palestinsk stat var urealistisk, og istedenfor å insistere på en permanent politisk løsning valgte de å la forholdet mellom jøder og arabere utvikle seg naturlig.

Blant araberstatene var det utvilsomt den jordanske kongen som var mest villig til å stifte fred med Israel. Så tidlig som den 18. juni 1967 hadde kong Hussein bønnfalt de andre arabiske regentene om å akseptere nederlaget som et vendepunkt til noe bedre, men Hussein møtte motbør, til og med i sitt eget land. I likhet med arabere over hele Midtøsten betraktet det jordanske folket Nasser som den store pan-arabiske lederen som skulle føre araberne fram til seier over sionistene og imperialistene, og hvis kong Hussein hadde livet kjært, kunne han ikke undertegne noen avtale uten å få grønt lys av Nasser først. Samtidig advarte Nasser Hussein mot å undertegne en avtale der han ga avkall på Jerusalem. «Jerusalem er ikke et rent jordansk spørsmål, men en sak for alle arabere og alle muslimer», mente den egyptiske presidenten.

Hussein måtte også være påpasselig med ikke å tirre andre araberstater med en fredsavtale med Israel. Kongen visste at både Irak og Syria siklet etter Jordans territorium, og Irak hadde en divisjon som var stasjonert på jordansk mark. Syria på sin side hadde store troppekonsentrasjoner ved grensa i nord. Under et møte med den israelske diplomaten Yaakov Herzog i London svarte Hussein ja på spørsmålet om han var rede til å stifte fred med Israel, «men jeg må bevege meg sammen med hele den arabiske verden,» sa han.

Syria var den mest hardnakkede av araberstatene. Den syriske regjeringen forsøkte til og med å forklare hvorfor nettopp de hadde gått seirende ut av Seksdagerskrigen. Israels mål med krigen hadde ikke vært å erobre noen kvadratkilometer på Golanhøydene, men å styrte den «progressive» regjeringen. Og siden Baath-partiet fortsatt satt ved

---

som bor i Øst-Jerusalem og i andre deler som offisielt er en del av Israel, kaller jeg for arabere.

makten etter krigen, var det et bevis på at israelernes taktikk hadde slått feil og at syrerne hadde vunnet. Syrerne var så sta at de til og med nektet å ta imot FNs representant da han kom til Midtøsten for å forhandle om fred et halvt år etter krigen.

Nei, nei, nei

De kommende månedene skulle skuffelsene komme på rad og rekke for den israelske regjeringen. Den 29. august kom lederne for åtte araberland sammen i Khartoum i Sudan for å drøfte hva de skulle gjøre med Israel. Dette var det første pan-arabiske møtet siden 1965, og det var første gang Nasser traff de andre arabiske lederne siden Seksdagerskrigen. Flere tusen mennesker stilte seg opp i gatene for å ønske den egyptiske lederen velkommen, men Nasser selv var både svak, nervøs og blek da han ankom den sudanesiske hovedstaden.

I de foregående ukene hadde Nasser akseptert at araberne gjenopptok leveransen av olje til Vesten, og som et tegn på velvilje overfor de andre arabiske lederne hadde han gått med på å sette en stopper for all undergraving av arabiske konger. Til gjengjeld håpet han at de andre araberlandene ville hjelpe til med å redde den egyptiske økonomien.

Selv om Egypt aldri hadde vært noen modell for økonomisk velstand, betydde Seksdagerskrigen at de gikk fra asken til ilden. Før krigen hadde han drømt om at Suezkanalen og Tiranstredet skulle være åpne for alle stater unntatt Israel, og at Egypt skulle tjene store penger på skipstrafikken fra Europa til Asia. Isteden ble resultatet det stikk motsatte. Suezkanalen ble stengt, og Tiranstredet, som var Israels port til Afrika og Asia, var nå under israelsk kontroll. Egypt tapte 30 millioner dollar i måneden på at Suezkanalen var blokkert, og selv om Eban hadde sagt helt åpent at Israel ville vurdere å åpne kanalen igjen hvis Egypt og Israel kunne bli enige om dette, forkastet Nasser tanken på å undertegne en avtale med Israel. Nå kom han til Khartoum med en bønn til de andre araberlandene om å hjelpe til med å redde Egypts økonomi, og resultatet av toppmøtet var at Nasser kunne reise hjem til Kairo med løfter om 200 millioner dollar i kofferten.

Men det som antakelig var det viktigste resultatet av toppmøtet, var Khartoum-resolusjonen, som ble enstemmig vedtatt på den fjerde dagen. I resolusjonen fastslo araberstatene at fred med Israel var utelukket. Resolusjonen er blitt kjent på grunn av de tre «nei» som er nedfelt i den: Nei til fred med Israel, nei til å anerkjenne Israel og nei til å forhandle med Israel.

For israelerne innebar Khartoum-resolusjonen at det aldri ville bli noe av den fredsplanen som den israelske regjeringen hadde vedtatt den 19. juni. Det finnes imidlertid historikere i dag som mener at den israelske regjeringen feiltolket resolusjonen, og at Khartoum-resolusjonen faktisk var et tegn på at de arabiske lederne begynte å mykne opp. Selv om resolusjonen forkastet tanken på en formell fredsavtale, kan den også tolkes i den retningen at araberne ikke lenger ønsket en konstant krigstilstand i forholdet til den jødiske staten. Selv om de forkastet forhandlinger med Israel, kunne det hende at araberne var villige til å føre samtaler via en tredje part. Og selv om de forkastet tanken på å anerkjenne Israel *de jure*, kan ordlyden tyde på at i hvert fall noen av de arabiske lederne endelig hadde akseptert at den jødiske staten var kommet for å bli.

FN får et ord med i laget

Helt siden Seksdagerskrigen hadde araberne insistert på at Israel måtte trekke seg ut fra alle de områdene de hadde erobret under krigen, og både Washington og Moskva begynte å legge det diplomatiske grunnlaget for at en israelsk tilbaketrekning kunne bli en virkelighet. President Lyndon Johnsons regjering hadde fem prinsipper som de mente kunne legge grunnlaget for en fredsplan. Johnsons prinsipper anerkjente alle staters rett til å eksistere, garanterte alle staters territoriale integritet og politiske uavhengighet, garanterte frihet til å føre skip, fremmet tanken om våpenkontroll i Midtøsten og søkte å oppnå en løsning på flyktningproblemet.

Russerne, derimot, hadde sine egne planer. Istedenfor å samarbeide med USA valgte russerne å ta opp spørsmålet i FN. Statsminister Aleksej Kosygin sammenkalte Generalforsamlingen «for å bevirke avviklingen av aggresjonens konsekvenser og den umiddelbare evakueringen av israelske styrker bak våpenhvilelinjene». I fem uker raste debatten, men representantene var ikke enige i den arabiske påstanden om at krigen var et resultat av israelsk aggresjon.

Senere hadde den amerikanske utenriksministeren Dean Rusk og den sovjetiske ambassadøren Anatoly Dobrynin en rekke hemmelige møter der de forsøkte å inngå et kompromiss. I begynnelsen av juli ble de to supermaktene enige om en israelsk tilbaketrekning fordi det, som de sa, er utillatelig å erobre territorier i krig. De ønsket samtidig å garantere alle staters rett til å leve i fred og sikkerhet. Men verken Israel eller Egypt var fornøyd med denne ordlyden, og dermed tok det flere måneder før supermaktene fant en ny løsning på problemet.

Da trefningene mellom Israel og Egypt tiltok i oktober, og den israelske jageren *Eilat* ble senket, fryktet Sikkerhetsrådet at situasjonen kunne trappes opp til en ny krig, og dermed begynte de atter en gang å prøve å finne en løsning. For å oppnå dette lette de etter en ordlyd som både tilfredsstilte Israels ønske om full fred til gjengjeld for at de ga fra seg de fleste territoriene, men ikke alle, og arabernes krav om full tilbaketrekning mot et fravær av krig. Etter flere ukers intense diskusjoner kom de fram til en formulering som begge parter kunne akseptere, og siden partene ikke ville godta en resolusjon som var foreslått av enten USA eller Sovjetunionen, gikk Storbritannia med på å formelt levere inn forslaget til ordlyd til Sikkerhetsrådet.

Et av de største problemene var hvorvidt det skulle stå i resolusjonen at Israel måtte trekke seg ut fra alle territoriene eller bare fra deler av territoriene. Løsningen ble at den offisielle engelske teksten brukte den ubestemte formen av ordet, «territorier», og dette var uklart nok til at Israel kunne tolke teksten på sin måte. Samtidig fikk egypterne forsikringer om at «territorier» faktisk betydde alle territoriene, og den franske oversettelsen av teksten brukte dessuten den bestemte formen, «territoriene». Den 22. november vedtok FNs sikkerhetsråd resolusjon nummer 242, som angivelig skulle være grunnlaget for alle fredssamtaler mellom Israel og araberne.

Selv om Israel ikke var fornøyd med resolusjonen, godtok de den under tvil, og det samme gjorde Jordan. Nasser støttet FNs forslag, men samtidig framsto han veldig militant da han fortalte de egyptiske generalene at «dere trenger ikke å bry dere om noe jeg sier offentlig om en fredelig løsning». «Det som ble tatt med makt, vil bli gjenvunnet med makt,» sa han i en tale til den egyptiske nasjonalforsamlingen. Irak, Syria og palestinerne forkastet resolusjonen og PLO raste over at palestinerne ikke var nevnt i teksten.

I kjølvannet av resolusjon 242 ble den svenske diplomaten Gunnar Jarring utnevnt som FNs spesielle «representant for å reise til Midtøsten for å opprette og holde kontakt med de statene som er berørt for å kunne fremme enighet og bidra til å oppnå en fredelig og akseptert avgjørelse i overensstemmelse med forordningene og prinsippene i denne resolusjonen».

Første post på Jarrings program var en rundreise til Libanon, Jordan, Egypt og Israel i november og desember 1967, men han ble skuffet over at de arabiske lederne ikke ville gi ham noen faste løfter. Jarring reiste videre til Kypros, der han etablerte et kontor og håpet på at araberne og israelerne ville være villige til å komme til Kypros for samtaler. Noen måneder senere innså han at denne planen ikke var realistisk, så isteden foreslo han at de burde holde bilaterale forhandlinger i New York, siden alle landene allerede hadde delegasjoner ved FN, men atter en gang forkastet araberne planen hans. Mot slutten av 1968 endret han planene sine igjen, men ikke overraskende forkastet Egypt også disse planene.

I august 1970 ble Egypt og Israel enige om et fredsinitiativ fra USA. En våpenhvileavtale ble undertegnet om Suezkanalen.

Det mislykkede Fatah

Noen måneder etter at krigen var over, gjennomførte palestinerne et mindre opprør mot det israelske styret. Det begynte med at åtte dommere på vestbredden nektet å arbeide for «okkupasjonsmakten», og dernest begynte studenter og handelsmenn å streike. Noen steder ble det skutt mot israelske soldater, og israelske leiligheter ble sprengt med dynamitt. Det skulle imidlertid vise seg at det «folkelige» opprøret på vestbredden aldri fikk vind i seilene, og i 1969 var opprøret over. De lokale araberne forsto at de ikke hadde noe å tjene på opprøret og at Israels velvilje hadde gitt dem større velstand enn det de hadde opplevd under det jordanske styret.

Det var på denne tiden Yasser Arafat for alvor kom på banen i kampen mot Israel. Han brukte nederlaget i Seksdagerskrigen som en mulighet til å gjøre seg selv og Fatah til et symbol på den palestinske motstandskampen mot Israel, og på den måten kan man si at Arafat ble den andre seierherren etter krigen i 1967.

Fatah var den eneste arabiske organisasjonen som kom ut av krigen intakt. Shukeirys PLO hadde lidd store tap under krigen, og siden de ble assosiert med de arabiske regjeringene, betydde det at folket mente at Shukeiry hadde lidd et like stort nederlag som Hussein hadde gjort. Shukeiry hadde ingen framtid blant palestinerne, og Arafat benyttet sjansen til å hoppe inn i dette vakuumet som lederen for den hellige krigen. Fra nå av var det Fatah som tok initiativet til terrorangrep mot den jødiske staten.

Mange av Fatahs medlemmer var så demoralisert av nederlaget i krigen at de ville gå med på å opprette en palestinsk stat på vestbredden og i Gazastripen, men Arafat klarte å overtale dem til å glemme tankene på en palestinsk stat og isteden gi seg til den bevæpnede kampen mot Israel.

Den 21. juni klarte Arafat å snike seg inn på vestbredden, og nå begynte han arbeidet med å legge grunnlaget for terrorvirksomheten sin. Og overraskende nok var det palestinerne som ble det viktigste målet for Arafats terrorisme.

I september 1967 ble den første av mange Fatah-operasjoner lansert mot byer på vestbredden. Terroristene kastet granater mot israelske patruljer, men de sprengte også bomber ved arabiske markeder, busstasjoner og åpne plasser. Arafats mål med å angripe palestinerne var å skremme dem fra å begynne å jobbe i Israel og få et normalisert forhold til jødene. Det varte ikke lenge før Fatah også begynte å sende terroristene til selve Israel, og her ble jøder også drept av den palestinske terrorismen. Snart skjedde det rundt 30 angrep i måneden, og i det verste angrepet i 1968 ble 11 sivile israelere drept og 35 såret i Jerusalem.

Arafat hadde store problemer med å bli akseptert av palestinerne på vestbredden. Dette var blant annet fordi de ikke likte den egyptiske aksenten hans, men også fordi han ikke brydde seg om den sosiale ordningen som gjaldt blant klanene og familiene i de forskjellige byene og landsbyene. Fatahs krav på trofasthet stred mot det tradisjonelle lederskapet, og de lokale lederne ville ikke ha noen gerilja i området sitt. Siden de arabiske hærene ikke hadde klart å beseire Israel, hadde de liten tro på at Arafat ville lykkes med sin kamp mot sionistene.

Arafat hevdet at han hadde mange tusen soldater under sin kommando i Jordan og Syria, og han prøvde å true de lokale palestinerne til å støtte ham. Men disse truslene virket ikke, «fordi israelerne var der for å beskytte dem», som palestineren Said Aburish skrev i sin biografi om den palestinske terroristen.

Da Sikkerhetsrådet vedtok resolusjon 242, prøvde Arafat å undergrave støtten til resolusjonen blant de arabiske lederne, og på vestbredden utvidet han Fatahs propaganda for å stikke kjepper i hjulene for kong Husseins hemmelige kontakt med israelerne. Han advarte også alle arabiske ledere mot å inngå fredsavtaler med Israel.

I desember 1967 bestemte PLOs utøvende komité seg for å kaste Shukeiry, og isteden innsatte de en advokat ved navn Yahya Hammouda som leder for PLO. Arafat protesterte ikke mot dette, for han forsto at det ikke ville vare lenge før han selv ville sitte ved roret for alle de palestinske terrororganisasjonene. Fatah ble medlem av PLO for å styrke den nasjonale enheten, og samtidig fikk de 33 plasser i det palestinske nasjonale råd (PNC). Rådet hadde totalt 105 medlemmer, og 57 av disse var avsatt til geriljagruppene.

I januar 1968 inviterte Arafat sju andre terrorgrupper til å opprette en felles kommando for angrep på israelske mål, og selv om denne organisasjonen aldri fikk effektiv kontroll over gruppene, måtte de andre lederne bare bøye seg for Arafats avgjørelser.

Men samtidig som Arafat klatret i rang blant palestinerne, lærte de israelske sikkerhetsstyrkene seg å slå ned det væpnede opprøret. Mange terrorister ble drept i skuddvekslinger med israelske soldater, og i slutten av november gikk den israelske hæren til angrep på landsbyen Iftliq, som var en av de viktigste basene for terrorister. Mange av dem overga seg raskt fordi de visste at Israel ikke ville gi dem dødsstraff. I juni 1968 sendte Israel flyene sine mot Fatahs hovedkvarter i Jordan, og der ble mer enn 70 Fatah-terrorister drept. På slutten av 1968 var 1400 Fatah-medlemmer blitt arrestert bare på vestbredden, i tillegg til at mange var blitt drept. Arafat selv ble snart tvunget til å flykte over Jordanelven.

På Gazastripen var de fleste angrep rettet mot de lokale palestinerne og deres familier som prøvde å skaffe seg jobb i Israel. I løpet av det første året etter krigen ble 219 palestinere drept og over 1000 såret av Fatahs terrorister. Arafats terror på Gazastripen pågikk fram til 1971, da general Ariel Sharon gikk inn og ryddet veier slik at de israelske soldatene kunne gå inn og forsvare de sivile palestinerne.

Arafat begynte snart å forstå at Fatah ikke hadde klart å få med seg mengden på en «nasjonal frigjøringskrig», og nå begynte Fatah å forskanse seg i jordanske flyktningleire og landsbyer. Her utgjorde de en mye større trussel for kong Hussein enn for Israel, og i praksis opprettet de en stat i staten. Fatahs terrorister skrøt av at de var immune mot de jordanske lovene og at de hadde spesielle rettigheter. De kjørte rundt i landet med sine egne militære kjøretøyer og med sine egne skilt. De samlet inn skattepenger blant flyktningene og jordanske statsborgere og oppfordret jordanske ungdommer til å verve seg til Fatah istedenfor til den jordanske hæren. Den 28. mai 1968 brøt det ut kamper mellom Fatah og den jordanske hæren da bevæpnede palestinere angrep en politistasjon for å befri andre palestinske terrorister som var blitt arrestert for forskjellige kriminelle handlinger.

Før 1968 var over, var det åpenbart for alle at Arafat var den ubestridte lederen blant de over 30 palestinske terrororganisasjonene, og han måtte selv velge mellom å ta over roret i PLO eller å starte en ny organisasjon. På tross av at han tidligere hadde kritisert PLO i sterke ordelag, ble han i februar 1969 leder for nettopp denne organisasjonen. Arafat sørget også for at PLOs charter ble endret. Tidligere sto det at PLO skulle jobbe for arabisk nasjonalisme, men nå ble denne formuleringen erstattet av en henvisning til en palestinsk stat.

Arafat nølte ikke med å gi flere tusen medlemmer av PLOs hær ordre om å flytte til Jordan, og nå begynte det å brenne under beina på kong Hussein. Han hadde ikke noe annet valg enn å motta alle de palestinske geriljasoldatene, men situasjonen skulle snart utarte seg. Da flere medlemmer av terrorgruppen PFLP ble fengslet i juni 1970, gikk geriljagruppene til angrep på flere hoteller i sentrum av Amman. Mange vestlige turister og diplomater ble tatt til fange, voldtatt og drept. Senere prøvde terroristene også å drepe kongen selv.

Situasjonen i Jordan ble uholdbar da PFLP den 6. september 1970 kapret fire fly fra Swissair, Pan Am, TWA og BOAC og tvang dem til å fly til en flyplass i den jordanske ørkenen. Nå hadde kongen fått nok av de palestinske terrorgruppene, og han ga den jordanske hæren ordre om å angripe geriljagruppene i flyktningleirene. Kampene raste i ti dager, og i løpet av den tiden ble nesten 2000 terrorister drept i tillegg til mange tusen flyktninger. I ettertid begynte palestinerne å kalle denne krigen for Svarte september.

De andre araberlandene støttet PLO, og de var ikke særlig glade for at Hussein slo ned på dem. De irakiske troppene som var stasjonert i landet, var rede til å hjelpe PLO i kampen mot Jordan, og russerne støttet Syrias angrep på Jordan fra nord. På denne tiden var kong Hussein den eneste arabiske lederen som var villig til å stifte fred med Israel, og både Israel og USA ville forsikre seg om at han ikke ble styrtet. Men selv om både israelske og amerikanske fly var parate til å gi Hussein en hjelpende hånd, ble de aldri nødt til å gripe inn. De syriske styrkene var et lett bytte for de jordanske stridsvognene og flyene, og snart var det åpenbart at den hasjemittiske kongen hadde klart å beseire både syrerne og PLO i løpet av den korte krigen.

Den 27. september skrev Arafat og kong Hussein under på en våpenhvileavtale i Amman, men etter at begge parter hadde brutt avtalen gjentatte ganger, gikk Arafat ut og sa offentlig at de burde styrte kongen. I juni 1971 svarte Hussein på trusselen ved å gi de jordanske styrkene ordre til å kaste alle palestinske geriljasoldater ut av landet. Mange hundre geriljasoldater ble drept, 200 ble tatt til fange, og Arafat ble nødt til å flykte til Syria sammen med nesten 2000 terrorister.

Forholdet til USA

Seieren i Seksdagerskrigen gjorde underverker i Israels forhold til USA. Amerikas frykt for å bli sittende med ansvaret for «taperen» i Midtøsten, var som blåst bort. Nå kunne alle se at Israel klarte å ta vare på seg selv, og i tillegg hadde de en sterk posisjon som de også kunne bruke til å påvirke andre hendelser i regionen.

Krigen påvirket også jødene i Amerika. Praktisk talt over natten ble mange jøder overbeviste sionister, og mange av dem valgte å immigrere til Israel. Fra 1948 til 1967 kom det i gjennomsnitt 564 immigranter fra Nord-Amerika til Israel hvert år, men mellom 1968 og 1973 – året da Jom kippur-krigen fant sted – lå gjennomsnittet på 5575, altså nesten ti ganger så mange. De amerikanske jødene begynte også å åpne opp lommebøkene sine, og dollarsedlene begynte å strømme inn i Israel. Antallet turister som besøkte Israel vokste også. I 1967 tok landet imot 328 000 turister, men tre år senere hadde dette tallet vokst til 650 000.

Det umiddelbare resultatet av krigen ble at USA utsatte leveransen av 46 angrepsfly av typen Skyhawk, som egentlig skulle ha vært levert senere i 1967. Men i begynnelsen av 1968 kom Skyhawk-flyene, og de ble umiddelbart satt inn i kamp mot det jordanske artilleriet og mot terrorister i Jordan og Libanon.

Tidligere hadde ikke den amerikanske regjeringen vært villig til å selge jagerfly til Israel, men da Israel etter Seksdagerskrigen ba om å få kjøpe splitter nye Phantom-fly fra USA, slo de om. Byråkratene i utenriksdepartementet var fortsatt motstandere av et slikt salg, men hver eneste presidentkandidat ved valget i 1968 uttalte offentlig at de støttet et slikt salg, og Kongressen gikk så langt at de endret loven om utenlandsk bistand for å presse president Johnson til å selge Phantom-flyene til Israel.

Det amerikanske vennskapet kunne ikke ha kommet på et bedre tidspunkt for israelerne. I mange år hadde Frankrike vært deres beste venner, og de fleste flyene i det israelske flyvåpenet var produsert i skyggen av Eiffeltårnet, men nå ønsket president de Gaulle å gjenopprette den innflytelsen Frankrike en gang hadde hatt i araberverden, og da måtte vennskapet med Israel ofres. Allerede før Seksdagerskrigen hadde Israel bestilt og betalt 50 splitter nye jagerfly av typen Mirage V, men nå nektet Paris å sende flyene til Israel. To år senere gikk de enda lengre og nektet til og med å selge reservedeler til de gamle franske flyene i det israelske flyvåpenet. Og da Georges Pompidou kom til makten i Paris, valgte han isteden å selge 100 jagerfly til Libya, noe som var så godt som en garanti for at de ville ende opp i Egypt.

Bombardementet over Suezkanalen

Samtidig som USA nærmet seg Israel, gjorde Sovjetunionen tiltak for å sikre det grepet de hadde om flere araberstater. Både den egyptiske og den syriske hæren var blitt sterkt redusert i løpet av Seksdagerskrigen, men i slutten av juni begynte sovjetiske transportfly å gå i skytteltrafikk til og fra Egypt og Syria. Om bord i flyene var det tonnevis med splitter nye sovjetiske våpen.

I løpet av to uker fikk Egypt mer enn 200 nye jagerfly, og hver uke kom det to eller tre skip til Alexandria med nye våpen. I løpet av de første 15 månedene etter krigen fikk hæren 220 nye stridsvogner, og flyvåpenet fikk 400 nye fly.

Russerne ville også hjelpe araberne med å lære seg mer om moderne krigføring, så i tillegg sendte de umiddelbart 3000 russiske militære rådgivere og teknikere til Egypt og 1000 til Syria. I løpet av det kommende året ble dette tallet tredoblet. Det russiske flyvåpenet utplasserte også bombefly av typen Tupolev-16 i Egypt, og disse flyene ble brukt som rekognoserings- og spionfly for en imponerende sovjetisk flåte i Middelhavet som snart kunne måle seg med den amerikanske sjette flåten.

Egypt var som vanlig plaget av politiske uroligheter, og Nasser hadde grunn til å være bekymret. Løsningen på de politiske problemene ble atter en gang å vende oppmerksomheten mot Israel, og dermed ga Nasser startskuddet for «den glemte krigen», eller «krigen som ikke var noen krig», som i historiebøkene ofte blir kalt for Utmattelseskrigen.

Hovedhensikten med krigen var antakelig at Nasser ville hindre at Suezkanalen, der de israelske troppene nå sto, skulle bli den endelige grensa mellom Israel og Egypt. Nasser ønsket å vise det internasjonale samfunn at han aldri ville leve i fred med Israel så lenge de israelske soldatene kunne plaske i kanalen, og dermed begynte de nye, sovjetiske kanonene å bombardere de israelske stillingene på den andre siden av Suezkanalen. Nasser gamblet også på at israelerne var lei av krig, og at de ville gi opp og trekke styrkene sine tilbake så sant han påførte dem store tap.

Denne «krigen om krigen», som Moshe Dayan kalte den, handlet ikke om seier eller tap, men om hvorvidt krigen eksisterte i det hele tatt. Israelerne mente at den eneste måten de kunne tape denne nye krigen på, var hvis den nye krigen betydde at våpenhvileavtalen fra slutten av Seksdagerskrigen opphørte å gjelde. Dermed var det viktig for Israel å holde stand mot Egypt samtidig som man lot som om det overhodet ikke pågikk noen krig ved Suezkanalen, men bare noen isolerte trefninger. «Ikke-krigen» betydde også at Israel måtte begrense de israelske jagerflyenes rolle.

Men Israel svarte selvfølgelig igjen med samme mynt, og på slutten av sommeren måtte Egypt evakuere flere titusen sivile fra Suez City og Ismailia på grunn av det israelske gjensvaret på det egyptiske bombardementet. Senere på høsten trappet Nasser opp, og den 21. oktober 1967 ble den israelske marinens flaggskip *Eilat* angrepet av egyptiske torpedobåter utenfor Port Said. Eilat sank, og 47 av mannskapet ble drept. Fire dager senere svarte israelerne med å ødelegge egyptiske oljeraffinerier i nærheten av Suez.

Egypterne ble så forskrekket over det israelske angrepet at de ikke våget å gå til noe stort angrep på nesten ett år, men den 8. september 1968 var det klampen i bånn igjen. Mer enn ett tusen egyptiske kanoner, mortere og stridsvogner åpnet ild langs den 100 kilometer lange grensa. Denne ene dagen ble 11 israelere drept og 17 såret. Ytterligere 15 israelere ble drept i et ni timer langt bombardement den 26. oktober 1968. Senere skulle det vise seg at dette ble vendepunktet i krigen. Fra nå av slo Israel tilbake med full kraft.

Om natten den 31. oktober slo Israel tilbake. Israelske fallskjermsoldater slo til mot et strategisk nettverk av demninger, broer og elektriske installasjoner 50 mil fra Kairo. Store deler av Egypt mistet strømmen da de israelske fallskjermsoldatene sprengte de elektriske installasjonene ved Najh Hamadi. Enda en gang ble egypterne så forskrekket at de la lokket på, men denne gangen tok det bare fire måneder før Nasser lot artilleriet få fritt spillerom ved kanalen igjen, og denne gangen pågikk bombardementet i mange måneder. Bare den første dagen falt det 10 000 granater over de israelske forsvarsverkene, og før uken var omme hadde tallet kommet opp i 35 000. Urolighetene lignet mer og mer på en åpen stillingskrig.

I løpet av denne tiden bygde israelerne også «Bar-Lev-linjen», som var en rekke med bunkere og befestede stillinger på østbredden av Suezkanalen og som var oppkalt etter den israelske forsvarssjefen, Chaim Bar-Lev. Men det skulle snart vise seg at bunkerne ikke var trygge nok. Fra mai til juli 1969 ble 47 israelske soldater drept og 157 såret, og selv om Egypt hadde mye høyere tapstall enn Israel, fortsatte de krigen.

Den 20. og 24. juli 1969 var nesten hele det israelske flyvåpenet på vingene for å bombe den nordlige sektoren ved kanalen, der de ødela luftvernskyts, stridsvogner og artilleri. I løpet av de kommende månedene ble de egyptiske kanonene kraftig redusert, men granatkasterne fortsatte å bombardere østbredden med samme intensitet som tidligere.

Den 17. oktober 1969 startet USA og Sovjetunionen diplomatiske samtaler for å få en slutt på konflikten, og fire måneder senere reiste president Nasser i hemmelighet til Moskva for å diskutere situasjonen. Der fikk han løfter om at russerne skulle sende nye luftvernskyts-batterier, flere skvadroner fly og mange nye teknikere. I løpet av det kommende halvåret økte antallet russere i Egypt fra maksimum 4000 til mellom 11 000 og 12 000 pluss et sted mellom 100 og 150 sovjetiske piloter.

Den samme våren skjedde det en tragedie da de israelske flyene ved en feiltakelse traff en skole og 47 egyptiske skolebarn ble drept. Etter dette angrepet bestemte Israel seg for å konsentrere angrepene om kanalen. Med alle de russiske flyene i Egypt var det bare et tidsspørsmål før Israel og Sovjetunionen ville begynne å knive mot hverandre, og den 25. juni 1970 ble et israelsk fly skutt ned av to sovjetiske jagerfly. Fem dager senere la de israelske pilotene en felle for russerne. Denne dagen ble fire eller fem russiske jagerfly skutt ned i de verste luftkampene siden Seksdagerskrigen. I løpet av hele krigen skjøt Israel ned 137 fiendtlige fly, mens de mistet 24 av sine egne fly.

Den 7. august 1970 ble partene til slutt enige om en våpenhvileavtale, og begge sider ble enige om at de ikke skulle endre på den militære status quo i et område på 50 kilometer øst og vest for våpenhvilelinjene. Men bare noen minutter etter at våpenhvilen begynte å gjelde, flyttet Egypt luftvernskytsbatterier inn i sonen.

Så, til slutt – den 28. september 1970 – fikk president Nasser hjerteinfarkt og døde. Nå var en epoke i den arabisk-israelske konflikten over, og visepresident Anwar Sadat tok over tømmene i landet. Utmattelseskrigen var over, men Sadat begynte umiddelbart å legge planer for neste krig.

Kapittel 9: 1970-1973
Blodet på soningsdagen

A lbert Schmidt[12] hadde ikke truffet sine foreldre på mange år. I oppveksten hadde han kranglet med dem både titt og ofte, og Albert hadde ofte overøst sin mor og far med mange bitre, kritiske og dømmende ord. Politikk skulle komme til å spille en viktig rolle i Alberts liv, og det var nettopp den ekstreme, venstreradikale læren som førte til at han deltok i opprørene på et tysk universitet i 1967 og 1968. Det tok ikke lang tid før Albert i hemmelighet ble medlem av den ekstreme tyske terrorgruppen Baader-Meinhof, og senere fikk han selv jobb som lærer på et tysk universitet.

En dag i 1971 mottok den 31 år gamle Albert nyheten om at foreldrene hans hadde omkommet i en ulykke på Autobahn. Tankene hans svirret i alle retninger, og følelsene var som en berg-og-dalbane da Albert vendte tilbake til barndomshjemmet for å rydde opp i foreldrenes personlige eiendeler og selge det som selges kunne. Det var mange år siden Albert hadde sett foreldrene sine, og nå som det var for seint, angret han på at han hadde vendt dem ryggen.

Da Albert åpnet farens safe, fant han en rekke dokumenter som betydde at livet hans aldri mer ville bli det samme. Det første dokumentet var en avtale fra 1940 mellom faren og en jødisk familie, der faren hans lovte å oppdra sønnen deres som sin egen sønn. Det andre dokumentet fortalte at faren hans hadde lett etter Alberts biologiske foreldre i det vide og det brede etter 1945, men at guttens foreldre hadde omkommet i en konsentrasjonsleir. Han fant også dokumenter som viste at da adoptivforeldrene hans hadde adoptert ham, var de nødt til å flytte fra plassen der de hadde bodd hele sitt liv til et nytt sted der ingen visste om at gutten var jøde.

Albert var i sjokktilstand. Ikke bare fordi han forsto at han var jøde eller at foreldrene hans bare var adoptivforeldre, men fordi han husket hvor grusomt han hadde behandlet de to menneskene som hadde reddet livet hans med fare for sitt eget liv. Selv om han alltid hadde kritisert dem, hadde de aldri tatt til motmæle og prøvd å rettferdiggjøre seg selv ved å fortelle sannheten.

---

12 Navnet Albert Schmidt er et pseudonym.

Etter at disse tankene hadde kvernet en stund i hodet, tok Albert en beslutning: Han var jøde, og den eneste plassen for en jøde var i Israel. Men da Albert gikk til den israelske ambassaden for å søke om visum til Israel, tok det lang tid og han måtte gjennom mange intervjuer før konsulen og den lokale Mossad-representanten trodde på den historien Albert serverte. Men da de til slutt aksepterte at Albert var den han utga seg for å være, forsto de at dette var en gyllen mulighet til å ta opp kampen mot Baader-Meinhof, siden de nå hadde en mann på innsiden.

Schmidt reiste til Israel der han fikk et lynkurs i spionasje, og i Israel viste det seg at han ble en like fanatisk israeler som han én gang hadde vært en fanatisk marxist. Han fikk også en symbolsk omskjærelse, og samme dag dro han til Vestmuren, der han ba for begge foreldreparene sine.

Da han reiste tilbake til Europa igjen, begynte Mossad å samarbeide med de tyske myndighetene for å sette en stopper for Baader-Meinhof. Det tok ikke mange månedene før det ble store sprekker i terrornettverket, og snart fikk de også se resultater i kampen mot de andre europeiske terroristorganisasjonene.

Terroristene slår til

1970 var et katastrofeår for Yasser Arafat. Ikke bare ble troppene hans kastet ut av Jordan, men Utmattelseskrigen var også over det året. Terroristene kunne verken operere på vestbredden eller østbredden av Jordanelven, og på Gazastripen var det også fred og ro.

På denne tiden var Libanon en fredens oase blant araberstatene. Det fantes knapt noe annet araberland der kristne og muslimer kunne leve sammen i fred og fordragelighet på samme måte som i Libanon. Men freden i Libanon skulle få en dramatisk slutt da PLO valgte å opprette sin nye base i fjellandet nord for Israel.

Det er mange grunner til at Libanon var en perfekt base for PLOs terrorvirksomhet. Grensa mellom Israel og Libanon var sammenhengende over land, til forskjell fra den jordanske grensa, som gikk gjennom Jordanelven. Samtidig bodde det 100 000 palestinere i de trange flyktningleirene i Libanon, og mange av disse kunne rekrutteres til terroraktiviteter. Den viktigste grunnen var imidlertid at den ustabile libanesiske regjeringen ikke var i stand til å begrense terroristenes virksomhet, siden de var mye svakere enn kong Hussein og redde for at Syria blandet seg inn hvis de prøvde å sette en stopper for PLO. I april 1970 hadde terroristene fått såpass godt feste i Libanon at de kunne begynne å skyte raketter mot Israel, og den 2. mai angrep de en israelsk skolebuss i nærheten av den libanesiske grensa. Terroristene drepte 12 jødiske barn og lærere og såret mange andre.

PFLP (Folkefronten for Palestinas frigjøring) var en av terrororganisasjonene som hadde størst framgang i kampen mot sionistene på denne tiden. PFLPs leder var George Habash, en lege med kristne foreldre som senere var blitt en ivrig marxist. I begynnelsen besto PFLP av noen få hundre intellektuelle aktivister, og de fleste av dem kom fra den kristne palestinske middelklassen. Men i løpet av få måneder begynte splittelsen å gjøre seg gjeldende. Ahmed Jibril brøt med Habash og grunnla PFLP-GC, og senere brøt Ahmed Zahrur med Jibril og startet Den arabiske bevegelsen for Palestinas frigjøring. Alle hadde det til felles at de ønsket å sabotere ethvert arabisk forsøk på å undertegne en fredsavtale med Israel, og det endelige målet var selvfølgelig å utslette selve Israel.

Habash mente at hvis de skulle lykkes med å oppnå målene de hadde satt seg, måtte de være forberedt på å slå til mot israelere som befant seg utenfor den jødiske staten, og målet med angrepene skulle være å vende verdens oppmerksomhet mot de palestinske arabernes problemer. Den 18. juli 1968 ble et fly fra det israelske flyselskapet El Al kapret på vei fra Roma til Israel, og de kristne palestinske terroristene i PFLP tvang flyet til å fortsette til Algerie. Etter en måned ble Israel tvunget til å løslate flere arabiske terrorister fra israelske fengsler, og først da fikk passasjerene lov til å forlate landet. Nå hadde terroristene funnet Israels akilleshæl. Ingenting var mer sårbart enn et fly høyt oppe i lufta, og fra nå av satset de palestinske terroristene på å slå til mot både israelske og andre flyselskaper.

I desember 1968 ble et nytt israelsk fly angrepet på flyplassen i Athen, og i februar 1969 skjedde det samme på flyplassen i Zürich. I august samme år ble et fly fra Trans World Airlines kapret på vei til Israel, og flyets fire mannlige israelere ble holdt fengslet i Damaskus inntil de ble utvekslet mot syriske fanger i Israel fire måneder senere.

I løpet av de kommende månedene og årene skulle Swissair, Austrian Airlines, Pan Am og BOAC også bli offer for de palestinske terroristene, og det verste angrepet skjedde den 6. september 1970, da fire fly med totalt 310 personer om bord ble kapret og fløyet til en flyplass i ørkenen i Jordan. Passasjerene ble ikke løslatt før Storbritannia, Vest-Tyskland og Sveits gikk med på å løslate palestinske terrorister som satt i fengsel i de respektive landene.

Men terroristene nøyde seg ikke med å angripe fly. I Buenos Aires angrep de en israelsk utstilling på en messe, i London plantet de ei bombe på kontoret til rederiet Zim, i Paraguay drepte to terrorister en

179

kvinnelig ansatt ved den israelske ambassaden, og andre israelske kontorer og ambassader ble angrepet i Haag, Bonn og Brussel. I Buenos Aires satte de fyr på en jødisk skole, i Praha satte de fyr på en synagoge, og i Køln omkom flere eldre jøder i flammene da gamlehjemmet deres brant ned. PFLP påtok seg ansvaret for alle disse angrepene.

PFLP satset også på å rekruttere eventyrlystne personer, kriminelle og anti-israelske venstreradikalere fra hele verden. I mai 1970 betalte de svensken Rolf Svensson for at han skulle drepe David Ben-Gurion under et besøk i Sør-Afrika, og måneden etter ble sveitseren Bruno Bargit arrestert i Haifa da han var i besittelse av sprengstoff. I juli samme år forsøkte amerikaneren Patrick Arguello å kapre et fly fra El Al, og en måned senere ble to franske søstre og et eldre fransk ektepar arrestert da de prøvde å smugle sprengstoff inn i Israel. I mai 1972 sluttet den japanske røde armé seg til kampen. I et angrep på den internasjonale flyplassen utenfor Lod ble 26 personer drept og 72 såret.

Men det angrepet som kanskje satte de dypeste sporene i den jødiske sjel, var angrepet på de israelske deltagerne ved de olympiske leker i München i 1972. Medlemmer av terrororganisasjonen Svart september, som i bunn og grunn var en del av Fatah, kidnappet og drepte 11 israelske idrettsutøvere. Israelerne var dessuten sjokkert over at lekene fikk lov til å fortsette på tross av denne avskyelige terrorismen. De arabiske terroristene som overlevde skuddvekslingen med det tyske politiet, ble senere løslatt av Willy Brandts regjering.

I 1973 skjedde det dessuten en tragedie da det israelske forsvaret trodde at terroristene var i ferd med å utføre det verste angrepet så langt. Mossad hadde i flere år visst at PFLP hadde planer om å bruke japanske kamikazepiloter, fylle et passasjerfly med sprengstoff og la det styrte midt i en israelsk by. I begynnelsen av 1973 kom et passasjerfly fra Libya over israelsk luftrom, og Israel sendte opp jetfly for å stoppe det. Piloten nektet imidlertid å endre kurs, og forsvarssjef David Elazar tok en beslutning om å skyte det ned. Senere viste en intern gransking at Elazar hadde handlet overilt. Han hadde ikke brukt all den tid han hadde tilgjengelig før han valgte å skyte ned det arabiske flyet.

Samtidig som terroristene gjorde store framskritt på den nye internasjonale slagmarken, begynte de også å vinne tilhengere verden over. De var spesielt påpasselige med å vinne de amerikanske kristnes støtte, og flere ledende amerikanske predikanter ble beveget da de fikk vite hvor ille det sto til i mange palestinske flyktningleire. Andre kristne hadde teologiske problemer med å hanskes med jøder som var en suveren og seirende nasjon og ikke en rase med evige martyrer. Både blant katolikker og protestanter fikk antisionistiske følelser grobunn, og snart begynte amerikanske kristne til og med å boikotte turer til det hellige land.

De blinde spionene

Samtidig som terroristene hadde framgang i kampen mot sionistene, lærte den israelske etterretningen seg hvordan de skulle hanskes med den nye faren. I neste kapittel skal vi komme tilbake til hvordan dette gikk til, men i dette kapitlet skal vi fokusere på at den israelske etterretningen ikke bare var opptatt av kampen mot den palestinske terrorismen. Muligheten for at det en dag kunne bryte ut en krig i full skala mellom Israel og de arabiske nabolandene, var selvfølgelig av høyeste prioritet for etterretningen. Hvis en krig var like rundt hjørnet, ønsket den israelske regjeringen å få vite om det så snart som mulig, og det var etterretningens jobb å informere regjeringen.

Problemet var at den israelske etterretningen – og da spesielt den militære etterretningen, Aman – var forblindet av noe de kalte for «konseptet».

Det var under den euforiske stemningen etter Seksdagerskrigen i 1967 at dette konseptet utviklet seg i det israelske etterretningsvesenet. Konseptet gikk ut på at araberne var så ydmyket og så edruelige etter det knusende nederlaget i 1967 at de forsto at de ikke kunne gå til full og åpen krig mot Israel. Det var jo tross alt åpenbart at araberne ikke hadde noen sjanse til å vinne en slik krig. Og hvis det usannsynlige skulle skje og araberne gikk til angrep, ville det bare bli en reprise fra 1967: Israelerne ville bryte ned fiendens linjer og marsjere mot den egyptiske og syriske hovedstaden.

En av de fremste talsmennene for «konseptet» var sjefen for den militære etterretningen, generalmajor Eli Zeira. Da han ble utnevnt til denne stillingen i 1972, skal en av de israelske generalene ha sagt: «Nå er vi på vei mot en katastrofe, for systemet er ledet av tre menn som ikke kjenner betydningen av frykt.» De tre mennene som den israelske generalen snakket om, var forsvarsminister Moshe Dayan, forsvarssjef David Elazar og Eli Zeira.

Sistnevnte var uten tvil en av de smarteste og mest lovende offiserene i Israel, men han var også arrogant og altfor selvsikker. På denne tiden var dessuten den israelske militære etterretningen superhelter i Israel. Det var jo tross alt de som hadde lagt grunnlaget for den knusende seieren i 1967. Hvis den intelligente sjefen for Israels superspioner trodde på konseptet, var det ingen i den israelske regjeringen som følte at de hadde noen grunn til å stille spørsmål ved det. Zeiras og den militære etterretningens status betydde at konseptet etter hvert spredte seg som en kreftsvulst både innad i hæren og blant landets politiske ledelse. Alle «visste» at det var lenge til araberne kunne gå til krig mot Israel.

Moshe Dayan var en av dem som etter hvert ble overbevist av konseptet. I 1971 og 1972 fortalte han staben sin at han «ikke kunne forstå hvordan egypterne kunne unngå krig», og i mai 1973 sendte han en rekke ordre til generalene med en advarsel om at «en gjenopptagelse av krigen i andre halvdel av sommeren må tas med i beregningen». Men senere samme sommer gjorde han helomvending og spådde at det ikke ville komme noen ny krig de nærmeste ti årene.

Israel visste dessuten at Egypt ikke hadde noen særlig sjanse til å beseire Israel på det militære plan før de kunne slå til mot israelske flyplasser langt inne i landet og nøytralisere det israelske luftforsvaret. Og for å kunne gå til angrep på israelske militære flyplasser, trengte de mange skvadroner med bombefly. Alle etterretningsrapporter indikerte at slike bombefly ikke ville være på plass før tidligst i 1975, og dermed hadde ikke Israel noen umiddelbar grunn til å være redd for morgendagen.

I løpet av de siste månedene før Jom kippur-krigen brøt ut, mottok etterretningen informasjon fra spioner og agenter i araberlandene om store troppebevegelser både i Egypt og i Syria, men siden hele etterretningsvesenet trodde blindt på konseptet, mente de at disse bevegelsene bare var øvelser eller en bløff for å lure Israel til å bruke sårt tiltrengte israelske pund på en mobilisering. Hele den militære etterretningen ble nesten som en avisredaksjon der journalistene kun skriver de historiene som passer med avisens politiske overbevisning, og etter hvert begynte Zeiras etterretningsoffiserer å ignorere den informasjonen som ikke stemte overens med konseptet.

I løpet av årene siden 1967 hadde Egypt imidlertid vært opptatt av å gjenoppbygge sine militære styrker, og de sovjetiske skipslastene med våpen ble utplassert langs vestbredden av Suezkanalen, der Utmattelseskrigen foregikk fra 1967 til 1970. Og etter at våpenhvilen ble undertegnet mellom Israel og Egypt i august 1970, økte opprustningen i takt og omfang.

Den israelske etterretningen ble faktisk tatt på senga allerede i februar 1970, da de mottok nyheten om at Sovjetunionen holdt på å bli en seriøs faktor i den arabisk-israelske spenningen. Denne måneden ble russiske rådgivere for første gang utplassert i de egyptiske kampenhetene, og russerne begynte å lære opp araberne i hvordan de skulle føre en moderne krig.

I Egypt var det som vanlig økonomiske problemer og indre politiske kamper, og for å komme de politiske motstanderne i forkjøpet, mente Sadat at han ikke kunne vente til Egypt fikk mange skvadroner med bombefly før de gikk til angrep på Israel. Hvis Sadat skulle vente til 1975 før han kunne angripe sionistene, kunne det bety at han var ferdig som president i pyramidenes land.

I februar 1972 sendte Sadat dermed general Ahmed Ismail Ali til Moskva, og i løpet av det besøket foreslo russerne at Egypt ikke burde utsette angrepet på Israel til 1975. Det sovjetiske militæret forberedte en plan for hvordan egypterne kunne sette det israelske luftforsvaret ut av spill ved å opprette en av de mest kompakte rakettmurene i verden. Den skulle bestå av forskjellige sovjetiske raketter som SAM-2, SAM-3 og SAM-6 i tillegg til konvensjonell luftvernskyts. Dette ville skape en paraply over det planlagte krigsområdet ved Suezkanalen og nøytralisere de israelske flyene.

Da krigen til slutt brøt ut, hadde Egypt 150 SAM-2 og SAM-3-batterier med seks utskytningsplattformer per batteri i tillegg til en rekke SAM-6-batterier. Noen av disse rakettene var mobile, mens andre var stasjonære. SAM-6 var så mobil at man kunne montere den på en stridsvogn og gjøre den klar til avfyring på noen få minutter. Rekkevidden varierte mellom 22 og 50 kilometer, og siden Egypt også hadde konvensjonelle luftvernskyts, betydde det at de israelske flyene aldri kunne føle seg trygge over Suezkanalen, uansett om de fløy høyt eller lavt. Rakettene hadde dessuten forskjellige elektroniske signalsystemer, og det var ingen lett oppgave å utvikle elektroniske våpen som kunne sette alle disse rakettene ut av spill.

Det andre problemet som egypterne måtte finne en løsning på, var at de israelske flyene kunne slå til mot mål dypt inne i Egypt. Sovjeterne mente at det beste forsvaret mot dette var å avskrekke israelerne fra å angripe. Hvis Egypt var i besittelse av Scud-raketter med en rekkevidde på 290 kilometer, ville Israel nøle med å angripe mål langt inne i Egypt, siden de visste at araberne kunne svare med samme mynt og bombe de store israelske byene.

Angrepet blir utsatt

De første Scud-rakettene ankom Egypt i april 1973. Det var dette Sadat hadde ventet på, og i et intervju i april 1973 innrømmet den egyptiske presidenten offentlig at han i prinsippet hadde tatt en beslutning om å gå til krig. Han hadde også overtalt president Assad i Syria til å hjelpe ham med å planlegge angrepet. Allerede i januar 1973 begynte de to araberlandene å forberede planene for et koordinert angrep på Israel, og en av de sentrale delene av denne planen var at Egypt skulle angripe de israelske stillingene ved Suezkanalen samtidig som Syria angrep på Golanhøydene.

I mai 1973 hadde planene kommet så langt at Israel ikke kunne lukke øynene lenger. I løpet av den måneden flyttet Egypt bakkestyrker til kanalen og bygde 65 festningsvoller, og fra den største av disse hadde Egypt god utsikt over de israelske troppene på østbredden. Det egyptiske sivilforsvaret ble mobilisert, byene ble mørklagt, innbyggerne ble oppfordret til å gi blod, og president Sadat talte om en «fase med total konfrontasjon».

På tross av alt dette holdt Zeira, sjefen for Israels militære etterretning, fast ved konseptet. Sadat ville ikke gå til krig, mente han. Men denne gangen var forsvarssjef David Elazar uenig, og han ga ordre om en delvis mobilisering av de israelske styrkene, noe som kostet de israelske skattebetalerne 10 millioner dollar. Israel hadde bare såvidt fått tid til å mobilisere styrkene sine før egypterne tok et skritt tilbake, og etter dette var det ikke lenger noen som våget å tvile på Zeiras konsept. Ingen vurderte muligheten for at Egypt bare hadde utsatt datoen for angrepet.

Ironisk nok hadde Egypt faktisk konkrete planer om å gå til krig den måneden, men Sadat utsatte angrepet da USA og Sovjetunionen bestemte seg for å arrangere et toppmøte i Washington samme måned. Sadat ville ikke gå til krig midt under toppmøtet, og dermed bestemte han seg for å utsette krigen til neste gang tidevannet i Suezkanalen var gunstig, i september eller oktober 1973.

I løpet av de kommende månedene gikk det egyptiske propagandamaskineriet over i høyeste gir for å forville israelerne til å tro at det var fred og ingen fare. Den egyptiske og syriske røykleggingen var så effektiv at mange i ettertid har trodd at det var russerne som sto bak hele planen. Fra og med 1972 hadde verdenspressen vært full av rapporter om hvor ineffektive og inkompetente de arabiske hærene var. I januar og februar 1973 skrev italienske aviser at den egyptiske hæren bare hadde ammunisjon for ei uke, og at egyptiske militære kilder åpent innrømmet at de manglet både bensin og reservedeler.

I juli 1973 ble flere militære attacheer invitert til en øvelse utenfor Kairo der de skulle få se en demonstrasjon av Egypts mest moderne utstyr for bakkeangrep. Hele øvelsen utviklet seg til en komedie der alt som kunne gå galt, gikk galt. Israel mottok snart nyheten om at den egyptiske hæren var fullstendig inkompetent. På den syriske fronten begynte det å dukke opp rykter om en splittelse mellom Syria og

Sovjetunionen, og pressen ble forledet til å tro at russerne var så irritert på araberne at de vurderte å trekke seg ut fra hele regionen. Sannheten var derimot at russerne holdt på å bygge opp det mest sofistikerte rakettskjoldet som verden noensinne hadde sett i Egypt og Syria.

Ikke engang de arabiske offiserene visste eller forsto hva som var på gang. Da Israel avhørte de egyptiske offiserene som ble tatt til fange under krigen, visste det seg at 95 prosent av dem ikke hadde noen anelse om at det ville bli krig før om morgenen samme dag som krigen brøt ut.

Sadat ville dessuten forsikre seg om at det økonomisk mektige Saudi-Arabia var villige til å tre støttende til i kampen mot sionistene. Sadat argumenterte med at araberne ikke kunne bruke oljevåpenet mot Israel og Vesten før araberne hadde oppnådd enhet, og for å kunne oppnå enhet måtte de først gå til krig mot Israel. Det var først etter at krigen var et faktum at oljevåpenet ville ha noen effekt, mente Sadat.

Sovjetunionen gikk også med på å tre støttende til på det diplomatiske plan. Hvis det skulle vise seg at angrepet mislyktes, ville Sovjetunionen sørge for at Sikkerhetsrådet vedtok en resolusjon om våpenhvile. Og hvis alt gikk som smurt, skulle de sørge for at ingen andre blandet seg inn i konflikten.

Den sovjetiske hjelpen var heller ikke begrenset til det diplomatiske. Allerede før krigen brøt ut, seilte forsyningsskip med nye våpen fra de sovjetiske havnene, og noen dager etter at krigen brøt ut, opprettet Sovjetunionen en luftbro med transportfly som fraktet nye våpen til både Syria og Egypt.

Syria fikk en god unnskyldning for å mobilisere styrkene sine i midten av september, da 13 syriske kampfly ble skutt ned i en intensiv luftkamp mellom israelske og syriske fly over Middelhavet. Ikke overraskende mente den israelske etterretningen at de syriske troppekonsentrasjonene på Golanhøydene bare var en reaksjon på luftkampene, og at Israel ikke hadde noe å frykte fra Syria.

Lørdag den 6. oktober ble utpekt som den dagen da krigen skulle begynne, delvis fordi det var da tidevannet i Suezkanalen var mest gunstig, men også fordi dette var jom kippur i Israel, den helligste dagen i det jødiske året.

Soningsdagen, som er det norske navnet på jom kippur, er en dag da hele Israel står stille. Dette er den eneste dagen i året da flyplassen er stengt. Alle religiøse jøder og mange verdslige jøder faster, hører ikke på radio eller TV, svarer ikke på telefonen, og det er nesten ingen trafikk ute på gatene. Egypterne antok, med rette, at Israel ikke ville være rede for et angrep på denne helligdagen. Da krigen til slutt tok til, skulle det vise seg at araberne hadde gjort et godt valg. Det tok 15 timer fra krigen begynte til de første reservistene kom fram til fronten.

Diplomatisk kaos i Washington

Samtidig som Egypt og Syria var i full gang med forberedelser til krig, var Israel opptatt av en valgkamp. Den 31. oktober skulle Israel velge 120 representanter til det åttende Knesset, og hele Israel var dekket av valgplakater som lovpriste Arbeiderpartiet: «Det er fred på kanalens bredder, i Sinaiørkenen, på Gazastripen, vestbredden, Judea, Samaria og på Golan. Linjene er trygge. Broene er åpne. Jerusalem er gjenforenet. Nye bosettinger er blitt opprettet, og vår politiske posisjon er stabil. Dette er resultatet av en balansert, modig og langsiktig politikk ... Dere vet at bare koalisjonen kunne ha utført dette.»

Torsdag 4. oktober talte statsminister Golda Meir på et valgkampmøte der temaet var den østerrikske kansleren, Bruno Kreisky. I lang tid hadde jødiske migranter fra Sovjetunionen fått lov til å reise via Wien på vei til Tel Aviv, men da de arabiske terroristene begynte å legge press på Østerrike, bestemte Kreisky at de skulle stenge Schonauslottet for de jødiske migrantene. Meir hadde vært på besøk i Wien for å prøve å forhandle med den østerrikske kansleren, og nå tordnet hun mot ham og pekte på at hun ikke engang ble invitert på en kopp te da hun var i Wien.

Samtidig strømmet det inn rapporter om at araberne gjorde seg klar til å angripe Israel. Ifølge Elazar hadde Israel fått 200 telegrammer som advarte om den kommende krigen, men Eli Zeira holdt fast ved konseptet, og når den militære etterretningens sjef fortalte regjeringen at de ikke skulle tro på disse telegrammene, reagerte de som lydige hunder og lukket øynene sine for alle problemer som kunne komme.

Fredag den 5. oktober kom en av de mest illevarslende rapportene fra den syriske hovedstaden. Sovjetiske transportfly hadde øyensynlig landet på flyplassen i Damaskus, og det ble rapportert om at alle sivile russere i landet pakket sakene sine og var på vei tilbake til Russland. Hva var det de sivile russerne visste som Israels regjering ikke visste? Hvorfor hadde de slikt hastverk?

Golda Meir kunne ikke lenger overse alle rapportene og indikasjonene på at det kunne bryte ut en krig, og nå var hun rede til å innkalle hele regjeringen til et møte. Men enda en gang kom den militære etterretningen på banen og beroliget statsministeren med en rapport som «beviste» at det ikke var noen grunn til å frykte en krig. Meir kansellerte planene om å sammenkalle alle statsråder, men samtidig visste hun at flere av dem var i Tel Aviv den dagen, og dermed ble åtte statsråder innkalt til et provisorisk møte på statsministerens kontor i storbyen ved Middelhavet.

På møtet fikk statsrådene vite at begge de to arabiske landene Egypt og Syria hadde store troppekonsentrasjoner utplassert ved grensene til Israel. De arabiske styrkene befant seg i defensive posisjoner, men med det russiske systemet som de benyttet seg av, kunne de gå over på offensiven på meget kort tid. Etterretningssjefen hevdet imidlertid at dette bare var militære manøvre, og at det ikke var noen grunn til frykt. Møtet ble avsluttet med at statsministeren og forsvarsministeren fikk fullmakt til å innkalle reservestyrkene hvis og når de mente at det var behov for det.

Israel bestemte seg også for å be USA om diplomatisk hjelp med å redusere faren for en krig. Fredag morgen fikk Israels *charge d'affaires* i Washington, Mordechai Shalev, et telegram fra Jerusalem der han ble beordret til å be om et øyeblikkelig møte med den amerikanske utenriksministeren, Henry Kissinger. Telegrammet var undertegnet Mordechai Gazit, sjefen for statsministerens kontor og Golda Meirs politiske rådgiver. Gazit påpekte at han ikke visste hvor Kissinger oppholdt seg, men hvis den amerikanske utenriksministeren var i New York, ville regjeringen at Israels utenriksminister, Abba Eban, som også befant seg i New York, også skulle delta. Detaljene om hva Shalev skulle ta opp med Kissinger, skulle komme i et nytt telegram senere på dagen.

Shalev, derimot, visste at Kissinger var i New York for å være med på et møte i Generalforsamlingen. Shalev ringte dermed straks til Ebans politiske sekretær, Eitan Bentsur, for å varsle den israelske utenriksministeren om hva som var i gjære. To timer senere ringte Shalev igjen og sa at møtet med Kissinger var fastsatt til klokka 16.00 samme ettermiddag. Abba Eban, derimot, hadde ingen planer om å være med på møtet med Kissinger. I lang tid hadde Eban vært oppgitt over at den israelske statsministeren valgte å ta kontakt med de amerikanske myndighetene på egen hånd istedenfor å gå via utenriksministeren, som var vanlig. Telegrammet fra Gazit til Shalev var dråpen som fikk begeret til å renne over. Hvorfor hadde Gazit kontaktet Shalev istedenfor Eban, som også var i USA? Hvorfor ble Eban bedt om å være med på møtet kun hvis Kissinger var i New York? Eban hadde allerede avtalt et møte med Nigerias utenriksminister til klokka 16.00, og i ren trass mot statsministerens politiske spill bestemte han seg for å holde avtalen med nigerianeren og droppe møtet med Kissinger.

Møtet med den amerikanske utenriksministeren ble dessuten utsatt, siden Shalev ikke fikk noe informasjon fra Jerusalem om hva møtet skulle handle om. Klokka 17.00 fikk han til slutt et telegram, og budskapet i telegrammet avspeilte den forvirringen som rådet i den israelske regjeringen.

I telegrammet sto det at de militære bevegelsene kunne antyde at araberne fryktet for at Israel ville angripe dem, eller at et eller begge land var rede til å angripe Israel. Shalev fikk ordre om å be Kissinger forsikre Egypt og Syria om at Israel ikke hadde noen aggressive hensikter, men samtidig ville Israel slå «kraftig og massivt» tilbake hvis de ble angrepet.

Hvis telegrammet hadde sluttet der, kan det hende at historien ville ha sett annerledes ut enn det vi kjenner i dag, men Shalev ble også bedt om å overbringe et tilleggsbudskap bare til Kissinger. Her ble det sagt at den israelske etterretningen mente at troppebevegelsene bare var et uttrykk for at Damaskus forventet seg et israelsk angrep, og at Egypt holdt på med en stor militærmanøvre som ville bli avsluttet den 7. oktober.

Det var for sent på dagen for å få ordnet et nytt møte med Kissinger, men Shalev sendte budskapet til general Brent Scowcroft, som skulle viderebringe det til utenriksministeren. Men da Scowcroft fikk lese det forvirrende telegrammet, sa han seg enig i den israelske etterretningens vurdering. Det kunne ikke være så veldig hastverk med å få levert dette telegrammet til Kissinger, for Scowcroft hadde ingen illusjoner om at den israelske militære etterretningen kunne ta feil. Det skulle gå hele to dager til før Scowcroft fikk videresendt telegrammet til Kissinger.

Overraskelsen på soningsdagen

Tidlig om morgenen den 6. oktober var det åpenbart at Israel ville bli angrepet senere samme dag. Ingen vet med sikkerhet hvorfor det skjedde, men på en eller annen måte fikk regjeringen vite at araberne planla å gå til angrep klokka 18.00 samme kveld. Klokka 07.00 sammenkalte statsministeren Dayan, Galili, Elazar og Zeira til et møte på kontoret hennes i Tel Aviv. Visestatsminister Yigal Allon ble også invitert, men han var hjemme på Kibbutz Ginosar i Galilea, og det ville ta lang tid før han fikk kommet seg til Tel Aviv. Allon spurte om han skulle ta et helikopter for å komme fram raskt, men svaret ble: «Det har ingen bråhast. Du kan komme med bil.»

Forsvarssjef Elazar forlangte at Israel måtte komme araberne i forkjøpet med en generell mobilisering og et luftangrep, men Dayan svarte nei på begge punkter. Dayan var redd for at Israel ville bli beskyldt for å ha startet krigen. Da Elazar ikke ville gi seg, svarte Dayan at han kunne gå med på en mobilisering i forsvarsøyemed, men at denne mobiliseringen ville være begrenset til 50 000 mann. Golda Meir, derimot, var mer nervøs enn Dayan og godtok en mobilisering på 100

000 mann. Elazar på sin side benyttet seg av denne tillatelsen til å mobilisere langt flere enn det både statsministeren og forsvarsministeren hadde godkjent.

Før møtet hadde Elazar snakket med luftforsvarets sjef Benny Peled, og han hadde sagt at Israels flyvåpen kunne være klare til et angrep klokka 13.00, eller fem timer før araberne ville angripe. Men de øverste politiske lederne, statsminister Meir og forsvarsminister Dayan, fryktet for hva amerikanerne ville si om Israel nok en gang gikk til et preventivt luftangrep på samme måte som i 1967. De bestemte seg for å ofre noen jødiske liv på det amerikanske vennskapets alter og svarte kategorisk nei på Elazars bønn om et luftangrep. Etter møtet var Meir raskt ute med å informere den amerikanske ambassadøren om at Israel hadde bestemt seg for ikke å slå til først.

Samme morgen ble Bentsur vekket på hotellet i New York av at noen banket på døra med et iltelegram fra Israel. Telegrammet var fra statsråd Israel Galili, og det lød: «Vi har sikre opplysninger om at Egypt og Syria vil gå til krig klokka 18.00.» I bare pysjen løp Bentsur nedover korridoren til Ebans rom og fikk vekket utenriksministeren, og da Eban fikk lese telegrammet, ba han umiddelbart om å få snakke med Kissinger. Klokka 06.30 New York tid, eller 12.30 israelsk tid, fikk Eban kontakt med Kissinger på telefon, men på dette tidspunktet hadde utenriksministeren allerede mottatt lignende informasjon fra den amerikanske ambassadøren til Israel.

Kissinger gikk umiddelbart til verks for å prøve å forhindre en katastrofe i Midtøsten. Det første han gjorde var å ringe til sjefen, president Richard Nixon, som da var i Florida, og til den sovjetiske ambassadøren Anatolij Dobrynin. I samtalen med Dobrynin ba han Moskva om å gjøre alt de kunne for å tøyle Egypt og Syria. Han sendte også et telegram til kong Feisal i Saudi-Arabia og ba ham om hjelp, samtidig som han ringte FNs generalsekretær Kurt Waldheim og informerte ham om situasjonen. Men helt fram til krigsutbruddet var Kissinger først og fremst opptatt av å forhindre at Israel skulle angripe først. Han ringte til Shalev og ba ham om å gi den israelske regjeringen beskjed om at presidenten bønnfalt Israel om ikke å starte krigen. Ambassadør Kenneth Keating fikk dessuten beskjed om å gi Golda Meir et lignende budskap. Alt dette ble gjort til tross for at Kissinger hadde fått etterretningsrapporter som antydet at de arabiske hærene var i ferd med å gå over til offensive posisjoner, og at det var rolig på den israelske siden av grensa.

Forsvaret av Israel sto på tre bein: For det første trengte landet et etterretningsvesen i verdensklasse. Hvis landet skulle ha en sjanse mot de tallmessig overlegne araberne, måtte de ha et kunnskapsmessig overtak på dem. For det andre trengte de en stående hær som var i stand til å slå tilbake ethvert arabisk angrep. For det tredje trengte de et luftforsvar som kunne ta kommandoen i lufta. Nå sviktet alle de tre beina samtidig. Etterretningen hadde vært så forblindet av «konseptet» at de hadde nektet å se det uunngåelige i øynene. Store deler av den stående hæren var på ferie hos familie og venner rundt omkring i Israel. Og flyvåpenet fikk forbud mot å benytte seg av de mulighetene de hadde til å slå ut fiendens fly og bakkestyrker.

En nær-døden-opplevelse

Klokka 14.00 om ettermiddagen var regjeringen samlet til et krisemøte da en militær rådgiver kom stormende inn i konferanserommet, bøyde seg ned mot statsministeren og hvisket den grusomme nyheten inn i øret hennes. Det arabiske angrepet hadde begynt.

Krigen begynte med at 4000 kanoner og mortere åpnet ild på den egyptiske fronten og 1500 på den syriske fronten. På denne tiden var de syriske og egyptiske styrkene like store og mektige som hele NATOs samlede styrke i Europa. Samtidig ble de israelske bakkestyrkene angrepet av syriske og egyptiske fly, som trengte dypt inn på israelernes territorium. Bare i Sinaiørkenen ble israelerne angrepet av 240 egyptiske fly, som bombet israelske flyplasser, rakettbatterier og kommandoposter.

Den israelske hæren var ikke forberedt på det som kom. På østbredden av Suezkanalen var det kun 436 israelske soldater som hadde hånd om Bar-Lev-linja. Dette var for det meste uerfarne reservister som var innkalt slik at de vanlige soldatene kunne tilbringe jom kippur sammen med sine familier. Nå ble de 436 israelske reservistene angrepet av 8000 egyptiske soldater.

På Golanhøydene var situasjonen minst like dramatisk, for der ble individuelle israelske stridsvogner nødt til å ta opp kampen mot hele syriske skvadroner inntil det kom forsterkninger. Israelerne hadde kun 17 befestede posisjoner på Golanhøydene, med mellom 15 og 20 soldater i hver posisjon. I ryggen hadde de én enkelt tropp med stridsvogner, to infanteribataljoner og fire artilleribatterier. Den viktigste pansrede brigaden på 150 stridsvogner var langt unna fronten, siden Israel ikke forventet at syrerne ville angripe. Den lille gruppa som forsvarte Golanhøydene, ble angrepet av to syriske pansrede divisjoner på 800 stridsvogner og tre infanteridivisjoner i panserkjøretøyer, og senere økte antallet stridsvogner i den syriske styrken til 1500.

Zvika Greengold og Avigdor Kahalani ble senere hyllet som krigshelter i Israel etter at de helt alene kjempet mot hele skvadroner av syriske stridsvogner. Greengold fortsatte å kjempe selv om han ble såret og brannskadet.

Så langt nord i landet som man kunne komme, på Hermonfjellet, der Israels elektroniske øyne og ører var utplassert, banket syriske soldater på dørene til den militære etterretningen. Alle de israelske etterretningsoffiserene på Hermonfjellet ble enten drept eller tatt til fange under angrepet, og i tillegg tok syrerne en mengde verdifullt elektronisk utstyr.

Under de påfølgende timene og dagene skulle kampene på Golanhøydene få høyeste prioritet for israelerne. Krigen i Sinaiørkenen var såpass langt unna den israelske sivilbefolkningen at det ikke var noen umiddelbar fare for at sivile israelere måtte bøte med livet, men på Golanhøydene var situasjonen en helt annen. Hvis Golanhøydene falt, kunne syrerne lett rykke fram mot israelske byer som Kiryat Shmona, Tiberias og Safed. Dermed ble reservistene først og fremst sendt til Golan, og da de kom fram dit, ble de ofte sendt rett ut på slagmarken uten at de fikk tid til å kalibrere kanonene.

På kvelden den 6. oktober talte statsministeren på TV for å prøve å berolige folket: «I et antall dager har etterretningstjenestene våre visst at Egypts og Syrias hærer var utplassert for et koordinert angrep på Israel ... styrkene våre ble utplassert ifølge planen for å møte den truende faren,» hevdet Meir. Det Meir sa, var bare delvis sant. Det var korrekt at den israelske etterretningen hadde visst om de arabiske planene, men det var ikke sant at de israelske styrkene var blitt utplassert for å møte den truende faren fra syrerne og egypterne.

Samtidig som Meir uttalte disse ordene på TV, sloss de israelske soldatene en desperat kamp på Golanhøydene og i Sinaiørkenen, og Meir visste godt at resultatet av de kampene kunne avgjøre om Israel ville overleve eller ikke. Det er en allment utbredt oppfatning i Israel at den første krigen de taper, også vil bli den siste. Israelerne husker godt hva som skjedde med seks millioner jøder i Europa mellom 1933 og 1945, og de husker også alle de arabiske truslene om hva araberne vil gjøre med dem hvis og når araberne klarer å beseire dem på slagmarken. Akkurat nå forsto Meir at det var en reell fare for at jødene i Israel kunne få oppleve et nytt holocaust, men hun ville ikke at befolkningen i sin helhet skulle miste motet i den kampen de gikk igjennom. Motet var det eneste israelerne hadde å klynge seg til nå som etterretningen og forsvaret hadde mislyktes.

Skutt ned av raketter

Planene til det israelske luftforsvaret hadde vært basert på at de israelske flyene først skulle angripe fiendens raketter og sette dem ut av spill. Senere skulle flyvåpenet støtte bakkestyrkene, men først måtte de altså vinne herredømme i lufta. Men da det viste seg at de israelske bakkestyrkene ikke klarte å stå imot det massive arabiske angrepet på bakken, ble flyvåpenet nødt til å glemme alle forsiktighetsregler og støtte bakkestyrkene uten at de først hadde vunnet kampen i lufta. De israelske flyene ble nødt til å gå rett inn i det russiske rakettskjoldet som var blitt bygd opp på begge fronter, og resultatet ble at israelerne led store tap. Bare på de tre første tre dagene mistet israelerne 50 fly, sammenlignet med 46 under hele Seksdagerskrigen.

Men samtidig som de israelske pilotene hadde store problemer med det russiske rakettskjoldet, hadde de som alltid det hele og fulle overtaket i alle luftkamper. I løpet av krigen klarte de israelske pilotene å skyte ned hele 162 syriske fly uten at et eneste israelsk fly gikk tapt. På den egyptiske fronten var det opptil 50 fly innblandet i noen av luftkampene. Verden hadde ikke sett noe slikt siden andre verdenskrig. De egyptiske pilotene gjorde en bedre jobb enn syrerne, for de klarte å skyte ned fem israelske fly, men samtidig mistet de 172 av sine egne fly i luftkampene.

Da krigen begynte, var det israelske luftforsvaret tallmessig underlegent syrerne og egypterne. Israel hadde kun 350 fly å stille opp med, sammenlignet med 900 kampfly i de to araberlandene. Men på tross av dette handikappet, var det Israel som kom ut av krigen med færrest tap. I løpet av hele krigen mistet Egypt og Syria totalt 514 fly, og 58 av disse ble skutt ned av deres egne styrker. Israel på sin side mistet 102 fly.

Og selv om både egypterne og syrerne prøvde å bombe byer og andre mål dypt inne i Israel, lyktes de ikke noe særlig med dette. Mot slutten av krigen forsøkte seks egyptiske Mirage-fly, som opprinnelig var blitt solgt til Libya av Frankrike, å angripe El-Arish, men tre av dem ble skutt ned over havet. Samtidig styrtet et Tu-16 bombefly da det var på vei for å bombe Eilat, og et syrisk Su-20 styrtet ved Nahariya på vei mot Haifa. Egyptiske fly skjøt også Kelt-raketter mot israelske byer, men av 25 Kelt-raketter som ble skutt mot Israel under hele krigen, ble 20 skutt ned av det israelske flyvåpenet, og bare to av de resterende forårsaket noen skade.

Den israelske marinen sto overfor mange av de samme utfordringene som bakkestyrkene og luftforsvaret møtte. Også her var fienden tallmessig overlegen de israelske styrkene. Egypterne hadde 12 rakettbåter av typen Osa, 10 ubåter, 6 avanserte torpedobåter, 20 vanlige torpedobåter, 3 jagere, 2 frigatter, mineryddere, patruljebåter og 11 landgangsfartøyer. Syrerne på sin side hadde 9 rakettbåter, 11 torpedobåter og 2 mineryddere. Israels marine besto ganske enkelt av kun 14 rakettbåter.

Om kvelden den 6. oktober var fem israelske rakettbåter på patrulje utenfor den syriske byen Latakia da de traff på en syrisk torpedobåt. De israelske båtene gikk til angrep, og den syriske båten ble senket. Kort tid etter senket den israelske Reshef en minerydder. Men etter at israelerne hadde vunnet disse to små seirene, oppdaget de plutselig at tre syriske rakettbåter hadde flankert dem samtidig som de var opptatt med de to første båtene. De israelske båtene var raske med å sette kursen sørover, og de manøvrerte slik at de syriske båtene ble liggende inneklemt mellom de israelske styrkene.

Klokka 23.35 begynte kampen, og begge sider skjøt et stort antall raketter mot fienden, men i løpet av 25 minutter var kampen over for de tre syriske båtene. Kampen ved Latakia var faktisk den første rakettkampen på havet i verdenshistorien, og Israel vant en knusende seier uten at en eneste soldat ble skadet.

Det andre viktige slaget på havet fant sted ved Damiette-Balatin, ved kysten av Egypt, om natten mellom 8. og 9. oktober. Seks israelske rakettbåter kom mot den egyptiske kysten for å bombardere de militære installasjonene og forsvarsverkene ved Damiette, og ved midnatt ble de angrepet av fire egyptiske rakettbåter. Dette var en meget farlig situasjon for israelerne, for de egyptiske våpnene hadde mye lengre rekkevidde enn de israelske rakettbåtene. Egypterne kunne dermed holde seg på trygg avstand mens de avfyrte rakett etter rakett mot israelerne. Offiserene på de israelske båtene forsto raskt at deres eneste sjanse var å rykke nærmere egypterne. Og da egypterne så at israelerne var på vei rett mot dem i full fart, snudde de og begynte å trekke seg tilbake. Tre av de israelske båtene begynte å skyte mot de egyptiske båtene, og i løpet av 40 minutter var tre egyptiske båter senket samtidig som den fjerde forsvant utenfor israelernes rekkevidde.

Den raske og kompakte israelske marinen, som plutselig hadde gjort sitt inntog i Middelhavet, tok de arabiske marinene på senga. I løpet av hele krigen ble tre israelske sjømenn drept og 24 såret, og ikke en eneste israelsk båt sank på tross av at araberne skjøt 52 raketter mot dem. Araberne mistet 19 av sine båter, inkludert ti rakettbåter.

Den 14. oktober forsto egypterne at brorparten av de israelske styrkene kjempet mot syrerne på Golanhøydene, og nå ga Sadat en ordre om at de egyptiske styrkene skulle gå til frontalangrep på Israel, selv om dette betydde at de måtte forlate den beskyttelsen som rakettskjoldet ga dem. De egyptiske styrkene klarte å rykke fram mellom 12 og 15 kilometer, men samtidig led de store tap. I løpet av den dagen mistet egypterne et sted mellom 150 og 250 stridsvogner.

Neste dag gikk israelerne på offensiven i Sinai. Det israelske infanteriet infiltrerte de egyptiske posisjonene der SAM- og panservernsbatteriene var utplassert, og de egyptiske styrkene var forberedt på å forsvare posisjonene sine mot soldater som angrep til fots. En divisjon under ledelse av generalmajor Ariel Sharon angrep de egyptiske styrkene et sted i nærheten av Ismailia, og de slo til i den strategisk svake linjen mellom den egyptiske andre armé og tredje armé. I noen av de mest brutale kampene under krigen klarte israelerne å bryte gjennom de egyptiske linjene, og en liten israelsk styrke klarte til og med å krysse kanalen. I løpet av de følgende dagene klarte israelerne å bygge fire broer over Suezkanalen, og nå var det tydelig at krigen snart var over for de egyptiske styrkene. Helt på slutten av krigen sto de israelske styrkene kun 101 kilometer fra Kairo.

Etter at krigen hadde vart i noen dager, begynte israelerne å gå tom for både våpen og ammunisjon, og de begynte å bli ganske desperate etter å få nye forsyninger fra amerikanerne. I løpet av de tre første dagene ble flere tusen israelske soldater drept og over 500 stridsvogner ble ødelagt. Det israelske luftforsvaret hadde også mistet mange fly, og de hadde ingen reservedeler. Og de flyene som amerikanerne hadde lovt dem for lenge siden, satt fast i Washingtons byråkrati. Da krigen begynte, hadde mange enheter kun ammunisjon for sju dagers kamper, og mandag 8. oktober rapporterte flere israelske offiserer at om fire dager ville mange israelske kanoner være tomme for krutt.

Samtidig hadde Irak også sluttet seg til krigen. To irakiske divisjoner, med 30 000 mann og 1200 panserkjøretøyer, hadde plutselig dukket opp på Golanhøydene, og da Kissinger henvendte seg til FN den 9. oktober med en bønn om våpenhvile, lo araberne av ham. I tillegg til Irak hadde også Jordan, Saudi-Arabia, Marokko, Pakistan, Bangladesh, Algerie, Libya, Sudan, Uganda og Cuba sendt symbolske tropper for å hjelpe araberlandene i krigen.

Men på tross av at israelerne befant seg i en desperat situasjon, forhalte USA all hjelp. En høyere tjenestemann i den amerikanske regjeringen uttalte at Det hvite hus ønsket å se en israelsk seier i krigen, men samtidig ønsket man at Israel «skulle blø neseblod i prosessen», slik at de var rede til å forhandle om fred så snart krigen var over. Arkitekten bak denne «la Israel blø-politikken» var ingen ringere enn Henry Kissinger. For Israel var forsyningsproblemet et spørsmål om liv eller død. For Kissinger var spørsmålet en gyllen anledning til å oppnå noen av de viktigste politiske målene han hadde satt seg.

Men seks dager etter at krigen begynte, forsto amerikanerne at de problemene som jødene sto overfor, var noe mye mer alvorlig enn litt neseblod. Israelerne var på randen av kollaps, og den 12. oktober henvendte Golda Meir seg direkte til Nixon med en inntrengende bønn om hjelp. Sovjeterne hadde åpnet en luftbro med nye våpen og ny ammunisjon til araberne, og hvis ikke USA tilbød Israel samme type hjelp, ville Israel bli tilintetgjort.

Den amerikanske regjeringen tok til slutt en beslutning om å forsyne Israel med våpen, men de første amerikanske flyene kom ikke fram til Israel før søndag den 14. oktober, over ei uke etter at krigen begynte. Og da var det viktigste og mest avgjørende slaget ved Mitlapasset i Sinaiørkenen allerede over.

Den 22. oktober kom til slutt Sikkerhetsrådet på banen. Nå som det var åpenbart at Israel var på offensiven og araberne holdt på å tape krigen, vedtok Sikkerhetsrådet resolusjon 338, som krevde at alle parter måtte avslutte kampene i løpet av 12 timer. Da fristen gikk ut, var de israelske styrkene bare noen få hundre meter fra målet, som var veien fra Kairo til Suez. I løpet av natten brøt egypterne våpenhvilen gjentatte ganger, og den israelske hæren fikk tillatelse fra Dayan til å gå til angrep på Egypts tredje armé. Det varte ikke lenge før den tredje armeen var fanget mellom de israelske styrkene og Suezkanalen, og nå hadde de verken tilgang på mat eller vann.

Nå begynte russerne å rasle med sablene for alvor, og Brezjnev sendte et brev til Nixon der han truet med å gå til militært angrep på Israel. Amerikanerne svarte med å sende et brev til Sadat der de ba ham om å trekke tilbake bønnen om sovjetisk hjelp, siden USA da ville tre støttende til på Israels side. Sovjetunionen var ikke villige til å starte en ny verdenskrig med USA for å redde araberne, og dermed forsonet de seg med tanken på at araberne hadde tapt krigen.

Den 26. oktober 1973 var krigen over. Israel hadde mistet 2656 soldater, og 7250 var blitt såret. Når det gjelder de arabiske tapstallene, spriker anslagene veldig. Et sted mellom 8000 og 15 000 arabiske soldater ble drept, og mellom 20 000 og 35 000 ble såret.

Kapittel 10: 1973-1979
Et stort skritt mot fred

Den 50 år gamle jødiske byråkraten travet opp og ned på kontoret sitt. Av og til avfyrte han noen salver mot den israelske og den egyptiske generalen som i samme øyeblikk forhandlet om sine respektive lands krigsfanger og sårede, og hvordan man skulle separere de israelske og egyptiske styrkene.

Den jødiske byråkraten var tydeligvis nervøs for at det ville gå galt, men årsaken til denne bekymringen var ikke at han elsket den jødiske staten av hele sitt hjerte. For selv om han var en jøde, bodde han ikke i Israel, og han var ikke israelsk statsborger. Heinz var blitt født i Bavaria i Tyskland et halvt hundreår tidligere, men da nazistenes jødeforfølgelser tilspisset seg, flyktet familien hans til New Yorks trygge havner. Vel framme i det nye «lovede landet» fikk gutten et nytt navn, siden det tyske Heinz sannsynligvis ikke ville slå godt an i amerikanernes ører.

Nå var det gått 35 år siden familien kom til Amerika, og i mellomtiden hadde den lille gutten blitt en amerikansk kjendis med stor makt og innflytelse i Washington. Nå var Henry Kissinger blitt utenriksminister i den amerikanske regjeringen, og det var ingen tvil om at Kissinger ville gjøre det som var til det beste for USA, og til det beste for Henry – uansett hva dette ville bety for den lille jødiske staten i Midtøsten.

De to generalene som Kissinger var så opprørt over, var den israelske generalmajor Aharon Yariv og den egyptiske generalløytnant Abdel Ghany Gamasy. Siden den 30. oktober hadde disse to generalene hatt møter og forhandlinger ved kilometerstein 101 på veien til Kairo, og de hadde gjort store framskritt. Kissinger hadde opprinnelig vært motstander av å invitere Egypt til direkte forhandlinger, men siden det ikke forelå noen bedre forslag i dagene umiddelbart etter at Jom kippur-krigen var over, gikk Kissinger med på å sende en invitasjon til Sadat.

I løpet av de fire ukene som forhandlingene varte, ble Yariv og Gamasy nærmest gode venner, og mange av de største tvistene mellom Israel og Egypt ble løst i forhandlingene mellom de to kollegene. De var blitt enige om en utveksling av krigsfanger, om forsyninger til byen Suez, om forsyninger til den egyptiske tredje armé, og om at Israel skulle evakuere kontrollpostene.

Det viktigste og vanskeligste problemet som de to generalene sto overfor, var en atskillelse av de israelske og egyptiske styrkene. Den tredje armé var fortsatt omringet, store israelske styrker opererte på østbredden, og mange egyptiske soldater holdt dessuten til på vestbredden av Suezkanalen. Kartet over hvor styrkene sto så nesten ut som et sjakkbrett, og begge parter var smertelig klar over at de ville bli nødt til å gjennomføre en eller annen form for tilbaketrekning før forhandlingene var omme. Men til og med i disse vanskelige spørsmålene klarte generalene å gjøre store framskritt i «uoffisielle» samtaler om hvordan problemet skulle løses.

Men til tross for generalenes suksess, fant det siste møtet mellom dem sted den 29. november 1973. Og det var Kissinger som hadde presset på for å få en slutt på disse forhandlingene. Isteden mente Kissinger at de to partene burde møtes på en konferanse i Geneve, med Kissinger selv som megler. Egypt hadde i lang tid hatt et nært forhold til Sovjetunionen, og USAs høyeste ønske for den arabiske stormakten var å ta over den rollen som Sovjetunionen hadde spilt i lang tid i forholdet til Egypt. Og hvis USA skulle ha noen sjanse til å bli Egypts formynder, måtte Kissinger selv ta over styringen av alle forhandlinger og samtaler mellom de to partene.

Kissinger mente at Sadat hadde de nøklene som kunne åpne døren til amerikansk innflytelse i Midtøsten, og han hadde allerede latt Sadat få vite at hvis det var territorier Egypt ønsket, kunne de bare få disse tilbake med amerikansk hjelp og ikke med sovjetisk hjelp. Dette var det samme budskapet som viseutenriksminister Joseph Sisco hadde overbrakt til Nasser i mai 1970: «Dere kan få nesten hva dere ber om fra Sovjetunionen, men det er bare vi som kan gi dere territorier.» Så lenge Nasser levde, falt slike kommentarer for døve ører, men Sadat var en langt mer pragmatisk leder enn Nasser hadde vært.

Geneve-konferansen kom sammen i Nasjonenes palass i den velkjente sveitsiske byen den 21. desember. Israel, Egypt, Jordan, USA og Sovjetunionen var representert med hver sin delegasjon, og FNs generalsekretær Kurt Waldheim fikk en sentral rolle i det formelle arbeidet. Sadat hadde opprinnelig ønsket at konferansen skulle komme sammen mye tidligere, men den ble utsatt til den 21. fordi Israels statsminister, Golda Meir, ville gjøre politisk profitt på konferansen på hjemmebane.

Helt siden Jom kippur-krigen brøt ut, hadde de to tidligere heltene Golda Meir og Moshe Dayan falt drastisk i kurs i Israel. De fleste israelere mente at det var statsministeren og forsvarsministeren som hadde hovedansvaret for den store floppen som krigen hadde vært, og

Meir var redd for hva dette ville innebære når israelerne gikk til valgurnene på nyttårsaften.

Samtidig som Arbeiderpartiets ledere hadde dummet seg ut, hadde flere småpartier på høyresiden nettopp undertegnet en samarbeidsavtale om å danne et nytt parti, som hadde fått navnet Likud. Og den største krigshelten av alle soldater og offiserer som nettopp hadde slått egypterne og syrerne tilbake, var et av de øverste navnene på Likuds liste, nemlig general Ariel Sharon.

Golda Meir håpet at hun ville klare å reparere noe av skaden hvis hun, bare ti dager før valget, kunne vise folket at hennes regjering var den første regjeringen som satt ved samme bord og forhandlet om fred med araberstatene.

En ny æra for alliansen

Da valgresultatet til slutt forelå, skulle det vise seg at resultatet ikke var så ille. Alliansen tapte bare fem mandater og gikk tilbake fra 56 til 51. Likud hadde tatt et stort jafs, og plutselig satt de med 39 representanter i Knesset, men Alliansen trengte tross alt kun ti mandater fra andre partnere for å kunne danne en flertallskoalisjon.

På nyåret begynte så fru Meir jobben med å stable en koalisjon på beina, og den 10. mars fikk Knesset forelagt seg Alliansens forslag til en ny regjering. Etter at nasjonalforsamlingen hadde debattert spørsmålet i ti timer, ble den nye regjeringen godtatt med 62 mot 46 stemmer. Det skulle imidlertid vise seg at Golda Meirs nye regjering ikke ville få nyte maktens tinde i særlig lang tid.

Kort tid etter at Jom kippur-krigen var over, begynte Israels presse og opinion å legge fram krav om å få vite hvordan Israels militære styrker kunne lide så store tap i begynnelsen av krigen. Regjeringen svarte på kritikken ved å utnevne en kommisjon som skulle etterforske hvorfor Israels etterretning ikke hadde advart dem om den forestående krigen, og hvorfor den israelske hæren ikke var forberedt på angrepet. Presidenten i høyesterett, dr. Shimon Agranat, ble utnevnt til ordfører for kommisjonen, og den 18. november tok de fatt på oppgaven.

I løpet av de neste fem månedene holdt kommisjonen 140 møter og fikk høre 58 vitnesbyrd, men da Agranat og kollegene hans forsto at det ville gå mange måneder før de var ferdige med jobben, bestemte de seg for å publisere en midlertidig rapport. Den rapporten kom 2. april, og her fikk både forsvarssjefen og den militære etterretningens sjef skarp kritikk.

Kommisjonen mente at etterretningen hadde mislyktes fordi de holdt fast på «konseptet». Så seint som dagen før krigen brøt ut, hadde etterretningen forsikret generalstaben om at faren for krig var «lavere enn lav». Kommisjonen kritiserte også forsvaret fordi de ikke hadde lagt planer for hva de skulle gjøre i tilfelle det kom et overraskelsesangrep. De mente videre at hæren burde ha gjennomført en delvis mobilisering ei uke før krigen og at panserkorpset ikke var blitt korrekt utplassert, til og med da hæren visste at det ville bli krig. Agranat-kommisjonen mente at både forsvarssjef David Elazar, sørkommandoens sjef Shmuel Gonen, etterretningssjef Eli Zeira og tre andre personer i Aman burde pakke kofferten og reise hjem. Og slik ble det også.

Men samtidig som de militære lederne fikk sitt pass påskrevet, viste kommisjonen nåde mot de politiske lederne. Selv om både Meir og Dayan ble gjenstand for en viss grad av kritikk, unnlot kommisjonen å legge direkte personlig ansvar på noen av dem.

Men selv om Agranat-kommisjonen behandlet statsministeren og forsvarsministeren med silkehansker, var den israelske opinionen opprørt. Pressen forsøkte på ingen måte å legge skjul på at de holdt Meir og Dayan ansvarlige for fiaskoen, og israelere flest var rasende over at karriereoffiserer måtte ta straffen samtidig som Dayan gikk fri for alt ansvar. Demobiliserte soldater begynte å arrangere demonstrasjoner for å tvinge Dayan til å trekke seg, og til og med innad i partiet begynte flere medlemmer å murre.

De politiske partiene Mapai, Ahdut HaAvoda, Rafi og Mapam hadde noen år i forveien slått seg sammen i Alliansen,[13] som etter valget i 1969 ble den eneste lista som noensinne fikk et rent flertall i Knesset med 63 mandater. Men forholdet mellom fraksjonene var langt fra noen dans på roser, og nå nærmet det seg kokepunktet. Hvis Dayan, som tilhørte Rafi, ville bli nødt til å trekke seg, ville den fraksjonens tilhengere sørge for at Golda Meir, som tilhørte Ahdut HaAvoda, også ville bli nødt til å betale prisen. Likud opplyste at de ville reise mistillitsforslag mot regjeringen den 11. april, og plutselig innså Meir at mange av hennes egne partifeller kanskje ville komme til å støtte mistillitsforslaget. Dermed valgte hun å trekke seg fra statsministerposten, og regjeringen falt etter bare tre uker ved makten.

Det skulle vise seg å bli vanskelig å finne en ny leder for Alliansen. Mange av «de gamle revene» var enten for gamle og slitne, eller så

---

13 Navnene Alliansen og Arbeiderpartiet brukes ofte om hverandre i historiebøker. Rent teknisk gikk dette partiet til valg under navnet Alliansen i mange år framover. Det var først ved valget i 1992 som partiet offisielt brukte navnet Arbeiderpartiet.

hadde de for mange riper i lakken etter krigen. Abba Eban var en av de fremste medlemmene av Mapai, men han var ikke særlig populær i folket. Den endelige kampen sto mellom Rafis Shimon Peres og Ahdut HaAvodas Yitzhak Rabin. Den 22. april kom Alliansens sentralkomité sammen for å velge den nye lederen, og den tidligere arbeidsministeren Yitzhak Rabin tok over lederjobben etter Meir.

Dette var startskuddet på en helt ny æra i Alliansens historie. Gjennomsnittsalderen i regjeringen ble plutselig kraftig redusert. Statsminister Rabin og forsvarsminister Peres var begge 51 år gamle, utenriksminister Yigal Allon var 56 år, informasjonsminister Aharon Yariv var 54 år, utdanningsminister Aharon Yadlin var 58 år, boligminister Avraham Ofer var 47 år, og transportminister Gad Yaacobi var kun 39 år gammel.

De medlemmene av Alliansen som var tilhengere av å gi araberne alt de ba om og samtidig begrense jødenes rett til å bosette seg i de administrerte områdene, fikk mer makt enn tidligere. I det forrige partiprogrammet sto det at Israel burde opprette bosettinger i de administrerte områdene i Judea, Samaria, i nærheten av Rafah og på Golanhøydene. Men i det nye programmet ble dette erstattet av et vagt avsnitt der det sto at «alt skal gjøres for å fortsette å styrke bosetting i landet, i overensstemmelse med de beslutninger som Israels regjering vil ta fra tid til annen».

Alliansens nye vending mot venstre kom samtidig som folket generelt ble mer medgjørlige overfor arabernes krav om israelske tilbaketrekninger. Bare noen uker etter krigen ble det foretatt en meningsmåling, der det viste seg at tre fjerdedeler av alle israelere var innstilt på å trekke seg ut av alle eller nesten alle landområder som var blitt erobret i 1967, hvis de kunne få fred.

Oljevåpenet smis

Et av den nye regjeringens største problemer var at Israel plutselig var blitt kraftig isolert i forholdet til omverden. Det arabiske angrepet på Israel samlet araberstatene, og allerede den 17. oktober 1973, mens krigen var i full gang, kom de arabiske oljeministerne sammen i Kuwait Sheraton Hotel for å drøfte hvordan de skulle kunne bruke «oljevåpenet» mot Israel. I løpet av noen få timer bestemte de seg for å skjære ned på eksporten med fem prosent, og i løpet av de neste månedene bestemte de seg for å gjøre ytterligere nedskjæringer. Oljeboikotten varte bare til mars 1974, men i løpet av disse månedene klarte de arabiske oljeprodusentene å overtale mange land om å kutte støtten til Israel.

Amerikanerne ble ikke særlig skremt av oljevåpenet, for de importerte tross alt kun sju prosent av sin olje fra araberstatene. Men i Vest-Europa var situasjonen en helt annen. Nesten 85 prosent av den vesteuropeiske oljen kom fra Midtøsten, og det tok ikke lang tid før Europa begynte å vende Israel ryggen. De arabiske oljeministerne opprettet snart forskjellige kategorier blant de europeiske nasjonene, og de oppgraderte eller reduserte kvotene deres avhengig av om de støttet Israel eller arabernes kamp mot sionistene.

Storbritannia var et av de første landene som bøyde kne. Regjeringen i London nektet å sende reservedeler til stridsvogner til Israel, selv om de to landene allerede hadde undertegnet kontrakten. Britiske jøder fikk heller ikke lov til å sende medisiner til Israel, selv om det fantes sårede israelske soldater som hadde behov for dem. Storbritannias forpliktelser overfor NATO ble også fort glemt da USA ba om tillatelse til at flybroen mellom USA og Israel kunne lande på Kypros, selv om NATOs største fiende, Sovjetunionen, gjennomførte en lignende luftbro til araberstatene.

Det kom heller ikke som noen overraskelse at den franske regjeringen var mer enn villig til å lytte til det de arabiske oljeministerne hadde å si. Det var en større overraskelse da Saudi-Arabia, som i mange år hadde hatt et meget nært forhold til onkel Sam, plutselig nektet å sende mer olje til amerikanerne. Og da den nederlandske regjeringen uttrykte sympati for israelerne, var saudierne raske med å avskjære alle oljeleveranser til det landet også. Og selv om Nederland vendte seg til EF og ba dem om hjelp, var de europeiske utenriksministerne redde for å irritere araberne. De kom sammen i Brussel den 6. november, men istedenfor å tilby Nederland hjelp, valgte de isteden å smiske med araberne. Men selv om EFs utenriksministre utstedte en erklæring der de fastslo at Israel måtte gi fra seg alle territorier som de hadde erobret i 1967, og at Israel måtte ta hensyn til «palestinernes rettigheter», fortsatte araberne med å skjære i eksporten. Selv om Europa valgte å ofre Israel på alteret, kom det aldri noe oljeregn over de europeiske nasjonene.

Europa var dessuten ikke det eneste kontinentet som nå begynte å vende seg mot den jødiske staten. Nesten hele den tredje verden, og til og med Japan, som importerte 90 prosent av sin olje fra Midtøsten, ga araberne sin uforbeholdne støtte. Den jødiske staten hadde i mange år hatt et spesielt forhold til mange afrikanske stater, og de hadde hjulpet de nyopprettede, svarte afrikanske nasjonene på mange forskjellige felt. Men også her begynte araberne å få overtaket.

Libyas president Muammar Gadaffi kjøpte bokstavelig talt Ugandas og Chads diplomatiske brudd med Israel. Betalingen var oljesubsidier. Etiopia hadde i lang tid hatt et nært forhold til Israel, men araberne lovte keiser Haile Selassie at de ville tøyle eritreerne og somalierne hvis keiseren gikk med på å bryte forbindelsene med Israel. Og presidentene i Liberia og Elfenbenskysten fikk klar beskjed om at hvis de hadde livet kjært, måtte de gjøre som araberne sa.

Samtidig som araberne utøvde press på afrikanerne, hadde bildet av Israel endret seg siden 1967. Flere og flere afrikanere begynte å betrakte Israel som en imperialistisk makt på linje med Rhodesia, Sør-Afrika og Portugal, og mange afrikanske nasjoner reagerte da de israelske soldatene begynte å operere på vestbredden av Suezkanalen under Jom kippur-krigen. Vestbredden av Suezkanalen var tross alt en del av Afrika.

De 32 afrikanske nasjonene som tidligere hadde hatt nære forbindelser til Israel, brøt nå all kontakt med den jødiske staten. Selv om Israel vant den militære krigen, led de et knusende diplomatisk nederlag i de månedene som gikk etter at krigen var over.

Terroristene møter motstand

Israel ble kraftig rystet etter at 11 israelske idrettsutøvere ble drept under Sommer-OL i München i 1972 (se forrige kapittel), men Israel var ikke det eneste landet som led under de palestinske terroristene på denne tiden. Den 1. mars 1973 ble den saudiarabiske ambassaden i Khartoum angrepet av åtte terrorister fra Svart september samtidig som det pågikk en diplomatisk mottagelse for en amerikansk diplomat på ambassaden. Terroristene tok seks voksne og fire barn som gisler og krevde at en rekke palestinske, arabiske og tyske fanger skulle løslates fra fengsler i Israel, Jordan, USA og Vest-Tyskland.

Men samtidig som forhandlingene pågikk, tok terroristene med seg den amerikanske ambassadøren Cleo Noel, den amerikanske *charge d'affaires* Curtis Moore og den belgiske *charge d'affaires* Guy Eid ned i ambassadens kjeller, der de ble skutt og drept. Både USA og Israel har senere funnet beviser for at terroristene sto i direkte kontakt med Yasser Arafat under angrepet, og at det var Arafat personlig som ga dem ordre om å henrette de vestlige diplomatene.

I løpet av de neste årene skjedde det også flere alvorlige terrorangrep i Israel. Et av de alvorligste angrepene skjedde i byen Maalot i den nordlige delen av landet, i mai 1974. Terrorister fra PFLP stormet inn i en leilighet der de drepte en familie med et fire år gammelt barn. Deretter stormet terroristene en skole der de skjøt og drepte 22 tenåringsjenter og tre voksne. Måneden i forveien hadde en gruppe fra PFLP-GC skutt og drept ni barn og ni voksne i en boligblokk i byen Kiryat Shmona.

Etter massakren i München bestemte den israelske regjeringen at de ikke lenger kunne sitte stille og se på at terroristene myrdet og massakrerte jøder i stor skala. De fleste terroristene som sto bak massakren i München, bodde i vesteuropeiske land der de var beskyttet av de enkelte lands lover, og Israel hadde ingen forhåpninger om at de ville og kunne arrestere terrorlederne og stille dem for retten for forbrytelsene deres. Den 12. september 1972 talte statsminister Golda Meir til Knesset og sa: «Vi har ikke noe annet valg enn å slå til mot terroristorganisasjonene overalt der vi kan nå dem. Det er vår plikt mot oss selv og for freden. Vi skal gjennomføre den plikten uten frykt.»

Den sivile etterretningstjenesten Mossad fikk i oppdrag å oppspore og drepe lederne for terrororganisasjonen Svarte september. I løpet av de kommende årene drepte Mossad totalt åtte terrorister fra Svarte september pluss fire andre terrorister som hadde vært involert i angrep på israelske mål.

Men mannen som sto øverst på Mossads liste, var Ali Hassan Salameh. Han var sønn av den beryktede Hassan Salameh, som ledet den ene av muftiens to styrker under krigen i 1948. Siden Svarte september ble opprettet, hadde Ali Hassan Salameh vært organisasjonens leder, og han var en av arkitektene bak massakren i München. Han var også sjefen for Force 17, som var PLOs spesialenhet for å beskytte Yasser Arafat.

I begynnelsen av juli 1973 kom Mossads team til Lillehammer[14] etter at de hadde fått et tips om at Salameh holdt til der. Om kvelden den 21. juli fulgte teamet etter Salameh i flere timer før de skjøt og drepte ham. Drapsmannen flyktet raskt fra landet mens resten av gruppen flyttet til sikre hus i Oslo.

Dagen etter oppdaget de israelske agentene at de hadde gjort en stor feil. Den personen de hadde drept, var ikke Salameh, men en marokkansk kelner ved navn Ahmad Bouchiki, som var gift med en norsk, gravid kvinne som hadde vært vitne til mordet. Ikke bare hadde de tatt feil av målet, de hadde også rotet til hele operasjonen. Mange forsiktighetsregler som agentene vanligvis tok i de store europeiske byene, havnet i glemmeboka da de reiste til Lillehammer. Resultatet var at to av agentene ble arrestert da de leverte tilbake leiebilen sin på Fornebu, og seks andre agenter ble arrestert på ulike steder i Oslo.

Men samtidig som Israel for det meste høstet store framskritt i kampen mot de palestinske terrororganisasjonene, var det PLO som høstet den diplomatiske framgangen. Etter Jom kippur-krigen begynte

---

14 Lillehammer er en «liten by i den nordlige delen av Norge», sto det i en av bøkene som jeg leste om dette emnet.

palestinerne å forstå at de ikke hadde særlige forhåpninger om å knuse Israel i et direkte militært angrep. Hvis de noensinne skulle ha lyktes med dette, måtte overraskelsesangrepet i oktober 1973 ha vært det ideelle tidspunktet, men til og med den krigen sluttet med militær seier for israelerne.

Flere palestinske grupper begynte nå å forstå at de ikke kunne vinne en endelig seier over Israel i ett jafs. DFLP var en av de første terrorgruppene som aksepterte tanken på en palestinsk stat på vestbredden og Gazastripen som det første skrittet mot en endelig seier over sionistene. I juni 1974 sammenkalte Arafat den 12. konferansen for Det palestinske nasjonale råd (PNC) i Kairo for å få godkjennelse for den nye politikken, og resultatet av denne konferansen var den planen som senere er blitt kalt for «PLOs faseplan».

Ifølge denne planen skulle PLO nå jobbe for å utslette Israel i tre trinn. Første trinn i planen var å gjennomføre en «bevæpnet kamp», eller terrorisme, inntil det ble opprettet en «uavhengig stridende nasjonal myndighet» i alle territorier som ble «frigjort» fra det israelske styret. Andre trinn var at de skulle fortsette kampen mot Israel med de «frigjorte» territoriene som base. Tredje trinn var å provosere fram en krig i full skala, der de arabiske nabolandene ville tilintetgjøre Israel.

Noen måneder senere, nærmere bestemt i oktober 1974, kom lederne for 20 araberstater sammen i Rabat i Marokko for et toppmøte der PLO krevde å bli anerkjent som den eneste legitime representanten for palestinerne. Arafat krevde dessuten at toppmøtet måtte utstede en erklæring om at alle territorier som blir «frigjort» av araberstatene, må overleveres til PLO som representant for palestinerne. Jordan protesterte mot disse planene, og toppmøtet kom fram til et kompromiss der araberstatene for første gang formelt anerkjente at palestinerne hadde rett til et eget hjemland, men uten å spesifisere at det hjemlandet skulle være begrenset til vestbredden av Jordanelven. Det viktigste resultatet av møtet var dog at PLO ble anerkjent som «den eneste legitime representanten for det palestinske folk».

Toppmøtet kunne ikke ha vært mer urovekkende for israelerne. Bare noen måneder i forveien hadde PLO besluttet at alle territorier som de fikk kontroll over, skulle brukes til kampen for å utslette Israel. Og nå hadde araberstatene avgitt løfte om at alle territorier som Israel ville trekke seg ut av, skulle tilfalle nettopp den organisasjonen som ville jobbe for å tilintetgjøre Israel.

Men Arafat feiret og erklærte at «dette toppmøtet har vært som en bryllupsfest for palestinerne». Og det stoppet ikke der. Bare noen uker etter konferansen ble erketerroristen Yasser Arafat invitert til å tale i

Generalforsamlingen. Arafat var faktisk den første personen som ikke representerte noen offisiell regjering, men som allikevel fikk en invitasjon til å tale til Generalforsamlingen, og han var den første terrorsjefen som fikk tale til FN. Opprinnelig ville Arafat ta med seg en pistol opp på talerstolen, men rådgiverne hans klarte å overtale ham til å legge igjen pistolen utenfor salen, og derfor kom han opp på talerstolen med et tomt pistolhylster i beltet.

Generalforsamlingen ga Arafat stående ovasjoner, og året etter fikk PLO, som første terrororganisasjon, status som observatør i FN. Samtidig vedtok Generalforsamlingen resolusjon 3379, som fastslo at «sionisme er en form for rasisme og diskriminering av rasene». Denne beryktede resolusjonen ble stående i 16 år inntil den ble opphevet i 1991.

Samtidig begynte PLO å true stabiliteten i Libanon. Da PLO opprettet sine baser i Libanon, undertegnet de flere avtaler med den libanesiske generalstaben der de blant annet lovte at de ikke skulle skyte mot Israel fra libanesisk territorium. Men selv om PLO og den libanesiske regjeringen undertegnet 100 avtaler i løpet av den tiden de var stasjonert i landet, brøt de hver eneste avtale.

De libanesiske kristne var redde for de palestinske terroristene, og de forsøkte å overtale den libanesiske regjeringen til å kansellere de avtalene som ga PLO adgang til Libanon som en terrorbase mot Israel. Men PLO hadde nå vokst til å bli en militær elefant i det libanesiske landskapet. I 1975 hadde Arafat mer enn 15 000 soldater under sin kommando pluss mange andre i paramilitære grupperinger. De oljeproduserende nasjonene sendte Arafat store pengesummer, og for disse pengene kunne Arafat betale bedre lønn til soldatene enn noen annen terrorgruppe hadde mulighet til. Samtidig kunne PLO også kjøpe stridsvogner og luftvernskyts. Enda en gang holdt PLO på med å opprette en stat i staten, men denne gangen var det Libanon som var truet av den palestinske terrororganisasjonen.

Det varte ikke lenge før gnisningene mellom PLO og de kristne libaneserne utviklet seg til en borgerkrig, som skulle vare i hele 15 år. Det året som borgerkrigen begynte, var det 70 separate armeer i Libanon, og mange av dem var dannet av palestinske terrororganisasjoner. En av de verste slagene i borgerkrigen var massakren i den kristne byen Damour, der over 500 sivile kristne enten ble drept i kampene eller massakrert av PLO etter at kampene var over.[15] Terroristene stengte kvinner og barn inne i kirken før de tente på, og etterpå brukte de

---

15 Tallene spriker veldig angående hvor mange som ble massakrert i Damour, men det virker som om de mest pålitelige tallene ligger på mellom 500 og 600.

kirkeruinene som verksted for kjøretøyene sine. Sivile måtte stille seg opp i rad og rekke inntil en vegg før de ble meiet ned av maskingeværer, kvinner ble voldtatt, babyer ble skutt på kloss hold og mange lik ble revet i filler. De som overlevde massakren, flyktet i små båter ut på Middelhavet.

I 1976 hadde situasjonen forverret seg i den grad at de kristne ba Syria om hjelp. Resultatet ble et slag mellom PLO og den syriske hæren i flyktningleiren Zaater, der 6000 PLO-medlemmer falt i kampene med de syriske styrkene.

PLO hadde gradvis oppnådd i Libanon det som kong Hussein hadde fratatt dem i Jordan, nemlig en stat i staten. I den sørlige delen av landet bodde det omtrent 60 000 muslimer og 40 000 kristne, og under ledelse av den kristne libanesiske majoren Saad Haddad dannet de kristne i Sør-Libanon en enklave i samarbeid med Israel samtidig som de forble en del av Libanon. De var bare glade til da Israel i 1978 angrep PLO og skjøv dem tilbake til Litanielven. Men borgerkrigen var dessverre ikke over med dette. Den hadde bare såvidt begynt.

Miraklet ved Victoriasjøen

Israels største utfordring, og landets største seier, i kampen mot terroristene lå like rundt hjørnet. Klokka 12.00 søndag den 27. juni 1976 tok Air France flight AF139 av fra flyplassen i Athen med 246 passasjerer om bord. Det franske Airbus A300-flyet hadde en besetning på 12, og tidligere samme morgen hadde flyet kommet fra Tel Aviv.

Kort tid etter at flyet tok av fra Athen, stormet fire av passasjerene fram mot førsteklassekabinen mens de skrek. Det varte ikke lenge før flyet var blitt kapret av en tysk mann, en tysk kvinne og to palestinske menn. Den tyske anarkisten Wilfred Böse var lederen for terroristene. Den 52 år gamle kapteinen Michel Bacos fikk ordre om å fly til Libya, og alle passasjerene fikk ordre om å overlevere passene sine til flykaprerne.

Nitti minutter etter at flyet hadde tatt av fra Athen, gikk dørene i konferanserommet til statsministerens kontor opp og statsministerens militære sekretær, brigader Poren, kom inn og ga Yitzhak Rabin en papirlapp. «Air France flight 139, som forlot Israel i dag morges og landet i Athen på vei til Paris, forsvant etter avgang klokka 12.30. All kontakt med flyet gikk tapt, og alt man vet er at flyet snudde sørøstover,» sto det på den lappen statsministeren fikk under møtet.

Etter et kort stopp i Benghazi i Libya, fortsatte flyet til Entebbe i Uganda, der de fire terroristene fikk hjelp av tre andre palestinske terrorister og de militære styrkene til Ugandas beryktede diktator Idi Amin.

I løpet av den følgende uka foregikk det febrilsk diplomatisk aktivitet for å forsøke å frigi gislene i flyet. Den israelske regjeringen tok umiddelbart kontakt med den franske regjeringen og forklarte at de betraktet dette som Frankrikes ansvar, siden de israelske passasjerene hadde vært om bord i et fransk fly. Og oberstløytnant Baruch Bar-Lev, som hadde bodd fem år i Uganda og trenet landets armé på den tiden som Uganda mottok hjelp fra Israel, ringte til Amin for å forsøke å overtale ham til å løslate alle fangene.

Terroristene på sin side krevde at 40 palestinere skulle løslates fra israelske fengsler, og 13 andre palestinere skulle løslates fra forskjellige fengsler i Kenya, Frankrike, Sveits og Vest-Tyskland, og hvis ikke disse kravene ble møtt, truet de med å begynne å drepe gislene. Siste frist ble satt til 1. juli, men i forhandlinger med kaprerne klarte Israel å utsette fristen til 4. juli.

Samtidig forverret situasjonen for de israelske gislene seg. På den tredje dagen ble alle israelske og andre jødiske gisler skilt fra de andre gislene, og dagen etter ble de andre gislene satt fri. Om kvelden den 3. juli tok fire israelske Hercules-fly av for den lange flyturen til Uganda. Ombord i flyene var det cirka 100 kommandosoldater under ledelse av brigader Dan Shomron og oberstløytnant Yonatan Netanyahu. Etter Hercules-flyene kom det to Boeing 707-fly. Ombord på det ene flyet var general Yekutiel Adam, og det flyet sirklet over Entebbe under raidet. Det andre flyet var et flyvende feltsykehus som landet i Nairobi i Kenya.

Så snart kommandosoldatene landet i Entebbe, gikk de til angrep på terminalbygningen, der gislene ble holdt. Angrepet gikk over all forventning. På 53 minutter drepte de alle kaprerne og fikk alle gislene om bord i Hercules-flyene. Tre gisler og en soldat, Yonatan Netanyahu, ble drept i kampene, men de andre gislene ble reddet.

Politisk jordskjelv i Israel

Men selv om den israelske regjeringen vant kampen mot terroristene i Entebbe, var deres dager talte. Tirsdag 17. mai 1977 gikk israelerne til valgurnene og skapte noe som senere er blitt kalt et politisk jordskjelv. Israel skulle aldri mer bli det samme etter denne valgdagen.

I mange år var Herut og Menachem Begin uglesett av de andre politiske partiene, og et samarbeid med Begins parti var utelukket. Men midt på 1960-tallet klarte Herut til slutt å skrive under på en samarbeidsavtale med Det liberale partiet, og i 1973 slo tre andre grupper[16] seg sammen med blokken, som fra nå av ville gå under navnet Likud.

Samtidig som høyresiden i det israelske politiske landskapet forente seg, skjedde det motsatte på venstresiden. Den rivaliseringen mellom Yizthak Rabin og Shimon Peres som begynte i 1974, skulle bare vokse seg sterkere og sterkere i de neste årene, og i 1977 tok Peres over som leder for Alliansen. Kort tid etter at Peres tok over sjefsrollen, skulle han få den tvilsomme æren av å være den første partilederen som ledet Arbeiderpartiet til et valgtap.

Allikevel var det mange som levde i troen på at Begin egentlig ikke hadde noen sjanse til å vinne valget. Mange lurte på om den 63 år gamle Begin var fysisk sterk nok til å lede landet. To måneder før valget fikk han et hjerteinfarkt, og tilstanden hans forverret seg da han også fikk lungebetennelse. Han var ikke lenger den unge flammen som en gang hadde vært Etzels leder, men i løpet av to uker var han på beina igjen og holdt politiske taler.

Da valglokalene stengte klokka 23.00, tok det ikke mange minutter før den israelske TV-kanalen offentliggjorde valgdagsmålingen som viste at Likud hadde gått av med seieren. Da de endelige resultatene forelå, skulle det vise seg at Likud vant 43 mandater mens Alliansen fikk 32. Og i tillegg til at Likud ble det største partiet i Knesset, tok de også over styringen i alle de største byene i landet, både i Jerusalem, Tel Aviv, Ramat Gan, Beer Sheva, Bat Yam og til og med i det «røde» Haifa.

Valgresultatet var nesten som en revolusjon i det politiske landskapet i landet. Helt siden den 17. sionistkongressen i 1931 hadde sosialistene hatt kontrollen over det jødiske samfunnet i Palestina og Israel, og sosialistene var rystet. Golda Meir kalte resultatet for «en katastrofe».

Bare noen timer etter at valglokalene stengte, talte Begin til folket på fjernsynet og inviterte alle andre sionistiske partier til å slutte seg til en nasjonal samlingsregjering. Dessuten bekjentgjorde han også at han var rede til å treffe Egypts og Syrias president og Jordans konge for å forhandle om fred, men sannsynligvis var det ikke mange som hadde noen tro på at hauken Begin faktisk ville være i stand til å undertegne noen slik fredsavtale.

Men med Begin ved roret begynte de diplomatiske hjulene å rulle for alvor. Kort tid etter valget fikk Begin en invitasjon til å komme og besøke kommuniststaten Romania, selv om Begin ikke var noen sosialist.

---

16 De tre andre partiene var Landet Israels bevegelse, Statslisten og Det frie sentrum.

Noen måneder senere besøkte han Storbritannia, og den mannen som hadde kjempet mot den britiske okkupasjonen av Palestina før 1948, ble nå æresgjest ved en bankett i London.

Det å skulle styre over Israel ville imidlertid ikke bli noen enkel oppgave for Begin. Etter 29 år ved makten hadde Arbeiderpartiet klart å sette sine folk i nesten alle de viktige posisjonene i landet. Mange av de øverste offiserene i hæren støttet sosialistene, og fagforeningen Histadrut var selvfølgelig en naturlig del av Arbeiderpartiets maktapparat. Likud, derimot, sanket flest stemmer blant Israels fattige, og mange av disse var immigranter fra araberstatene i Midtøsten og Nord-Afrika. Og selv om alle de fattige israelerne hadde flere stemmer enn de rike, hadde de ikke like mye reell makt og innflytelse som de rike europeiske jødene, som i stor grad støttet Arbeiderpartiet.

Egypt velger fredens vei

Selv om Begin av mange ble betraktet som en hauk og en krigshisser, skulle det snart vise seg at det nettopp var han som fikk æren av å bli den første israelske statsministeren som undertegnet en fredsavtale med et av de arabiske nabolandene.

Bare en måned etter at Begin kom til makten, besøkte han Washington og den nye amerikanske presidenten, Jimmy Carter. Begin hadde ikke lyst til å besøke Washington uten at han visste at han hadde israelernes støtte når det gjaldt det han ville ta opp med presidenten, og før avreise ba han Knesset om å stemme over to forslag. Det ene var at Israel nektet å forhandle med PLO, og det andre var at Israel forkastet tanken på et palestinsk hjemland. Hele 92 av de 120 representantene i Knesset stemte for forslagene, og de eneste som stemte imot var de fire representantene for kommunistene.

Begin hadde all grunn til å bekymre seg for hvordan mottakelsen i Washington ville bli. Da Rabin hadde besøkt byen som Israels statsminister bare tre måneder i forveien, hadde den nybakte presidenten tråkket på den israelske statsministerens tillit ved å gå åpent ut på en pressekonferanse med hemmeligheter som han tidligere hadde lovt skulle holdes «innen familien». Carter hadde dessuten sagt offentlig at han var en tilhenger av en israelsk tilbaketrekning til grensene fra 1967 og en løsning på det palestinske problemet.

På turen over dammen hadde Begin tatt med seg to kart i bagasjen. Det ene kartet forestilte et lite Israel omringet av 20 araberstater, og det andre kartet viste hvordan Israels grenser var før 1967. Begin forklarte for presidenten at hvis det ble opprettet en palestinsk stat i Judea og

Samaria, ville terrorister kunne slå til mot den sivile befolkningen i Jerusalem, Tel Aviv og Haifa. «Rundt Netanya, nesten midt i landet, ville vi bare være 15 kilometer fra kysten, og ved et angrep fra en kolonne av stridsvogner, kunne landet bli delt i to på ti eller 15 minutter,» sa Begin på pressekonferansen i Det hvite hus den 20. juli.

Carter, derimot, ville sette USA på en helt ny kurs i forholdet til Israel. I begynnelsen av oktober 1977 ble USA faktisk enige med Sovjetunionen om en politikk som erklærte at de anerkjente «det palestinske folkets legitime rettigheter», og som første amerikanske president siden 1948 uttalte Carter at han støttet opprettelsen av et hjemland for de palestinske araberne. Men da både den israelske regjeringen og de amerikanske jødene reagerte negativt på Carters nye politikk, ble presidenten nødt til å trekke seg litt tilbake.

I august 1977 reiste Begin på det offisielle statsbesøket til Romania, som tidligere nevnt. Da han ankom flyplassen i Bucuresti, ble han hilst velkommen i en seremoni der den rumenske statsministeren, Manea Manescu, hudflettet Israel. Begin ble så rasende at han vurderte å reise fra landet før han hadde hatt tid til å pakke ut kofferten.

Men dagen etter, da Begin fikk en mulighet til å treffe president Ceausescu, skinte sola igjen, og Ceausescu inviterte Begin med på båttur på en innsjø. Det var der på den rumenske innsjøen det diplomatiske grunnlaget for den israelsk-egyptiske fredsavtalen ble lagt. De to lederne samtalte i det vide og brede, og på slutten av dagen samtalte de om muligheten for at Begin og Sadat kunne møtes og undertegne en fredsavtale. Romania hadde også et godt forhold til Egypt, og den rumenske presidenten ble snart den viktigste mellommannen som jobbet for å ordne et møte mellom de to lederne. I slutten av oktober besøkte Sadat Romania, og Ceausescu hadde gleden av å overbringe budskapet om at Begin var rede til å undertegne en fredsavtale med Sfinxens hjemland.

Marokko spilte også en viktig rolle i denne perioden. Det marokkanske kongehuset hadde i lang tid hatt et godt forhold til jødene, og året i forveien hadde kong Hassan invitert statsminister Rabin på et hemmelig besøk i kongens palass. Nå gjorde Hassan det han kunne for å legge forholdene til rette for fredsforhandlinger mellom de to landene.

Den 9. november 1977 ble hele araberverdenen sjokkert da Sadat slapp ei politisk bombe i en TV-sendt tale. «Jeg er villig til å gå til jordens ender hvis det vil bidra til å forhindre at en eneste av sønnene mine blir drept eller til og med såret i kamper,» sa Sadat og fortsatte: «Det jeg sier er at jeg er klar til å gå til jordens ender, og Israel vil bli overrasket over å høre meg si: Jeg er rede til å dra til hjemmet deres, til selve Knesset, og diskutere med dem.»

Mange av dem som hørte Sadats tale, inkludert Arafat, applauderte presidenten ettersom de trodde dette bare var retorikk. Arabere kan kunsten å bruke store ord, og ingen av lytterne trodde at Sadat faktisk mente det han sa bokstavelig.

Nyheten om Sadats tale ble mottatt med skepsis i Israel. Den israelske etterretningstjenesten satt med informasjon som tydet på at Sadat forberedte seg på en krig med Israel i februar eller mars 1978, og de ville absolutt ikke bli tatt på senga av en ny krig med den egyptiske presidenten. Men på tross av den israelske skepsisen, spilte Menachem Begin snart inn en tale som ble sendt på TV til hele det egyptiske folket. Begin inviterte egypterne til å stifte fred med Israel, og Knesset utstedte en formell invitasjon til Sadat om å komme til Jerusalem.

Nå begynte hjulene å rulle for alvor. Den 19. november, bare ti dager etter Sadats berømte TV-sendte tale, skrev Sadat historie da han ble den første arabiske leder som kom til Israel på et offisielt statsbesøk, der han blant annet holdt en tale i Knesset, men mange araberstater reagerte voldsomt negativt på det egyptiske fredsinitiativet. Avisene i Bagdad kalte besøket for en «nasjonal holocaust», og Syria erklærte dagen for en nasjonal sørgedag. Flere tusen demonstranter samlet seg på gatene i araberlandene og ropte: «Sadat er en forræder!»

Men Sadat og Begin lot seg ikke stoppe av de negative reaksjonene. Snart inviterte de USA til å ta over rollen som megler, og fra den 5. til den 17. september 1977 var de tre partene samlet på den amerikanske presidentens landsted, Camp David, i staten Maryland nord for Washington. Resultatet av forhandlingene ble at det i 1978 ble undertegnet to Camp David-avtaler.

Den første avtalen, «En rammeavtale for fred i Midtøsten», besto av tre deler. Den første var en ramme for forhandlinger for å opprette en selvstyrt myndighet på vestbredden og på Gazastripen og å fullbyrde Sikkerhetsrådets resolusjon 242. Den andre andre delen handlet om forholdet mellom Israel og Egypt, og den tredje delen fastslo en rekke prinsipper som skulle styre forholdet mellom Israel og alle de arabiske nabolandene. Den andre avtalen som ble undertegnet på Camp David, ble kalt for «En rammeavtale for å slutte en fredsavtale mellom Egypt og Israel», og det var denne avtalen som ble grunnlaget for de fredsforhandlingene som partene senere skulle fullføre.

Et halvt år senere, i mars 1979, undertegnet Egypt og Israel til slutt en endelig fredsavtale. Israel gikk med på å trekke alle sivile og militære styrker ut fra Sinaihalvøya og gi hele området tilbake til Egypt til gjengjeld mot at de to landene kunne opprette normale diplomatiske forbindelser og at israelske skip skulle få seile gjennom Tiranstredet og Suezkanalen. Samtidig spesifiserte avtalen en begrensning på hvilke militære styrker Egypt kunne utplassere i Sinai. Ifølge avtalen forpliktet dessuten USA seg til å støtte begge land med mange millioner dollar i årlige subsidier.

Kapittel 11: 1980-1987
Trøbbel på nordfronten

Den 7. juni 1981 var en varm dag i den solsikre byen Eilat ved Rødehavet. Det var dessuten midt i en lang helg, siden sabbaten hadde vært dagen i forveien og den jødiske pinsehøytiden skulle begynne samme kveld. Slike lange helger pleide de israelske soldatene å få noen dager fri til å besøke familien eller slappe av på andre måter.

Men på tross av at den populære badebyen bare lå en og en halv mil unna, fikk ingen soldater ved flyplassen Etzion permisjon til å dra på stranden denne søndagen. Den høyeste offiseren i det israelske forsvaret, forsvarssjef og generalløytnant Rafael Eitan, var på besøk på flyplassen i Sinaiørkenen. Bare en måned i forveien ble generalløytnantens sønn, Yoram, drept i en ulykke på nettopp denne basen, og følelsene vellet opp i Eitan da han sto og betraktet rommet der sønnen hans hadde bodd noen uker tidligere. Men den egentlige grunnen til at Eitan besøkte Etzion, var ikke for å minnes sønnens død, men for å tale til 14 spesielt utvalgte piloter.

I en alder av 26 år var Ilan Ramon den yngste av de 14 pilotene. Han ble født i Ramat Gan den 20. juni 1954 av en mor som hadde overlevd Auschwitz, og nå var han selv utvalgt til å delta i en operasjon som hadde som formål å forhindre at millioner av jøder ville bli drept i et nytt holocaust, med irakiske kjernefysiske våpen. Ramon skulle fly et tungt bevæpnet F-16 fra Etzion til Iraks hovedstad, Bagdad. Der skulle han slippe to bomber før han satte kursen hjemover igjen. Ramon hadde følge av sju andre piloter, som fikk det samme oppdraget. Rent teoretisk sett kunne ett fly ha klart å bombe reaktoren sønder og sammen, men dette oppdraget var altfor viktig til at det israelske flyvåpenet ville satse alt på ett kort. De åtte F-16-flyene fikk også følge av seks F-15, som hadde i oppgave å beskytte de mindre F-16-flyene hvis de skulle bli angrepet av fiendtlige fly.

Forberedelsene til «Operasjon opera», som operasjonen ble kalt, hadde pågått i flere måneder. Målet var å bombe den irakiske atomreaktoren Tammuz-17, der Saddam Hussein hadde planer på å produsere atomvåpen.

De irakiske atomvåpenplanene skapte selvfølgelig angst i den jødiske staten. Det var bare 36 år siden seks millioner jøder var blitt utryddet, og nå hadde Iraks grusomme diktator påbegynt forberedelser som ville bety at han ville få makt til å utsette de tre millioner israelske jødene for samme skjebne. Israels statsminister, Menachem Begin, hadde Holocaust friskt i minne, og han forsøkte å sette en stopper for Iraks prosjekt ved hjelp av de diplomatiske kontaktene han hadde med USA og Europa. Men samtidig bestemte Begin seg for at hvis diplomatiet slo feil, ville han bli nødt til å bruke militære midler for å ødelegge reaktoren.

Allerede i 1977 begynte Israel det diplomatiske arbeidet med å sette en stopper for den babylonske bomben, men de hadde ikke sett noe særlig frukt av møyen. Italia og Frankrike var de to viktigste leverandørene av den teknologien som Saddam trengte, men begge land hadde gode unnskyldninger for ikke å hjelpe Israel. Frankrike, som hjalp Irak å bygge reaktoren, hevdet at Irak aldri ville kunne produsere atomvåpen uten en kjemisk fabrikk, og at det var Italia som bygde den kjemiske fabrikken. Italienerne hevdet at deres kjemiske fabrikk var nytteløs uten den franske Tammuz-17-reaktoren, og at det derfor var Frankrike som hadde ansvaret. Men samtidig som italienere og franskmenn skyldte på hverandre, vokste frykten for et kjernefysisk holocaust i Israel.

Forberedelsene for den militære operasjonen var topphemmelige. Det var bare statsministeren, forsvarssjefen og de offiserene som var direkte involvert i planleggingen, som visste hva som pågikk. Begin våget ikke engang å fortelle kona si hva som pågikk.

De israelske offiserene bestemte seg for å angripe reaktoren ved solnedgang, da eventuelle forsvarere ville bli blendet av solnedgangen rett bak de israelske flyene, som ville komme fra vest. Og ettersom Israel var redde for hvilke følger angrepet kunne få hvis et stort antall europeere ble drept, valgte de å angripe på søndag, da man antok at de mellom 100 og 150 italienerne og franskmennene ikke var på jobb.

Israels etterretning fikk fram informasjon som antydet at irakerne ville starte reaktoren en gang mellom juli og september 1981. Hvis Israel ventet med å angripe reaktoren til den var i gang, ville det bety at store mengder radioaktivt materiale ville bli spredd over Bagdad, og det kunne bety at flere hundre tusen uskyldige mennesker kunne bli drept. Begin tok dermed en beslutning om at siste frist for å bombe Tammuz-17 var i juni 1981.

«Operasjon opera» var en fullkommen suksess sett med israelske øyne. De 14 kampflyene fløy i lav høyde over den saudiarabiske og irakiske ørkenen helt til de var framme ved selve reaktoren, og da de skjøt i været over Bagdad, oppdaget de at reaktoren var akkurat der den skulle være. Alle de 16 bombene traff målet selv om to av dem angivelig ikke eksploderte, og snart var flyene på vei hjemover igjen. Irak ble fullstendig tatt på senga av angrepet. De var så overrasket at de ikke engang var sikre på hvem det var som hadde bombet reaktoren deres. Siden Irak på denne tiden var i krig med Iran, hadde det irakiske forsvaret først og fremst rettet oppmerksomheten østover, men det var ingenting som tydet på at det var Iran som hadde angrepet dem. Irakerne var i villrede helt til Israel selv påtok seg ansvaret et par dager senere.

Som forventet ble det israelske angrepet kritisert og fordømt av verdenssamfunnet. USA stemte for en resolusjon i Sikkerhetsrådet som fordømte Israel og ba om at Irak måtte få «en passende kompensasjon for den ødeleggelsen de var blitt utsatt for»

Begin belønnes med fredspris

Den diplomatiske stormen etter angrepet på Tammuz-17 var bare ett av mange kontroversielle spørsmål som rystet Israel gang på gang på begynnelsen av 1980-tallet. Da Menachem Begin kom til makten i 1977, betraktet mange ham som en krigshisser og en høyreekstremist, men da den israelsk-egyptiske fredsprosessen begynte, ble mange nødt til å revurdere sin oppfatning av den israelske statsministeren. I april 1977 var det ingen som trodde at Begin noensinne kunne vinne Nobels fredspris, men høsten 1978 var dette et faktum. Den 10. desember 1978 ble Nobels fredspris tildelt Menachem Begin og Anwar Sadat for den jobben de hadde gjort for å bringe fred til Midtøsten.[17]

Men samtidig som fredsforhandlingene pågikk, hadde Begin store problemer innad i regjeringen, og en av grunnene til de interne stridighetene var spørsmålet om hva Israel skulle gjøre med palestinerne.

Mot slutten av desember 1977 offentliggjorde Begin sin plan om selvstyre for palestinerne. Forslaget gikk ut på at de palestinske araberne skulle få administrativt selvstyre ved valg til et råd bestående av 11 representanter med sete i Betlehem. Israel skulle sette en sluttstrek for det militære styret i de administrerte områdene, men de ville fortsatt ha ansvaret for sikkerhet, ro og orden. Palestinerne skulle på sin side ha ansvaret for slike områder som helse, utdannelse, juridikk og turisme. Siden Begin ikke betraktet palestinerne som en separat nasjon, foreslo han at de kunne få velge mellom israelsk eller jordansk statsborgerskap, og de som valgte israelsk statsborgerskap, ville få rett til å slå seg ned

---

17 Da fredsprisen skulle deles ut, hadde fredsforhandlingene støtt på flere skjær, og Sadat nektet å reise til Oslo for å motta prisen. Isteden sendte han Sayed Marei, som var en av Sadats nærmeste rådgivere.

hvor som helst i den jødiske staten. Samtidig oppmuntret Begin jøder til å slå seg ned i Judea og Samaria.

Moshe Dayan, som ideologisk sett hørte hjemme på venstresiden, var ikke enig i innholdet i Begins plan for selvstyre for palestinerne, og han trakk seg som utenriksminister den 21. oktober 1979. Ezer Weizman, som en gang hadde vært en av de tøffeste haukene i Israel, hadde myknet opp i forholdet til araberne, men han var blitt røffere i forholdet til sin egen statsminister. Weizman kranglet hele tiden med Begin og ropte mot ham på regjeringsmøtene, og til slutt trakk han seg fra regjeringen.

Yitzhak Shamir, som en gang hadde vært en av de tre lederne for undergrunnsorganisasjonen Lehi, og som i det siste hadde vært talsmann i Knesset, tok over posten som utenriksminister, mens Begin selv påtok seg forsvarsministerens daglige oppgaver. Begin beholdt posten som forsvarsminister helt til etter valget i 1981, da Ariel Sharon ble utnevnt til forsvarsminister.

Knesset var heller ikke noe fristed for Begin. Likudpartiet ble konstant angrepet av opposisjonen på grunn av regjeringens aktive støtte til bosettingene i Judea og Samaria, og Arbeiderpartiet var ikke særlig fornøyde med Begins ståsted når det gjaldt Jerusalems, Golanhøydenes, Judeas, Samarias og Gazastripens framtid.

Jerusalem på vektskålen

Den israelske regjeringen tok faktisk konkrete skritt i form av to nye lover som skulle sikre at to av de administrerte områdene ville forbli israelske i overskuelig framtid. Den første loven var opprinnelig et forslag fra Knesset-representanten Geula Cohen og handlet om Jerusalem. I den opprinnelige teksten sto det at «det større Jerusalems integritet og enhet i sine grenser etter Seksdagerskrigen, skal ikke brytes».

Da forslaget ble behandlet i Knesset, ble flere av Cohens formuleringer forandret, og den endelige versjonen av loven spesifiserte ikke hvilke grenser byen hadde, og den brukte ikke ordene «annektering» eller «suverenitet». Da loven ble vedtatt den 30. juli 1980, slo den fast at hele Jerusalem er Israels hovedstad og sete for presidenten, Knesset, regjeringen og høyesterett. Den spesifiserte også at de religiøse hellige stedene skulle være beskyttet.

Den nye loven, som populært er blitt kalt for Jerusalem-loven, endret i bunn og grunn ingenting i byens status på den tiden, men likevel vekket den voldsomme protester fra verdenssamfunnet. FNs sikkerhetsråd vedtok som sedvanlig en resolusjon der de fordømte Israel for det de hadde gjort, og USA avsto fra å stemme. Sikkerhetsrådets resolusjon forsøkte også å straffe Israel ved å oppfordre alle medlemsland til å flytte ambassadene sine ut av byen, og det tok ikke lang tid før den ene ambassadøren etter den andre pakket sakene sine og flyttet til Tel Aviv.

Den andre loven som ble vedtatt på denne tiden, var loven om Golanhøydene, som ble vedtatt av Knesset den 14. desember 1981 med et flertall på 63 mot 21. Åtte representanter fra Arbeiderpartiet brøt faktisk med flertallet i sitt eget parti og stemte for regjeringens forslag. Denne loven spesifiserte at «statens lov, jurisdiksjon og administrasjon skal gjelde på Golanhøydene», og loven innebar at Golanhøydene ikke lenger var under militært men sivilt styre på samme måte som resten av Israel. Det var dog bemerkelsesverdig at denne loven heller ikke nevnte ordene suverenitet eller annektering. Atter en gang ble loven forkastet av FN, og Sikkerhetsrådet erklærte at den israelske loven er «tom og ugyldig og uten internasjonal juridisk virkning».

Den 30. juni det året var det dessuten valg for det tiende Knesset i Israel, og selve valget var antakelig en av grunnene til at Begin valgte å gå til angrep på den irakiske reaktoren bare tre uker i forveien. Shimon Peres, som den gangen var leder for opposisjonen, var en urokkelig motstander av å angripe Irak, og Begin våget ikke å ta sjansen på at Peres kunne ta over statsministervervet mens Saddams reaktor var i full gang. Men siden angrepet fant sted midt i valgkampen, mente Peres at hele operasjonen var satt i scene som et billig valgtriks for å lure velgerne til å stemme på Likud. Begin ble svært såret av denne kritikken, og han svarte at han aldri ville ha satt en eneste israelsk soldats liv i fare for å vinne et valg.

I forkant av valget hadde mange av Likuds tidligere medlemmer gått ut av partiet og startet sine egne mindre partier, men atter en gang lyktes Begin med å samle mange kjernegrupper om partiets politikk. Resultatet av valget ble at Likud fikk 48 mandater mens Arbeiderpartiet gjorde et brakvalg sammenlignet med 1977 og fikk 47 mandater. Begin kunne nå danne en ny regjering sammen med tre religiøse partier.

Det var i denne regjeringen at general Ariel Sharon ble utnevnt til forsvarsminister. Sharons tjeneste i den israelske hæren hadde vært mildt sagt kontroversiell. Han var blitt anklaget for en manglende vilje til å underordne seg høyere offiserer, uvørenhet, manipulasjon og ulydighet, og han fikk kallenavnet «Bulldoseren». På tross av at Dayan hadde gitt klare ordre om at han ikke skulle gå inn i Mitlapasset under Sinaikrigen i 1956, hadde han sendt en del av mannskapet inn der, og resultatet var at en fjerdedel av alle falne israelere hadde falt i nettopp denne episoden. Og da den israelske regjeringen forsøkte med alle diplomatiske midler å unngå krig i 1967, skal han ha sagt til Rabin at hæren kunne starte krigen uten å vente på grønt lys fra regjeringen. Og da han var sjef for den 143. divisjonen under Jom kippur-krigen, brøt han mot ordrene sine i en slik grad at det ble diskutert om de skulle få ham fjernet.

Zeev Jabotinsky var det ideologiske forbildet for de fleste av Likuds medlemmer, men Sharons ideologiske forbilde var David Ben-Gurion. Selv om Sharon var en tilhenger av å holde fast på Judea og Samaria, var det ikke på grunn av teologiske eller nasjonalistiske motiver. Sharon støttet bosettingene ganske enkelt fordi de ville styrke Israels evne til å avskrekke og slå tilbake fremmede hærer som ville angripe landet. I Sharons øyne var bosettingene en buffer som ville garantere sikkerheten for brorparten av de israelske innbyggerne ved kysten.

Allerede i 1977 var Sharon blitt utnevnt til leder for regjeringens komité for å utvikle bosettingene, og i september det året offentliggjorde han planer på å utvide bosettingene og skape en lang rekke av bosettinger fra Golanhøydene i nord til Sinaihalvøya i sør. Men på tross av Sharons forkjærlighet for bosettingene, skulle det vise seg at en av hans første oppgaver som forsvarsminister faktisk skulle bli å rive ned flere bosettinger.

Ut av Sinai igjen

Ifølge fredsavtalen mellom Israel og Egypt skulle Israel trekke alle sivile og militære styrker ut av Sinaihalvøya i flere etapper mellom 1980 og 1982. Siden 1967 hadde Israel investert en god del penger i disse områdene, og det var åpenbart at Israel ikke bare tok en militær risiko, men at de også ville lide økonomiske tap ved å trekke seg ut av den enorme halvøya.

Tilbaketrekningen omfattet 60 000 kvadratkilometer, noe som betydde at de landområdene som Israel kontrollerte, faktisk ble redusert med nesten 70 prosent. På denne halvøya hadde Israel mange militære installasjoner inkludert to teknisk avanserte militære flyplasser. Men noe som var enda viktigere for Israel, var at det fantes olje på Sinaihalvøya.

Siden araberne kontrollerte mesteparten av verdens olje på denne tiden, hadde israelerne alltid vært redde for at stridsvognene og flyene deres en dag ville gå tom for drivstoff. Men siden 1967 hadde de ikke hatt noen grunn til å ligge våkne om natten av den grunn. På Sinaihalvøya fantes det oljekilder der Israel kunne pumpe opp en fjerdedel av all den oljen landet trengte til sitt daglige behov, og det var mer enn nok av olje til å holde det israelske forsvaret i sving. Fredsavtalen og tilbaketrekningen fra Sinaihalvøya betydde imidlertid at

Israel ville miste de eneste oljekildene de hadde, og til gjengjeld ville de bare få et løfte om å få kjøpe egyptisk olje.

Det var imidlertid evakueringen av de sivile israelerne som skapte de største gnisningene innad i det israelske samfunnet. På denne tiden bodde det omtrent 7000 israelere på Sinaihalvøya, og 3000 av dem bodde i den splitter nye byen Yamit ved kysten av Middelhavet. Det var Arbeiderpartiet som i sin tid hadde bygget disse bosettingene, og motivet var sikkerhet for Israels folk. Det var Moshe Dayan selv som hadde lagt grunnlaget for Yamit på begynnelsen av 1970-tallet. Dayan så for seg at Yamit en gang i framtiden kunne bli en livlig havneby der opptil flere hundre tusen israelere kunne bosette seg.

Men fredsavtalen med Egypt innebar at perioden med israelske bosettinger på Sinaihalvøya var over. De jødiske bosetterne var naturlig nok ikke særlig glade for å bli kastet ut av hjemmene sine, og noen av dem nektet å flytte. I tillegg fikk de forsterkninger av andre jøder som kom fra hele Israel for å forsøke å sette en stopper for den israelske tilbaketrekningen.

Det var nå «bulldoseren» Sharon kom på banen. Sharon sendte det israelske militæret inn i området for å evakuere alle de jødiske innbyggerne klokka 14.00 den 23. april 1982. Noen av innbyggerne hadde barrikadert seg på hustakene eller inne i bygningene. Kvinnelige soldater fikk i oppdrag å bære ut alle kvinner og barn fra boligene, mens mannlige soldater fikk i oppdrag å bære ut alle menn. Og etter at alle sivile innbyggere var evakuert fra Yamit, jevnet israelske bulldosere de fleste bygningene med jorda både i Yamit og i de 13 andre bosettingene som Israel hadde bygd i Sinai. Mange av innbyggerne fra Yamit flyttet til sanddynene i Gush Katif, de jødiske bosettingene på Gazastripen, der det var store landområder som fortsatt var tomme.

Men selv om Israels folk betalte en høy pris for tilbaketrekningen fra Sinai, var det Egypts president Anwar Sadat som betalte den høyeste personlige prisen. Den 6. oktober 1981 deltok Sadat på en seremoni som markerte åtteårsdagen for Jom kippur-krigen. Midt under militærparaden hoppet en gruppe soldater ned fra et av militærkjøretøyene og begynte å skyte mot presidenten med maskingeværer. Og selv om Sadats sikkerhetsvakter raskt overmannet soldatene, var det for seint. Sadat var blitt drept rett foran TV-kameraene.

Men selv om den israelske regjeringen gjennomførte tilbaketrekningen fra Sinaihalvøya i henhold til fredsavtalen, forsøkte ikke Begin å stikke under en stol at Golanhøydene, Judea, Samaria og Gazastripen var en helt annen historie. I Sinaiørkenen ble det opprettet en 150 kilometer lang demilitarisert sone, som Israel hadde mulighet til å fotografere for å kontrollere at Egypt faktisk ikke utplasserte tropper der. Men det ville være geografisk umulig å gjennomføre noe slikt på Golanhøydene, Gazastripen, i Judea eller Samaria. En tilbaketrekning fra et av disse områdene ville ganske enkelt være mye mer risikabelt for den israelske befolkningen.

Men samtidig viste regjeringen ingen tegn på at de ville annektere noen av disse områdene. En gang fikk Begin et spørsmål om hvorvidt han ville annektere disse områdene, og han svarte: «Vel, først av alt vil jeg si et ord om uttrykket annektering. Du kan annektere fremmed land. Du kan ikke annektere ditt eget land. Judea og Samaria er en del av Israels land, eller som på fremmede språk ofte kalles Palestina, der nasjonen vår ble født. Der regjerte kongene våre, og profetene våre bar fram visjonen om evig fred. Hvordan kan vi annektere det?»

Mange israelere advarte mot å annektere områdene på grunn av «det demografiske problemet». Argumentet var at hvis Israel annekterte Judea, Samaria og Gazastripen, ville de bli nødt til å gi de arabiske innbyggerne israelsk statsborgerskap, med alle de samme rettighetene som de israelske araberne hadde. Dette ville bety at de ville få rett til å kjøpe land og eiendommer og bosette seg hvor som helst i Israel, og de ville få rett til å stemme ved alle israelske valg. Og siden den arabiske befolkningen i gjennomsnitt fikk flere barn per familie enn de israelske jødene, fryktet man at det om noen år ville være flere arabere enn jøder i Israel. Dermed ville veien ligge åpen for et arabisk flertall i Knesset og en regjering bestående av kun arabiske statsråder.

Fred for Galilea

Borgerkrigen raste i Libanon, og våren 1981 tok den en ny vending da syriske styrker, som inntil da hadde vært stasjonert langs veien fra Beirut til Damaskus, begynte å rykke nordover. Områdene nord for hovedveien var på denne tiden kontrollert av de kristne, libanesiske falangistene under Bashir Gemayel. Siden 1976 hadde falangistene mottatt militærhjelp fra Israel, og de hadde også bønnfalt Israel om å gripe inn militært i landet.

PLO spredde fortsatt død og fordervelse blant de kristne i landet, og syrerne, som opprinnelig var blitt invitert av de kristne libaneserne for å forsvare dem mot PLO, hadde etterhvert vendt seg mot de kristne. Libanon ble selvstendig i 1943, og Syria ble selvstendig i 1946, men helt fra første stund nektet Syria å anerkjenne Libanons selvstendighet.[18]

---

18 Faktum er at Syria nektet å innlede diplomatiske forbindelser med Libanons

Syria hevdet at Libanon var en del av «Det store Syria», og da de først var kommet inn i landet med en «fredsbevarende styrke», varte det ikke lenge før de begynte å implementere Syrias ønske om å gjøre Libanon til en marionett for den syriske regjeringen. Snart hadde de utplassert omtrent 30 000 syriske soldater på libanesisk mark, og de kristne libaneserne hadde nå to fiender – Syria og PLO.

Nå angrep syrerne den kristne byen Zahle i Bekadalen, og de begynte å bombardere byen med granater. De angrep også de kristnes posisjoner på Saninefjellet, der de kunne kontrollere både Zahle og havnebyen Jounieh. Denne byen var blitt de kristne falangistenes *de facto* hovedstad og den viktigste havnebyen der de fikk alle sine forsyninger.

De libanesiske falangistene bønnfalt Israel om hjelp og hevdet at hele det kristne samfunnet i Libanon sto i fare for å bli slaktet ned av de syriske styrkene. Nå ga Menachem Begin ordre om at det israelske luftforsvaret måtte tre støttende til og forsvare de sivile kristne innbyggerne i Libanon.

Den 21. april skjøt Israel ned to syriske MiG-fly, og den 28. april 1981 ble to syriske helikoptre skutt ned av det israelske luftforsvaret, og syrerne svarte med å utplassere antiluftvernskyts på libanesisk territorium for første gang.

I juli samme år begynte PLO å skyte både Katyusha-raketter og granater mot 33 israelske byer og landsbyer i den nordlige delen av Galilea. Sirenene ulte, og innbyggerne ble stadig vekk nødt til å skynde seg til tilfluktsrommene. Barna sov i tilfluktsrommene hver eneste natt, og foreldrene var selvfølgelig bekymret for at det konstante bombardementet ville prege dem for livet. Industrien i Kiryat Shmona sto stille, og turistene flyktet fra badebyen Nahariya.

Israelerne svarte med å bombe PLOs hovedkvarter i Beirut og forskjellige PLO-baser over hele Libanon, og nå kom den amerikanske ambassadøren Philip Habib på banen. Den 24. juli klarte han å få til en avtale om en våpenhvile mellom de to partene, og snart vendte livet i Galilea tilbake til det normale.

Men det viste seg snart at PLOs oppfatning av våpenhvilen var at den bare gjaldt operasjoner over grensa mellom Libanon og Israel, og at de fortsatt var fri til å angripe israelske og jødiske mål på andre kanter. I løpet av våpenhvilen utførte PLO hele 240 angrep på israelske og jødiske mål. PLOs terrorister krysset Jordanelven og angrep Israel fra den

---

regjering inntil oktober 2008, da Syria for første gang gikk med på å opprette en ambassade i Beirut.

kanten. I tillegg ble israelske og jødiske mål angrepet over hele Europa, og en israelsk diplomat ble skutt og drept i Paris.

Den 3. juni 1982 rant begeret over da Israels ambassadør til London, Shlomo Argov, ble skutt i hodet av terrorister som jobbet for Abu Nidals terrorgruppe utenfor Dorchester Hotel. Den israelske regjeringen bestemte seg for at de ikke kunne sitte stille og se på slike provokasjoner, og fredag 4. juni begynte det israelske luftforsvaret å angripe PLO i Beirut og over hele Libanon. PLO svarte umiddelbart med artilleri og raketter mot israelske byer og landsbyer i Galilea.

For første gang i historien kjempet Israel i en krig der de hadde den diplomatiske fordelen. Det var åpenbart at kong Hussein i Jordan ikke hadde noen planer på å hjelpe verken PLO eller syrerne. PLO hadde danset i gatene da Sadat ble myrdet, så det var lite trolig at president Hosni Mubarak ville løfte en finger for å hjelpe de palestinske terrororganisasjonene. I tillegg begynte krigen, samtidig som Israel trakk soldatene sine ut av Sinaihalvøya, og Egypt ville selvfølgelig ikke sette denne tilbaketrekningen i fare ved å hjelpe PLO.

Da den israelske regjeringen ga grønt lys for å gå inn i Libanon, var statsrådene enige om at de bare skulle opprette en 40 kilometer dyp sone for å garantere at de israelske byene og landsbyene i Galilea ikke lenger ville være truet av raketter og granater, men forsvarsminister Ariel Sharon gikk bak ryggen på dem alle sammen. De første israelske soldatene som ble landsatt fra Middelhavet, kom faktisk i land nord for Sidon, istedenfor sør for byen, slik den israelske regjeringen hadde planlagt. Sharon hadde også bedt Gemayel om tillatelse til å landsette israelske soldater i Junieh nord for Beirut.

Krigen betydde i praksis at Sharon hadde satt i scene sin egen plan, som han hadde jobbet på siden han ble forsvarsminister året i forveien. Målet med Sharons plan var å sikre grensa i nord, tilintetgjøre det syriske militære nærværet i Libanon og gjenoppbygge landet i en allianse med falangistene. Sharon hadde også meddelt de kristne maronittene om planen, og derfra lekket informasjonen til den libanesiske og syriske etterretningen og PLO. Det virket som om alle kjente til Sharons planer bortsett fra den israelske regjeringen.

Den israelske hæren ga krigen navnet «Operasjon fred for Galilea» og erklærte at målet med krigen var å skape en 40 kilometer bred demilitarisert sone der det ikke ville være noen fiendtlige styrker. På den ene siden i kampene sto de libanesiske kristne styrkene, som kjempet sammen med den israelske hæren. På den andre siden sto den syriske hæren og de palestinske terrororganisasjonene.

Den 6. juni klokka 11.00 krysset de israelske panserstyrkene den libanesiske grensa, men det var ingen lett oppgave de sto overfor. PLO var godt bevæpnet med artilleri på opptil 155 millimeter og utskytningsplattformer som kunne skyte ut opptil 40 122-millimeters raketter. De hadde også over 100 russiske T-34-stridsvogner og et antall panserkjøretøy.

På denne tiden hadde PLO kontrollen over en stor bit av Libanon, der de i praksis hadde en stat i staten. En stor del av den militære infrastrukturen deres var plassert midt blant sivile libanesere. I store boligblokker hadde de omgjort kjellerne til lagerplasser for våpen og høyeksplosiv ammunisjon, og de utplasserte også maskingeværer i mange leiligheter. PLO brukte den sivile befolkningen som skjold og gisler i kampen mot Israel og de libanesiske falangistene.

Men den israelske hæren var bedre forberedt enn noensinne. I 1973 mistet de 50 fly bare i løpet av de første tre dagene fordi de ble skutt ned av luftvernskyts, men siden den gangen hadde det israelske luftforsvaret jobbet for å finne en løsning på hvordan de kunne slå ut de russiske rakettbatteriene uten å dø i forsøket. Og det skulle vise seg at de hadde gjort jobben sin. I 1982 klarte de israelske flyene å sette hele den syriske luftvernskytsen ut av spill uten at et eneste israelsk fly ble skutt ned.

På bakken hadde de like stor framgang. På tross av at syrerne hadde fordelen av bedre forsvarsposisjoner, mistet Syria ti ganger så mange panservogner som det Israel gjorde under kampene dem imellom.

Før krigen hadde PLO regnet med at mange araberland ville komme og hjelpe dem. Men selv om araberstatene var raske med å fordømme Israel og gi PLO sin muntlige støtte, var de ikke villige til å gi terroristene militær hjelp. Det tok bare en uke før Syria ba om våpenhvile, og den 11. juni meddelte den israelske regjeringen at de hadde bestemt seg for å overholde en ensidig våpenhvile. Umiddelbart etter gjorde syrerne det samme.

Etter hvert som krigen utviklet seg, oppdaget de israelske styrkene det ene palestinske våpenlageret etter det andre. Det er anslått at PLO hadde lagret våpen for fem infanteribrigader i landet og at man ville trenge 100 lastebiler som måtte kjøre uten stans i en hel måned før man kunne fjerne alle våpnene og ammunisjonen. De enorme våpenlagrene overrasket til og med den israelske etterretningen. Faktum var at PLO hadde ti ganger så mye våpen og ammunisjon som Israel på forhånd hadde trodd.

Senere på året kom partene til en avtale som medførte at PLO ville bli nødt til å forlate landet. Da de amerikanske, franske og italienske fredsbevarende styrkene ankom Libanon i august og september, ble mer enn 14 000 PLO-medlemmer nødt til å reise fra landet. Mange av dem havnet i Tunisia, der PLO etablerte sitt nye hovedkvarter, men noen av dem reiste også til Jordan, Syria, Irak, Sudan, Jemen og Hellas.

Da tapstallene ble oppsummert etter at krigen var over, hadde syrerne mistet mellom 350 og 400 stridsvogner, mens Israel bare hadde mistet 50. Den israelske hæren opplevde at 480 soldater ble drept, 2600 ble såret og 11 ble tatt til fange. Den syriske hæren mistet 370 soldater, 1000 ble såret og nesten 250 ble tatt til fange. Syria mistet 86 kampfly, 5 helikoptre og 19 rakettbatterier. Israel mistet bare ett kampfly og to helikoptre. Blant PLOs styrker var det anslagsvis 1000 drepte, og 6000 ble tatt til fange.

Krigen i Libanon ble innledningen til en periode med svært gode forbindelser mellom Israel og den kristne befolkningen i den sørlige delen av Libanon. For første gang på sju år fikk den libanesiske regjeringen en mulighet til å utøve sin myndighet i store deler av det sørlige Libanon, og snart ble det opprettet en trygg grenseovergang ved den israelske byen Metulla, som ble kjent som «det gode gjerdet». Libanesere krysset grensa for å få medisinsk behandling, kjøpe forsyninger, finne seg en jobb eller studere i Israel. Etter noen år var «det gode gjerdet» nesten en åpen grense mellom de to landene, som offisielt var i krig med hverandre.

Den kristne befolkningen i landet tok imot de israelske soldatene med åpne armer. Mange steder i Libanon ble de israelske soldatene mottatt som helter da de israelske stridsvognene rullet inn i de kristne byene og landsbyene, og major Haddad lovpriste Israel da han talte under en samling på Diplomat Hotel i Jerusalem: «Vi kristne føler det som om vi er blitt oppgitt av den kristne verden. Det er vårt store hell at vår sørlige nabo, den eneste jødiske staten i verden, forstår vår nød, har sympati med oss og hjelper oss.»

Og i en tale på amerikansk fjernsyn fortalte falangistlederen Bashir Gemayel at 100 000 libanesere var blitt drept og 300 000 var blitt såret i løpet av de åtte årene som borgerkrigen hadde vart inntil da. I tillegg var nesten halvparten av befolkningen blitt tvunget til å reise fra hus og hjem. «Og nå kommer mange mennesker tilbake til sør fordi israelerne er der. I dag kommer mange mennesker til alle landsbyene som israelerne går inn i, og situasjonen blir bedre,» forklarte Gemayel.

Den 23. august 1982 ble så Gemayel valgt til president i Libanon. Ei uke senere reiste han til Nahariya i Israel der han hadde hemmelige fredssamtaler med Begin, som angivelig var på en tre dagers ferie i badebyen. Begin ønsket å undertegne en fredsavtale så snart som mulig, men Gemayel ville vente til situasjonen i landet hadde stabilisert seg. Dessverre ble det aldri slik. Bare to uker etter møtet med Begin ble

Gemayel drept av en bombeeksplosjon i falangistenes hovedkvarter i Beirut.

Massakren i flyktningleirene

Gemayels død var et klart bevis på at terroren på langt nær var over for Libanons innbyggere. I løpet av de kommende månedene ble mange israelske soldater drept og såret i terrorangrep og en rekke ulykkestilfeller. Terroristene angrep også amerikanske og franske mål i Beirut, og den 23. oktober ble 241 amerikanske og 60 franske soldater drept i et bombeangrep.

Etter at Gemayel ble drept, fikk den israelske hæren ordre om å ta kontroll over strategiske posisjoner i Vest-Beirut. De omringet også de palestinske flyktningleirene Sabra, Shatilla og Fakahani, men uten å gå inn i dem.

Den 15. og 16. september 1982 fikk falangistene lov til å sende en styrke inn i Sabra og Shatilla ettersom det angivelig fortsatt befant seg 2000 PLO-terrorister i leirene. Verden ble sjokkert da det senere ble kjent at falangistene hadde massakrert mange hundre, eller kanskje så mange som et par tusen sivile palestinere i flyktningleirene.[19] Årsaken skal ha vært en hevnaksjon fordi de palestinske terroristene tidligere hadde drept Gemayel.

Da pressen begynte å offentliggjøre nyheten om hva som hadde skjedd, ble statsminister Menachem Begin, forsvarsminister Ariel Sharon og den israelske regjeringen gjenstand for et massivt press og kritikk både i Israel og på det internasjonale plan. Den 25. september arrangerte opposisjonen en massedemonstrasjon i Tel Aviv der de krevde at regjeringen skulle gå av. Politiet anslo folkemengden til 75 000, mens de som organiserte demonstrasjonen mente det var 400 000 til stede. Uansett var det åpenbart at dette var en av de største demonstrasjonene i Israels historie.

Israel ble fordømt av Sikkerhetsrådet, og Egypt hentet hjem sin ambassadør til Kairo. Opposisjonen i Israel krevde at det måtte nedsettes en granskingskommisjon. Begin var opprørt over alle disse kravene og klaget over at «kristne dreper muslimer, og de skylder på jødene». Han gikk imidlertid med på å nedsette en kommisjon, og tre dager etter demonstrasjonen fikk høyesterettspresident Yitzhak Kahan i oppdrag å lede Kahankommisjonen.

---

19 Som alltid er det stor spredning i tallene. De laveste anslagene antyder at 328 palestinere ble drept, og det høyeste anslaget antyder at opptil 3500 palestinere kan ha blitt drept i massakren.

Den 8. februar 1983 offentliggjorde kommisjonen sin rapport. De hadde kommet fram til at massakren var blitt utført av falangister som handlet på egen hånd, og ingen israelere bar direkte ansvar for det som hadde skjedd. Samtidig kritiserte de Begin fordi han «ikke hadde utøvd større inngripen og årvåkenhet i spørsmålet om å la falangistene få komme inn i leirene». De mente videre at forsvarsminister Ariel Sharon hadde personlig ansvar for «å ha ignorert faren for blodbad og hevn» og for «ikke å ha tatt de nødvendige tiltak for å forhindre blodbad». Kommisjonen anbefalte at Sharon burde bli sparket fra posten som forsvarsminister. En tid senere trakk Sharon seg som forsvarsminister, men han ble sittende i regjeringen som minister uten portefølje.

De svarte jødenes hjemreise

De etiopiske jødenes historie går 3000 år tilbake i tiden, men ingen kan i dag si med sikkerhet nøyaktig hvordan det jødiske samfunnet i Etiopia ble skapt og utviklet seg i begynnelsen.

En etiopisk legende hevder at kong Salomo og dronningen av Saba fikk en sønn som gikk under navnet Menelik I. Ifølge denne legenden reiste Menelik til Jerusalem som voksen, og etter at han hadde tilbrakt en tid sammen med Salomo, vendte han tilbake til Etiopia. Ifølge denne historien skal de etiopiske jødene være etterkommere etter en gruppe fra Juda stamme som flyktet sørover til Menelik etter at kongedømmet ble delt i to.

En annen mulig forklaring, som de fleste etiopiske jødene selv tror på, er at de er etterkommere etter Dans stamme. Danittene skal ha flyktet til Egypt da det brøt ut krig mellom Rehabeam og Jeroboam, og derfra fulgte de Nilen sørover helt til de endte opp i Etiopia.

Jødiske ortodokse rabbinere har debattert hvorvidt de etiopiske jødene er etterkommere etter den tapte Dans stamme eller om de kanskje overhodet ikke er jøder, men forskjellige rabbinere har hatt forskjellig oppfatning om dette spørsmålet. Det er også blitt spekulert i om de etiopiske jødene kanskje opprinnelig var kristne som konverterte til jødedommen, eller at de var jemenittiske jøder som reiste over Rødehavet i flere omganger.

For de etiopiske jødene hadde det kommunistiske styret ikke vært noen dans på roser. Da kommunistene tok over landet i et kupp i 1974, ble rundt 2500 jøder drept, og 7000 ble hjemløse. Kommunistene innledet også en jordbrukspolitikk der flere millioner bønder ble omplassert til statlige kooperativer. Nå ble jødene tvunget til å dele landsbyene sine med ikke-jødiske bønder, og snart begynte antisemittismen å vokse kraftig i provinsen Gondar, der de fleste jødene bodde.

Da Menachem Begin kom til makten i 1977, sto de etiopiske jødene høyt oppe på hans liste, og nå begynte Israel å selge våpen til den etiopiske regjeringen i håp om at Etiopia ville la jødene forlate landet. Senere samme år fikk faktisk 200 jøder lov til å immigrere til Israel med et transportfly som hadde fraktet våpen til Etiopia.

På begynnelsen av 1980-tallet nedla Etiopia forbud mot å praktisere jødedom og lære hebraisk, og flere jøder ble fengslet og anklaget for å ha vært «sionistiske spioner». Regjeringen begynte også å overvåke de jødiske religiøse lederne, og mange jødiske gutter helt ned i 12 års alder ble tvangsinnrullert i det etiopiske forsvaret. Noen ganger fikk familiene aldri høre fra disse barna igjen.

Da hungersnøden rammet Etiopia på midten av 1980-tallet, ble situasjonen naturlig nok enda verre for de etiopiske jødene. Men samtidig ble den etiopiske regjeringen nødt til å tigge om nødhjelp fra både USA og Israel, og begge nasjoner krevde at Etiopia måtte endre på sin antisemittiske politikk.

Mellom 1977 og 1984 hadde over 8000 etiopiske jøder kommet til Israel, og mange av disse var blitt smuglet ut av landet av israelske agenter, men dette var ingenting sammenlignet med det som ventet på slutten av 1984. Et stort antall etiopiske jøder hadde nå krysset grensa fra Etiopia til Sudan til fots, og på den lange veien hadde mange av dem sett hvordan nære og kjære falt døde om av utmattelse i ørkenen. De israelske agentene forsto nå at situasjonen var prekær i flyktningleirene i Sudan, og de forsto at de måtte handle raskt hvis de skulle få jødene til Israel.

Resultatet var at den israelske regjeringen, den 18. november 1984, begynte å frakte store skarer av etiopiske jøder i en operasjon kalt «Operasjon Moses». Flyktningene ble fraktet med buss til en militær flyplass i nærheten av Khartoum, og derfra ble de i hemmelighet sendt med fly til Israel. I løpet av seks uker fram til den 5. januar 1985 klarte Israel å frakte 8000 etiopiske jøder til Israel på denne måten.

Men da Washington Jewish Week skrev en artikkel om operasjonen, og United Jewish Appeal satte inn helsides annonser der de ba om økonomisk hjelp, begynte araberlandene å presse Sudans regjering til å forhindre at flere jøder fikk forlate landet og reise til Israel. Dermed ble 1000 jøder forhindret fra å forlate flyktningleirene i Sudan, og minst 15 000 jøder var igjen i Etiopia. Noe som gjorde situasjonen enda verre, var at det ofte var de unge og sterke som hadde lagt ut på den farefulle vandringen gjennom ørkenen til Sudan, og de fleste av dem som var igjen i Etiopia, var de gamle, de syke og de små barna.

I 1985 klarte den amerikanske regjeringen å redde ytterligere 800 jøder fra Sudan til Israel i «Operasjon Josva», men så var det stopp. Mange av de etiopiske jødene som hadde kommet til Israel, måtte forsøke å lære seg hebraisk og lære seg hvordan de skulle leve i et vestlig industriland samtidig som de ikke hadde noen kontakt med familiemedlemmene sine i Etiopia. De visste ikke om familiene fortsatt levde eller om de var blitt drept. Det sterke presset og den store usikkerheten de opplevde, medførte at noen av dem til og med tok selvmord, et fenomen som overhodet ikke hadde eksistert i Etiopia.

Spionen i Washington

Forholdet til USA var som en eneste berg-og-dal-bane i løpet av denne perioden. USA reagerte svært strengt på bombingen av Tammuz-reaktoren i Bagdad i 1981. Visepresident George Bush, som selv var opptatt av å selge våpen til Irak, mente at USA måtte innføre sanksjoner mot Israel. President Ronald Reagan protesterte mot angrepet ved å utsette leveransen av fire F-16-fly.

I løpet av de kommende seks månedene skulle Israel bli «straffet» av USA hele tre ganger. Det hvite hus reagerte også sterkt da Israel bombet PLOs hovedkvarter i Beirut, og da loven om Golanhøydene ble vedtatt. Forholdet mellom de to landene ble ikke bedre da USA bestemte seg for å selge både overvåkningsflyet AWACS og kampflyet F-15 til Saudi-Arabia, noe Israel reagerte kraftig på. Begin ble heller ikke beroliget da amerikanske tjenestemenn foreslo at Israel bare kunne skyte ned AWACS-flyene dersom disse ble utplassert i nærheten av Israel. Mannskapet på flyene skulle bestå av både saudiere og amerikanere, og Begin hadde ikke lyst til å skyte ned et fly fullt av amerikanske soldater.

Begin ble også skuffet over den retningen tidligere president Jimmy Carter beveget seg. I taler, artikler og bøker begynte Carter å forvrenge betydningen av Camp David, og han anklaget Begin for å ha brutt et angivelig løfte om å sette en stopper for utbyggingen av bosettingene.

Den 1. september 1982 offentliggjorde USAs regjering en fredsplan som fikk navnet Reagan-planen, og atter en gang var Israel sjokkert over hvordan «storebror» oppførte seg. Det amerikanske utenriks-departementet hadde holdt samtaler med forskjellige arabiske grupper før de formulerte planen, men Israel fikk ingen mulighet til å uttale seg før planen ble presentert som et *fait accompli*. Begin var rasende. Hvordan kunne USA snekre sammen en fredsplan sammen med de arabiske regjeringene uten å konsultere Israel, det landet hvis framtid var avhengig av resultatet av fredsplanen?

Men dette var også en periode da Israel og USA innledet et nærmere militært samarbeid enn de noensinne hadde hatt. Etter to dager med forhandlinger i Washington undertegnet de to landene en strategisk samarbeidsavtale den 30. november 1981.

Men den saken som skapte aller mest friksjon mellom de to landene, var kanskje da den amerikanske jøden Jonathan Pollard ble arrestert for spionasje.

Pollard var en sivil etterretningsoffiser ved den amerikanske marinens etterretning. En gang i 1983 oppdaget han at USA hadde tilgang til informasjon om syriske, irakiske, libyske og iranske kjernefysiske, kjemiske og biologiske våpen, og at Israel ikke fikk del i denne informasjonen. Pollard hadde også tilgang til informasjon om ballistiske raketter som var blitt utviklet av disse landene og planlagte terrorangrep på israelske sivile mål. Dette var informasjon som Israel hadde rett til, ifølge avtaler som de to landene hadde undertegnet, men likevel var det elementer innenfor den amerikanske etterretningen som nektet å dele informasjonen med Israel.

Da Pollard spurte sjefene sine om hvorfor Israel ikke fikk del i denne informasjonen, ble han bedt om å passe sine egne saker og at «jøder blir nervøse når man snakker om giftgass. De trenger ikke å få vite om det.» Pollard tok saken i egne hender og meldte seg som frivillig spion for den israelske etterretningen. Israel forsto at Pollards informasjon var så viktig at han ble koblet til Lakam, som kanskje var den viktigste og mest hemmelige av alle israelske etterretningstjenester.

I 1985 oppdaget amerikanske myndigheter hva Pollard holdt på med, og han ble arrestert. Både den amerikanske og den israelske regjeringen rådet Pollard til å inngå en avtale med påtalemyndighetene om at han skulle bekjenne og samarbeide med de amerikanske etterforskerne i gjengjeld mot å slippe fengsel på livstid.

Pollard fikk aldri noen rettssak, men ble likevel dømt til livstid, selv om påtalemyndighetene bare hadde bedt om at Pollard skulle bli dømt til «et anselig antall år i fengsel», og i skrivende stund sitter Pollard fortsatt i et amerikansk fengsel.

Kapittel 12: 1987-1992
Opprør og masseimmigrasjon

Beduinen Mahmoud[20] var på vei hjem fra jobben i en Peugeot stasjonsvogn da det skjedde. I likhet med mange andre innbyggere på Gazastripen, jobbet Mahmoud i Israel. Det var der man kunne finne de beste jobbene med de beste lønningene, og i nesten 20 år hadde Mahmoud forsørget familien sin ved å bygge hus i israelske byer og landsbyer. Det var ikke mange israelere som ville svette og slite med å bære betong og steiner i den israelske heten, men palestinerne på Gazastripen hadde ingen motforestillinger mot å gjøre dette så lenge de forsørget familiene sine på denne måten. Det var tross alt ikke så mange ledige jobber i flyktningleirene, og lønningene på Gazastripen var ikke noe å skryte av.

Den 26 år gamle israeleren Herzl Bocovza var på vei i motsatt retning. Bocovza hadde vært på Gazastripen, og nå kjørte han nordover langs hovedveien gjennom Gazastripen. Bocovza satt derimot ikke i en skrøpelig fransk stasjonsvogn, men i en robust semitrailer.

Tragedien skjedde da Bocovza kom fram til bensinstasjonen ved Erez, der grensa mellom Israel og Gazastripen går. Uten noe forvarsel sveivet plutselig den franske stasjonsvognen over i høyre kjørefelt, og kollisjonen var et faktum. Like bak Peugeoten kom det dessuten en palestinsk lastebil, som også var på vei hjem med palestinske arbeidere, og denne lastebilen ble også involvert i den samme kollisjonen. Mahmoud overlevde kollisjonen, selv om han ble alvorlig skadet, men fire andre arabere var ikke like heldige og måtte bøte med livet.

Fire dager i forveien, den 4. desember 1987,[21] var den 45 år gamle israelske selgeren Shlomo Sakal blitt stukket ned med kniv og drept av organisasjonen Islamsk Jihad på Gazastripen. Nå begynte ryktene å svirre i gater og streder og moskeer på Gazastripen om at den israelske sjåføren som hadde kjørt semitraileren, var broren til Sakal, og at han hadde kjørt rett inn i den arabiske bilen med vilje for å hevne drapet på broren fire dager i forveien. Bare noen timer etter ulykken ble det delt ut

---

20 På tross av iherdige forsøk har ikke forfatteren fått klarhet i Mahmouds etternavn.
21 Noen historiske kilder hevder at Sakal ble drept den 6. desember 1987.

brosjyrer som fordømte Israel på grunn av «mordet» på de fire arbeiderne. På tross av det pene og varme vinterværet, brygget det opp til storm på gatene.

Uværet brøt ut samme kveld i flyktningleiren Jebalya, der det bodde 60 000 for det meste fattige mennesker. Flere tusen sørgende arabere angrep den israelske militærposten i leiren. Både unge og gamle ropte «jihad, jihad» og begynte samtidig å kaste svære steiner mot det israelske kompaniet. Og selv om de israelske soldatene forsøkte å skyte i været for å skremme bort angriperne, lot de seg ikke stoppe.

Mobben gikk til sengs nærmere midnatt, men allerede klokka seks neste morgen var de ute igjen. Denne dagen ble dessuten den 17 år gamle Hatem a-Sisi drept av ei israelsk kule da han angrep en patrulje sammen med mobben. Dette dødsfallet innebar selvfølgelig at folkeskarene ble enda mer oppildnet i sin vrede, og snart hadde oppstanden spredd seg til andre byer og landsbyer på Gazastripen, i Judea og i Samaria.

I løpet av den kommende uka ble det rapportert at palestinere blokkerte veier, brente gummidekk og kastet stein og molotovcocktails mot israelske mål. Opprørerne hadde til og med kastet en bensinbombe mot det amerikanske konsulatet i Øst-Jerusalem. Seks palestinere døde og 30 ble skadet i løpet av de første fem dagene, men dette var bare begynnelsen. Og det skulle vise seg at ryktene som ble spredd i de palestinske byene, bare ble verre og verre. På Gazastripen sirkulerte det rykter om at palestinske ungdommer som var blitt såret av israelske soldater, ble fraktet til et militærsykehus i Tel Aviv der de ble tatt av dage. Ifølge et annet rykte hadde israelske soldater forgiftet grunnvannet i Khan Yunis.

Hamas får fotfeste

Det var midt i dette klimaet Hamas så dagens lys. Opprinnelsen til denne beryktede terroristorganisasjonen kan vi finne i den egyptiske bevegelsen Det muslimske brorskap (Muslim Brotherhood), som ble grunnlagt i den egyptiske byen Ismailia i 1928.

Det muslimske brorskaps grunnlegger, Hassan al-Banna, anmodet muslimer til å vende tilbake til det opprinnelige islam og reformere religionen. Ifølge al-Banna hadde det moderne islam mistet sin sosiale innflytelse fordi de fleste muslimer var blitt korrumpert av Vestens kultur, og løsningen på dette problemet var en reform der muslimene gjeninnførte de strenge sjaria-lovene. Bevegelsen oppsummerte sitt standpunkt i fire setninger som ble innlemmet i en trosbekjennelse:

«Allah er vårt mål. Budbringeren er vår leder. Koranen er vår lov. Jihad er vår vei. Å dø på Allahs vei er vårt største håp.»

Forløperen til Hamas ble registrert som en islamsk forening i Israel i 1978 med sjeik Ahmad Yassin som leder. Yassin hadde vært medlem av Det muslimske brorskap siden han studerte ved Al-Azhar-universitetet i Kairo i sin ungdom, og nå begynte han å bringe budskapet om en muslimsk vekkelse til palestinerne på Gazastripen. Selv om organisasjonen hadde et endelig mål om å tilintetgjøre Israel, bestemte de seg foreløpig for å legge disse planene på is og konsentrere seg om først og fremst å vinne hjertene til folket på Gazastripen og vestbredden. Jordan og Saudi-Arabia var de to største giverlandene, og pengene brukte de på velferdstiltak blant palestinerne. Snart fikk de rykte på seg for å ha forbedret livssituasjonen for mange palestinske flyktninger på Gazastripen, og de fundamentalistiske muslimene vant stadig flere tilhengere.

Israel på sin side neglisjerte den faren som fundamentalistene representerte. Siden Yassins fundamentalister i begynnelsen ikke var innblandet i terrorisme, tenkte mange israelere at det bare var positivt for Israel at en fundamentalistisk islamsk bevegelse fikk fotfeste på Gazastripen. Dette betydde tross alt at PLO mistet mange tilhengere, og på denne tiden var PLO Israels største fiende. Dessuten var Israel redd for å gripe inn fordi de ikke ville begrense palestinernes religiøse frihet.

Jordan var en aktiv støttespiller for de islamske fundamentalistene. Det hasjemittiske kongedømmet hadde i lang tid ligget i en feide med PLO, og nå benyttet de muligheten til å undergrave Arafats innflytelse i territoriene.

Fra 1967 til 1987 vokste antall moskeer på Gazastripen fra 200 til 600, og da urolighetene brøt ut i desember 1987, sto Yassin klar til å ta neste skritt. Sammen med Abdel Aziz al-Rantissi tok han initiativ til å grunnlegge terrororganisasjonen Hamas, som raskt fikk bred støtte blant befolkningen på Gazastripen.

Yassin og Rantissi hadde, ifølge dem selv, faktisk vært to av sju fundamentalistiske muslimer som hadde egget massene til opprør etter ulykken ved Erez. Ifølge Rantissi hadde de sju oppfordret mengdene til å rope *Allahu akbar*, «Allah er større», da de marsjerte ut fra moskeene, og dette skal ha vært med på å tenne dem til kamp.

Islamiseringen hadde også nådd studentene ved de palestinske universitetene, og studentunionen ved Islamic University i Gaza hadde alltid vært kontrollert av islamistene. Det er kanskje ironisk at det aldri ble grunnlagt noen universiteter før i 1967, men da Israel tok over kontrollen, ble det grunnlagt seks palestinske universiteter mellom 1967 og 1987, og her hadde de fundamentalistiske muslimene en åpen dør for budskapet sitt. Islamistene benyttet også sin maktposisjon til å likvidere narkotikalangere, prostituerte og de palestinerne man mente samarbeidet med den sionistiske fienden, og samtidig førte de en maktkamp mot marxistene i andre palestinske terrororganisasjoner.

En annen organisasjon som spilte førstefiolin i intifadaen, var den ytterliggående terrororganisasjonen Islamsk Jihad. Denne organisasjonen var blitt dannet i Egypt i 1979 av den muslimske fundamentalisten Fathi Shaqaqi og andre radikale palestinske studenter som skilte lag med Det muslimske brorskap fordi de mente at sistnevnte organisasjon var for moderate. Shaqaqi ble også inspirert av den islamske revolusjonen i Iran, og han mente at alle muslimske land burde komme sammen i én enkelt stat og at dette først ville skje etter at Palestina ble «frigjort».

Da egyptiske myndigheter fikk nyss om at Islamsk Jihad hadde nære forbindelser til de radikale egypterne som myrdet president Anwar Sadat, ble Islamsk Jihad kastet ut av landet, og de ble nødt til å flytte til Gazastripen. Det var der, på Gazastripen, organisasjonen begynte sine forberedelser for å gjøre drømmen til virkelighet, og før intifadaen brøt ut i desember 1987, utførte de en rekke terrorhandlinger på Gazastripen.

De palestinske islamistene var inspirert av HezbAllahs kamp mot de israelske styrkene i Libanon, hvordan HezbAllah hadde benyttet seg av selvmordsbombere, og av HezbAllahs påstand om at de hadde tvunget Israel til å trekke seg tilbake. De fikk også uventet sterk støtte fra palestinerne i Judea, Samaria og på Gazastripen.

Situasjonen for palestinerne hadde forbedret seg kraftig i løpet av de 20 årene som Israel hadde hatt kontroll over territoriene. Siden 1967 hadde arbeidsledigheten sunket drastisk, muligheten til å få seg en utdannelse var kraftig forbedret, til og med for kvinner, og Israel hadde også bygd ut infrastrukturen i de palestinske byene. De palestinerne som bodde i disse områdene på slutten av 1960-tallet og begynnelsen av 1970-tallet, ble overrasket da de så hvordan Israel ga dem større økonomisk og religiøs frihet enn de hadde hatt under Egypt og Jordan, men siden den gang hadde den palestinske befolkningen endret seg.

Hele 60 prosent av de palestinerne som bodde i territoriene i 1987, var født etter 1967, og ytterligere 20 prosent hadde bare vært små barn da Jordan og Egypt satt ved makten. Siden disse palestinerne ikke hadde noen personlig erfaring med at livet faktisk var blitt mye bedre under det israelske styret, sammenlignet de sin livssituasjon med hvordan jøder og arabere levde i selve Israel. Det var åpenbart at palestinerne hadde dårligere levestandard, lavere lønninger og et dårligere helsevesen enn jødene i Tel Aviv og araberne i Nasaret, og dette var en av faktorene som gjorde at store deler av den palestinske befolkningen var villige til å ty til våpen mot Israel.

Yasser Arafat var en av dem som ikke var sikker på hvordan han skulle reagere da intifadaen brøt ut. På denne tiden lå PLOs hovedkvarter i Tunis, over 2000 kilometer fra Israel, og Arafat hadde ikke samme innflytelse over dagliglivet på Gazastripen som Hamas hadde. Arafat hadde ikke full oversikt over det som foregikk i Gaza, men han visste at de fundamentalistiske muslimene hadde sterk innflytelse i området.

Derfor tok det noen uker før Arafat til slutt ga sin velsignelse til intifadaen, og noen måneder senere utstedte PLO en offisiell uttalelse der de støttet opprøret. «Hele verden er nå sikre på at dette store folket har besluttet å fortsette på jihads og kampens vei inntil, med Allahs hjelp, de oppnår full seier og oppretter en uavhengig palestinsk stat på vår hellige nasjonale jord», sto det i kunngjøringen.

Men da PLO til slutt fikk farten opp, var de ikke til å stoppe. Snart opprettet de et «forenet nasjonalt lederskap» (UNL), som tok over føringen av opprøret. UNL trykket opp brosjyrer der de kunngjorde hvilke dager man skulle gå til aksjon og hvilke israelske mål man skulle angripe. Som eksempel på dette kan nevnes at i 1989 erklærte UNL at 13. februar skulle være en dag da man skulle «opptrappe angrepene på overløperne og forræderne», som jobbet for den sivile administrasjonen i territoriene, og PLOs radiostasjon i Bagdad beskrev hvordan man kunne sette fyr på «den sionistiske fiendens frukthager og marker».

Det var ikke bare jøder som var ofre for volden. Faktum var at i løpet av intifadaen var det et høyere antall palestinere som ble drept av sine egne enn de som ble drept i trefninger med israelske tropper. Noen av palestinerne som ble drept, var angivelig «overløpere» som hadde samarbeidet med den israelske fienden. Men samtidig ble det mer og mer vanlig at palestinere som aldri hadde hatt noen kontakt med Israel, ble anklaget for forræderi og myrdet av sine egne. Noen ganger kunne det ligge politiske feider eller private feider bak hvem som ble drept av de palestinske terrorgruppene.

Arafat støttet henrettelsen av arabere som skulle ha samarbeidet med Israel, og da PLO fikk en mappe med informasjon om alle de 118 araberne som var blitt henrettet av PLOs egne dødsskvadroner, undersøkte de mappen og kom fram til at kun to av dem hadde vært uskyldige.

Palestinere ble stukket ned med kniv, hakket i filler med økser, halshogd, skutt, slått ned eller brent med syre. Noen av dem som ble drept, hadde vært ansatt av Israels sivile administrasjon på vestbredden eller Gazastripen. Andre hadde ganske enkelt hatt kontakt med jøder.

Noen ganger ble anklagene om forræderi brukt som en unnskyldning for en personlig hevn, og noen kvinner som angivelig skulle ha oppført seg på en «umoralsk måte», var også blant ofrene. Det gikk så langt at når palestinske familier hørte at det banket på døra sent på kvelden, var de lettet over å se en israelsk soldat istedenfor en maskert palestiner utenfor døren. Da «intrafadaen» nærmet seg slutten i 1992, var hele 1000 palestinere blitt drept.

Sommeren 1988 begynte Israel å ta Hamas på alvor da de fikk opplysninger om at Hamas hadde begynt å lagre våpen for en underjordisk styrke. I august samme år utstedte Hamas dessuten sitt charter, der de gjentatte ganger uttalte at målet deres var å tilintetgjøre Israel.

I løpet av de første fire årene av intifadaen kastet demonstrantene mer enn 3600 molotovcocktails og 100 håndgranater, og det israelske forsvaret registrerte dessuten 600 angrep med skytevåpen eller sprengstoff. Volden var rettet mot både sivile og soldater. I løpet av hele intifadaen ble 100 sivile israelere og 60 soldater drept, mens flere tusen ble såret.

Regjeringen vakler

Yitzhak Shamir hadde tatt over ledelsen av Likud og regjeringsmakten da Menachem Begin trakk seg fra det politiske livet i september 1983. Shamir fikk sterk konkurranse av både Ariel Sharon og David Levy, men mange partimedlemmer fryktet Sharon, og Levi hadde ikke nok erfaring til å ta over den viktige oppgaven etter Begin. Bortsett fra en kort periode, da Shimon Peres var statsminister i en nasjonal samlingsregjering fra 1984 til 1986, satt Shamir ved makten til valget i 1992. Shamir var faktisk statsminister i Israel lenger enn noen annen, med unntak av David Ben-Gurion.

Shamir hadde ikke den samme karisma eller oratoriske gaver som Begin, men bak Shamirs lune smil skjulte det seg en jernvilje. Shamir var, mer enn noen annen statsminister før ham, rede til å stå for det han mente var best for Israel på tross av all slags press fra verden omkring. Og i et klima der det internasjonale samfunn kom opp med den ene fredsplanen etter den andre, ville Shamir få behov for litt stål i ben og armer. På begynnelsen av 1980-tallet formelig regnet det fredsplaner over Israel, slik som Reagan-planen, Brezjnev-planen, Fahd-planen og Fez-planen. De fleste av disse planene gikk ut på å opprette en palestinsk stat med Øst-Jerusalem som hovedstad, og det var bred enighet innad i den israelske regjeringen at en palestinsk stat ikke kom på tale. Shamir forkastet også enhver tanke på å innlemme PLO i fredsprosessen, verken åpenlyst eller bak kulissene.

Arafat ble på sin side enig med kong Hussein om at en jordansk-palestinsk delegasjon skulle forhandle med Egypt, Israel og USA om selvstyre for palestinerne, og i november 1984 hevdet Hussein at PLO var villig til å akseptere Sikkerhetsrådets resolusjoner 242 og 338 som et grunnlag for forhandlingene. Men samtidig forkastet PLOs styre «alle planer som gikk ut på kapitulasjon» slik som selvstyreplanen, Camp David-avtalen, Reagan-planen og resolusjon 242.

Men selv om noen fraksjoner innenfor PLO sendte signaler om at de var villige til å forhandle, var det ingen ende på terrorismen. I februar 1983 hadde det palestinske nasjonale råd anmodet om at den væpnede kampen måtte trappes opp og at alle revolusjonære styrker skulle samles i én felles palestinsk frigjøringshær. Og i oktober 1985 ble det italienske cruiseskipet *Achille Lauro* kapret av fire menn fra PLF. Terroristene drepte den amerikanske jøden Leon Klinghoffer, som satt i rullestol, og kastet kroppen hans over bord.

Kong Hussein måtte snart oppgi tanken på at han noensinne ville få tilbake kontrollen over Øst-Jerusalem, Judea og Samaria, eller det han kalte for Vestbredden. Da intifadaen brøt ut og vokste i styrke, ble det åpenbart at han aldri ville klare å styre befolkningen i territoriene, og den 31. juli 1988 kuttet han alle administrative og juridiske bånd med vestbredden. Kongens beslutning betydde at den jordanske annekteringen av Judea og Samaria fra 1950 var blitt annullert.

Samtidig begynte det å komme indikasjoner på at noen elementer innenfor PLO var rede for å sitte ned og forhandle med Israel. Den israelske venstrefløyen jublet over slike signaler, men Likud og høyresiden mente at dette bare var et nytt triks for å vinne støtte internasjonalt.

Den 13. september 1988 uttalte Arafat i en tale til det europeiske parlamentet at han var villig til å forhandle med Israel, og under den 19. sammenkomsten for det palestinske nasjonale råd i Algiers, i november 1988, anerkjente han Sikkerhetsrådets resolusjon 242 med reservasjoner. Allikevel nektet han å oppgi «den væpnede kampen mot den sionistiske enheten».

På denne sammenkomsten vedtok dessuten rådet den palestinske uavhengighetserklæringen, der det blant annet sto at Generalforsamlingens resolusjon 181 fra 1947 hadde gitt palestinerne internasjonal legitimitet. Erklæringen nevnte ikke Israel eller forhandlinger med Israel med ett ord. Hele 55 uavhengige stater, blant dem hele østblokken og alle muslimske land, anerkjente «Palestina» etter denne sammenkomsten.

Mot slutten av 1988 ble det atter en gang holdt valg i Israel, og dette valget var omtrent en dårlig reprise av valget fra 1984, selv om Arbeiderpartiet tapte noen stemmer fordi mange israelere var skremt av den voldelige intifadaen. Mange av de små partiene på høyresiden forkastet alle forslag til forhandlinger og kompromisser med palestinerne, i enda større grad enn Likud gjorde. Det nasjonale religiøse partiet hevdet at det bare kunne finnes én stat mellom Middelhavet og Jordanelven, og at det demografiske problemet ville bli løst med immigrasjon. Moledet forfektet tanken på en utveksling av befolkningen, men siden de fleste jøder fra araberlandene allerede hadde flyttet til Israel, mente de at «vi må jobbe for å flytte den arabiske befolkningen ut av Judea, Samaria og Gazastripen til araberlandene». Tehiya hevdet at ingen israelsk regjering hadde noen rett til å oppgi noen del av Israels land, og Tsomet mente at man burde annektere territoriene.

På venstrefløyen kunne man finne Mapam, som nå bare var en skygge av seg selv. Nå som Sovjetunionen gikk i oppløsning, ble Mapam tvunget til å revurdere sin begeistring for den store bjørnen i nord, og de fikk kun tre mandater i valget. Partiet Ratz ble ledet av to avhoppere fra Arbeiderpartiet, Shulamit Aloni og Yossi Sarid, og de støttet tanken på å gi palestinerne selvstyre.

På den religiøse fronten kunne man finne de ultraortodokse partiene Agudat Yisrael og Degel Hatorah, som nølte med å binde seg altfor mye til det sivile og politiske livet i den verdslige staten, men som samtidig følte at de var nødt til å kjempe på det politiske plan for sine egne rettigheter. Til sist hadde man det sefardiske Shas-partiet, som økte i styrke for hvert valg. De religiøse sefardiske jødene var mer integrert i det sivile livet, og partiets åndelige leder, rabbi Ovadiah Yosef, var mer en due enn en hauk.

Arbeiderpartiet var splittet i synet på en ny samlingsregjering. Peres og duene var motstandere av å samarbeide med Likud, men Rabin ville gå med. Shamir på sin side ønsket ikke å danne en ren høyreregjering ettersom han var redd for å bli et gissel for høyrefløyens ulike påfunn. Resultatet av forhandlingene ble at Shamir dannet en ny samlingsregjering med Likud, Arbeiderpartiet, Shas, Det nasjonale religiøse partiet og det religiøse partiet Agudat Yisrael.

Etter valget utformet Shamir og utenriksminister Moshe Arens en ny fredsplan, som forsvarsminister Yitzhak Rabin senere sluttet seg til, der de mente at Israel burde forhandle direkte med palestinere fra territoriene. Shamir ville at forhandlingene skulle basere seg på Camp

David-avtalen og Sikkerhetsrådets resolusjoner 242 og 338. Det skulle ikke opprettes noen palestinsk stat, og de ville ikke forhandle med PLO. Israel skulle hevde sin suverenitet over territoriene under forhandlingene, og det skulle være frie valg for selvstyret. Jordan og Egypt ville bli invitert til å delta i forhandlingene, og det endelige resultatet skulle være fred mellom Israel og Jordan.

Den israelske regjeringen godkjente planen formelt den 14. mai 1989, men den israelske høyrefløyen var ikke særlig begeistret for denne planen. En gruppe på 32 representanter, inkludert viseutenriksminister Benjamin Netanyahu, skrev under på en erklæring om at Shamirs plan ville føre til en palestinsk stat, og før Israel kunne begynne å forhandle med palestinerne, måtte intifadaen ta slutt.

Det skulle imidlertid vise seg at den israelske regjeringen snart sto for fall. I desember samme år ble vitenskaps- og teknologiminister Ezer Weizman sparket ut av regjeringen da Shamir oppdaget at han hadde hatt kontakt med PLO, og samtidig vokste uenighetene innad i Likud. Den 15. mars 1990 reiste Peres et mistillitsforslag mot regjeringen, og fordi fem av seks Shas-representanter ikke var til stede, fikk mistillitsforslaget et lite flertall.

Etter at de israelske politikerne hadde lekt stolleken i et par måneder, kunne Shamir til slutt danne en ny regjering i juni, som besto av partiene på høyrefløyen og de religiøse partiene. Ariel Sharon ble utnevnt til boligminister i den nye regjeringen, og han tok umiddelbart fatt på oppgaven med å bygge nye bosettinger og å utvide de bosettingene som allerede eksisterte i Judea, Samaria og på Gazastripen.

Den amerikanske regjeringen var ikke særlig begeistret for Sharons planer, og nå brukte de økonomien som et pressmiddel for å prøve å forhindre byggingen av boliger for jøder i Judea og Samaria. Israel var i en svært vanskelig økonomisk situasjon siden Sovjetunionens porter nettopp hadde åpnet seg på vidt gap og det strømmet tusener av nye immigranter til Israel hver eneste måned. Israel antok at de ville trenge 45 milliarder dollar for å integrere de nye immigrantene de neste fem årene, og de bestemte seg for å søke om lånegarantier på 10 milliarder dollar fra den amerikanske Kongressen. USAs president George Bush, derimot, ville tvinge Shamir til å velge mellom sovjetiske immigranter og bosettinger, og han ba Kongressen om å utsette beslutningen i fire måneder for å legge press på den israelske regjeringen.

Jernteppet raser

Mange sovjetiske jøder hadde i lang tid hatt et ønske om å kunne flytte til Israel, men de var ofte blitt forhindret fra å fullføre drømmen av de sovjetiske makthaverne. Men under den nye generalsekretæren til Sovjetunionens kommunistiske parti, Mikhail Gorbatsjov, fikk jødene nye muligheter til å emigrere.

Den beryktede etterretningstjenesten og sikkerhetstjenesten KGB hadde i lang tid kontrollert hver eneste søknad om å få emigrere fra Sovjetunionen, og de fleste sovjetiske jødene som søkte om å få emigrere, fikk avslag på søknaden. Et avslag kunne dessuten bety at man mistet jobben, at barna ble kastet ut av skolen sin, og i noen tilfeller ble jødene til og med satt i fengsel da de søkte om å få emigrere.

Anatoly Sharansky var en av de best kjente «refusnikene», som var det uoffisielle navnet på de jødene som ble nektet å emigrere fra Sovjetunionen. I 1973 fikk Sharansky avslag på sin søknad om å emigrere på grunn av «nasjonens sikkerhet», og i de kommende årene ble han en aktivist for menneskerettighetene og en av de øverste talsmenn for de jødiske refusnikene i Moskva. I 1977 ble han arrestert av myndighetene, og året etter ble han dømt for forræderi og for å ha spionert for USA, og han ble dømt til 13 års straffarbeid.

Som et resultat av internasjonalt press, ble Sharansky til slutt utvekslet mot to sovjetiske spioner i 1986. Deretter flyttet han til Israel og skiftet navn til Natan Sharansky. Ti år senere startet han sitt eget politiske parti, Yisrael BaAliya, som først og fremst besto av relativt nye immigranter, og mellom 1996 og 2005 hadde han flere statsrådsposter i fire påfølgende israelske regjeringer.

Året etter at Sharansky fikk tillatelse til å forlate Sovjetunionen, begynte myndighetene å lette på restriksjonene. I 1987 fikk 2096 sovjetiske jøder lov til å immigrere til Israel, men de fleste av dem måtte reise med tog til Wien eller andre vesteuropeiske byer der det var flyforbindelse med Israel. Det reelle tallet på jøder som fikk tillatelse til å forlate Sovjetunionen, var faktisk høyere, men mange av emigrantene søkte om, og fikk innvilget, innreisetillatelse til USA etter at de kom fram til Wien.

Dørene åpnet seg på vidt gap for emigrantene i slutten av 1989, omtrent samtidig som Berlinmuren falt. Det året fikk 12 932 sovjetiske jøder immigrere til Israel, og de fleste av dem kom i løpet av november og desember. I 1990 hadde den sterke strømmen blitt til en flodbølge, og i løpet av de neste to årene kunne hele 333 066 sovjetiske jøder immigrere til Israel.

Det store flertallet av disse jødene kom fra de store byene i Russland og Ukraina, og disse immigrantene var så verdslige som det var mulig å bli. Det kom også mindre grupper med immigranter fra de tidligere sovjetiske republikkene i Kaukasus og Sentral-Asia, og disse jødene hadde som regel mye sterkere bånd til sin jødiske arv, selv om de færreste av dem var ortodokse jøder.

Det kolossalt høye tallet på nye immigranter betydde at Israel sto overfor helt nye utfordringer, men samtidig var det også en katalysator for sterk økonomisk vekst. De fleste av de nye immigrantene hadde absolutt ingen religiøs overbevisning, de hadde meget mangelfulle kunnskaper om sionismen, og de brydde seg svært lite om de jødiske hellige plassene i Jerusalem, Hebron og andre bibelske byer i Judea og Samaria. Istedenfor å slå seg ned i det bibelske og historiske Israel, valgte de fleste av dem å slå seg ned i en «banan» som strakte seg fra Haifa i nord, langs Netanya, Tel Aviv og Ashdod ved Middelhavet, og til Negevørkenens hovedstad, Beer Sheva, som ligger lengre inne i landet. Det var her de store, moderne israelske byene lå, det var her de hadde størst mulighet til å skaffe seg arbeidsplasser, og her kunne de mer eller mindre fortsette å leve det samme verdslige livet som de var vant til fra Moskva, St. Petersburg, Kiev, eller mange av de andre millionbyene i Sovjetunionen.

Immigrasjonen skapte en akutt mangel på boliger, og prisene på leiligheter skjøt i været i mange av de største byene. Ariel Sharon, som på den tiden var Israels boligminister, fikk i oppdrag å bygge nye leiligheter for alle immigrantene. Allikevel tok det altfor lang tid å bygge nye boliger, og i løpet av de første to årene opprettet man omtrent 430 leire med totalt 27 000 brakker og campingvogner rundt omkring i landet.

Den store bølgen av immigranter fra det tidligere Sovjetunionen ble ikke integrert i det israelske samfunnet på samme måte som de tidligere bølgene av immigranter var blitt. Dette skyldtes kanskje at det var så mange som immigrerte samtidig, og i mange byer begynte det å vokse opp bydeler der det nesten utelukkende bodde immigranter fra det tidligere Sovjetunionen.

Mange av de nye immigrantene hadde relativt høy utdannelse fra sovjetiske universiteter, men i Israel oppdaget de at mange israelske arbeidsgivere ikke godtok deres kvalifikasjor. Resultatet ble at man iblant kunne se professorer, leger og tannleger som feide gater og tømte søppel i de israelske byene. Noen immigranter oppdaget også at det overhodet ikke var behov for deres kvalifikasjoner i Israel. En immigrant med flere tiårs erfaring i å bygge isbrytere hadde lite håp om å finne en tilsvarende jobb på havna i Haifa.

Hele Israel ble på mange måter forvandlet av bølgen av immigranter fra det tidligere Sovjetunionen. Aviskiosker over hele landet begynte å selge russiske aviser, og snart begynte man også å utgi israelske aviser på russisk. TV-seere med kabel-TV kunne ta inn russiske kanaler, og flere steder begynte det å dukke opp små butikker der immigrantene kunne få kjøpt importert mat fra Russland, inkludert svinekjøtt. Dette skapte problemer i mange byer der både religiøse og tradisjonelle jøder mente at svinekjøtt var en styggedom.

Miraklet i Etiopia

Men det var ikke bare hvite jøder fra det kalde nord som immigrerte til Israel på begynnelsen av 1990-tallet. Som nevnt i forrige kapittel, ble mange tusen jødiske barn, voksne og eldre forhindret fra å migrere fra Etiopia til Israel da det ble satt en sluttstrek for «Operasjon Moses». Nå var det en fare for at mange tusen av disse barna ville vokse opp uten foreldrene sine, og Mengistu Haile Mariams kommunistiske regjering nektet å la store skarer av jøder få forlate landet.

Jødene fikk til slutt se et lys i enden av tunnelen da Israel og Etiopia i november 1990 underskrev en avtale om gjenforening av familiemedlemmer, og i november og desember det året økte antallet etiopiske immigranter til Israel.

Samtidig ble situasjonen i Etiopia stadig mer uholdbar for de etiopiske jødene. I begynnelsen av 1991 gikk de eritreiske og tigreiske rebellene til angrep på regjeringsstyrkene, og for første gang siden borgerkrigen startet i 1975 oppnådde de stor framgang. Hver dag rykket rebellene nærmere hovedstaden, og i mai 1991 flyktet Mariam fra landet. Mange tusen jødiske flyktninger hadde dessuten samlet seg i flyktningleirene i Addis Abeba, og situasjonen deres begynte å bli prekær.

Nå fikk de etiopiske jødene topp prioritet i Israel, og Yitzhak Shamirs regjering ga godkjennelse til at det israelske flyvåpenet og det israelske statseide flyselskapet El Al skulle sende fly til Addis Abeba for å hente de etiopiske jødene til Israel. Operasjonen skulle foregå på sabbaten, fredag 24. og lørdag 25. mai, da alle El Als fly vanligvis sto parkert i minst 25 timer for å overholde den jødiske helligdagen, men denne gangen skulle det nasjonale flyselskapet få lov til å fly på en sabbat.

Operasjonen ble oppkalt etter kong Salomo, som kanskje var de etiopiske jødenes stamfar, og den var over på 36 timer. Araberstatene ved

Rødehavet fikk beskjed om hva som var i ferd med å skje, slik at de ikke skulle tro at det var en militær invasjon når radarskjermene deres viste hvordan flere titalls fly var på vei sørover fra Israel. Samtidig malte man over alle israelske flagg og kjennemerker for å redusere faren for at flyene skulle bli angrepet av rebellene da de landet på flyplassen i Addis Abeba.

Så godt som samtlige israelske fly som kunne foreta den lange reisen uten mellomlandinger, var på vingene, både passasjerfly og fraktfly av typen 707, 747, 757 og 767 og militære Hercules transportfly. I løpet av disse 36 timene ble det foretatt hele 34 flyvninger, og totalt 14 179 etiopiske jøder[22] kom til Israel i løpet av denne korte perioden, inkludert seks små barn som ble født i flyene på vei til Israel. I noen av flyene tok man ut alle seter slik at passasjerene kunne sitte på gulvet, og i andre fly løftet man opp armlenene slik at man kunne stue inn flere passasjerer enn vanlig på hver seterad. Et av flyene, en Boeing 747 fra El Al, satte ny verdensrekord i antall passasjerer på én enkelt flyvning. Til tross for at dette flyet vanligvis hadde kun 456 seter, tok det av med 1087 passasjerer om bord, og i tillegg ble to barn født i flyet på flyturen til Israel.[23]

Scudene regner over landet

«Operasjon Salomo» fant sted i kjølvannet av en av de merkeligste kriger som landet har opplevd siden Israel ble grunnlagt i 1948. Litt under 900 kilometer øst for Jerusalem, i den 1300 år gamle byen Bagdad, hadde landets president og diktator, Saddam Hussein, store planer for sin egen og for landets framtid. Saddam, som av en eller annen grunn som regel blir omtalt ved fornavn istedenfor etternavn, drømte om et Midtøsten med Irak i sentrum og med ham selv som enehersker. Det landet han styrte over hadde vært i krig med Israel ved flere anledninger, og det var det eneste araberlandet som hadde nektet å undertegne noen våpenhvileavtale med den jødiske staten etter krigen i 1948.

Saddam hadde forsøkt å produsere kjernefysiske våpen, men som vi så i forrige kapittel, ble den drømmen til et mareritt da åtte israelske

---

22 Det totale antallet spriker, avhengig av hvilken kilde man bruker. Noen kilder oppgir tallet 14 324 eller cirka 14 500. Det er dessuten blitt sagt at flere dusin små barn gjemte seg i kjortlene til mødrene sine, slik at det kanskje ikke er noen som kjenner det totale antallet inkludert disse «blindpassasjerene».

23 Det er blitt spekulert i at det korrekte antallet på denne flyvningen var 1122 inkludert «blindpassasjerene».

JØDENES HISTORIE

jagerfly bombet den irakiske reaktoren sønder og sammen i juni 1981. Allikevel hadde Irak klart å skaffe seg både kjemiske og biologiske våpen, og Saddam hadde til og med brukt de kjemiske våpnene på sine egne sivile undersåtter.

Den 2. april 1990 sverget Saddam i en offentlig tale at han ville «la vår ild spise halve Israel hvis de prøver å kjempe mot Irak». Han hevdet at Irak hadde de tredje beste kjemiske våpnene i verden etter USA og Sovjetunionen, og han ville tilintetgjøre alle som våget å true Irak. Noen dager senere uttalte han at arabernes krig mot Israel ikke ville være over før araberne hadde fått kontrollen over alle områder som Israel kontrollerte og tilføyde at Irak kunne skyte kjemiske våpen mot Israel fra flere forskjellige plasser i Irak. Israelerne ble ikke beroliget da de leste i den arabiske pressen at Jordan og Irak hadde dannet «felles militære bataljoner» som skulle kunne konfrontere enhver fremmed utfordring eller trussel mot ett av de to landene. Det fantes også flere andre tegn på at Jordan og Irak holdt på å opprette et felles militærvesen.

Den 2. august 1990 gikk Irak til angrep, men ikke mot Israel, som mange kanskje hadde trodd. Irak gikk til angrep på og invaderte det lille landet Kuwait rett sør for Irak. Det tok kun to dager før de fleste kuwaitiske soldater enten var drept eller hadde flyktet over grensa til Saudi-Arabia. Både Kuwait og USA var raske med å be Sikkerhetsrådet om å fordømme det irakiske angrepet, og fire dager senere innførte Sikkerhetsrådet økonomiske sanksjoner mot Irak.

Saudi-Arabia fryktet dessuten at de sto for tur til å bli angrepet, og det var en reell fare for at Saddam kunne få kontroll over store deler av verdens oljereserver. Som svar på den irakiske trusselen, valgte USA å sende sine tropper til Saudi-Arabia den 8. august, og i løpet av de kommende månedene jobbet USAs utenriksminister James Baker med å samle sammen en koalisjon som skulle tvinge Saddam til å trekke seg ut av Kuwait. Til slutt ble 34 land med i koalisjonen. De fleste av dem var NATO-land, men flere araberland og andre land ble også med i koalisjonen. Israel, derimot, ble ikke invitert til å delta, ettersom USA visste at araberlandene ville trekke seg ut og koalisjonen ville rakne hvis Israel ble med.

Den 17. januar gikk koalisjonen til angrep på Irak i Operation Desert Storm, eller Operasjon ørkenstorm på norsk. Mer enn 1000 flytokter ble utført per dag i løpet av de første dagene under operasjonen. Saddam hadde på forhånd lovt at hvis USA og koalisjonen gikk til angrep, ville han ta hevn ved å skyte raketter mot Israel og Saudi-Arabia. Denne gangen holdt Saddam ord. I løpet av den sju uker lange krigen skjøt Irak 39 sovjetisk-produserte Scud-raketter mot de store israelske byene. De

246

fleste av dem landet i Tel Aviv og Haifa, og cirka 3300 leiligheter fikk større eller mindre skader på grunn av de enorme eksplosjonene. Flere hus ble mer eller mindre pulverisert av rakettene som krasjlandet i de israelske husene midt på natten.

Den amerikanske regjeringen hadde opprinnelig lovt at de skulle forhindre at Irak angrep Israel, men de amerikanske troppene hadde upålitelig informasjon og klarte ikke å ødelegge en eneste rakett på nesten 2500 oppdrag, selv om de klarte å ødelegge flere blindgjengere. USA sendte også to batterier med Patriot-raketter til Israel, som angivelig skulle skyte ned Scud-rakettene mens de var på vei mot Israel. Men Patriot-rakettene, som egentlig var produsert for å skyte ned fly, ble en stor skuffelse. To professorer fortalte Kongressen året etter krigen at mindre enn 10 prosent, og kanskje til og med null prosent, av Scud-rakettene ble skutt ned av Patriot-batteriene.

USA på sin side bønnfalt Israel om ikke å gå til motangrep mot Irak. Den amerikanske regjeringen var livredd for at alle araberlandene skulle pakke kofferten og forlate koalisjonen hvis Israel blandet seg inn i krigen. Den amerikanske regjeringen meddelte dessuten at hvis Israel allikevel blandet seg inn i kampene, ville de ikke få vite hvilke koder de allierte flyene brukte for å kjenne forskjell på venn og fiende i kampens hete. Det var dermed en reell fare for at hvis den israelske regjeringen sendte fly for å angripe utskytningsplattformene for Scud-rakettene, så kunne de bli skutt ned av amerikanske fly. Men koalisjonen dro likevel fordel av at Israel sendte en god del militært materiell som de fikk bruk for i ørkenen i Saudi-Arabia og Irak.

På tross av at Israel ikke fikk tillatelse til å forsvare seg selv, skjedde det mirakler dag etter dag som reddet utallige menneskeliv i Tel Aviv og Haifa. Noen av rakettene falt i havet, og andre ganger hadde familier forlatt hjemmene sine bare noen få minutter før huset deres ble jevnet med jorda av en Scud. Kun to personer ble drept av direkte eksplosjoner. For mange israelere var disse nettene et skrekkens mareritt, og mange av dem som hadde overlevd Holocaust, gjenopplevde de samme redslene som de husket fra 1940-tallet. Siden israelerne ikke visste om Scud-rakettene var bevæpnet med kjemiske eller biologiske våpen, ble de nødt til å bære gassmasker, og fire personer ble kvalt av gassmaskene under krigen. I tillegg døde 69 israelere av hjerteinfarkt.

I ettertid forsto amerikanere og israelere at Golfkrigen kunne ha fått tragiske resultater hvis Saddam Hussein hadde hatt atomvåpen. Ingen tvilte på at den brutale diktatoren, som hadde brukt giftgass mot sitt eget folk, ville ha brukt atomvåpen mot koalisjonens soldater, Saudi-Arabia eller Israel om han hadde hatt en mulighet til å gjøre det.

Nå begynte verdens ledere å overøse tidligere statsminister Menachem Begin med lovord. Resolusjoner ble foreslått i den amerikanske Kongressen som «takket Israel fordi de hadde ødelagt atomreaktoren». Senatorer og kongressrepresentanter kom til Israel og ga uttrykk for sin takknemlighet med tårer i øynene. Avisa *Miami Herald*, som i 1981 hadde vært spesielt kritisk til det Begin gjorde, ba om unnskyldning. Og da den amerikanske forsvarsministeren Dick Cheney besøkte Israel i juni 1991, fikk generalmajor David Ivri et satellittbilde av den ødelagte reaktoren med påskriften: «Til general David Ivri, med takk og anerkjennelse for den fremragende jobben han gjorde med det irakiske kjernefysiske programmet i 1981, som gjorde jobben vår mye enklere i Desert Storm.»

Men det som kanskje var det viktigste for Begin, var at 100 av de 120 representantene i Knesset undertegnet et brev der de takket ham fordi han hadde tatt dette modige initiativet. Flere av dem som undertegnet brevet, var noen av Begins største politiske motstandere, slik som Yitzhak Rabin. De eneste som ikke undertegnet brevet, var kommunistene, de arabiske representantene, Shimon Peres og noen få andre.

Sammenkomsten i Madrid

Etter at Golfkrigen var over, ble det ny fart i det internasjonale samfunnets forsøk på å stifte fred mellom Israel og araberne. «Vår forpliktelse til fred i Midtøsten er ikke over ved at Kuwait er frigjort,» sa president Bush i en tale i Kongressen. «Nå er tiden kommet til å sette en stopper for den arabisk-israelske konflikten ... Nå burde det være åpenbart for alle parter at fredsstiftelse i Midtøsten krever kompromiss.» Presidenten fikk stående applaus fra Kongressen i tre hele minutter.

Rett etter at Bush hadde holdt denne talen, reiste utenriksminister James Baker til Israel der han påbegynte arbeidet med å få i gang fredsprosessen. Etter flere måneder med skytteldiplomati og forhandlinger ble det bestemt at Bush og Sovjetunionens president Mikhail Gorbatsjov skulle invitere partene i Midtøsten til en fredskonferanse i Madrid. Flere av statsrådene i den israelske regjeringen var sterke motstandere av at Israel skulle delta på konferansen, men selv om Shamir sto i fare for å miste flertallet i Knesset, reiste han likevel til den spanske hovedstaden.

Konferansen i Madrid åpnet den 30. oktober 1991, og dette var faktisk første gang siden Lausanne-konferansen i 1949-1950 at partene i konflikten hadde møtt hverandre ansikt til ansikt, bortsett fra de korte møtene i Geneve i 1973. Dette var også første gang palestinerne fikk sende sine egne representanter til en konferanse. Palestinerne kom som en del av den jordanske delegasjonen, som besto av 14 personer. I tillegg sendte palestinerne Faisal Husseini, Hanan Ashrawi, Sari Nusseibeh og tre andre PLO-medlemmer som rådgivere til konferansen. De rapporterte til PLOs hovedkvarter i Tunis om hva som var på gang.

Jordan var ivrig etter å finne en løsning på konflikten, for de hadde nettopp tatt imot 270 000 palestinske immigranter som var blitt kastet ut fra Kuwait. Syria var i en desperat situasjon. I mange år hadde Sovjetunionen vært Syrias sterkeste støttespiller, men nå holdt Sovjetunionen på å gå i oppløsning.

Etter konferansen i Madrid ble det holdt fem runder med bilaterale samtaler, og den første runden ble holdt i Washington i desember. Israel spesifiserte 12 spesifikke områder der de var villige til å gi palestinerne råderett, men de snakket ikke om å evakuere bosettinger eller tropper eller holde valg. De multilaterale samtalene begynte i Moskva i januar 1992, og de besto av fem arbeidsgrupper som diskuterte regionalt og økonomisk samarbeid, miljø, vann, våpenkontroll og flyktninger. Syria og Libanon nektet å delta i de multilaterale samtalene før de kunne se framgang i de bilaterale samtalene.

Samtalene i Madrid bar lite konkret frukt, men de var av kolossal symbolsk betydning. Madrid-samtalene var et eksempel til etterfølgelse, og i senere forhandlinger mellom Israel og palestinerne benyttet man seg av mange av de samme formuleringene og løsningene som var blitt foreslått i Madrid.

Partiene på høyrefløyen i Israel fikk etter hvert nok, og Shamir ble tvunget til å flytte det neste valget fram fra november til juni 1992. Shamirs æra var over, og Israel skulle aldri mer bli det samme etter valget i juni 1992.

Kapittel 13: 1992-1999
Gi freden en sjanse

Den 70 år gamle hvithårete mannen var en av de mest berømte israelske generalene. Han hadde deltatt i Israels kriger i 1948, 1956 og 1967, og deretter hadde han lagt geværet på hylla og gått videre til å bli diplomat og senere dessuten en av landets fremste politikere. For fire uker siden hadde denne offiseren fått den jobben som fem millioner andre israelere mente de kunne gjøre bedre enn noen andre. Det partiet han var leder for, hadde vunnet det israelske valget, og den hvithårete mannen var blitt utpekt av president Chaim Herzog til å danne Israels neste regjering.

Nå var den amerikanske utenriksministeren James Baker på besøk i Jerusalem med et stort følge. Baker hadde investert så mye penger i oljeindustrien at det opprinnelig var tvil om han overhodet fikk lov til å ha noen innflytelse på USAs politikk i Midtøsten, men i 1990 hadde president George Bush bedt riksadvokaten gi Baker immunitet for denne loven.

Baker hadde kommet til Israel for å finne ut om den nye israelske regjeringen var mer villige til å bøye seg for diplomatisk press enn den forrige regjeringen hadde vært. Og selv om han hadde mottatt mange positive signaler i løpet av de få dagene han tilbrakte i landet, var han også frustrert over at den nye statsministeren ikke ville gi noen konkrete løfter. Den nye statsministeren, på sin side, hadde ennå ikke fått hjulene til å snurre i den nye regjeringen, og han selv hadde ikke engang hatt tid til å flytte inn i statsministerboligen. I stedet bodde han på King David Hotel, som tilfeldigvis var det samme hotellet som Bakers følge hadde tatt inn på.

Statsministeren mente at han måtte få orden på sin egen koalisjon før han kunne begynne å gi løfter i øst og vest, men samtidig ville han at Baker skulle reise hjem med klare signaler om at han var rede til å gjøre store oppofringer for å skape fred i Midtøsten. «Dennis, fortell ministeren at han har å gjøre med en annen Yitzhak nå,» var Yitzhak Rabins budskap til Dennis Ross, som var USAs utsending til Midtøsten.

Yitzhak Rabin og Arbeiderpartiet hadde vunnet valget til det 13. Knesset den 23. juni 1992, og de sovjetiske jødene, som hadde kommet til landet i store skarer de to foregående årene, fikk stor innflytelse på valget. De nye immigrantene visste lite om jødisk og israelsk historie, de hadde lite erfaring fra det politiske liv i Israel, og de hadde ingen spesielle forhold til noen av de politiske partiene i Israel. Men de visste godt at Rabin var en av landets store krigshelter. Tre uker før valget feiret israelerne 25-års-jubileet for Jerusalems gjenforening, og det 25 år gamle bildet av Rabin som går inn i Gamlebyen sammen med forsvarsminister Moshe Dayan og sjefen for sentralkommandoen, Uzi Narkiss, prydet de israelske avisene. Arbeiderpartiet trykket dessuten opp russiske valgplakater som ble satt opp i Haifa og andre byer der det bodde mange russiske immigranter, og de vant hjertene til mange av de 260 000 russiske immigrantene som hadde stemmerett.

Arbeiderpartiet fikk også god hjelp av at mange politikere på høyresiden kranglet med hverandre om politikk og posisjoner, og at flere politikere startet små partier som ikke klarte å komme over terskelen på 1,5 prosent, men som likevel stjal stemmer som kunne ha gått til andre partier på høyresiden. Flere av disse partiene hadde faktisk blitt startet av politikere som reagerte negativt på at den forrige statsministeren, Yitzhak Shamir, hadde gått med på å forhandle med araberne under fredskonferansen i Madrid, og nå ville de vise sin motstand mot fredsforhandlingene ved å bryte med Likud.

Arbeiderpartiet fikk 44 mandater ved valget, og de kunne danne regjering sammen med venstrepartiet Meretz, som fikk 12 mandater, og det sefardiske religiøse partiet Shas, som fikk seks mandater. Kommunistpartiet Hadash og Det arabiske demokratiske partiet støttet også regjeringen, selv om de ikke ble invitert til å være med i koalisjonen. I tillegg til å bli statsminister, påtok Rabin seg også jobben som forsvarsminister. Shimon Peres ble utnevnt til utenriksminister, og Yossi Beilin ble utnevnt til viseutenriksminister. Med en slik koalisjon ved makten forsto den amerikanske regjeringen at de hadde større muligheter enn noensinne til å få fart få fredsprosessen mellom Israel og araberne.

Hemmeligheten i Oslo

Så tidlig som i 1980 hadde Peres fortalt Beilin på tomannshånd at Israel til slutt ville bli nødt til å forhandle med PLO, og selv om Peres uttalte offentlig at han foretrakk en jordansk løsning for palestinerne på vestbredden, fulgte han med på hvordan den israelske opinionen ville forholde seg til tanken på direkte forhandlinger med palestinske nasjonalister. I januar 1993 annullerte Knesset den loven som forbød israelere å ha kontakt med PLO. Det israelerne ikke visste, var at Peres allerede hadde hatt kontakt med PLO i flere måneder.

For PLO, Fatah og Yasser Arafat innebar Arbeiderpartiets valgseier en mulighet til å redde seg ut fra den blindgata de hadde havnet i de siste årene. Da Saddam Hussein invaderte Kuwait, ble Arafat en av de sterkeste tilhengerne av den irakiske diktatoren. Saddam var i krig med USA, «den store satan», og Arafat og andre palestinere hadde store forhåpninger om at Saddam i framtiden ville være i stand til å kaste både amerikanerne og sionistene ut av Midtøsten. Saddam hadde tross alt kontroll over en hær på én million mann, som hadde erfaring fra krigen med Iran. Allerede i januar 1988 hadde PLOs sentralkomité hatt et møte i Bagdad der de hilste «den tapre irakiske armeen under ledelse av den arabiske ridderen Saddam Hussein, som forsvarer den arabiske nasjons østlige flanke». Irak var dessuten det eneste araberlandet som aldri hadde undertegnet noen våpenhvileavtale med Israel.

Saddam på sin side åpnet lommeboken og dørene for PLO. Midt under krigen mellom Irak og Iran hadde Irak sendt 40 millioner dollar til PLO for å holde liv i intifadaen, og Arafat flyttet også flere av organisasjonens kontorer til Bagdad i frykt for at Israel igjen ville bombe hovedkvarteret deres i Tunisia.

Da Irak invaderte Kuwait i august 1990, hevdet både Saddam og Arafat at den irakiske hæren ikke ville trekke seg tilbake fra Kuwait før Israel trakk seg tilbake fra Judea, Samaria og Gazastripen, en tanke som de fleste vestlige land forkastet. Samtidig begynte flere og flere palestinere å uttrykke sin støtte til Saddam. Bilder av Saddam ble hengt opp i mange palestinske byer, og folk begynte å lage sanger til ære for den irakiske diktatoren. Da Saddam skjøt Scud-raketter mot de store israelske byene i 1991, danset mange palestinere på gatene og på takene da de så hvordan rakettene krasjlandet i Tel Aviv. Noen dager før Golfkrigen brøt ut, holdt Arafat en berømt tale der han sa «velkommen til krigen» til USA. Dagen etter erklærte han at palestinerne ville slåss «side om side med sine irakiske brødre».

Kuwait og Saudi-Arabia hadde i lang tid vært meget sjenerøse overfor de palestinske terrororganisasjonene, og flere hundre tusen palestinere hadde fått jobb og tjente gode penger i Kuwait. Nå som de to oljerike landene så hvordan PLO, Arafat og palestinerne vendte dem ryggen, tørket en av palestinernes viktigste inntektskilder inn. I mars 1991 ble dessuten rundt 400 000 palestinere kastet ut av Kuwait. Før krigen hadde omtrent 30 prosent av Kuwaits befolkning vært palestinere, men Arafats støtte til Saddam førte til at de fleste av dem ble kastet ut av landet i løpet av ei uke. De fleste flyktningene havnet i Jordan, men mellom 30 000 og

40 000 av de palestinske flyktningene fikk faktisk tillatelse av den israelske regjeringen til å flytte til Judea og Samaria.

Palestinerne i oljestaten Kuwait hadde vært relativt velstående, og de hadde ofte sendt penger til familiemedlemmene sine i Judea, Samaria og Gazastripen. Nå var det fare for at hele den palestinske økonomien ville gå til bunns. Oljestatene i Golfen skar ned på støtten, og Israel stengte grensene for de palestinske arbeiderne under krisen. I juni 1991 hadde de økonomiske problemene gått så langt at Fatah og Hamas begynte å kjempe mot hverandre på gatene i Nablus.

Siden 1989 hadde Yossi Beilin i hemmelighet hatt kontakt med den palestinske lederen Faisal Husseini, som var sønn av den beryktede Abd el Kader el-Husseini og nevø av Haj Amin Husseini, og som ble betraktet som Arafats personlige representant i de administrerte områdene. I desember 1992 hadde den israelske økonomen Yair Hirschfeld et møte med PLOs Ahmed Qurei, som også var økonom. Møtet ble holdt i London, og nordmennene Jan Egeland og Terje Rød-Larsen var med på å arrangere møtet. Dagen etter at forbudet mot kontakt med PLO ble opphevet i januar 1993, møttes de to for andre gang, og denne gang i Oslo. I en serie på fem møter fra januar til mai diskuterte Hirschfeld og Qurei hvordan Israel og PLO kunne bli enige om en avtale som først og fremst omhandlet Gazastripen. I januar 1993 ble dessuten det første møtet mellom Peres og Husseini arrangert, og i de kommende månedene skulle Peres få en nøkkelrolle i forhandlingene.

I april 1993 gikk Peres med på å forhandle om Jeriko eller Jenin i tillegg til Gazastripen, men Israel insisterte på at de ville kontrollere Allenbybroa, som var den eneste åpne grenseovergangen til Jordan på den tiden. Utover våren ble flere israelere involvert i samtalene, og nå ble partene enige om at Gaza skulle være demilitarisert, og det framtidige palestinske politiet skulle avvæpne alle grupper som drev med terrorisme. Qurei forsikret israelerne om at Arafat hadde «både evne og vilje til å sette en stopper for terroren mot Israel», og han trodde at når Arafat fikk komme inn på Gazastripen, ville befolkningen der vende seg mot islamistene i Hamas og Islamsk Jihad.

Av frykt for at opposisjonen i Israel eller islamistene blant palestinerne ville sette en stopper for prosessen, foregikk forhandlingene i Oslo i hemmelighet. Ikke engang det israelske etterretningsvesenet ble informert om det som pågikk, og Rabin forsøkte ikke å innhente råd fra eksperter på araberverdenen eller det israelske forsvaret om detaljene i forhandlingene.

Det endelige gjennombruddet i forhandlingene kom da utenriksminister Johan Jørgen Holst reiste til Stockholm for angivelig å ha samtaler om det norske tungtvannet i Dimona-reaktoren i Israel. Etter at de hadde sittet en hel natt og forhandlet med Arafat og Qurei på telefon fra Tunisia, ble de til slutt enige. Det israelske utenriksdepartementets generaldirektør, Uri Savir, og Ahmed Qurei undertegnet deretter Prinsipperklæringen i Oslo.

Prinsippene i Washington

Mot slutten av sommeren ble Shas-partiets leder, Aryeh Deri, anklaget for å ha tatt imot 155 000 dollar i bestikkelser. Siden dette potensielt sett kunne skape regjeringskrise, ble Rabin tvunget til å sette opp farten i forhandlingene. Den israelske regjeringen godkjente Prinsipp-erklæringen, og bare to statsråder avsto fra å stemme.

Det neste skrittet var at lederne for de to gruppene skrev flere brev som skulle danne grunnlaget for at de noen dager senere kunne undertegne Prinsipperklæringen i Washington. Det første brevet var fra Arafat til Rabin. Arafat skrev at PLO godtok Israels rett til å eksistere i fred og sikkerhet, de godtok Sikkerhetsrådets resolusjoner 242 og 338, og PLO lovte at alle tvister om den permanente fredsavtalen skulle løses ved forhandlinger.

Samme dag sendte Rabin et svar til Arafat, der han fortalte at Israels regjering hadde bestemt seg for å betrakte PLO som det palestinske folkets representant og forhandle med PLO om fred. Arafat skrev også et brev til Holst, der han anmodet palestinerne om å forkaste vold og terrorisme og i stedet skape fred og stabilitet.

Fire dager etter at disse brevene ble undertegnet, den 13. september 1993, kom de øverste israelske og palestinske lederne sammen på gressplenen utenfor Det hvite hus i Washington for å undertegne Prinsipperklæringen. Både USAs president Bill Clinton og Arafat skinte som solen i det vakre høstværet, men det var tydelig at Rabin ikke følte seg vel til mote da han håndhilste på Arafat.

Hele Prinsipperklæringen handlet om hvordan man kunne skape fred mellom Israel og palestinerne i flere trinn. Det skulle opprettes et midlertidig palestinsk selvstyre, som ble kalt for «Det valgte rådet» eller bare «Rådet», og dette Rådet skulle ha myndighet over palestinerne i de administrerte områdene i en periode som skulle være på maksimum fem år. Før den tiden var omme, skulle partene undertegne en permanent fredsavtale basert på Sikkerhetsrådets resolusjoner 242 og 338. Perioden på fem år skulle begynne når Israel trakk styrkene sine ut fra Gazastripen og Jeriko.

I løpet av ti måneder etter at avtalen var undertegnet, skulle det holdes valg til Rådet. De palestinske selvstyremyndighetene skulle få kontrollen over utdanning, kultur, helsevesenet, velferd, direkte skatter og turisme. I tillegg skulle de også begynne å bygge opp en palestinsk politistyrke, som skulle holde ro og orden i de områdene der de fikk juridisk kontroll. Israel skulle derimot ta det generelle ansvaret for israelernes sikkerhet.

Partene ble enige om at det ikke skulle skje noen endringer med de jødiske bosettingene i Judea, Samaria og Gazastripen før de eventuelt ble enige om dette i en endelig fredsavtale. Israel ville fortsatt ha kontroll over store deler av de administrerte områdene, selv om de først skulle trekke seg tilbake fra Jeriko og store deler av Gazastripen, og senere også fra flere store byer i Judea og Samaria. De ble dessuten enige om at enhver tvist skulle løses med forhandlinger eller ved andre midler som partene ble enige om.

I løpet av to år skulle partene starte forhandlinger om en permanent fredsavtale, og i disse samtalene skulle man diskutere Jerusalem, de palestinske flyktningene, bosettingene, sikkerheten, grensene og forholdet til andre naboland.

Ti dager senere ble Prinsipperklæringen vedtatt av Knesset med 61 mot 50 stemmer. Flere av de israelske motstanderne påpekte hvor absurd det var at mindre enn halvparten av alle jødiske representanter i Knesset hadde stemt for planen, og at regjeringen var avhengig av fem arabiske representanter for å få rent flertall. På denne tiden hadde Shas-partiet trukket seg fra regjeringen, så nå hadde Rabin kun 56 representanter i koalisjonen.

Den israelske forsvarssjefen, generalløytnant Ehud Barak, som hadde flere utmerkelser enn noen annen soldat i det israelske forsvaret, hadde sterke reservasjoner og var bekymret over at Israel ikke lenger kom til å ha ansvaret for Jeriko og Gazastripen. Israel ville ikke lenger ha tilgang på den samme etterretningen, de ville bli avhengig av det palestinske politiet, og de ville stå overfor helt nye problemer når de skulle forsvare bosetterne.

Hasjemittene velger fred

Nå som fredsprosessen med palestinerne var godt i gang, var tiden moden for at den andre suverene staten i det tidligere Palestinamandatet, nemlig Jordan, kunne stifte fred med Israel. Både Israel og Jordan fryktet at de nyopprettede palestinske selvstyremyndighetene kunne true stabiliteten i området. Inntil 1993 hadde Israel hatt kontroll over 22 prosent av det historiske Palestinamandatet, mens Jordan hadde hatt kontroll over de resterende 78 prosentene. Nå begynte Arafat plutselig å kalle seg selv for «Palestinas president», og kong Hussein var redd for at de palestinske terrororganisasjonene, og spesielt islamistene, ville få for stor makt i landet hans.

Kong Hussein hadde allerede truffet Shamir i september 1991, og Rabin hadde nær kontakt med den hasjemittiske kongen. I mai 1994 startet de to landene formelle fredsforhandlinger i hemmelighet i London, og den 25. juli kom kong Hussein og Rabin til Washington, der de skrev under på en avtale som satte en sluttstrek for den formelle krigstilstanden mellom de to landene.

Deretter gikk det slag i slag. To uker senere ble en ny grenseovergang mellom Israel og Jordan åpnet, mellom den israelske feriebyen Eilat og den jordanske byen Aqaba, og den 26. oktober ble den endelige fredsavtalen undertegnet i Aravadalen. Et par uker senere besøkte kong Hussein Israel for første gang.

Fredsavtalen med Jordan fikk en mye varmere mottakelse enn fredsprosessen med palestinerne blant israelere flest. I en avstemning i Knesset dagen før avtalen ble undertegnet, stemte 105 representanter for, mens kun tre representanter stemte mot. En faktor som gjorde at israelerne var langt mer positive til fredsavtalen med Jordan, var at istedenfor «land for fred» var den basert på «fred for fred». Fredsavtalen betydde at det skjedde noen mindre korreksjoner av grensa mellom de to landene i Aravadalen, men generelt sett forble grensene de samme som de hadde vært tidligere. Dette betydde blant annet at Jordan i praksis tok et skritt tilbake til Transjordans dager og ga avkall på de landområdene som de tidligere hadde kalt for «Vestbredden». Den eneste suverene nasjonen bortsett fra Israel som hadde gjort krav på suverenitet over noen deler av Vest-Palestina de siste 2000 årene, oppga nå dette kravet.

Men selv om Israel ikke ble nødt til å betale med land, kostet fredsavtalen dem noe annet, som er en minst like dyrebar ressurs i det tørre Midtøsten. Israel gikk med på å pumpe 50 millioner tonn vann til Jordan i året og at Jordan skulle kunne pumpe tre fjerdedeler av Jarmokelven.

I løpet av de kommende årene begynte partene også å samtale om hvordan de skulle kunne hjelpe hverandre på andre felt. Et av de mest omtalte prosjektene handler om at Jordan og Israel kanskje en gang i framtiden vil bygge en felles kanal fra Rødehavet til Dødehavet, eller «Red-Dead Canal», som den er blitt kalt på engelsk, siden Dødehavet holder på å tørke ut. De diskuterte også muligheten for å gi Israel tilgang til rullebanen på flyplassen i Aqaba, og at Israel skulle bygge en egen passasjerterminal på den israelske siden av flyplassen.

Ingen løsning på Golan

Israels regjering forsøkte også å benytte sjansen til å forhandle med Syria om en fredsavtale, men Syria var en helt annen historie enn Jordan. Samtidig som Jordan og Israel ofte hadde hatt gode forbindelser i hemmelighet på tross av at de var i krig med hverandre, hadde Syria ofte vært pådrivere i arabernes kamp mot Israel.

Den syriske presidenten, Hafez Assad, var verken sunni eller sjia, men alawitt. I et land der 70 prosent av folket var sunnimuslimer, trengte Assad en ytre fiende for å kunne forbli ved makten og sikre et sterkt regime. Assad forkastet Oslo-avtalene samt fredsprosessen med palestinerne og jordanerne siden han mente at araberne burde handle i fellesskap.

Israel på sin side hadde lite eller ingen tillit til den radikale syriske diktatoren. Assad hadde tross alt massakrert over 30 000 av sine egne undersåtter[24] da han sendte den syriske hæren for å drive Det muslimske brorskap ut av byen Hama, og Rabin lovte at enhver fredsavtale med Syria ville bli gjenstand for en folkeavstemning.

I september 1994 fortalte Rabin sin regjering at han måneden i forveien hadde overlevert USA et forslag til fredsavtale med Syria. Ifølge denne planen skulle Israel trekke seg tilbake fra Golanhøydene i løpet av en periode på mellom tre og fem år. Assad var positiv til dette forslaget og ga indikasjoner på at han var rede til å samarbeide med libaneserne om en fredsavtale.

Den samme sommeren ble det arrangert et møte mellom den israelske og den syriske ambassadøren til USA, og noen måneder senere traff de to landenes forsvarssjefer hverandre. Men selv om begge parter forsøkte å nærme seg hverandre, ble det snart åpenbart at mange små og mellomstore tuer kunne velte et stort lass. Syria ville at Israel skulle trekke seg så langt tilbake at syrerne fikk tilgang til Galileasjøen, men Israel mente at dette ikke stemte overens med de grensene som Storbritannia og Frankrike var blitt enige om da de trakk opp og endret grensene på Golanhøydene gang på gang mellom 1916 og 1924.

Israel ville at de to statene skulle opprette diplomatiske forbindelser i løpet av de årene som tilbaketrekningen foregikk, men Syria nektet å opprette diplomatiske forbindelser før Israel hadde trukket seg tilbake fra alle landområdene de hadde erobret i 1967. Israel ønsket også å beholde

---

24 Antallet personer som ble drept i massakren, spriker kraftig etter hvilken kilde man bruker. Presidentens bror, Rifaat Assad, hevdet senere at styrkene hans hadde drept 38 000 i byen.

en lyttepost på Hermonfjellet, men Syria forkastet ethvert forslag om noe som faktisk ville være en israelsk spionpost på syrisk territorium.

I desember 1995 gikk Syria med på å gjenoppta forhandlingene uten betingelser, og i løpet av de følgende to månedene ble det arrangert to runder med fredsforhandlinger ved Wye River i Maryland, USA, men deretter stoppet fredsprosessen med Syria opp. I desember 1999 kunngjorde president Clinton at Assad og Israels daværende statsminister Ehud Barak hadde gått med på å gjenoppta forhandlingene der de hadde sluttet i januar 1996, men etter to runder med forhandlinger i Shepherdstown, West Virginia fikk prosessen en brå slutt atter en gang.

Men selv om Israel aldri har klart å oppnå den freden med Syria som de har ønsket, klarte de å opprette diplomatiske forbindelser med mange andre suverene stater på begynnelsen av 1990-tallet. Kina var et av de landene som tidligere hadde nektet å anerkjenne Israel, men i januar 1992 ble det opprettet diplomatiske forbindelser mellom de to eldgamle folkeslagene. Det samme året opprettet Israel også diplomatiske forbindelser med India, som senere er blitt Israels sterkeste allierte i Asia. I løpet av disse årene opprettet Israel dessuten også diplomatiske forbindelser med landene i den tidligere Østblokken og det tidligere Sovjetunionen.

Det var også i løpet av disse årene at Israel opprettet diplomatiske forbindelser til Vatikanet. Da Theodor Herzl traff kardinal Merry del Val i 1904 for å be om støtte til sionismen, forkastet kardinalen enhver tanke på at den katolske kirken skulle støtte opprettelsen av en jødisk stat. «Så lenge jødene fornekter Kristi guddommelighet, hvordan kan vi gå med på at de gjenvinner eierskapet over Det hellige land? De må først ta imot omvendelse,» var kardinalens svar til Herzl den gangen.

Men i oktober 1991 hadde pipa fått en annen låt da en gruppe kardinaler stemte for en gradvis normalisering av det gjensidige forholdet mellom Israel og Vatikanet. Dette var startskuddet på en prosess som varte i flere år, inntil fulle diplomatiske forbindelser ble opprettet i juli 1994.

Terroren skyter fart

Da det ble kjent at den israelske regjeringen hadde begynt å samtale med PLO og at de hadde tenkt å gi PLO politiske rettigheter i Judea, Samaria og Gazastripen, begynte kritikken å hagle mot den israelske regjeringen. Kritikerne mente at Prinsipperklæringen i praksis betydde at det nå var Yasser Arafat og PLO som hadde ansvaret for å sette en stopper for de islamistiske terroristene, og de hadde ingen illusjoner om at Arafat mente alvor med at han ville sette inn det palestinske politiet i kamp mot terroristene. Og selv om han faktisk mente alvor, var det et åpent spørsmål om hvorvidt han ville være i stand til å slå ned på de mektige islamistiske bevegelsene.

Det som Arbeiderpartiet hadde gjort, innebar dessuten store politiske omveltninger i Jerusalem. I 28 år hadde Arbeiderpartiets Teddy Kollek vært borgermester i hovedstaden, og han vant hele seks valg i byen. Men da Ehud Olmert fra Likud stilte til valg mot Kollek i november 1993, tapte den populære borgermesteren for første gang.

Mange politikere, kommentatorer og demonstranter advarte mot at Oslo-avtalene ville føre til at terrorister ville kunne opprette baser i nærheten av israelske byer og bosettinger, og at resultatet av avtalene ville bli en palestinsk stat under ledelse av erketerroristen Yasser Arafat. Noen gikk så langt som å sammenligne den israelske regjeringen med den britiske statsministeren Neville Chamberlain, som skrøt av at han hadde stiftet «fred for vår tid» da han vendte tilbake til London etter å ha undertegnet en fredsavtale med Hitler i München.

Kritikerne fikk ytterligere ammunisjon da Arafat i en tale i en moské i Johannesburg i mai 1994 anmodet muslimer om å gå til hellig krig for å befri Jerusalem. Da Arafat holdt talen, var han ikke klar over at den ble spilt inn og at hele talen senere ville bli tilgjengelig for israelerne, og kritikerne mente at Arafats snakk om fred bare var et spill for galleriet mens talen i moskeen avslørte hva Arafat virkelig mente. «Dere må komme og kjempe og begynne den hellige krigen for å frigjøre Jerusalem, deres første helligdom,» sa Arafat i talen.

Israelerne ble heller ikke beroliget av at Arafat sammenlignet Oslo-avtalene med Qureish-avtalen. Da qureishene hadde kontrollen over Mekka, skrev Muhammed under på en våpenhvileavtale som skulle gjelde i ti år. To år senere hadde Muhammed fått flere tilhengere og blitt sterkere, og dermed kansellerte han avtalen samtidig som han erobret Mekka og slaktet qureishene. Nå hevdet Arafat at Oslo-avtalene ikke betydde mer enn Qureish-avtalen, og at Oslo-avtalene var et skritt på veien til å erobre Jerusalem.

I de kommende årene skulle det – dessverre for israelerne – virke som om kritikerne fikk rett i sine dystre spådommer. De første månedene etter at Prinsipperklæringen ble undertegnet, fant de fleste terrorangrep sted i Judea og Samaria og på Gazastripen, og flere av de israelske innbyggerne i bosettingene måtte bøte med livet. Blant de israelske bosetterne var det mange som var redde for at dette var et tegn på at den israelske regjeringen ikke prioriterte like høyt å forsvare dem som å forsvare andre israelere. Allerede før valget i 1992 hadde Rabin sagt klart ifra at han ikke ville tolerere terrorisme innenfor den grønne linja,[25] og noen bosettere tolket dette som at han ville være mer overbærende mot terrorangrep i Judea, Samaria og Gazastripen enn med terrorangrep i Tel Aviv og Haifa.

Det skulle imidlertid ikke gå så lang tid før terroristene begynte å rette de virkelig store kanonene mot den israelske befolkningen også innenfor den grønne linja. Den 6. april 1994 ble åtte personer drept og 45 såret da en bil kjørte rett inn i en buss og eksploderte i byen Afula på Jezreelsletta. Bare ei uke senere ble fem personer drept og 45 såret da en selvmordsterrorist sprengte seg selv i lufta på busstasjonen i Hadera. Hamas påtok seg ansvaret for begge disse angrepene.

Et halvt år senere ble terrorkrigen trappet ytterligere opp da en selvmordsterrorist sprengte seg selv i lufta om bord på buss nummer fem i Tel Aviv. 22 personer ble drept og 48 såret i dette angrepet. 1. juledag 1994 ble 12 israelere drept i et angrep i Jerusalem, og i januar 1995 ble 19 personer drept da to bomber eksploderte ved en busstasjon ved veikrysset Beit Lid nær Netanya, og deretter virket det som om terroristene forsøkte å overgå hverandre i grusomheter.

Tragisk nok ble også en rekke arabere offer for volden. I tillegg til at flere arabere ble drept i de palestinske terrorangrepene, ble 29 muslimer skutt og drept mens de ba i moskeen ved Makpelahulen i Hebron den 25. februar 1994. Hele Israel var forferdet da radiostasjoner og TV-programmer ble fylt av nyheten om at det denne gangen var en jøde som hadde stått bak massakren. Et overveldende flertall av Knessets representanter stemte for å fordømme massakren i Hebron, og regjeringen nedsatte en granskningskommisjon for å fastslå hva som hadde skjedd i Makpelahulen.

Massakren førte til at Israel og PLO noen uker senere skrev under på en avtale om at det skulle opprettes et midlertidig internasjonalt nærvær i Hebron (TIPH), som skulle bestå av 160 observatører fra Danmark, Italia og Norge, og som skulle bli i byen i tre måneder. Siden den gangen er det «midlertidige» mandatet blitt utvidet, og i skrivende stund består styrken også av observatører fra Sverige, Sveits og Tyrkia.

---

25 «Den grønne linja» er de våpenhvilelinjene som var *de facto* grense mellom Israel og vestbredden og mellom Israel og Gazastripen fra 1949 til 1967. Områder innenfor den grønne linja er det som er anerkjent som Israels suverene territorium av det internasjonale samfunn. Områder utenfor den grønne linja er det som kalles for de administrerte territoriene, som var de områdene som var gjenstand for forhandlinger i fredsprosessen mellom Israel og PLO.

Fredsprosessen tar form

Da Prinsipperklæringen ble undertegnet i september 1993, var det meningen at den skulle danne grunnlaget for en rekke avtaler som skritt for skritt skulle føre til at det ble undertegnet en permanent fredsavtale. Neste skritt i denne prosessen kom den 4. mai 1994, da Israel og PLO undertegnet den såkalte Gaza-Jeriko-avtalen i Kairo, som ga palestinerne begrenset selvstyre i Jeriko og på Gazastripen.

Hovedtrekkene i denne avtalen var blant annet at Israel skulle trekke troppene sine tilbake. I framtiden skulle de israelske soldatene være utplassert i bestemte militære soner, som for eksempel ved grensa til Egypt og i de israelske bosettingene. De ble også enige om at Israel skulle bevokte bosettingene og alle israelere som reiste til og fra bosettingene, og Israel skulle også ha kontrollen over alle internasjonale grenser. Det skulle opprettes et palestinsk politi med inntil 9000 politifolk, og dette politiet skulle opprettholde ro og orden blant palestinerne og forhindre terror mot israelere i de områdene der de hadde kontrollen. Israel skulle også løslate 5000 palestinske fanger som ikke hadde «blod på hendene», det vil si fanger som ikke hadde deltatt i terrorangrep der israelere faktisk ble drept. Avtalen spesifiserte også 25 sivile områder der de palestinske selvstyremyndighetene skulle overta kontrollen.

Israel brukte ikke lang tid på å fullbyrde sin del av avtalen. Allerede den 13. mai hadde de trukket troppene sine tilbake fra Jeriko, og fem dager senere hadde de israelske troppene sagt farvel til den palestinske befolkningen på Gazastripen.

I juli samme år reiste Arafat for å besøke Gazastripen og Jeriko, og i palmebyen Jeriko ble det palestinske rådet tatt i ed. Mange av de som hadde stått på barrikadene i Intifadaen, skulle imidlertid bli svært skuffet over hvordan det nye palestinske selvstyret utviklet seg. Mange av de øverste toppene i PLO immigrerte til landet sammen med Arafat fra det tidligere hovedkvarteret i Tunis, og det skulle vise seg at Arafat foretrakk eliten fra Tunis istedenfor lokale ledere fra Intifadaen. Det tok ikke lang tid før Arafat og de palestinske selvstyremyndighetene ble anklaget for korrupsjon, enevelde og brudd på menneskerettighetene. Aviser ble stengt, og uavhengige journalister ble arrestert.

Da verdenssamfunnet øynet muligheten for fred mellom israelere og palestinere, begynte presidenter og statsministre å åpne opp lommebøkene sine for palestinerne. Den 1. oktober 1993 gikk 43 nasjoner sammen og lovte å støtte palestinerne med nesten to milliarder dollar. Clinton lovte at PLO skulle få 500 millioner dollar fra onkel Sam de neste fem årene. Til og med Israel valgte å bidra med 25 millioner dollar i gave og et lån på 50 millioner dollar.

På tross av den sterke pengestrømmen fikk imidlertid ikke palestinerne det noe bedre i sitt daglige liv. Mange PLO-topper flyttet inn i fine villaer samtidig som mannen i gata vansmektet. Da PLO toget inn i Jeriko og på Gazastripen, falt levestandarden med mellom 30 og 40 prosent på ett år.

Før fredsprosessen begynte, hadde grensene vært åpne slik at mange palestinere kunne reise fritt for å jobbe i Israel, der lønningene var mye høyere enn i de palestinske byene. Nå som terrorangrepene var blitt daglig kost for israelerne, ble de nødt til å opprette kontrollposter og stenge de territoriene som var kontrollert av de palestinske selvstyremyndighetene, for å forsøke å beskytte de sivile israelerne. Før Oslo-avtalene ble undertegnet, hadde opptil 120 000 palestinere tjent til livets opphold i Israel, men nå ble dette antallet kraftig redusert. Israelerne så dessuten at de ikke kunne stole på at palestinerne ville utføre de jobbene som de tidligere hadde hatt, og dermed begynte de å importere billig arbeidskraft fra Asia og Øst-Europa.

I september 1995 undertegnet partene den neste avtalen, som er blitt kalt for Oslo II, der de valgte å gå videre og utvide områdene der palestinerne fikk selvstyre. Ifølge denne avtalen skulle de palestinske myndighetene få kontrollen over ytterligere sju byer i Judea og Samaria, nemlig Betlehem, Hebron, Jenin, Nablus, Qalqilya, Ramallah og Tulkarem, i tillegg til sivil kontroll over cirka 450 landsbyer.

I denne nye avtalen ble den palestinske politistyrken fordoblet, og Israel gikk dessuten med på å utruste det palestinske politiet med våpen i håp om at de ville arrestere dem som utførte terrorangrep og konfiskere ulovlige våpen. Og siden Israel mente at islamistene sto sterkere på Gazastripen enn i Judea og Samaria, fikk det palestinske politiet her et større antall panserkjøretøy og maskinpistoler til rådighet.

Judea og Samaria skulle deles inn i et lappeteppe der hvert område ville få betegnelsen A, B eller C. De sju største palestinske byene, som utgjorde 2,7 prosent av landområdene, skulle få betegnelsen A, og her skulle de palestinske selvstyremyndighetene få ansvar for sikkerheten og det sivile livet. B-området skulle bestå av cirka 450 landsbyer, eller 24 prosent av landområdene, der Israel skulle ha ansvar for sikkerheten, men palestinerne for det sivile livet. Resten av Judea og Samaria besto av enten ubefolkede områder eller israelske bosettinger, og her skulle Israel ha ansvaret for både sikkerheten og det sivile livet.

Partene ble også enige om at de israelske troppene skulle trekke seg tilbake i tre trinn i løpet av de neste 18 månedene. Alt dette skulle begynne den 10. oktober 1995, da Israel også skulle løslate 5000 palestinske fanger, og noen uker senere skulle de trekke seg ut av de største byene.

Man bestemte også at det første valget på president for de palestinske selvstyremyndighetene (heretter kalt PNA, etter det engelske «Palestinian National Authority») og valg av representanter til det palestinske lovgivende råd (heretter kalt PLC, etter det engelske «Palestinian Legislative Council») skulle finne sted i januar 1996.

Det første valget fant sted den 20. januar 1996, og resultatet ble at Arafat ble valgt til president med 90 prosent av stemmene. Den 12. februar sverget han så eden som «president for Palestina», som han kalte seg selv.

Spørsmålet om hva man skulle gjøre med de 130 000 israelske innbyggerne i bosettingene, ble utsatt til et senere tidspunkt. Israel og PLO ble enige om at de skulle forsøke å holde israelerne atskilt fra den palestinske befolkningen, blant annet ved at Israel skulle bruke 100 millioner dollar på å bygge 20 nye veier, slik at israelerne kunne kjøre utenom de palestinske byene.

Statsministeren sovner inn

Israels forhold til verden omkring ble kraftig forbedret fra 1990 til 1996, men internt i Israel var det motsatte tilfelle. Skarer av israelere flokket seg i en rekke demonstrasjoner mot regjeringens politikk, og følelsene nærmet seg ofte kokepunktet.

Regjeringen hadde lenge påstått at de som sto bak terrorangrepene, var palestinere som ville sette en stopper for fredsprosessen, og at svaret på terroren bare var å gå videre med fredsprosessen som om det ikke fantes noen terrorangrep. Mange israelere følte imidlertid at regjeringen gikk altfor langt. De mente at regjeringen valgte å ignorere de advarslene som hadde kommet om at et kompromiss med Arafat og PLO ville føre til mer terrorisme.

Jødene som bodde i de israelske byene og landsbyene i Yesha,[26] følte dessuten at de ble neglisjert av den israelske regjeringen. Jødene i Yesha følte ofte at den samme regjeringen som omtalte Yasser Arafat som en partner i fredsarbeidet, behandlet dem som om de var ekstremister som ikke ønsket fred. Regjeringen hadde en utstrakt hånd til Arafat og PLO,

---

26 Yesha er en hebraisk forkortelse for Yehuda, Shomron, Azza (Judea, Samaria og Gazastripen). Yesha er således det israelske navnet på de områdene som ble erobret fra Jordan og Egypt i 1967 og som ikke ble gitt tilbake til Egypt under fredsavtalen i 1979.

men ikke til jødene i Yesha. Innbyggerne i Yesha ble også ofte satt i samme bås som de islamistiske terrororganisasjonene. Begge grupper, både de som utførte terrorangrep og de som ofte var offer for angrepene, ble stemplet som «fiender av freden».

Samtidig hadde den israelske sikkerhetstjenesten hemmelige agenter utplassert blant befolkningen i Yesha for å rapportere om mistenkelig virksomhet blant radikale jøder. En av dem som jobbet som agent for Shin Bet i Yesha, var Avishai Raviv, som gikk under kodenavnet «Champagne». Det skulle imidlertid vise seg at Raviv ikke bare var en spion blant de radikale. Raviv ble selv en av de mest radikale lederne blant jødene i Yesha.

Under en demonstrasjon i sentrum av Jerusalem den 5. oktober 1995, der Likuds leder Benjamin Netanyahu talte til en skare på omkring 250 000 personer, delte Raviv ut plakater med bilder av Rabin i SS-uniform. Flere israelske massemedier ga inntrykk av at Netanyahu hadde ansvaret for at denne plakaten var blitt produsert og distribuert, selv om Netanyahu umulig kunne vite om alt som foregikk under en så stor demonstrasjon. I en tale i Knesset gikk Rabin selv så langt som å anklage Netanyahu for å egge til vold, selv om han som faktisk delte ut plakatene, var agent for en etterretningstjeneste som rapporterer direkte til statsministeren selv.

Men denne plakaten var bare toppen av isfjellet. Raviv startet også opp en militant organisasjon for å «forsvare jødene i Yesha», ifølge ham selv. Den militante organisasjonen fikk navnet Eyal, og innvielses-seremonien ble sendt på den statlige israelske TV-kanalen. En av dem som sverget eden i Eyal, var en ung student ved navn Yigal Amir. Amir hadde tidligere vært ansatt i etterretningstjenesten Nativ,[27] og sammen med «Champagne» gjorde han Eyal til en av de mest radikale israelske organisasjonene.

Eyal påtok seg ansvaret for mordet på en palestiner i Halhoul, men selv om Rabin fordømte mordet, ble verken Raviv eller Amir arrestert.[28] Raviv tok dessuten med seg flere jødiske tenåringer på «omvisning» i Hebron, der de knuste vinduer og banket opp arabiske butikkeiere. De deltok også i flere demonstrasjoner, og i slutten av oktober ble Amir kastet ut fra en samling der Rabin talte da Amir reiste seg opp og skrek mot statsministeren. Også dette ble sendt på israelsk TV.

---

27 Nativ ble grunnlagt på 1950-tallet. Opprinnelig var hensikten at Nativ skulle være statsministerens øyne og ører blant jødene i Sovjetunionen og oppmuntre dem til å immigrere til Israel.

28 Ni dager etter mordet innrømmet fire palestinere at de hadde drept den palestinske mannen under et innbrudd.

Men på tross av at hele nasjonen gjentatte ganger hadde vært vitne til Amirs radikalisme, fikk han adgang til sikkerhetssonen under en fredsdemonstrasjon i Tel Aviv den 4. november samme år. Både statsministeren og utenriksministeren talte under demonstrasjonen ved Israels kongers plass i sentrum av Tel Aviv, i tillegg til Egypts og Jordans ambassadør. Men da demonstrasjonen var over og statsministeren gikk fra scenen til limousinen sin, hoppet Amir fram og fyrte av to skudd i ryggen på statsministeren.

Rabin ble kjørt til Ichilov-sykehuset fire kvartaler fra plassen der skuddene falt, og 40 minutter senere sluttet statsministerens hjerte å slå. Det mørkeste kapitlet i Israels historie var et faktum.

I løpet av noen minutter etter at skuddene falt, og mens Rabin fortsatt var i live, fikk reportere meldinger på personsøkerne sine om at Eyal påtok seg ansvaret for angrepet. I en samtale med en reporter sa Raviv til og med at det var Amir som hadde skutt statsministeren. Noen minutter senere kunne israelsk politi bekrefte at Rabins morder faktisk var Yigal Amir.

På grunn av alle de merkelige omstendighetene rundt mordet, tok det ikke lang tid før flere israelere begynte å tvile på om Amir hadde handlet alene. Bare ei uke senere hevdet professor Michael Hersiger fra Tel Aviv University at Shin Bet måtte ha vært involvert i mordet på statsministeren, og den 16. november hevdet Knesset-representanten Benny Elon at det var Shin Bet som hadde grunnlagt og finansiert Eyal. Dagen etter avslørte journalisten Amnon Abramovitch at Eyals leder, Avishai Raviv, faktisk var agent for Shin Bet. Dagen etter begynte to av de største israelske avisene, Maariv og Yediot Ahronot å stille spørsmål ved hvorfor Raviv aldri hadde rapportert til sine overordnede om sin plan om å myrde statsministeren.

De som trodde at mordet var en del av en konspirasjon, fikk ytterligere vann på mølla da Kanal 2 nesten to måneder etter valget viste en amatørfilm som var blitt filmet av en israeler ved navn Roni Kempler. Selv om Kempler-videoen var av dårlig kvalitet, kunne man se hvordan en skikkelse som lignet på Amir hadde uhindret adgang i sikkerhetssonen under demonstrasjonen, og hvordan han uhindret kunne strekke fram venstre arm mellom Rabins livvakter og avfyre to skudd før livvaktene tok affære. Det som kanskje var det mest oppsiktsvekkende med denne videoen, var ikke det faktum at Amir er høyrehendt, men Rabins reaksjon. Da skuddene falt, vendte Rabin hodet mot kilden samtidig som han fortsatte å gå framover. Dette skjedde på tross av at den medisinske rapporten fastslo at Rabins ryggrad var blitt knust av to kuler.

Nå begynte konspirasjonsteoriene å ta en annen vending. Flere journalister og forfattere begynte å spekulere i om Amir bare hadde skutt med løskrutt, og om Rabin kanskje ble skutt i limousinen på vei til sykehuset. Og i rettssaken mot Amir vitnet løytnant Baruch Goldstein fra politiets laboratorium om at kruttrester som ble funnet på Rabins klær viste at morderen skjøt fra kloss hold. På Kempler-videoen kunne alle og enhver se at Amir skjøt fra minst en halv meters hold.

Shin Bet selv handlet på en måte som ga næring til konspirasjonsteoriene. Selv om alle israelske medier ble fylt av historiene om hvordan Shin Bets egen agent, Avishai Raviv, var delaktig i mordet på statsministeren, nektet Shin Bet å arrestere Raviv. Etter hvert sto også flere vitner fram og kunngjorde at de hadde hørt hvordan Raviv hadde egget Amir til å myrde statsministeren. Shin Bet hevdet at de ikke visste noen ting om Eyal eller Ravivs radikalisme, selv om dette var blitt vist på flere nasjonale TV-kanaler.

Raviv ble til slutt arrestert fem år senere, og han ble anklaget for ikke å ha gjort nok for å forhindre mordet. Raviv klarte imidlertid å overbevise dommerne om at han bare hadde gjort jobben sin og at hendelsene hadde vært utenfor hans kontroll. Raviv er i dag en fri mann, men hans medsammensvorne, Yigal Amir, fikk livstid i fengsel for å ha myrdet statsministeren.

Maktskifte i 1996

Da Rabin fortsatt var i live, fredsprosessen gikk framover med full fart og terrorangrepene haglet på alle kanter, mistet Arbeiderpartiet mye av den støtten de fikk ved valget i 1992. Et overveldende flertall av israelerne sa klart ifra ved alle meningsmålinger at de mye heller ville ha Likuds leder Benjamin Netanyahu som statsminister enn Yitzhak Rabin. Men etter mordet på statsministeren svingte opinionen i motsatt retning. Alle meningsmålinger viste nå at Arbeiderpartiets nye leder, Shimon Peres, ikke ville ha noen problemer med å beseire Netanyahu i et nasjonalt valg, og dermed valgte han å flytte valget fram til den 29. mai 1996 istedenfor i november samme år.

Men selv om Peres følte seg sikker på seier da han utlyste nyvalg, skulle det vise seg at opinionen svingte i Netanyahus favør i løpet av de kommende månedene. En årsak til dette var at terrorangrepene bare økte i antall og intensitet. Den 25. februar ble 26 personer drept da en selvmordsterrorist sprengte seg selv i lufta om bord på buss nummer 18 på Jaffagata i Jerusalem, og Hamas påtok seg ansvaret for angrepet. Nøyaktig ei uke senere ble ytterligere 19 personer drept i et nytt angrep på den samme busslinja. Dagen etter sprengte en terrorist seg selv i lufta utenfor Dizengoff-senteret i Tel Aviv og tok 13 personer med seg i døden.

I løpet av de seks årene som Intifadaen varte, ble 140 israelere drept i terrorangrep. Fra 1993 til 1996 ble nesten 300 israelere drept. De fleste israelere var av den klare oppfatning at Oslo-avtalene ikke hadde gitt dem fred og sikkerhet, men død og ødeleggelse. Hver gang ei bombe ble sprengt, mistet Peres stemmer.

Valget i mai 1996 var det første valget der israelerne ikke bare skulle stemme på et parti til Knesset, men i tillegg skulle de også stemme på hvem de ville ha som statsminister. Denne gangen fikk Arbeiderpartiet 34 mandater i Knesset, og de beholdt plassen som det største partiet. Likud stilte felles liste med de to mindre partiene Gesher og Tzomet, og sammen ble de det nest største partiet med 32 mandater. Allikevel var det de som fikk jobben med å danne ny regjering, ettersom Netanyahu vant personvalget over Peres. Resultatet ble hårfint, men da valgresultatet var klart, skulle det vise seg at Netanyahu hadde fått 50,4 prosent av stemmene.

Tre uker etter valget ble Netanyahu Israels niende statsminister da han dannet regjering sammen med fem andre partier; Shas, Det nasjonale religiøse partiet, Yisrael BaAliyah, Yahadut HaTorah og Den tredje veien fikk plass i den israelske koalisjonen i tillegg til representantene fra Likud, Tzomet og Gesher.

Tilbaketrekningen i Hebron

Rundt om i verden var det mange som var bekymret for at fredsprosessen skulle få en brå slutt nå som Netanyahu var kommet til makten, men det skulle vise seg at dette ikke stemte. Under valgkampen hadde Netanyahu lovet at han ville holde alle avtaler som den forrige regjeringen hadde skrevet under på, men at han samtidig ville sørge for å bevare sikkerheten for israelerne. Det skulle også vise seg at antallet terrorangrep gikk drastisk ned med Netanyahu ved roret. Mellom juli og desember 1996 ble «kun» seks israelere drept av terrorister, og i løpet av det første hele året som Netanyahu var statsminister, ble 27 israelere drept.

Men selv om det var færre terrorangrep enn før, så var det på ingen måte fred og ro i landet. Noen måneder etter at Netanyahu kom til makten, brøt det ut opptøyer i Jerusalem da Israel åpnet en ny utgang fra tunnelene ved Vestmuren. Langs hele Vestmuren gikk det lange tunneler der turister kunne se mange arkeologiske skatter fra Herodes' tid. Blant disse er en stein som med sin vekt på 570 tonn er den nest største gjenstanden som noensinne er blitt flyttet av mennesker uten moderne hjelpemidler. Turistene hadde imidlertid vært nødt til å snu og gå tilbake samme vei som de var kommet inn i tunnelen, men nå åpnet regjeringen en ny grein av tunnelene og en ny utgang mot Via Dolorosa.

Palestinerne reagerte voldsomt på at Israel åpnet denne nye utgangen. Arafat hevdet at det var «en stor forbrytelse mot våre religiøse og hellige steder», og han fordømte Israel for å prøve «å judaisere» Jerusalem. Beskyldningene haglet om at Israel hadde bygd en ny tunnel under Al Aqsa-moskeen, til tross for at tunnelen faktisk lå cirka 450 meter nordvest for Al Aqsa-moskeen og til tross for at tunnelen var blitt bygd av hasmoneerne for mer enn 2000 år siden.

Men dette forhindret ikke skarer av palestinere fra å gå til angrep på jøder som ba ved Vestmuren, noe som førte til at Tempelplassen ble stengt for både jøder og kristne. Opprøret spredte seg også til Hebron og Nablus, og som følge av opptøyene ble 70 palestinere og 16 israelske soldater drept.

Også internt i Likud blåste det friskt på denne tiden. Netanyahu konsulterte så lite som mulig sine egne kolleger i Likud da han satte sammen regjeringen, og i framtiden skulle det vise seg at han selv ønsket å ha kontroll over det meste av Israels politikk. «Bibi[29] er i regjeringen, og Likud er i opposisjonen,» var partifelle Silvan Shaloms kommentar. David Levy ble utnevnt til utenriksminister, men Netanyahu ignorerte Levy så godt han kunne i forhandlingene med palestinerne.

En av dem som Netanyahu ønsket å sette på sidelinja, var Ariel Sharon, som etter hvert ble utnevnt til minister for nasjonal infrastruktur. Sharon begynte å bygge et nettverk av veier, tunneler og broer som skulle binde sammen bosettingene med resten av Israel. Selv om det ikke fantes noe i Oslo-avtalene som forhindret Israel fra å utvide bosettingene, og selv om PLO hadde gitt sitt samtykke til at bosettingene fortsatt skulle få eksistere, hadde den forrige regjeringen gått langsomt fram med utbyggingen fra 1992 til 1996, men den 2. august 1996 satte den nye regjeringen en sluttstrek for denne nølingen. I mange år hadde det eksistert planer om å bygge 300 nye bosettinger, og nå begynte regjeringen å tørke støv av noen av de gamle planene.

Allikevel skrev Netanyahu under på en avtale som til og med Peres hadde nølt med å sette sin signatur på. I september 1995 hadde Rabins regjering gitt sitt samtykke til å trekke seg ut fra Hebron, men denne planen var aldri blitt satt ut i livet før Netanyahu kom til makten. Men i

---

29 Bibi er kortformen for Benjamin, som er Netanyahus fornavn.

januar 1997 skrev Netanyahu under på Hebron-avtalen, som betydde at denne hellige byen ville bli delt mellom israelerne og palestinerne. Det palestinske politiet ville få kontroll over 80 prosent av byen, eller det som ble kalt for H-1, mens israelerne skulle beholde kontrollen over de resterende 20 prosentene, eller det som ble kalt for H-2.

Netanyahu mistet mer og mer av den makten han en gang hadde hatt internt i Likud, og Sharons innflytelse økte stadig. Samtidig viste det seg at Sharon ikke lenger var den tøffe hauken han hadde vært tidligere. Amerikanske diplomater som Dennis Ross og Martin Indyk begynte nå å rådføre seg med Sharon, og Netanyahu ble etter hvert nødt til å utnevne Sharon til utenriksminister. Rett etter reiste flere av de øverste statsrådene, inkludert Netanyahu og Sharon, til Wye River, der de skrev under på en avtale med palestinerne som er blitt kalt for Wye-avtalen.

Ifølge Wye-avtalen skulle 13 prosent av Judea og Samaria overføres fra område C til område B, og 14,2 prosent skulle overføres fra område B til område A. Wye-avtalen betydde i praksis at de palestinske sikkerhetsstyrkene ville få kontroll over seks ganger så store områder. I én enkelt avtale hadde de såkalte «ytterliggående haukene» Netanyahu og Sharon lovt å gi fra seg kontrollen over større territorier enn Rabin og Peres klarte i løpet av sine fire år ved makten.

Barak er seierherre

Netanyahus partnere i flere av de mindre partiene i Knesset følte det ble vanskelig å leve med Wye-avtalen. Flere representanter forlot dessuten selve Likud og startet opp Herut til høyre og Senterpartiet til venstre for Likud. Hele koalisjonen falt fra hverandre, og i januar 1999 bestemte Netanyahu seg for å skrive ut nyvalg.

Valget ble holdt den 17. mai 1999, og nå hadde Ehud Barak tatt over roret i Arbeiderpartiet. Barak hadde fått flere medaljer og utmerkelser enn noen annen soldat i det israelske forsvaret, og fra 1991 til 1995 hadde han vært forsvarssjef. Nå gikk Arbeiderpartiet sammen i en allianse med Gesher og Meimad og stilte til valg under navnet «Ett Israel», i håp om at en forenet front ville gi dem nok seter til å stable en stabil koalisjon på beina.

I statsministervalget fikk Barak 56 prosent av stemmene, mens Netanyahu bare fikk rett under 44 prosent. Baraks liste fikk 26 mandater i Knesset, mens Likud satt igjen med kun 19 mandater.

Den 6. juli kunne Ehud Barak tiltre posten som Israels tiende statsminister. Med seg i koalisjonen fikk han de to religiøse partiene Shas og Yahadut HaTorah, venstrepartiet Meretz, immigrantpartiet Yisrael

BaAliyah, Det nasjonale religiøse partiet og Senterpartiet. Barak hadde nå fått en bred koalisjon som skulle undertegne den endelige fredsavtalen med palestinerne.

Kapittel 14: 2000-2008
Fredsprosessen strander

Fredag 2. juni 2000 var en av de lykkeligste dagene i livet til Yitzhak og Oriyah Pass. De hadde giftet seg året i forveien, og denne vakre sommerdagen ble parets første datter født. Men parets lykke kom dessverre ikke til å vare for evig. Den 26. mars året etter ble idyllen og det fredelige livet brutt for alltid.

Familien var ute og gikk på en av de få gatene i Hebron der jøder har tillatelse til å bevege seg. Målet med den korte spaserturen var besteforeldrenes hjem i bydelen Avraham Avinu. Lille Shalhevet satt i barnevogna, pappa gikk bak og mamma gikk ved siden av da en palestinsk snikskytter satte en geværkule rett inn i hodet til den lille jenta. Kula fortsatte dessuten videre og traff pappa i det ene beinet.

I over to og et halvt år ble de jødiske innbyggerne i Hebron utsatt for konstante angrep fra snikskyttere som var utplassert i den palestinsk-kontrollerte delen av byen. I september 1995 hadde opposisjonsleder Benjamin Netanyahu advart om at det ville være «et fatalt feilgrep å bringe flere hundre palestinske politimenn» til Hebron, men 16 måneder senere skrev statsminister Netanyahu under på nettopp den avtalen som ga palestinske politimenn kontrollen over 80 prosent av den eldgamle byen. De våpnene og kulene som den israelske regjeringen hadde gitt til de palestinske selvstyremyndighetene, i håp om at PNA ville bruke dem til å sette en stopper for all terrorvirksomhet, ble isteden rettet mot sivile israelere.

Oslo-avtalene havarerer

Mordet på den lille babyen i Hebron skulle for mange israelere bli selve symbolet på den terrorkrigen som begynte i september 2000 etter at Yasser Arafat forkastet den israelske regjeringens forslag til en endelig fredsavtale. I løpet av de årene som Netanyahu hadde vært statsminister, hadde den israelske regjeringen gått mer forsiktig fram med Oslo-avtalene enn under Rabin og Peres. Netanyahu hadde dessuten krevd at palestinerne også skulle overholde sin del av avtalene før Israel ville foreta den tredje tilbaketrekningen fra de administrerte områdene. Ifølge Oslo-avtalene skulle partene egentlig hatt en permanent fredsavtale klar i

1999, men da Barak kom til makten den sommeren, var det ingenting som tydet på at freden sto for døren.

Oslo-avtalene var mer eller mindre døde da Barak i september 1999 uttalte i Knesset at han ønsket å gå direkte til forhandlingene om en permanent fredsavtale. Begge parter bekjente fortsatt sin støtte til Oslo-avtalene, men i praksis fulgte ingen av dem det som sto skrevet i avtalene. Barak hadde mistet troen på at de to partene ville klare å bli enige om de siste punktene i de trinnvise Oslo-avtalen, så han hoppet bukk over dem og tok et stort skritt fram til de aller vanskeligste punktene som israelere og palestinere tvistet om.

I juli 2000 ble Barak og Arafat invitert til den amerikanske presidentens sommerbolig på Camp David, og i to uker forsøkte president Bill Clinton å forhandle mellom partene for å skape enighet om en permanent fredsavtale. Dette skulle imidlertid vise seg ikke å bli så enkelt, for nå begynte palestinerne å gå tilbake til mange av de kravene som de hadde hatt før 1993. En av hjørnesteinene i Oslo-avtalene var nettopp dette at alle de vanskeligste spørsmålene skulle utsettes til forhandlingene om en permanent avtale, og nå som tiden for disse forhandlingene sto for døren, virket det som om alle fredsforhandlinger de siste sju årene hadde vært mer eller mindre bortkastet.

PLO krevde nå at det skulle opprettes en suveren palestinsk stat. De ville at Jerusalem skulle deles i to, slik at mer enn halvparten av den hellige byen kunne bli hovedstad i den nye palestinske staten. De gjorde krav på Oljeberget, Tempelplassen og mange andre steder der den bibelske historien hadde utspilt seg. De ville at alle de israelske byene og landsbyene i Judea, Samaria og på Gazastripen skulle tilintetgjøres og at alle jøder skulle kastes ut fra disse områdene. De hevdet dessuten at Sikkerhetsrådets resolusjon 194 betydde at alle etterkommere etter de palestinske flyktningene fra 1948 hadde rett til å vende tilbake til hjembyene sine.

Og palestinerne kunne ikke ha funnet en regjering som var mer medgjørlig enn Ehud Baraks regjering. Det israelske Arbeiderpartiet hadde ingen motforestillinger mot å gi PLO en suveren stat, og de var til og med villige til å gi fra seg en stor bit av hovedstaden. Baraks tilbud om å dele Jerusalem gikk til og med lengre enn det Yossi Beilin hadde gjort i sine samtaler med Mahmoud Abbas i 1995. Israel var også villig til å oppgi de fleste bosettingene. De ønsket å beholde de bosettingene som lå i nærheten av den grønne linja, og som kompensasjon for dette foreslo Barak at PLO isteden kunne få et område på cirka 200 kvadratkilometer ved den egyptiske grensa. Dette området het Halutza og besto for det meste av sanddyner. Resultatet av det israelske tilbudet ville bli en palestinsk stat på 91 prosent av de administrerte områdene.

Men når det gjaldt etterkommerne etter flyktningene fra 1948, hadde Israel ikke noe valg. Hvis Israel skulle åpne grensene sine for over fire millioner arabere, kunne det bety at det i løpet av få måneder ville bli en arabisk majoritet i landet. Den jødiske stat ville med ett bli en arabisk stat. De israelske jødene ville plutselig være en minoritet i sitt eget hjemland, og det var bred enighet blant alle israelere om at de aldri kunne tillate noe slikt. Barak ville heller ikke gi PLO fullt selvstyre i Gamlebyen i Jerusalem.

Uansett hvilke løsninger og forslag Barak og Clinton hadde å komme med, takket Arafat nei til alt. Det virket nesten som om den palestinske delegasjonen ikke hadde forberedt seg på de uunngåelige forhandlingene på Camp David og at Arafat ganske enkelt ikke brydde seg om at fredsprosessen havarerte. Selv om det var uenighet på mange områder, var det først og fremst spørsmålene om flyktninger og Jerusalem som veltet det store lasset.

Arafat hevdet at han ikke hadde noe mandat fra det internasjonale muslimske samfunnet til å gå på kompromiss med hensyn til Jerusalem, og dermed krevde han full palestinsk suverenitet over Tempelplassen og tre kvartaler i Gamlebyen.

Da toppmøtet var over den 25. juli, sendte begge partene ut en pressemelding der de bekreftet at de ville fortsette med å forhandle om en fredsavtale, men samtidig mente både israelerne og palestinerne at det var den andre parten som hadde ansvaret for at de ikke hadde klart å enige om en avtale. Palestinerne hevdet at Baraks tilbud var altfor dårlig, mens Barak på sin side hevdet at Israel ikke under noen omstendigheter kunne tilby dem mer.

Terrorkrigen starter

De tre lederne reiste hver til sitt etter toppmøtet, og avisene verden over trykket bilder av en bekymret Ehud Barak, en bekymret Bill Clinton og en strålende Yasser Arafat. Samtidig som frustrasjonen var til å ta og føle på i Israel, ble Arafat mottatt som en helt da han vendte tilbake til Gaza. De 4000 palestinerne som hilste Arafat velkommen i solsteiken i Gaza, dekket ham med blomster og proklamerte at han var en moderne Saladin.[30] «Jerusalem er ikke bare for palestinerne; den er for den

---

30 Saladin var den muslimske krigsherren som drev korsfarerne ut av Jerusalem i 1187.

arabiske nasjonen, for de kristne og for muslimer overalt. Jerusalem er hovedstaden for en palestinsk stat, om du liker det eller ikke. Den som ikke liker det, la ham gå og drikke fra havet ved Gaza,» var Arafats budskap til den jublende folkemassen.

Den israelske etterretningen hadde forberedt seg på at det ville bli fred, men nå virket det mer og mer som at det isteden ville bryte ut krig. Den palestinske kommunikasjonsministeren Imad Faluji bekreftet i desember 2000 at PLO begynte å legge planer for en krig med én gang toppmøtet var over i juli. Mange palestinere hadde forventet at Arafat ville erklære en palestinsk stat den 13. september, som var den fristen som var satt for en permanent fredsavtale i forhandlinger mellom partene året i forveien, men da denne datoen kom og gikk uten at en palestinsk stat så dagens lys, nærmet det seg kokepunktet på Gazastripen. Terrorister utførte et angrep på Gazastripen midt i september, og den 27. september ble en israelsk soldat drept i et bombeangrep ved Netzarim.

Men da opposisjonsleder Ariel Sharon besøkte Tempelplassen dagen etter, fikk palestinerne det påskuddet de trengte for å starte en terrorkrig i full skala. Israels minister for intern sikkerhet, Shlomo Ben-Ami, lot Sharon få gå opp på Tempelplassen etter at han hadde kontaktet den palestinske sikkerhetssjefen Jibril Rajoub. Rajoub på sin side forsikret Ben-Ami om at det var helt greit at Sharon besøkte Tempelplassen så lenge han ikke gikk inn i en av moskeene på plassen.

Torsdag den 28. september 2000 gikk Sharon opp på Tempelplassen under beskyttelse av israelsk politi, men selv om han ikke forsøkte å gå inn i noen av moskeene på plassen, skulle det vise seg at Rajoub hadde ført dem bak lyset. I løpet av det 34 minutter lange besøket og resten av dagen kastet palestinske ungdommer stein på Tempelplassen og området omkring, og 28 israelske politifolk ble såret. Dagen etter brøt urolighetene ut for fullt.

Den 29. september kringkastet den offisielle palestinske radiokanalen en oppfordring «til alle palestinere om å komme og forsvare al-Aqsa-moskeen». De palestinske myndighetene stengte alle skoler og fraktet elevene med buss til Tempelplassen for at de skulle delta i det organiserte opprøret. Flere tusen arabere begynte å kaste stein og murstein på israelske sivile og politifolk, og senere spredde uroen seg til andre deler av Israel, Judea, Samaria og Gazastripen. Dette var startskuddet for det som israelerne gjerne kaller Oslo-krigen eller Arafat-krigen og som palestinerne gjerne kaller Al Aqsa-intifadaen – eller ganske enkelt Den andre intifadaen.

Mange av de første ofrene i Oslo-krigen var tragisk nok israelske arabere. Selv om de israelske jødene og araberne aldri hadde vært bestevenner, hadde de to gruppene stort sett levd i fred og fordragelighet med hverandre. De israelske araberne hadde fulle politiske og sivile rettigheter i Israel. De hadde israelske pass og identifikasjonspapirer, de kunne reise fritt i hele landet, de kunne ta seg jobb hvor de ville, og de kunne stemme og til og med stille til valg i alle nasjonale og lokale valg. Dermed var de israelske jødene desto mer overrasket over at de israelske araberne slo lag med palestinerne og gikk til angrep på det israelske polititet.

Mange av de israelerne som hadde støttet fredsprosessen, hadde håpet at Gazastripen ville bli som et Singapore i Midtøsten og at palestinerne nå ville prioritere økonomisk vekst og velferd. De hadde også håpet at Arafat og PLO ville sette en stopper for de islamistiske terrororganisasjonene.

Et av Israels største problemer da de forsøkte å kjempe mot terroristene under Intifadaen fra 1987 til 1993, var at Israel som en demokratisk nasjon var nødt til å følge internasjonale normer for menneskerettigheter og rettssikkerhet. Men før Prinsipperklæringen ble undertegnet i 1993, ymtet Rabin frampå at Arafat ville være mye mer effektiv i kampen mot terroristene siden Arafat ikke trengte å bekymre seg for menneskerettighetene eller organisasjoner som Amnesty International.

Nå begynte israelere fra hele det politiske spekteret å lure på om politikerne på høyresiden hadde hatt rett i alle sine negative spådommer. Fredsprosessen var blitt til en krigsprosess. Navnet på den norske hovedstaden var blitt til en forbannelse i mange israelske ører. Oslo-avtalene hadde til og med skapt fiendskap og brakt død i forholdet til de israelske araberne.

Israelerne fikk stadig mer informasjon om hva slags propaganda de palestinske myndighetene sto bak. Antisemittismen hadde spredd seg som ild i tørt gress siden 1993, noe det var mange eksempler på i palestinske TV-programmer, i taler i moskeene og til og med i barnas skolebøker. På sommerleire fikk palestinske barn opplæring i hvordan de skulle bruke skytevåpen, og de ble oppdelt i tropper som ble oppkalt etter forskjellige regioner i Israel. Samtidig fikk barna lære militante sanger om at «jeg kom til deg med mitt sverd i min hånd... vi vil kaste dem ut på havet».

Palestinske TV-programmer for barn hevdet dessuten at det er positivt å bli en selvmordsterrorist. I et TV-program hevdet to 11 år gamle jenter at alle palestinske barn har akseptert at det er godt å dø for Allah. «Hva kan være bedre enn å reise til paradis?» sa den ene jenta. Hun fortsatte dessuten med å si at hvis valget står mellom å gi livet sitt eller å leve i fred og med fulle rettigheter for palestinerne, er det bedre å dø.

Råskapen i terroren sjokkerte mange israelere som tidligere hadde trodd at de palestinske selvstyremyndighetene var deres «partner for fred». Den 12. oktober var to israelske reservister, Vadim Nurzhitz og Yossi Avrahami, på vei til basen sin i Samaria da de ved en feiltagelse kjørte inn i Ramallah. I strid med Oslo-avtalene ble de to reservistene arrestert av det palestinske politiet og ført til en politistasjon i byen.

Det varte ikke lenge før ryktene begynte å spre seg om at det befant seg to israelske soldater på stasjonen, og snart ble politistasjonen angrepet av en stor mobb. Mobben banket opp og stakk de to israelerne med kniver, og til og med etter at israelerne hadde dødd av skadene, fortsatte mobben å gå løs på de to likene. Nyhetsprogrammer over hele verden viste bilder av hvordan den ene av morderne stolt viste fram sine blodige hender til mobben utenfor politistasjonen og hvordan de to likene ble lempet ut av vinduet.

Israelerne begynte også å bli urolige for hvordan konflikten ble framstilt i massemedier over hele verden. Et skoleeksempel på hvordan massemedia var raske med å dømme Israel, var skuddene som drepte den 12 år gamle palestinske gutten Muhammad al-Durrah. Muhammad og faren hans, Jamal, ble fanget i kryssilden mellom israelske soldater og palestinsk politi på Gazastripen. Gutten ble drept og faren ble såret av flere kuler, og de fleste nyhetskilder var raske med å gi Israel skylden for guttens død, selv om det ikke fantes beviser for at det var israelske kuler som hadde truffet gutten. Selv om Muhammads død fortsatt er kontroversiell, er det mye som tyder på at gutten ble truffet av kuler som kom fra det palestinske politiets automatvåpen.

Muhammads død ble på mange måter startskuddet for en «pressekrig», eller «informasjonskrig», som har pågått siden den gang. Den israelske regjeringen begynte å ta massemedia mer på alvor, og de forsto at de ikke kunne vinne krigen mot terror hvis verdens massemedier kun gjenga palestinernes syn på hendelsene.

Den gamle generalen ved roret

Da den israelske regjeringen forsto at det var umulig å få til en permanent fredsavtale, foreslo de isteden en rekke midlertidige avtaler, men håpet om fred svant for hver dag som gikk. Barak forsøkte til og med å vende tilbake til Oslo-avtalene, men det var til ingen nytte. I slutten av desember 2000 kom partene sammen i USA igjen, og president

Clinton foreslo at partene skulle undertegne en avtale om at konflikten var over og at alle krav var blitt oppfylt.

Ifølge Clintons plan skulle palestinerne få hele Gazastripen og mellom 94 og 96 prosent av Judea og Samaria, og som kompensasjon for noen bosettinger skulle de få mellom én og tre prosent av Israels territorium. Israel skulle trekke seg gradvis tilbake de neste tre årene, og en internasjonal styrke skulle gradvis ta over. Palestinerne skulle få suverenitet over luftrommet og en sterk sikkerhetsstyrke, men staten skulle også være demilitarisert. Palestinerne skulle få kontrollen over Tempelplassen og Israel over Vestmuren.

Den israelske regjeringen godtok Clintons plan, selv om forsvarssjef Shaul Mofaz åpent kritiserte Barak fordi han hadde godtatt en plan som utgjorde «en eksistensiell trussel for Israel». Men nok en gang var det Arafat som nektet å svare på Clintons forslag. Isteden la han ut på en lang reise. Og da han til slutt svarte på Clintons forslag, var det et positivt svar, men med en lang rekke reservasjoner. Shlomo Ben-Ami kommenterte tørt: «Han sa aldri nei formelt sett, men hans ja var et nei.»

Clinton og mange andre med ham var forbløffet over at Arafat ikke benyttet den enestående muligheten han nå hadde til å få en palestinsk stat. Det var bare noen få uker igjen til Clinton selv ble nødt til å flytte ut av Det hvite hus, og mye tydet på at den neste presidenten ville være mer israelvennlig enn Clinton hadde vært. Samtidig hadde Arbeiderpartiet mistet mye av den støtten de hadde i Israel, og det var åpenbart at den neste israelske regjeringen ikke ville være like imøtekommende som Barak og hans statsråder hadde vært. Allikevel var det ingenting som tydet på at de palestinske lederne ville presse på for å få til en avtale før det var for seint.

Ehud Barak gjorde et siste forsøk i Taba i Egypt i slutten av januar 2001. Den israelske statsministeren foreslo at Israel skulle annektere åtte prosent av Judea og Samaria, og i gjengjeld skulle palestinerne få en like stor bit av Israels territorium. Palestinerne forkastet både dette og muligheten for at palestinske flyktninger skulle få ta over 100 israelske bosettinger.

Mindre enn to uker etter at det var kroken på døra for forhandlingene i Taba, var det valg på ny statsminister i Israel. I flere måneder hadde alle kunnet lese skriften på veggen. Folket hadde ikke lenger tillit til statsminister Ehud Barak og regjeringen hans, og dermed var Israel modent for nyvalg.

Da Benjamin Netanyahu tapte statsministervalget i mai 1999, trakk han seg fra politikken for en kort stund samtidig som den berømte og beryktede generalen Ariel Sharon tok over tømmene i Likudpartiet. De fleste antok på den tiden at Sharon bare ville lede partiet en kort tid, inntil Netanyahu var rede til å vende tilbake og overta ledelsen for partiet. Nå som et nytt valg sto for døra og de fleste israelere hadde mistet tilliten til Barak, forventet de fleste at tiden var inne for et maktskifte i Likud. Men da hadde de ikke regnet med hva Ehud Barak kunne finne på.

Istedenfor å støtte Knessets planer om et generelt nyvalg, valgte Barak å sende et oppsigelsesbrev til president Moshe Katsav. To uker i forveien hadde Knesset allerede stemt for å utlyse nyvalg til Knesset, men nå som statsministeren trakk seg, kansellerte Knesset disse planene.

Dette betydde at istedenfor at israelerne skulle avgi en stemme for et parti og en stemme for en statsminister, ville de gå til urnene kun for å stemme på ny statsminister. De representantene som allerede satt i Knesset, ville bli sittende der inntil den fire år lange perioden var ferdig i 2003.

Den loven som regulerte valgene i Israel, spesifiserte klart og tydelig at kun Knesset-representanter hadde rett til å stille til valg i et spesielt valg på ny statsminister, og siden Netanyahu hadde trukket seg fra Knesset etter det forsmedelige valget i 1999, hadde han ikke rett til å stille. Dermed ble Ariel Sharon Likuds kandidat til statsministerposten, mens Barak selv var Arbeiderpartiets kandidat.

Resultatet av valget ble ikke overraskende en overveldende seier for Sharon. Over 62 prosent av stemmene gikk til Sharon, mens Barak kun satt igjen med 37,61 prosent. Det israelske folket hadde talt og avsagt sin dom over den regjeringen som brakte Oslo-krigen til Israels byer og landsbyer da de nesten la seg flate og bønnfalt Arafat om å undertegne en fredsavtale.

Resultatet av valget ble en av de merkeligste regjeringer i Israels historie. Likud ble nødt til å ta med seg sju andre partier i regjeringen, og med 26 statsråder skulle dette bli den største regjeringen i Israels historie.[31] Arbeiderpartiet, Shas, Senterpartiet, Det nasjonale religiøse partiet, Yahadut Hatorah, Yisrael BaAliyah, Ichud Leumi og Yisrael Beiteinu ble med i Likuds koalisjon, og fire Knesset-representanter fra fire forskjellige partier ble utnevnt til visestatsministre.[32] Sharon inviterte Barak til å bli forsvarsminister, men Barak takket nei og trakk seg fra det politiske livet. Isteden tok Shimon Peres over ledelsen av Arbeiderpartiet.

---

31 Regjeringen ble senere utvidet til 29 statsråder.
32 De fire var Eliyahu Yishai fra Shas, Shimon Peres fra Arbeiderpartiet, Silvan Shalom fra Likud og Natan Sharansky fra Yisrael BaAliyah.

Da Sharon flyttet inn i statsministerboligen i mars 2001, var høyresiden i Israel i ekstase. Sharon hadde kanskje gjort mer enn noen annen israelsk politiker for å bygge ut de israelske byene og landsbyene i Judea, Samaria og Gazastripen, og mange mente at Sharon lå lengre til høyre enn noen annen statsminister før ham. På et massemøte tre måneder før valget hevdet Sharon at «Oslo-avtalen eksisterer ikke lenger», og mange forventet seg at general Sharon ville gjøre det som var nødvendig for å få bukt med terrorismen.

Sharon kom til makten på en tid da israelerne hadde mistet troen på at PLO virkelig var en partner for fred. Sharon var av den oppfatning at hvis det skulle bli fred, ville Israel bli nødt til å ta saken i egne hender istedenfor å vente på at Arafat skulle skrive under på en avtale. Da Arafat ringte til Sharon noen dager etter valget og foreslo at de burde gjenoppta forhandlingene, svarte Sharon bryskt at alle terrorhandlinger først måtte opphøre.

Den nye amerikanske regjeringen bekjentgjorde også at de forkastet Clintons fredsplan fra desember 2000, og i begynnelsen virket det faktisk som om den nye presidenten, George Bush, ikke hadde tid til overs for å forsøke å løse konflikten mellom israelere og palestinere.

I mellomtiden økte terrorismen både i antall angrep og i antall personer som ble drept eller såret. Den 14. februar ble åtte mennesker drept og 25 såret da en arabisk bussjåfør kjørte bussen sin rett inn i en folkemengde på et busstopp i Holon. Den 4. mars ble tre personer drept og over 60 skadet i en selvmordseksplosjon i sentrum av Netanya. Den 27. mars ble 28 mennesker såret i et bombeangrep på en buss i Jerusalem. Den 22. april ble en person drept og cirka 60 såret i et bombeangrep i Kfar Sava. Den 18. mai ble fem personer drept og over 100 såret da en selvmordsterrorist sprengte seg selv i lufta utenfor et kjøpesenter i Netanya. Den 25. mai ble 65 personer såret da en bilbombe ble sprengt i lufta i Hadera. Den 27. mai ble 30 personer såret da en bombe eksploderte i sentrum av Jerusalem. Den 1. juni ble 21 personer drept og 120 såret da en selvmordsterrorist sprengte seg selv i lufta utenfor et diskotek i Tel Aviv. I tillegg skjedde det flere mindre angrep hver eneste uke der én eller noen få israelere ble drept eller skadet av steinkasting, knivstikking, skyting eller andre terrorangrep. Alt i alt ble 197 personer drept og 2594 personer skadet i terrorangrep i løpet av hele 2001.

Det virket også som om terroristene begynte å rette skytset mot et bredere lag av befolkningen. En god del av angrepene var som alltid rettet mot jødene i Judea, Samaria og Gazastripen, men angrepet på diskoteket i Tel Aviv rammet for det meste jøder og noen ikke-jødiske immigranter fra det tidligere Sovjetunionen som overhodet ikke viste noen interesse for de israelske bosettingene. Og året etter, i mars 2002, ble 11 israelere drept og 54 såret da en terrorist gikk til angrep på en kafé i Jerusalem, der israelske fredsaktivister hadde en samling etter at de hadde demonstrert mot statsministerens politikk mot palestinerne.

Sjokket i USA

Forholdet til USA fikk et oppsving etter angrepene på World Trade Center og Pentagon den 11. september 2001. TV-bilder av flere tusen palestinere som danset på gatene i Nablus samtidig som World Trade Center lå i ruiner, rystet amerikanerne. Allikevel skulle det ikke vare lenge før den amerikanske regjeringen tok et stort skritt mot å oppfylle palestinernes innerste ønsker. Det amerikanske utenriksdepartementet, som historisk sett ofte hadde vært betraktelig mindre israelvennlige enn Det hvite hus, fordømte palestinske selvmordsangrep og israelske, målrettede angrep mot individuelle terrorister i samme åndedrag.

Men det første alvorlige tegnet på at det var oppstått sprekker i forholdet mellom de to nasjonene, kom da Bush begynte å sette sammen en koalisjon for krigen mot terrorisme. Bush ønsket fred og ro på den israelsk-palestinske fronten slik at det ville bli lettere for ham å samle araberstatene mot Al-Qaida, men Sharon var ikke villig til å la sivile israelere betale en pris for å gjøre Bush til lags. Bush ga også utenriksminister Colin Powell i oppdrag å forberede planer for opprettelsen av en palestinsk stat uten å ha foretatt noen konsultasjoner med den israelske regjeringen.

Samtidig begynte Sharon å få alvorlige problemer på den politiske hjemmebanen. Han hadde hele 83 Knesset-representanter i koalisjonen, noe som betydde at nesten 70 prosent av Knesset angivelig spilte på lag med ham. Men sannheten var selvfølgelig ikke så enkel. Blant de 83 representantene kunne man blant annet finne Arbeiderpartiet, som var på venstresiden i israelsk politikk, og Ichud Leumi, som var på høyresiden, og mange andre partier derimellom. Sharon ble dermed tvunget til å vie en god del av sin oppmerksomhet mot den politiske balansegangen som var nødvendig for å kunne sitte ved makten, og han hadde mindre og mindre tid til å hanskes med terrorkrigen.

Ichud Leumi var særdeles ulykkelige over å sitte i en regjering der Sharon hele tiden forsøkte å blidgjøre Arbeiderpartiet, og de truet med å forlate koalisjonen gang på gang. De to viktigste departmentene, utenriksdepartementet og forsvarsdepartementet, var i hendene på

Arbeiderpartiets representanter: Shimon Peres var utenriksminister og Binyamin Ben-Eliezer var forsvarsminister.

En av Ichud Leumis representanter, Benny Elon, gjorde til slutt alvor av truslene og trakk seg den 10. oktober 2001, men resten av partiet ble sittende i noen dager til. Partiet krevde at Sharon måtte sparke Peres, gjenerobre to områder i Hebron der palestinske terrorister hadde fått fotfeste og erklære offisielt at Oslo-avtalene var døde. Men da Sharon nektet å fire, leverte både turistminister Rechavam Zeevi og infrastrukturminister Avigdor Lieberman inn sine avskjedssøknader den 15. oktober. Avskjeden skulle bli iverksatt 48 timer senere, altså den 17. oktober.

Men om morgenen den 17. oktober rammet tragedien turistministeren. Fire terrorister fra PFLP angrep Zeevi etter at han hadde spist frokost sammen med sin kone på Hyatt Hotel i Jerusalem. Terroristene skjøt og drepte Zeevi, og i kjølvannet av mordet på statsråden valgte partiet å bli sittende i den israelske regjeringen.

Israel tar opp kampen

I mellomtiden begynte terrorismen å tære sterkt på de sivile israelerne, og det skulle vise seg at 2002 ble det verste året så langt i den israelsk-palestinske konflikten. Antall sårede gikk riktignok ned noe dette året, men flere israelere ble drept som følge av terror enn året i forveien. Totalt ble 457 personer drept og 2348 såret i løpet av dette året. De fleste av dem ble drept i bombeangrep mot restauranter, kafeer, busstopp, busser, kjøpesentre og markeder, men det angrepet som krevde flere liv enn noe annet, var et angrep på Park Hotel i badebyen Netanya.

Hele 250 personer var samlet for å innta påskemåltidet sammen i restauranten på Park Hotel den 27. mars 2002 da en selvmordsterrorist fra Hamas kom inn i salen med en koffert full av sprengstoff. Tretti personer ble drept og 140 ble såret da terroristen utløste bomben. De fleste av ofrene var pensjonister, og noen av dem var til og med overlevende fra Holocaust.

I løpet av 2002 ble Israel rystet gang på gang, og folket krevde handling. En av grunnene til at israelerne hadde stemt på Ariel Sharon, var at de stolte på at den berømte generalen ville gjøre de nødvendige tiltak for å få en slutt på terrorangrepene. Etter angrepet i Netanya i mai 2001 ble israelske jagerfly av typen F-16 for første gang satt inn for å angripe palestinske paramilitære hovedkvarterer i Nablus og Ramallah.

Umiddelbart etter angrepet på diskoteket i Tel Aviv i juni 2001, la USA og Europa press på Arafat for at han skulle fordømme angrepet. For første gang reagerte Arafat faktisk med å fordømme et terrorangrep på engelsk, men senere snudde han rundt og sendte et gratulasjonsbrev til terroristens familie der han kalte terroristen for «heroisk» og «et forbilde på manndom».

Den 9. november 2001 gikk israelske helikoptre til angrep på og drepte Hussein Abayat, som skal ha stått bak en rekke terrorangrep i områdene rundt Betlehem og den sørlige delen av Jerusalem. Etter drapet på Abayat kommenterte Marwan Barghouti, som var leder for terrororganisasjonen Tanzim, at «Fatah vil svare ved å fortsette å trappe opp Intifadaen». I løpet av de kommende årene var dette en taktikk som Israel brukte når det var umulig for dem å arrestere de som sto bak terrorangrepene. I løpet av de kommende årene skulle mange av de øverste lederne i Hamas, Tanzim, Fatah, PFLP og andre terrororganisasjoner bøte med livet da israelske soldater rettet kikkertsiktet mot dem.

Alle israelere var ikke enige i at slike målrettede angrep mot enkeltindivider var den beste måten for å sette en stopper for terrorismen. Noen påpekte at terrororganisasjonene ofte hadde klart å få nye ledere på banen ganske raskt etter angrepene, mens andre mente at det forstyrret selvmordsterroristenes forberedelser. Andre igjen mente at hensikten med de målrettede angrepene først og fremst var at regjeringen ville gi mannen i gata inntrykk av at den israelske regjeringen gjorde noe for å få slutt på den konstante terrorismen.

Etter hvert som terroren økte i intensitet og antall, og de fleste israelere mistet troen på at Arafat kunne eller ville sette en stopper for terrorismen, begynte regjeringen å legge planer for hvordan de skulle kunne forsvare de sivile israelerne uten hjelp eller innblanding fra de palestinske selvstyremyndighetene. I 1992 hadde Yitzhak Rabin foreslått at de burde bygge et gjerde mellom Gazastripen og Israel for å skille befolkningene fra hverandre og redusere friksjonen, og to år etter var sikkerhetsgjerdet rundt Gazastripen en virkelighet.

I 2001 hadde terroren nådd slike uante høyder at Sharons regjering i tillegg begynte å legge planer for et sikkerhetsgjerde ved de tre byene Umm El Fahm, Tulkarem og Jerusalem. På våren året etter fikk forsvarsdepartementet i oppgave å bygge sikkerhetsbarrieren, og nå begynte politiet og forsvaret å innse at hvis de skulle klare å sette en stopper for terroristene, ville de bli nødt til å bygge et sammenhengende gjerde rundt hele Judea og Samaria. Dermed begynte de det møysommelige arbeidet med å konstruere en barriere som ifølge planene skulle bli hele 720 kilometer lang.

Byggingen av den israelske sikkerhetsbarrieren ble umiddelbart et av de mest kontroversielle temaene i den israelsk-palestinske konflikten. Palestinerne selv og det internasjonale samfunnet kritiserte Israel fordi de bygde gjerdet, og mange anklager som ble rettet mot Israel var rett og slett basert på feilinformasjon som ble spredd av massemedia. Sikkerhetsbarrieren ble som regel omtalt som en «mur», selv om kun tre prosent av den totale lengden ville bestå av en mur, mens resten besto av et nettinggjerde. De palestinske lederne kritiserte gjerdet, men de kom aldri med noen konkrete forslag om hvordan Israel kunne sette en stopper for terrorismen med andre metoder.

Massemedia fokuserte på hvilke ulemper gjerdet medførte for den lokale palestinske befolkningen, og samtidig overså de hvilken lidelse som var blitt påført mange israelske familier fordi de palestinske myndighetene ikke ville eller ikke hadde klart å sette en stopper for terrorismen før gjerdet kom.

I løpet av de kommende årene ville en stor del av «pressekrigen» mellom Israel og palestinerne handle nettopp om det israelske sikkerhetsgjerdet. Ordet «apartheid» ble ofte brukt i forbindelse med gjerdet, selv om mange arabere hadde full frihet til å bevege seg på begge sider av gjerdet.[33] Men det som kanskje var det mest kontroversielle spørsmålet, dreide seg om hvilken rute Israel valgte for gjerdet. Dersom Israel hadde bygd gjerdet langs den grønne linja,33 ville protestene antakelig ha vært mye mildere, men ifølge israelske eksperter ville gjerdet ikke ha samme effekt mot terrorangrepene hvis det ble bygd langs den grønne linja. Israelske talsmenn påpekte ofte at et gjerde langs den grønne linja bare ville ha vært en politisk barriere, og hele poenget med gjerdet var at det ikke skulle være en politisk erklæring, men et forsvar mot terrorister. De påpekte også at den grønne linja ganske enkelt var resultatet av krigen i 1948 til 1949 og at det resultatet ikke på noen måte var hellig. Men det internasjonale samfunnet, som yndet å påstå at alle landområder øst for den grønne linja egentlig var palestinsk land, godtok ikke den israelske forklaringen.

I løpet av årene etter at Israel begynte å bygge gjerdet, så man en dramatisk reduksjon i antallet terrorangrep i de områdene der gjerdet ble

---

33 Faktum er at de som har størst bevegelsesfrihet innenfor Israels grenser i dag, er arabere med israelsk statsborgerskap. De har full bevegelsesfrihet på den «israelske» siden av gjerdet og i alle bosettinger, og de kan også få tillatelse til å besøke byer der palestinerne har kontrollen. De israelske jødene har ikke like stor bevegelsesfrihet ettersom regjeringen har nedlagt forbud mot at israelske jøder kan reise til byer der palestinerne har kontrollen.

fullført. De israelske talsmennene var raske med å påpeke at dette var på grunn av sikkerhetsbarrieren, selv om sikkerhetsgjerdet ikke var det eneste som ble gjort for å sette en stopper for terroren. Noen år senere, i januar 2006, innrømmet Shin Bet at sikkerhetsgjerdet ikke lenger var den viktigste faktoren som hindret selvmordsangrep ettersom terroristene hadde funnet ut hvordan de kunne komme rundt gjerdet eller sende terroristene gjennom sjekkpostene.

I januar 2002 gjorde Israel et kupp i kampen mot terror. Den israelske marinen stoppet og bordet båten *Karine A*, som var på vei fra Iran til de palestinske selvstyremyndighetene. Om bord på skipet fant de israelske marinesoldatene 50 tonn krigsmateriell til en verdi av 15 millioner dollar, inkludert Katyusha-raketter, mortere, geværer, ammunisjon, miner, panservernraketter og sprengstoff.

Men selv om Israel klarte å stoppe *Karine A*, klarte de ikke å sette en stopper for terroren. På våren samme år gikk det israelske forsvaret til aksjon i Judea og Samaria. «Operasjon forsvarskjold» var den største militæroperasjonen i Judea og Samaria siden Seksdagerskrigen, og nå gjennomsøkte den israelske hæren alle de største palestinske byene i jakten på terrorister og våpen. Hæren beleiret også Arafats hovedkvarter i Ramallah.

En av byene der hæren jaktet på terrorister, var byen Jenin i den nordlige enden av Samaria. Jenin hadde i lang tid vært et senter for palestinske terrorister. Blant 100 selvmordsterrorister som sprengte seg selv i lufta i Israel de to foregående årene, hadde 23 vært fra Jenin, og nå ville hæren sette en stopper for de aktivitetene. I løpet av ni dager kjempet israelere og palestinere mot hverandre i gatene i flyktningleiren i byen før de siste palestinerne overga seg til de israelske soldatene.

Slaget i Jenin ble et av de mest kontroversielle i løpet av Oslo-krigen, og massemedia ble fylt av villedende informasjon om hva som faktisk skjedde i byen. Palestinerne hevdet at det hadde skjedd en massakre i byen, og lederen for den palestinske forhandlingsdelegasjonen, Saeb Erekat, påstod at 500 palestinere var blitt drept i byen. Palestinere hevdet også at flere hjem var blitt jevnet med jorda mens familiene fortsatt var inne i dem, at helikoptre hadde skutt vilkårlig mot sivile, og at ambulanser var blitt hindret i å nå fram til de sårede.

Men da FNs generalsekretær kom med sin rapport om kampene i Jenin i juli samme år, skrev han at 52 palestinere var blitt drept og at minst halvparten av dem bar våpen. Samtidig ble også 23 israelske soldater drept i kampene i byen.

Samtidig som alt dette pågikk, var det tegn som tydet på at president Bush var klar til å bli mer aktivt involvert i konflikten. I juni 2002 holdt

Bush en tale der han avslørte at «min visjon er to stater, som lever side om side i fred og sikkerhet». Han hevdet også at hvis man skulle få fred og en palestinsk stat, måtte palestinerne velge nye ledere.

Kommentatorer var ikke sene med å kritisere Bush fordi han i praksis belønnet palestinerne for terrorismen. Men dette hindret ikke Bush fra å godta det saudiske «veikartet for fred», som det senere skulle bli kalt, som fastslo at det skulle opprettes en provisorisk palestinsk stat før utgangen av 2003.

Første fase av Veikartet gikk ut på at palestinerne skulle sette en stopper for terrorismen, noe som de allerede hadde lovt, men ikke holdt, etter Oslo-avtalene. Israel på sin side skulle trekke seg tilbake fra alle områder de hadde erobret etter september 2000, og samtidig skulle Israel også sette en stopper for all utbygging av bosettinger. Israel skulle med andre ord «betale» prisen for å få slutt på terrorismen for andre gang.[34]

Velgerne går mot høyre

Mot slutten av 2002 begynte den israelske regjeringskoalisjonen å rakne, og da Arbeiderpartiet trakk seg ut av regjeringen, bekjentgjorde Sharon at han ville oppløse Knesset og holde nyvalg. Knesset hadde dessuten endret loven slik at de israelske velgerne ikke lenger ville stemme både på ett parti og på statsminister. I valget den 28. januar 2003 skulle israelerne atter en gang kun avgi stemme på ett parti.

Nyvalget i januar ble en stor framgang for høyresiden i israelsk politikk generelt og spesielt for Likud. Amram Mitzna, den populære borgermesteren i Haifa, hadde tatt over roret i Arbeiderpartiet et par måneder før valget, og han gikk til valg med et program som stipulerte at Israel på egen hånd burde trekke seg helt ut fra Gazastripen og fra store områder av Judea og Samaria. Men Mitznas program ble ikke godt mottatt av folket i landet.

Statsministerens parti fikk hele 38 mandater, mens Arbeiderpartiet gikk tilbake fra 26 til 19. Et annet parti som gjorde et uventet godt valg, var det antireligiøse Shinui, som økte fra 6 til 15 mandater.

Umiddelbart etter valget gikk Yisrael BaAliyah med i Likud, og en måned senere kunne Ariel Sharon presentere den nye regjeringen for folket. Både Shinui og Ichud Leumi var representert i regjeringen, og Det nasjonale religiøse partiet sluttet seg til koalisjonen noen dager senere. Nå hadde Sharon 68 representanter i ryggen i Knesset.

---

34 Første gang Israel betalte for å få en slutt på terrorismen, var i de tilbaketrekningene som ble gjort i 1994 og 1995 som en del av Oslo-avtalen.

Omtrent på denne tiden begynte Israel og USA å betrakte Arafat som irrelevant i fredsprosessen, og de nektet å forhandle med den gamle erketerroristen. Isteden seilte Mahmoud Abbas opp som et godt alternativ, og etter at omverdenen hadde lagt press på Arafat for å utnevne Abbas til statsminister, ble han utnevnt til denne posten i mars 2003. Allerede i februar hadde Abbas foreslått å demilitarisere Intifadaen i ett år, men både de islamistiske terrororganisasjonene og PFLP forkastet Abbas' idé. Samtidig erklærte al-Aqsa-martyrenes brigader – Fatahs militære fløy – at de ville gjenoppta bombeangrep mot mål langt inne i Israel. Abbas forsøkte å overbevise islamistene til å gå med i PLO, men bak ryggen på Abbas fortsatte Hamas å sende sine infiltratører inn i Fatah. HezbAllah ville også ha en del av kaka, og de forsøkte også å sende sine agenter inn på palestinsk territorium.

Abbas fikk ansvaret for en regjering der korrupsjon og svarte penger var normen. De palestinske selvstyremyndighetene eide 23 prosent av kasinoet i Jeriko, dit mange israelere reiste for å prøve lykken mens byen fortsatt var åpen for israelske turister, og Arafat hadde personlig kontroll over veldige pengesummer gjennom de palestinske selvstyremyndighetene. Det internasjonale pengefondet hevdet dessuten at 900 millioner dollar ganske enkelt hadde forsvunnet fra budsjettet fra 1995 til 2003, og Arafats kontor hadde offisielt et budsjett på 74 millioner dollar i 2003. Det gikk rykter om at Arafat hadde hemmelige bankkontoer i edelweissens hjemland, og hver måned overførte han 100 000 dollar til sin kone i Eiffeltårnets hjemby.

Med Sharon ved makten i Israel og Abbas ved roret i de palestinske selvstyremyndighetene ble «Veikartet for fred» formelt offentliggjort i april 2003. Nå hadde den diplomatiske Kvartetten[35] seilt opp som den internasjonale megleren som skulle hjelpe de to folkene med å stifte fred, og selv om det var store uenigheter dem imellom, vedtok de Veikartet.

Ariel Sharons nye regjering godtok Veikartet, selv om Sharon noterte at han hadde 14 reservasjoner angående Veikartet. Det var imidlertid ingenting som tydet på at Kvartetten noensinne ville akseptere Sharons reservasjoner. Israelerne levde derfor i stor usikkerhet angående hvilken versjon av Veikartet regjeringen egentlig hadde vedtatt.

Sharon møtte Abbas og Bush til fredssamtaler i Aqaba i Jordan i juni 2003. På dette toppmøtet fordømte Abbas terrorisme, og han anmodet palestinerne om å demilitarisere Intifadaen og benytte seg av fredelige virkemidler for å få en slutt på den israelske «okkupasjonen». Men flere av de offisielle palestinske sikkerhetstjenestene, som angivelig sto under

---

35 Kvartetten består av USA, Russland, EU og FN.

Abbas' myndighet, nektet å sette en stopper for terroristene, og Hamas nektet plent å oppgi sin væpnede kamp. Allikevel erklærte Hamas og Islamsk Jihad en våpenhvile i slutten av juni, og Sharon trakk de israelske styrkene ut fra Betlehem og deler av Gaza.

I sin kontakt med Israel og Kvartetten ga Abbas klart inntrykk av at han virkelig ønsket å få til en fredsavtale og få en slutt på terrorismen, men allikevel fortsatte terroren dag etter dag. Om problemet var at han innerst inne ikke ville, eller om problemet var at han ikke kunne, spilte egentlig ikke så stor rolle for Israel. Faktum var at Abbas ikke kunne levere de varene som Israel ble bedt om å betale for.

Sharon, som en gang hadde vært en sterk motstander av ethvert forslag om å opprette en palestinsk stat, støttet nå Veikartet, og han talte åpent om at en palestinsk stat måtte ha et sammenhengende territorium i Judea og Samaria. Men selv om den israelske regjeringen nå støttet tanken om en palestinsk stat, innså de at de måtte regne med at palestinerne verken kunne eller ville sette en stopper for terrorismen. Israel måtte ta saken i egne hender.

Eventyret i Gush Katif er over

Det området vi i dag kjenner som Gazastripen, har i mange tusen år vært et omstridt og omtvistet område. Avittene var det første folkeslaget som holdt til i området før kaftorerne tilintetgjorde dem. I Dommernes bok kan vi dessuten lese at Juda stamme gikk til angrep på og erobret byene Gasa, Asjkalon og Ekron. I lange perioder i den gammeltestamentlige historien hadde filisterne kontrollen over området, men på kong Davids tid svant deres innflytelse og makt. Gaza skiftet også hender flere ganger på hasmoneernes tid, da jødiske, greske, syriske og romerske soldater «trakk kølapp» til byen.

Det finnes mange historiske kilder som bevitner at det har bodd jøder i Gaza de siste 2000 årene, men jødene ble tvunget til å forlate byen på grunn av det arabiske opprøret i 1929. Tre år etter Seksdagerskrigen, da jødiske styresmakter atter en gang fikk kontroll over området, åpnet den israelske regjeringen dørene slik at jøder atter en gang kunne bosette seg på Gazastripen. Den første bosettingen de bygde, fikk navnet Kfar Darom.[36]

De jødiske landsbyene i området vokste eksplosjonsartet etter fredsavtalen med Egypt, da jødene ble kastet ut av Yamit og Ophira og

---

36 Kfar Darom ble opprinnelig grunnlagt i 1946, men innbyggerne evakuerte landsbyen sommeren 1948 etter at den egyptiske hæren hadde beleiret dem i tre måneder.

de israelske landsbyene på Sinaihalvøya. De fleste av dem slo seg ned i et nesten ubebodd område i den sørlige enden av Gazastripen, og snart fikk området navnet Gush Katif, som betyr «Høst-blokken».

På sanddynene i Gush Katif bygde jødene opp et jordbrukssamfunn i verdensklasse. Bøndene i Gush Katif ble verdensberømt fordi de klarte å dyrke innsektsfrie grønnsaker av mange sorter uten å bruke sprøytemidler. Faktum var at 70 prosent av alle økologiske jordbruksprodukter i Israel ble produsert i Gush Katif, og det nest største gartneriet i Midtøsten lå på sanddynene et par kilometer fra den egyptiske grensa. Gush Katif hadde også et av de største meieriene i landet med 800 kuer.

Rett øst for Gush Katif lå flyktningleiren Khan Yunis, og nord for Gush Katif lå Gaza by. I de palestinske byene var situasjonen en helt annen enn i Gush Katif – her var det en nesten total mangel på industri, matproduksjon og arbeidsplasser. Samtidig var hele Gazastripen et senter for terrororganisasjonen Hamas.

Israel hadde ingen gode svar på hva de skulle gjøre med den heksegryta som Gazastripen var blitt. Sannheten var at det ikke fantes noen suverene stater som ville ha Gazastripen. Egypt takket nei til Gazastripen da Sadat undertegnet fredsavtalen med Begin i 1979, og de fleste israelere betraktet også Gazastripen som et problembarn som de godt kunne klare seg uten.

Mange israelere på høyresiden i israelsk politikk mente imidlertid at Gazastripen burde tilhøre Israel, og derfor kom det som et sjokk på mange da statsminister Ariel Sharon i januar 2004 opplyste at han hadde til hensikt å trekke alle israelske militære styrker ut fra hele Gazastripen, og kaste alle de jødiske innbyggerne ut fra hjemmene sine i Gush Katif. Han ville også gjøre det samme med fire mindre israelske landsbyer i den nordlige delen av Samaria, nemlig Ganim, Kadim, Sa-Nur og Homesh.

Dette var i store trekk den samme planen som Arbeiderpartiets leder, Amram Mitzna, hadde foreslått før forrige valg, og den gang hadde Mitzna fått tommelen ned av de israelske velgerne. I valgkampen hadde Sharon selv ofte kommet med mange argumenter for hvorfor Israel ikke burde følge Mitznas råd, men nå var tonen blitt en helt annen. De fleste statsråder i Sharons regjering var motstandere av planen, og dermed valgte Sharon å gå til sitt eget parti for å få støtte til tilbaketrekningen fra Gazastripen.

Det interne valget i Likud ble holdt den 2. mai 2004, og samme dag som valget ble holdt, ble innbyggerne i Gush Katif rammet av tragedie. En kvinne ved navn Tali Hatuel hadde nettopp hentet de fire døtrene sine på skolen, og nå var hun på vei til mannen sin. Tali var gravid i åttende måned med parets første sønn. Men på veien ble hun plutselig angrepet av palestinske terrorister, som tvang bilen hennes av veien og skjøt både Tali og de fire døtrene hennes på kloss hold. Familiens far, David Hatuel, satt igjen alene.

Resultatet av valget ble at 65 prosent av Likuds medlemmer sa nei til tilbaketrekning, som nå hadde fått navnet «Frakoblingsplanen». Men Sharon lot seg ikke stanse av dette. Isteden ga han forsvarsminister Shaul Mofaz i oppdrag å foreta noen endringer i planen, og i juni presenterte han den nye planen for den israelske regjeringen. For å sikre flertall for planen i regjeringen, var Sharon nødt til å sparke to statsråder fra regjeringen, nemlig turistminister Benny Elon og transportminister Avigdor Lieberman, og dermed fikk Sharons kritikere vann på mølla. Sharon hadde tatt initiativet til en diplomatisk plan som var stikk i strid med det han hadde lovt under valgkampen. Han ga blaffen i at hans eget parti, Likud, stemte imot planen. Og han sparket statsråder for å skape et flertall i regjeringen. Dette førte til at to statsråder, boligminister Effie Eitam og viseminister Yitzhak Levy, trakk seg fra koalisjonen, og nå satt Sharon igjen med et mindretall av Knessets representanter.

I flere måneder var Sharon avhengig av støtte fra Arbeiderpartiet for å overleve, og Shimon Peres, som enda en gang hadde tatt over ledelsen for Arbeiderpartiet, sikret Sharon slik at det ikke behøvde å bli noe nyvalg. I løpet av denne turbulente perioden kunne man også se hvordan en gruppe Knesset-representanter fra Likud, som holdt fast ved partiets politiske plattform og løftene de hadde gitt til folket, ble kalt for «Likud-rebellene», og ved flere enn én anledning stemte de imot Sharons planer i Knesset.

I januar 2005 ble Arbeiderpartiet med i koalisjonen, og nå fikk Sharon den støtten han trengte for å kunne utføre planen. I løpet av de kommende månedene ble det holdt mange og store demonstrasjoner mot planen, men til ingen nytte. I Tel Aviv demonstrerte mellom 150 000 og 300 000 mennesker, og på et bønnemøte ved Vestmuren i Jerusalem kom opptil 250 000 personer sammen for å be imot tilbaketrekningen fra Gazastripen.

Den 17. august 2005 startet 14 000 israelske politifolk og soldater å kaste ut de nesten 10 000 jødene som bodde i Gush Katif. Mange av dem forsøkte å forskanse seg i hjemmene sine eller til og med på hustakene, men det ble mye mindre vold enn man hadde forventet på forhånd. TV-stasjoner viste bilder av soldater som gråtende gikk inn i de jødiske hjemmene for å kaste ut familiene. I løpet av noen dager hadde soldatene fjernet alle de jødiske familiene fra Gush Katif samt fra de fire landsbyene i Samaria. Et par uker etter det igjen reiste den siste israelske

JØDENES HISTORIE

soldaten ut fra Gazastripen, og dermed var Israel i praksis tilbake til grensene fra 1967 i den delen av landet.

De fleste innbyggerne som var blitt kastet ut fra hjemmene sine, ble innlosjert på hoteller og herberger i løpet av de kommende månedene. Noen av dem har ikke fått en permanent bolig flere år etter at de ble kastet ut, og de fleste av dem har mistet den inntekten de en gang livnærte seg av. Ingen av dem har fått den kompensasjonen som de ifølge loven har krav på.

Køllene i Amona

Da tilbaketrekningen fra Gazastripen var gjennomført, tok det ikke lang tid før Arbeiderpartiet sa farvel til Sharons regjering og vendte tilbake til opposisjonen. Og i november samme år valgte Sharon å oppløse Knesset, forlate Likud og starte sitt eget nye parti, som fikk navnet Kadima (som betyr «Framover»). Mange av de Likud-representantene som hadde vært lojale overfor Sharon, og noen av Arbeiderpartiets representanter, forlot partiene sine for å gå med i Sharons nye parti, og Kadima ble raskt Israels mest populære parti på meningsmålingene. Det ble også fastsatt en dato for nyvalg på Knesset: den 28. mars 2006.

Men selv om meningsmålingene viste at folk ønsket en ny periode med Sharon ved roret, hadde kroppen hans andre planer. Den 18. desember, bare noen uker etter at Kadima var blitt dannet, fikk Sharon slag og ble sendt til et sykehus i Jerusalem. Legene mente at Sharon burde gjennomgå en hjerteoperasjon, men før den tiden kom, fikk Sharon et nytt slag. Legene klarte å redde livet hans, men siden den gang har Sharon ligget i koma i en respirator.

I løpet av hele kampen om tilbaketrekningen fra Gazastripen, hadde Ehud Olmert vært en av Sharons sterkeste støttespillere, og Olmert var også en av de første som forlot Likud og ble med i Kadima. Som Kadimas nestleder og visestatsminister ble Olmert utnevnt til fungerende statsminister da det ble klart at Sharon ikke lenger kunne utføre pliktene sine. Den 16. januar ble Olmert også formelt valgt til ny leder for Kadima og partiets kandidat til statsminister i det kommende valget.

Det skulle snart vise seg at Olmert befant seg enda lengre til venstre enn Sharon. I en tale i slutten av januar uttalte Olmert at han støttet opprettelsen av en palestinsk stat og at Israel ville bli nødt til å oppgi deler av Judea og Samaria for å kunne opprettholde det jødiske flertallet i befolkningen.

Under forberedelsene til tilbaketrekningen fra Gazastripen, var «det demografiske problemet» en av hovedårsakene for Sharons politikk.

«Det demografiske problemet» gikk kort fortalt ut på at de arabiske familiene får flere barn enn de jødiske familiene, og hvis Israel tviholder på de administrerte territoriene, vil araberne snart være i flertall i området mellom Jordanelven og Middelhavet. Nå brukte Olmert «det demografiske problemet» som argument for en politikk som han omtalte som «konvergens».

Olmert hevdet at hvis han ble valgt til statsminister, ville han i løpet av de kommende fire årene fjerne mange av de israelske bosettingene i Judea og Samaria og samle befolkningen i bosettinger som lå nærmere den grønne linja. Kort sagt ville Olmert evakuere alle bosettinger som lå øst for sikkerhetsbarrieren, slik at palestinerne ville være frie til å opprette en palestinsk stat i de områdene.

Det tok ikke lang tid før regjeringen gikk til aksjon i en av de såkalte «ulovlige» utpostene. Fra 2001 til 2005 ble det opprettet 24 nye utposter i Judea og Samaria, og de politiske motstanderne av bosetterne kalte disse bosettingene for «ulovlige». Men innbyggerne i disse nye utpostene hevdet at de hadde all rett til å bo der. Faktum var at flere av departementene i regjeringen hadde samarbeidet med bosetterne da de opprettet de nye utpostene, og Sharon selv hadde oppfordret de israelske jødene til å opprette utposter rundt omkring i Judea og Samaria.

Landsbyen Amona ble grunnlagt på en høyde sju kilometer nordøst for Ramallah i 1997, og selv om flere israelske departementer deltok i oppbyggingen av landsbyen, ble den aldri formelt godkjent av regjeringen. I 2005 bygde innbyggerne ni permanente hus der noen av familiene i utposten kunne bo, men regjeringen ville ikke sitte stille og se på dette. Olmert bekjentgjorde at regjeringen planla å rive de ni hjemmene tirsdag den 1. februar 2006. Problemet var bare at flere hundre ungdommer fra hele landet hadde kommet til Amona for å støtte familiene som bodde i de nye husene, og sympatisørene hadde forskanset seg både utenfor husene, inne i husene og til og med på taket av de ni husene.

Det juridiske klarsignalet for å rive bygningene ble gitt om morgenen den 1. februar, og noen timer senere dukket 10 000 israelske politifolk og soldater opp i den lille landsbyen for å kaste ut familiene fra de ni hjemmene, men denne gangen tok konfrontasjonen en helt annen vending enn da Gush Katif ble evakuert noen måneder i forveien.

Øyenvitner kunne senere fortelle om grusomme hendelser som utspilte seg da politifolk kom ridende inn i folkemengden samtidig som de svingte med køllene sine. Videobilder viser hvordan en av demonstrantene regelrett ble meid ned av en hest, mens politifolk til fots gikk løs på ungdommene med køller. En av de flere hundre ungdommene som ble såret, var 15 år gamle Yechiam Eyal, som ble slått i armen og hodet gjentatte ganger og som nesten døde i ambulansen på vei til sykehuset. Andre ungdommer helt ned i 13-årsalderen kunne fortelle lignende historier om hvordan politiet begynte å gå løs på dem uten noe forvarsel. Tre Knesset-representanter som var til stede, ble også såret i opptøyene. Effie Eitam ble tråkket ned av en hest, og Aryeh Eldad ble slått med køller og fikk en brukket arm.

Mange israelere var i sjokk etter opptøyene i Amona. Da Gush Katif ble evakuert noen måneder i forveien, hadde politiet og soldatene evakuert innbyggerne på en rolig og sindig måte. I Gush Katif var dessuten mannlige politifolk satt til å bære ut alle mannlige innbyggere, mens kvinnelige politifolk bar ut de kvinnelige innbyggerne.

I Amona var det imidlertid bare mannlige politifolk og soldater til stede, og noen av tenåringsjentene hevdet etterpå at politifolkene hadde befølt dem under skjørtet da de bar dem ut. Politiets brutalitet i Amona gikk så langt at til og med Arbeiderpartiets representant, Yuli Tamir, som var en framtredende leder for Fred Nå, uttalte at hun ønsket en offentlig granskning for å få rede på hvorfor nesten ingen ble såret da Gush Katif ble evakuert, mens så mange var blitt såret på én dag i Amona. Den arabiske Knesset-representanten Ahmed Tibi framsatte krav om en granskning av hvorfor og hvordan politiets hester tråkket på Knesset-representanter i landsbyen. Olmerts talsmenn hevdet på sin side at politiet bare hadde reagert på demonstrantenes brutalitet.

Nesten to måneder etter opptøyene i Amona var det tid for valget på det syttende Knesset. Kadima ble det klart største partiet etter valget, mens høyresiden i israels politikk ble desimert. I valget i 2003 fikk høyresiden og de religiøse partiene 69 mandater, men i 2006 fikk de samme partiene kun 50 mandater. Flere partier som representerte spesielle lag av befolkningen, gikk dessuten sterkt fram. Et av disse var Yisrael Beiteinu, som først og fremst var et parti for russiske immigranter på høyresiden, og som denne gangen fikk 11 mandater. Et annet slikt parti var Pensjonistpartiet, som fikk sju mandater, men som kort tid etter valget valgte å slå seg sammen med Kadima.

Ehud Olmerts Kadima kunne nå danne en ny regjering sammen med Arbeiderpartiet, Shas og Pensjonistpartiet. De hadde et solid flertall på 67 representanter, og senere sluttet Yisrael Beiteinu seg også til koalisjonen.

Borgerkrigen i Gaza

Nå var det ingen jøder igjen på Gazastripen, alle israelske militærposter var borte, palestinerne sto fritt til å erklære en palestinsk stat der, og israelerne håpet på at palestinerne nå ville velge å bygge opp sitt eget land framfor å prioritere kampen mot Israel. Det ble også spekulert i at palestinerne kanskje ville bygge boliger for sine egne flyktninger på de sanddynene som nå atter en gang var øde. Dessverre for Israel gikk det ikke slik den israelske regjeringen hadde håpet på.

På grunn av all terrorisme mot Israel etter at Oslo-avtalene ble undertegnet – og i enda sterkere grad etter at Oslo-krigen startet – så Israel seg nødt til å stenge grensene til de palestinske områdene. Resultatet var at Israel ikke lenger ble like avhengig av den palestinske arbeidskraften som de var før 1993. Samtidig hadde mange palestinere nå mistet de jobbene som de tidligere hadde hatt i de israelske bosettingene i Gush Katif. Arbeidsløsheten steg etter at Israel stengte industrisonen i den nordlige enden av stripen og gartneriene i Gush Katif.

På grunn av terrorkrigen nølte også private aktører med å investere penger i de palestinske områdene. Ifølge Verdensbanken hadde de private investeringene falt fra 1,25 milliarder dollar i 1999 til 50 millioner dollar i 2002. Man hadde opprinnelig håpet på at palestinske forretningsfolk ville gå inn og overta driften av den industrien og jordbruket som israelerne en gang hadde drevet i området, men i stedet skjedde det stikk motsatte.

Da Israel evakuerte området, var terrororganisasjonene ikke sene om å kjempe om kontrollen over det tidligere Gush Katif. Hamas tok kontrollen over området der den største israelske byen, Neve Dekalim, en gang hadde vært, og terroristene begynte å bruke området som en treningsleir for terror. Hamas satte også opp piggtrådgjerde rundt området og plakater med den arabiske teksten: «stengt militærsone», og de begynte å bruke området som en utskytningsplattform for Kassam-raketter, som traff israelske landsbyer i Negevørkenen.

Hamas hevdet dessuten at det var de som hadde æren for at Israel hadde flyktet fra Gazastripen, og det virket som om en stor del av sivilbefolkningen var enige med dem. Organisasjonen gjorde store framskritt i de lokale valgene som ble holdt i 82 valgdistrikt i slutten av september 2005, og i tillegg scoret de mange poeng på velferdsprogrammet de hadde gående blant fattige palestinere. Den israelske tilbaketrekningen fra Gazastripen betydde økt fattigdom blant palestinerne i Gaza, og den økende fattigdommen drev de lokale innbyggerne inn i armene på Hamas.

Den 25. januar 2006 skulle det for første gang på ti år holdes valg til den palestinske lovgivende forsamlingen, PLC. Israel truet med at de ville hindre arabere i Øst-Jerusalem i å stemme og til og med å forhindre hele valget hvis Hamas var et av partiene som stilte til valg. Men under press fra den amerikanske regjeringen gikk Israel med på å la valget gå sin gang med Hamas på valglistene.

Hamas gikk til valg med et charter som i praksis var en krigserklæring mot Israel, og deres liste fikk flere stemmer enn noen annen liste i valget. Det endelige resultatet viste at Hamas nå ville få 74 av de 136 mandatene i PLC, mens Fatah bare ble sittende igjen med 55 mandater.

Det varte ikke lenge før Hamas dannet regjering med Ismail Haniyeh som statsminister, men Fatah og Mahmoud Abbas nektet å anerkjenne den nye regjeringen. Den dragkampen som i lang tid hadde pågått mellom Fatah og Hamas, begynte nå å utvikle seg til voldelige angrep på motstanderne på Gazastripen. I mai angrep Hamas et begravelsesfølge for et medlem av Fatah, og totalt ni personer ble drept i kamper mellom de to partene denne måneden. I oktober flammet kampene opp igjen, og flere titalls personer ble drept eller såret denne måneden. I desember gikk Hamas til angrep på familien til Baha Balousha, en etterretningsoffiser fra Fatah, og drepte de tre sønnene hans, som var mellom tre og ni år gamle. Samme måned ble en Hamas-terrorist henrettet av en dødsskvadron fra Fatah.

I løpet av alle disse månedene ble partene flere ganger enige om en våpenhvile, men det varte aldri lenge før våpenhvilen ble brutt og kampene kom i gang igjen. I januar 2007 tilspisset kampene seg slik at det begynte å minne om en regelrett borgerkrig, og flere sivile ble drept eller såret i kampene mellom de to terrororganisasjonene.

Både den israelske og den amerikanske regjeringen hadde fortsatt illusjoner om at Fatah ville ta opp kampen mot terrororganisasjonen Hamas, beseire dem og deretter undertegne en fredsavtale med Israel. Det ironiske var at den amerikanske regjeringen betraktet Fatah som en potensiell fredsstifter selv om flere av Fatahs underavdelinger sto oppført på det amerikanske utenriksdepartementets liste over terrororganisasjoner. Ergo gikk Israel og USA sammen for å bevæpne Fatah, slik at de i sin tur skulle kunne ta makten over Hamas, som tross alt hadde vunnet det palestinske valget ett år i forveien.

I løpet av noen måneder tok president George W. Bush 84,6 millioner dollar av amerikanernes skattepenger og sendte dem til Fatah for at de skulle bygge opp sin militære styrke, og den 1. februar 2007 sendte det amerikanske forsvarsdepartementet en kolonne med fire lastebiler med amerikanske våpen til Fatah på Gazastripen. Uheldigvis for amerikanerne var Fatah blitt infiltrert av Hamas-medlemmer, så da kolonnen kom inn på Gazastripen, lå Hamas i bakhold og konfiskerte alle de amerikanske våpnene i de fire lastebilene.

Kampene mellom de to organisasjonene raste i flere måneder, og i midten av juni tok Hamas til slutt over kontrollen av Gazastripen. I løpet av en uke i juni ble minst 120 personer drept og 550 såret i kampene på Gazastripen, og to FN-arbeidere var blant de drepte.

Samtidig hadde store skarer av palestinere flyttet ut fra Gazastripen siden den israelske tilbaketrekningen i 2005. Fra juni 2006 til juni 2007 flyktet mer enn 12 000 personer fra Gazastripen til Egypt, og derfra fortsatte de til Europa, Canada og forskjellige arabiske hovedsteder. Disse 12 000 var imidlertid bare toppen av isfjellet, for cirka 45 000 palestinere søkte om å få emigrere fra de palestinske områdene i løpet av hele 2006. Men det som kanskje var mest tragisk for den palestinske befolkningen, var at det var de unge, de rike og de med høyest utdannelse som klarte å komme seg ut. «De store hjernene forlater Gaza. Vi vender tilbake til steinalderen,» uttalte en palestinsk kvinne til Newsweek i juni 2007.

Truffet av Kassam

Blant israelerne var det innbyggerne i Sderot og de andre byene og landsbyene i den vestlige delen av Negevørkenen som fikk lide mest etter det israelske uttoget fra Gazastripen. Sderot er en by med cirka 20 000 innbyggere som ligger bare litt over en kilometer fra sikkerhetsgjerdet mellom Israel og Gazastripen. Byen ble grunnlagt i 1951 av immigranter fra Kurdistan og Iran, og siden den gang er det mest fattige immigranter fra araberstater og det tidligere Sovjetunionen som har flyttet til byen.

Palestinske terrorister begynte å angripe Sderot med granater og raketter allerede i 2001, og i løpet av de fire første årene ble Israel truffet av 475 raketter og 1644 granater. De fleste av disse rakettene og granatene traff Sderot, men en del av dem traff også andre små byer og landsbyer i nærheten av Gazastripen. Flere israelere ble såret, men ingen israelere ble drept i angrepene før den 28. juni 2004, da den fire år gamle gutten Afik Zahavi og den 49 år gamle Mordechai Yosefof ble drept. Guttens mor, Ruthie Zavavi, var blant de ni israelerne som ble såret i angrepet denne dagen. Noen måneder senere ble to små gutter, fire år gamle Yuval Abebeh og to år gamle Dorit Benisian, drept i et nytt angrep samtidig som 30 personer ble såret. Hamas påtok seg ansvaret for begge disse angrepene.

Men hvis det var vanskelig å bo i Sderot mellom 2001 og 2004, skulle det bli regelrett uutholdelig etter det israelske uttoget fra Gazastripen. Kun 12 dager etter at den israelske tilbaketrekningen var fullført, ble fem israelere såret da palestinske terrorister skjøt 30 raketter på en enkelt dag mot israelske mål, og et halvt år senere ble en sju måneder gammel baby såret da en rakett eksploderte i landsbyen Karmia.

Palestinerne fikk også føle Kassam-rakettene på kroppen. I september 2005 ble 20 palestinere såret da et kjøretøy med Kassam-raketter eksploderte under et massemøte i Jabalya. En beduin og hans 16 år gamle sønn ble også drept da de fant en rakett, som ikke hadde eksplodert, i Negevørkenen. Men selv om Hamas hadde noen «arbeidsulykker», var det for det meste israelerne i Sderot som måtte lide.

I mars 2006 tok konflikten en ny vending da Islamsk Jihad for første gang sendte en Katyusha-rakett mot Israel. HezbAllah hadde i lang tid vært en flittig bruker av Katyusha-rakettene i Libanon, men nå ble altså denne mer presise raketten for første gang brukt mot israelske mål i Negevørkenen. I løpet av de kommende månedene økte antallet rakettangrep mot Sderot og Israel. Hele 242 raketter ble skutt mot Israel i løpet av fire måneder, og mange israelere ble såret i angrepene. En av rakettene landet til og med rett ved siden av en barnehage i den israelske byen Ashkelon, og to barn ble såret i angrepet.

Fiasko i Libanon

Men Hamas og de andre terrororganisasjonene på Gazastripen var ikke den eneste hodepinen til den israelske regjeringen. I Libanon, nord for Israel, hadde HezbAllah vokst og fått mer militær makt enn den israelske regjeringen ville innrømme.

Allerede før valget i 1999 hadde Barak lovt å trekke alle israelske soldater ut av Libanon i løpet av ett år, og det var et løfte Barak hadde til hensikt å holde. Mange trodde at Israel ikke ville trekke seg tilbake før de hadde skrevet under på en fredsavtale med Syria, men den israelske regjeringen overrasket dem alle. Allerede den 25. mai 2000, mer enn seks uker før fristen gikk ut, trakk Israel alle styrkene sine ut fra Sør-Libanon.

Den plutselige israelske tilbaketrekningen førte til problemer for den libanesiske regjeringen og for lokalbefolkningen i Sør-Libanon. Den libanesiske regjeringen ville ha foretrukket en israelsk tilbaketrekning som del av en bredere fredsavtale med både Syria og Libanon, men nå som det virket som om israelerne nærmest flyktet fra landet, kunne

HezbAllah hevde at det var de som hadde tvunget israelerne ut av landet. Dermed vant HezbAllah viktige poeng i landets interne maktkamp.

Den kristne militsen SLA (South Lebanon Army), som i lang tid hadde vært alliert med Israel i Sør-Libanon, var de første som betalte en pris for tilbaketrekningen. SLA falt raskt sammen da det islamske HezbAllah (arabisk: Allahs parti) sendte sine styrker inn i området. I løpet av de kommende årene bygde HezbAllah opp sin militære styrke i Sør-Libanon, og i 2006 hadde de anslagsvis 13 000 raketter i området. Etter det libanesiske valget i 2005 gikk HezbAllah dessuten med i regjeringskoalisjonen, der de hadde to statsråder.

Den 12. juli 2006 begynte HezbAllah å sende raketter mot den israelske byen Shlomi, flere landsbyer og flere israelske militærposter. Samtidig krysset en del soldater grensa og gikk til angrep på to israelske kjøretøyer. Tre israelere ble drept og to såret i angrepet, og to israelere, Ehud Goldwasser og Eldad Regev, ble kidnappet og ført til Libanon. Et par uker tidligere hadde Hamas kidnappet en annen israelsk soldat, Gilad Shalit, rett utenfor grensa til Gazastripen.

Olmert mente at den libanesiske regjeringen hadde skylden for angrepet, siden HezbAllah satt i den libanesiske regjeringen og angriperne hadde sin base på libanesisk territorium. Og selv om den libanesiske regjeringen benektet at de hadde kunnskap om angrepet, påsto Olmert at dette var en krigshandling fra Libanons side.

Nå gikk det israelske luftforsvaret og artilleriet til angrep på flere mål på libanesisk territorium, og flere veier, broer og en flyplass ble bombet den dagen. Senere samme dag tok den israelske regjeringen en formell beslutning om å gå til krig for å befri de israelske soldatene og sette en stopper for rakettangrepene.

Da det viste seg at trefningene hadde utartet til en regelrett krig, slapp HezbAllah løs det enorme rakettarsenalet de hadde lagret i Libanon. I løpet av krigen sendte HezbAllah cirka 4000 raketter mot israelsk territorium, og nesten en fjerdedel av disse eksploderte i israelske byer og landsbyer i den nordlige delen av landet. Samtidig foregikk det også en geriljakrig inne i Libanon.

Store skarer av sivile israelere flyktet fra byene i nord, men allikevel ble 43 sivile israelere og 121 soldater drept i konflikten. I tillegg ble nesten 5000 israelere såret i krigen, som ble avsluttet da en våpenhvile trådte i kraft den 14. august. På den libanesiske siden av grensa var tapstallene enda høyere. Over 1000 sivile libanesere ble drept i tillegg til flere hundre av HezbAllahs mannskap. Andre libanesiske militære grupper, som sto på HezbAllahs side, hadde mindre tapstall.

Krigen kunne ikke ha kommet på et mer ubeleilig politisk tidspunkt for Israel. Selv om statsminister Olmert hadde gjennomført sin israelske militærtjeneste som journalist for forsvarets blad, og selv om Israels forsvarsminister, Amir Peretz, hadde oppnådd kapteins grad i forsvaret, hadde de svært lite kunnskap om militær taktikk.

Sannheten var at Peretz var blitt forsvarsminister for å skaffe seg politiske poeng som han håpet ville hjelpe ham til å bli statsminister en gang i framtiden. Da Peretz tok over som leder for Arbeiderpartiet i november 2005, mente mange at han aldri hadde noen sjanse til å bli statsminister siden han ikke hadde den nødvendige militære kunnskapen. Så da Olmert inviterte Peretz og Arbeiderpartiet til å bli med i regjeringen etter valget i mars 2006, valgte Peretz å bli forsvarsminister, ettersom han mente at dette ville gi ham tilstrekkelig «erfaring» i militære spørsmål til å bli en troverdig kandidat til statsministerposten ved et senere valg.

I tillegg hadde Israel en forsvarssjef som, etter sigende, var blitt utvalgt til posten fordi den forrige forsvarssjefen, Moshe Yaalon, angivelig var en motstander av tilbaketrekningen fra Gazastripen, og derfor passet Ariel Sharon og forsvarsminister Shaul Mofaz på å kvitte seg med Yaalon før tilbaketrekningen ble utført.

Toppen av kransekaka var at den israelske regjeringen i løpet av de siste årene hadde fokusert på å trene de israelske soldatene til å kaste ut jøder av hjemmene sine. Den tiden som det israelske forsvaret skulle ha brukt på å forberede seg på en konflikt med forskjellige terrororganisasjoner og fiendtlige stater, og den tiden som den israelske etterretningen skulle ha viet fienden, ble isteden brukt på og rettet mot de jødiske politiske motstanderne.

Resultatet var en krig som det israelske forsvaret ikke var forberedt på, og en politisk ledelse som ikke hadde den nødvendige militære ekspertisen til å fatte de rette beslutningene. Så selv om den politiske opposisjonen og Israels folk generelt samlet seg bak regjeringen da de valgte å gå til krig mot terroristene i Libanon, varte det ikke lenge før kritikken begynte å hagle mot regjeringen og forsvaret på grunn av måten de hadde håndtert krigen på. Forsvaret hadde ikke klart å redde soldatene som var blitt kidnappet, HezbAllah begynte å skaffe seg nye våpen umiddelbart etter krigen, og et forholdsvis stort antall israelere ble drept eller såret.

Opposisjonen og israelsk media presset på for å få opprettet en granskningskommisjon, og i slutten av august gikk Olmert med på å utnevne en inspeksjonsgruppe som skulle vurdere regjeringens arbeid under krigen. Det ble også nedsatt en inspeksjonsgruppe for å se på militærets rolle. Men folket presset på for at høyesterett skulle utnevne en statlig granskningskommisjon. Olmert, derimot, utnevnte dommer Eliyahu Winograd som leder for den statlige inspeksjonsgruppen og ga gruppen et bredere mandat, slik at den i praksis fikk samme rolle som en statlig granskningskommisjon, bortsett fra at kommisjonens anbefalinger kun var rådgivende.

I april 2007 offentliggjorde kommisjonen en midlertidig rapport der de hudflettet Olmert, Peretz og Halutz. Peretz forsøkte å finne uttalelser i rapporten som han kunne vende til sin fordel, men folket var ikke enige. Rapporten betydde også at folket, opposisjonen og til og med noen medlemmer i Olmerts regjering begynte å legge massivt press på statsministeren for at han skulle gå av. Halutz hadde allerede trukket seg fra posten som forsvarssjef i januar, og to måneder etter at Winograd-kommisjonens midlertidige rapport ble offentliggjort, trakk Peretz seg fra sin post. Men den som hadde det øverste ansvaret for fiaskoen i Libanon, ble sittende.

Men stormen rundt statsministeren skulle snart øke til orkans styrke. I flere år hadde Olmert vært mistenkt for korrupsjon, og i januar 2007 innledet det israelske politiet en formell etterforskning av den første korrupsjonsanklagen. Ifølge politiet var det mistanke om at Olmert – da han var finansminister – hadde forsøkt å styre privatiseringen av den statlige Bank Leumi i favør av en personlig venn ved navn Frank Lowy. Noen måneder senere ble Olmert også anklaget for å ha benyttet posten som handels- og industriminister til ulovlig økonomisk virksomhet. Ett år senere viste det seg at politiet hadde enda en etterforskning på gang. Nå ble Olmert anklaget for å ha mottatt bestikkelser til en sum av 150 000 dollar i en periode på 15 år.

Den 26. november 2008 bestemte regjeringsadvokat Meni Mazuz seg for å reise tiltale mot Olmert i en sak som er blitt kalt for «Rishon Tours-saken». Mistankene går ut på at Olmert skal ha talt på vegne av forskjellige veldedige organisasjoner, sendt regninger til alle organisasjonene og puttet pengene i egen lomme. I mars 2009 ble det også kjent at Olmert sannsynligvis vil bli tiltalt for de bestikkelsene han angivelig skal ha mottatt i løpet av 15 år.

I juli 2008 bestemte Olmert seg for å trekke seg fra posten som leder for Kadima og som statsminister, og da partiet valgte ny leder i september 2008, sto striden mellom utenriksminister Tzipi Livni, transportminister Shaul Mofaz, sikkerhetsminister Avi Dichter og innenriksminister Meir Sheetrit. Livni vant valget med noen få hundre stemmer mer enn Mofaz, og da Olmert leverte inn sin formelle avskjedssøknad fra statsministerposten noen dager senere, fikk utenriksminister Livni i oppdrag å danne ny regjering. Men utenriksministeren ble nødt til å bite i gresset da det religiøse Shas-partiet nektet å gå med i hennes regjering, og dermed var det ingen vei utenom. Israel ville bli nødt til å skrive ut nyvalg, og senere på høsten ble datoen fastsatt til den 10. februar 2009. For attende gang siden 1949 ville israelerne få en mulighet til å stemme på nasjonens kommende ledere.

Kapittel 15: 2008-2009
Kampene i Gaza

Da rabbi Zeev Pizem tente det første lyset på hanukka-staken den 21. desember 2008, hadde lysfesten fått en helt spesiell personlig betydning for ham. Bare noen dager i forveien hadde en Kassam-rakett eksplodert rett utenfor synagogen i Sderot, men som ved et mirakel kom ingen personer og ingen eiendommer til skade.

Da forsamlingen feiret hanukka noen dager senere, forklarte rabbi Pizem hvorfor dette miraklet var så spesielt: «Vi står her som – for bare noen få dager siden – en Kassam-rakett falt noen få meter herfra. Det var et stort mirakel og et symbol på hanukkas budskap, når vi tenner lysene og sier velsignelsen i takk til Gud fordi han på en mirakuløs måte reddet våre forfedre. Vi er her for å vise vår tro på Gud, at Israels nasjon ikke vil gi opp og ikke vil være redd.»

Men raketten utenfor synagogen var dessverre ikke den eneste raketten som traff den israelske byen Sderot den måneden. I løpet av to dager under hanukka-feiringen ble de israelske byene og landsbyene rundt Gazastripen truffet av ikke mindre enn 60 palestinske raketter. På én enkelt dag ble byen Ashkelon truffet av sju Grad-raketter, som blant annet forårsaket store ødeleggelser i en fabrikk. Den dagen ble 24 israelere behandlet for sjokk på det lokale sykehuset, og 12 av dem var barn.

Israelerne var imidlertid ikke de eneste som måtte lide under rakettangrepene. To palestinske jenter, den fem år gamle Haneen Abu Khusa og den 12 år gamle Sabah Hasuna, ble drept da en av de palestinske terroristenes raketter traff et hjem i den nordlige delen av Gaza by. Ytterligere fire palestinere ble såret i den samme eksplosjonen. Dette var femte gang på ei uke at sivile palestinere ble såret da terroristenes raketter kom ut av kontroll og havnet på palestinsk territorium. En av de som ble såret i løpet av denne uka, en 40 år gammel palestinsk mann, ble ironisk nok evakuert til et sykehus i Tel Aviv, der han fikk medisinsk behandling på de israelske skattebetalernes regning.

De muslimske terroristene skjøt også en granat mot 150 kristne palestinere som var på vei fra Gazastripen til Betlehem for å feire jul i Jesu fødeby. Ingen av de kristne ble skadet i angrepet, men de ble nødt til å utsette reisen til Betlehem i noen timer.

Men på tross av det intense bombardementet over de israelske byene virket det ikke som om Israels regjering hadde noen planer på å forsøke å sette en stopper for det som Hamas og andre terrororganisasjoner drev på med på Gazastripen. Fredag morgen den 26. desember åpnet Israels forsvarsminister Ehud Barak grensene til Gazastripen slik at flere lastebiler med nødhjelp kunne komme fram til palestinerne.

Mange israelere var rasende fordi den israelske regjeringen sendte nødhjelp til palestinerne og lot palestinere få medisinsk behandling i Israel samtidig som de ikke gjorde noe for å sette en stopper for rakettangrepene. Til og med Meretz-partiet, som ligger langt ute på venstre fløy i det israelske politiske landskapet, valgte å utstede en erklæring om at det var på høy tid å la det israelske forsvaret gå til aksjon. «Tiden er kommet for å handle uten kompromiss og uten smale politiske hensyn, for å beskytte innbyggerne i nærheten av Gaza og Sderot,» lød partiets kunngjøring. Da sabbaten begynte fredag kveld, gikk mange israelere frustrert til sengs mens lederne for Hamas kunne sove godt i sengene sine. Alle visste jo at den israelske regjeringen i hvert fall ikke ville foreta seg noe på sabbaten.

Islamistene fester grepet

Den islamistiske bevegelsen Hamas hadde fått et fastere grep om Gazastripen de siste årene, og de hadde benyttet muligheten til å bevæpne seg til tennene for den kampen som uunngåelig ville komme. Hamas hadde sverget på å tilintetgjøre Israel, selv om organisasjonen aldri brukte dette navnet på landet. Istedenfor å bruke «Israel» brukte de uttrykk som «den sionistiske enheten» eller «okkupasjonsregjeringen» når de henviste til den jødiske staten.

Hamas mente at det geografiske området som tidligere hadde gått under navnet Palestina, var en del av *dar al-Islam* (islams hus), og at det var forbudt å la ikke-muslimer få suverenitet i dette området. Hamas betraktet kampen mot jødene som en eksistensiell kamp som kanskje kunne pågå i mange hundre år. Hvis man anerkjente Israel og lot jødene få kontroll over en del av landet, ville dette være forræderi mot kommende generasjoner.

Hamas' charter omtalte en palestinsk stat, men charteret forklarte klart og tydelig at denne staten ville bli vunnet ved en hellig krig og ikke ved forhandlinger. De hadde et kortsiktig mål om en arabisk stat på Gazastripen og vestbredden, men i det lange løp ønsket de å se en islamsk stat i hele det historiske Palestina. Når Hamas snakket om en *hudna*, en våpenhvile, var det derfor bare et middel for å nå det store målet.

Og Hamas var villig til å bruke nær sagt alle midler for å nå sine mål, selv om det innebar store lidelser for den palestinske sivilbefolkningen. I løpet av de siste årene hadde man sett hvordan kvinner, og til og med mødre, var blitt selvmordsterrorister i kampen mot Israel. Reem Al-Reyashi var den første moren som ble sendt på et slikt oppdrag av Hamas. Hun kom fra en velstående familie, var gift og hadde to barn, en tre år gammel sønn og en 18 måneder gammel datter. Dessverre for henne oppdaget mannen hennes at hun hadde vært i seng med en annen mann. For å redde familiens ære inngikk mannen en avtale med Hamas om at hans kone kunne bli martyr. Dermed sprengte hun seg selv i lufta ved en israelsk kontrollpost og tok fire israelere med seg i døden.

Etter at to tidligere ledere for organisasjonen, Yassin og Rantisi, var blitt drept, ble organisasjonen delt i tre separate deler. Det politiske byrået sto under ledelse av Khalid Meshal i Damaskus, den militære fløyen ble kalt for Izz al-din al-Qassam-brigadene, og det politiske lederskapet på Gazastripen sto under ledelse av Ismail Haniya.

Da Israel trakk seg ut fra Gazastripen i 2005, sendte EU observatører for å overvåke det som skjedde på grensa mellom Gazastripen og Egypt. Men da observatørene forlot området i juli 2007, stengte Egypt grenseovergangen ved Rafah samtidig som Israel stengte alle de andre grenseovergangene til den tett befolkede kyststripen. Nå hadde Israel kontroll over alle varer som kom inn på Gazastripen, og de nektet Hamas å importere militært materiell eller varer som kunne brukes til terrorvirksomhet. Men selv om Israel og Egypt stengte sine grenser, kunne Hamas fortsatt smugle våpen og andre ting gjennom et system av tunneler som de hadde bygget under grensa mot Egypt.

Et kort opphold

I juni 2008 gikk Egypt inn som megler mellom Israel og Hamas og fikk partene til å inngå en *tahdia*, et arabisk ord som kan oversettes med «en rolig periode» eller «et opphold» i konflikten. Men selv om denne «rolige perioden» ofte ble kalt for en våpenhvile i den vestlige pressen, var mange våpen i aktivitet sju dager i uka så lenge perioden varte.

Ifølge avtalen skulle Hamas sette en stopper for alle rakettangrep mot israelske mål og håndheve «den rolige perioden» på hele Gazastripen. I gjengjeld forventet Hamas at blokaden skulle oppheves, handelen skulle gjenopptas, og Israel ville tillate at mellom 500 og 600 trailere skulle få passere grenseovergangene hver dag. Israel mente at blokaden ville oppheves når de så en reduksjon i rakettangrepene, og gradvis tillot Israel at antallet trailere som fikk passere inn på Gazastripen, økte fra 70 til 90.

Hamas kritiserte Israel fordi de delvis opprettholdt blokaden, mens Israel anklaget Hamas for å smugle våpen fra Egypt og for å fortsette å sende raketter mot israelske byer. Allikevel var det relativt rolig sammenlignet med hvordan det hadde vært før «den rolige perioden» begynte. Men den relative roen fikk en brå slutt helt i starten av november. Fra da av ble Israel bombardert av de palestinske rakettene hver eneste dag. I løpet av hele «den rolige perioden», som varte i seks måneder, ble det skutt 223 raketter og 139 granater fra Gazastripen mot israelske byer og landsbyer, og de fleste av disse kom i løpet av de to siste månedene.

I midten av desember uttalte Israel at de ville forlenge «den rolige perioden», så sant Hamas holdt seg til betingelsene, men den 20. desember, dagen etter at tiden for denne perioden var gått ut, gikk Hamas ut med en offentlig uttalelse om at de ikke ønsket å forlenge perioden. Årsaken til beslutningen skal angivelig ha vært at Israel ikke ville oppheve blokaden, men Israel hevdet at de hadde begynt å åpne opp grensene, men at de gjeninnførte blokaden da Hamas ikke sluttet å skyte raketter og smugle våpen.

I løpet av den kommende uka kunne israelerne bevitne en kraftig opptrapping av konflikten. På julaften ble Negev truffet av mer enn 60 palestinske granater og raketter. Og da Olmert ble intervjuet av den arabiskspråklige TV-kanalen al-Arabiya på første juledag, advarte han Hamas og sa at dette er deres siste sjanse til å sette en stopper for rakettangrepene.

Palestinerne hadde forberedt seg på at kampene en dag ville kunne utarte til en geriljakrig. Hamas hadde bygd et antall tunneler under Gaza by og utplassert sprengstoff i flere hus og bygninger, inkludert skoler og leiligheter. Samtidig lagret de våpen på steder der de regnet med at de israelske soldatene ikke ville lete, slik som i moskeer og sitrusplantasjer.

Fredag den 26. desember åpnet Israel fem grenseoverganger slik at 100 trailere med korn og annen nødhjelp kunne komme inn på Gazastripen, og terroristene svarte med å skyte et dusin raketter og granater mot Israel. Men nå hadde den israelske regjeringen gått tom for tålmodighet, og på selveste julaften ga regjeringen grønt lys for et angrep på Hamas. I løpet av et helt år hadde det israelske forsvaret og Shin Bet samlet inn etterretning om Hamas' militære infrastruktur og andre terrororganisasjoner på Gazastripen, og nå var de rede til å slå til.

Operasjon støpt bly

Klokka 11.30 på formiddagen, lørdag 26.desember, gikk det israelske flyvåpenet til aksjon. Mer enn 50 jagerfly og angrepshelikoptre feide inn i luftrommet over Gazastripen og begynte å slippe bombene sine over 50 forskjellige mål. Ifølge forsvarets talsmann var angrepene rettet mot kommandosentraler, treningsleire, steder der det ble produsert raketter, våpenlagre og andre militære mål, og pilotene rapporterte at de hadde truffet mange innertiere. «Operasjon støpt bly», som Israel kalte angrepet, var et faktum.

Tretti minutter senere gikk en ny bølge med 60 fly og helikoptre til angrep på 60 nye mål, inkludert underjordiske rakettutskytningsramper. I løpet av den første dagen av «Operasjon støpt bly» bombet det israelske luftforsvaret mer enn 170 mål på Gazastripen. Palestinske kilder hevdet at over 225 palestinere var blitt drept og 780 var blitt såret i angrepene denne dagen, og det ble anslått at en tredjedel av disse kan ha vært sivile.

Det israelske forsvarets talsmann hevdet derimot at et overveldende flertall av de drepte var medlemmer av terrororganisasjonene og at de fleste av dem bar uniform. Mellom 70 og 80 av disse skal ha blitt drept i ett enkelt angrep på politiskolen der Hamas var i ferd med å uteksaminere nye paramilitære politifolk, og sjefen for det paramilitære politiet, Tawfiq Jabber, ble også drept i angrepene denne dagen. En nettside knyttet til Hamas hevdet senere at de politifolkene som ble drept i Gaza, ikke var alminnelige politifolk, men at nesten alle sammen var medlemmer av terrororganisasjonen Izz al-din al-Qassam, og at de var involvert i den hellige krigen.

Et av de største problemene som det israelske luftforsvaret hadde å stri med denne dagen og i resten av krigen, var hvordan de skulle unngå store sivile tapstall blant palestinerne. Ettersom Hamas hadde utplassert mange rakettutskytningsramper og våpenlagre i og ved sivile mål, var ikke dette noen lett oppgave. Det var dermed en reell mulighet for at mange tusen sivile palestinere kunne blitt drept hvis Israel hadde bombet området på en tilfeldig måte.

For å redusere de sivile tapstallene så mye som mulig, forsøkte forsvaret å advare de sivile i Gaza by om at de skulle holde seg borte fra rakettutskytningsrampene og bygninger der Hamas holdt til. De som bodde i bygninger der Israel antok at Hamas hadde lagret våpen, fikk som regel en advarsel 10 til 15 minutter før de israelske flyene gikk til angrep. Dessuten brukte luftforsvaret for det meste små presisjonsvåpen, og 99 prosent av angrepene traff målene midt i blinken.

Men selv om sivilbefolkningen ofte fikk advarsler før et angrep begynte, var det ikke mye de kunne gjøre for å skaffe seg beskyttelse. Verken de palestinske selvstyremyndighetene eller Hamas hadde bygd tilfluktsrom på Gazastripen etter at PLO fikk kontrollen over området i 1995, og dermed hadde de sivile ingen steder å flykte.

Allikevel ble det rettet sterk kritikk mot Israel denne første dagen, blant annet fordi angrepet skal ha funnet sted omtrent samtidig som barna gikk hjem fra skolen. Og siden flere palestinere ble drept denne dagen enn noen dag tidligere siden 1948, begynte noen palestinere å kalle dagen for «den svarte lørdagens massakre». Israel hevdet derimot at dette på ingen måte var noen massakre. Dersom Israel hadde vært interessert i å skape en massakre, hadde det vært enkelt for dem å drepe flere tusen sivile, men isteden forsøkte de å redusere de sivile tapstallene så langt det lot seg gjøre. Det israelske forsvaret beklaget de sivile tapstallene, men hevdet samtidig at det dreide seg om relativt små tapstall når man tok i betraktning at Hamas opererte i tett befolkede områder og at terroristene brukte både sivil infrastruktur og sivile personer som menneskelige skjold.

Neste dag og i løpet av de kommende ukene fortsatte de israelske luftangrepene mot Hamas, og flere høyere offiserer i Hamas ble drept. Tragisk nok ble ofte familiene deres drept i de samme angrepene. Etter en uke var cirka 400 palestinere blitt drept, og cirka en fjerdedel av disse var sivile.

Bakkestyrkene går til angrep

Den 3. januar 2009 sendte Israel for første gang bakkestyrkene sine inn på Gazastripen, og dermed var trinn nummer to av «Operasjon støpt bly» i gang. Rakettangrepene mot israelske byer og landsbyer fortsatte etter at luftforsvaret lanserte operasjonen, og nå sendte Israel bakkestyrkene inn for å sette en endelig stopper for rakettene.

Morgenen etter gikk de israelske troppene inn i Beit Lahiya og Beit Hanoun i den nordlige delen av Gazastripen, og de omringet Gaza by. I løpet av noen dager hadde israelske stridsvogner og tropper tatt kontrollen over store deler av Gazastripen, og flere titusen palestinere flyktet fra hjemmene sine og flokket seg sammen i sentrum av Gaza by. Det brøt ofte ut gatekamper mellom israelske soldater og Hamas, og den 6. januar ble 125 palestinere drept i kampene. Tre israelske soldater ble drept og 20 såret da en israelsk stridsvogn skjøt mot det de trodde var en fiendtlig posisjon.

Den dagen ble Israel dessuten anklaget for å ha skutt mot en FN-skole, og FN hevdet at mange elever ble drept inne på skolen i det israelske angrepet. Men flere uker senere tok FN anklagene tilbake og innrømmet at de israelske bombene hadde eksplodert utenfor skolen og at ingen var blitt drept eller såret inne på skolens område. BBC anklaget dessuten israelske soldater for å ha drept sivile på måfå og vandalisert hjem, men kort tid etter begynte det å dukke opp rapporter som indikerte at disse anklagene var basert på rykter. Forsvaret etterforsket saken og kom fram til at ingen soldater med vilje hadde skutt mot sivile.

Om morgenen den 11. januar begynte trinn tre av operasjonen med et angrep mot forstedene til Gaza by. Flere steder lå Hamas og Islamsk Jihad i bakhold, og det brøt ut harde kamper. Denne dagen forsøkte Hamas dessuten for første gang å skyte ned et israelsk fly med luftvernraketter. To dager senere brøt det ut harde kamper i de smale gatene i bydelen Tel al-Hawa da de israelske soldatene rykket fram mot et av hovedkvarterene til sikkerhetstjenesten på Gazastripen. Tre israelske soldater og 30 medlemmer av Hamas ble drept eller såret i kampene, og neste morgen sto flere bygninger i flammer i denne bydelen.

Den 15. januar ble de israelske styrkene beskutt av palestinske styrker som befant seg i nærheten av FNs organ for å hjelpe de palestinske flyktningene, UNRWA, og da de var ferdige med å skyte, flyktet de palestinske styrkene inn på UNRWA sitt område før Israel besvarte ilden. Uheldigvis ble tre personer såret, og flere tonn mat og drivstoff ble ødelagt hos UNRWA da Israel skjøt tilbake. Etter angrepet sendte Israel fem brannbiler inn på Gazastripen for å hjelpe det palestinske brannvesenet med å slukke brannene i UNRWA.

Under kampene på Gazastripen ble Israel nødt til å ta opp kampen mot en styrke som var bevæpnet med mange av de våpnene som Israel selv hadde transportert inn på Gazastripen etter at USA og andre land hadde sendt disse våpnene til Fatah. Opprinnelig var det meningen at Fatah skulle bruke disse våpnene i den interne maktkampen mot Hamas, men disse panserkjøretøyene kom godt med nå som Hamas sto overfor en mye mektigere fiende enn Fatah noensinne hadde vært. Hamas og Islamsk Jihad hadde også produsert hjemmelagde bomber og miner av de medisinflaskene som Israel hadde sendt til Gazastripen som nødhjelp, og nå brukte de disse minene mot israelske panserkjøretøyer og stridsvogner.

De menneskelige skjoldene

Både før «Operasjon støpt bly» startet og under selve operasjonen, benyttet Hamas seg ofte av såkalte menneskelige skjold. Den militære infrastrukturen var gjemt i og rundt sivile hjem på mange forskjellige steder på Gazastripen, og man regnet med at de israelske styrkene ville tenke seg om to ganger før de slo til mot sivilbefolkningen. Både militære hovedkvarterer, baser, kontorer, våpenlagre, tunneler, våpenfabrikker og bunkere var ofte plassert slik at sivile palestinere ville være i fare hvis Israel gikk til angrep. I flere tilfeller hadde sivile palestinere dessuten blitt drept i «arbeidsulykker», som skjedde da terroristene forberedte seg på krigen innenfor de sivile områdene.

Når terroristene skulle skyte raketter eller granater mot israelske mål, valgte de ofte å plassere utskytningsrampene i nærheten av eller noen ganger inne i private hjem, skoler eller moskeer. I noen tilfeller hadde de palestinske terroristene til og med minelagt skoler på Gazastripen, og de benyttet seg av sivile ambulanser til å evakuere terrorister fra slagmarken. Noen ganger gjemte terroristene seg på sykehus eller i moskeer, og andre ganger gikk de kledd i sivile klær slik at det skulle være vanskelig for Israel å se forskjell på terroristene og de sivile.

Da Israel sendte advarsler til sivile palestinere om å komme seg ut av en bygning fordi israelske fly ville gå til angrep i løpet av 10 minutter, skjedde det iblant at Hamas sendte barn og tenåringer inn i disse hjemmene nettopp fordi de regnet med at det israelske forsvaret ikke ville angripe et hus fullt av mindreårige sivile.

Hamas regnet med at bruken av menneskelige skjold ville gi dem viktige politiske poeng i propagandakrigen mot Israel, og det skulle vise seg at Hamas fikk rett i dette. TV-skjermer over hele verden viste bilder av israelske fly og artilleri som skjøt mot sivile hjem, og mange kommentatorer valgte å gi Israel skylden for de sivile tapstallene istedenfor å stille spørsmålstegn ved hvorfor Hamas hadde plassert sin militære infrastruktur blant sivile.

Ironisk og sørgelig nok ble mange sivile palestinere drept i kampene nettopp fordi journalister, politikere og «palestinernes venner» i mange land verden over spilte på lag med Hamas ved å fordømme de israelske angrepene istedenfor Hamas' bruk av menneskelige skjold, på tross av at det er en krigsforbrytelse å benytte seg av menneskelige skjold.

Rakettangrepene forsterkes

Selv om Hamas var under angrep, ble det ingen umiddelbar slutt på rakettangrepene mot Israel. Krigen førte snarere til det motsatte. Rett før krigen begynte, hadde Hamas for første gang tatt i bruk en ny Grad-rakett, som hadde en rekkevidde på 40 kilometer. Dette var en markant økning siden begynnelsen av året, da palestinernes raketter kun hadde en rekkevidde på 16 kilometer.

Den 30. desember ble Negevørkenens «hovedstad», Beer Sheva, en by med 185 000 innbyggere, for første gang truffet av en Grad-rakett. En av de første rakettene som traff byen, landet i en barnehage, som ved et mirakel var tom på det tidspunktet. En annen rakett traff en skole i den samme byen.

Rakettangrepene mot Beer Sheva betydde at mange av de største israelske byene nå var i faresonen. Både Ashdod, Yavne, Kiryat Malakhi, Gedera og Rahat var nå godt innenfor Grad-rakettenes rekkevidde, og over ti prosent av alle israelere bodde nå innenfor rakettenes «terrorvelde».

Hamas sendte ofte opp rakettene fra forskjellige smågater i Gaza by, og de dekket over gatene med laken slik at de kunne sette sammen rakettene på fem minutter uten at de israelske flyene så hva de gjorde. Hamas var dessuten ikke den eneste organisasjonen som bombarderte Israel med raketter. Det ble også rapportert om at de «moderate» palestinerne i Fatah hadde skutt 102 raketter og 35 granater mot Israel i løpet av konflikten, og flere andre raketter ble skutt opp av PFLP og andre mindre terrorgrupper. Totalt ble Israel truffet av mer enn 750 raketter og granater i løpet av konflikten.

Nødhjelpen strømmer inn

Under hele krigen strømmet det inn forsyninger med nødhjelp over grenseovergangene fra Israel. Allerede den andre dagen av konflikten åpnet Israel grenseovergangen Kerem Shalom etter at Røde Kors, UNRWA og andre organisasjoner ba om det, og 23 trailere med nødhjelp kom inn på Gazastripen. Fjorten av trailerne brakte mat, og ni trailere brakte medisiner og annet medisinsk utstyr til palestinerne på Gazastripen.

Flere palestinere fikk dessuten legehjelp på israelske sykehus under krigen. Bare på nyttårsaften ble 12 palestinere, blant dem to barn, transportert til israelske sykehus, der de fikk medisinsk behandling som ikke er tilgjengelig på Gazastripen. Samme dag ble 93 trailere med totalt

2500 tonn nødhjelp sendt inn på Gazastripen, og Verdens matvareprogram informerte Israel om at de ikke ville sende noe mer mat siden alle lagrene deres på Gazastripen var fylt til randen og det ville ta to uker før de kunne tømme dem. Verdens matvareprogram tok denne beslutningen etter at totalt 6500 tonn nødhjelp var blitt sendt inn på Gazastripen i løpet av de første fem dagene av krigen.

Den 7. januar begynte det israelske forsvaret å sette en stopper for alle militære aktiviteter tre timer per dag slik at man kunne åpne en nødhjelpskorridor på Gazastripen, og nesten hver eneste dag ble flere titalls trailere sendt inn på Gazastripen med nye forsyninger. Men selv om Israel innførte en slik kort våpenstillstand hver dag, nektet Hamas å gjøre det samme. Den 13. januar åpnet Israel en grenseovergang klokka ni om morgenen, og i løpet av tre timer kom 102 trailere med nødhjelp og to trailere med drivstoff inn på Gazastripen. Samtidig skjøt Hamas tre raketter og fire granater mot israelske mål.

Helt fra «Operasjon støpt bly» startet den 27. desember og fram til 19. januar, ble totalt 1700 trailere med 42 000 tonn nødhjelp sendt inn på Gazastripen i tillegg til 2,2 millioner liter med drivstoff.

Fatah gir Hamas skylden

Den politiske volden og intrafadaen stoppet aldri, selv om Hamas og terroristene på Gazastripen var under angrep. I løpet av hele krigen ble flere dusin palestinere drept enten fordi de tilhørte rivalorganisasjonen Fatah, fordi de ble anklaget for å ha hjulpet sionistene, eller av andre grunner. Andre palestinere ble dessuten skutt i knærne, fikk hendene knust eller ble mishandlet på andre måter. Mange fanger som var medlemmer av Fatah, ble også henrettet av frykt for at Israel skulle forsøke å løslate dem fra fengslene.

Det ble dessuten rapportert at Fatahs ledere i Judea og Samaria hadde instruert etterfølgerne sine til å stå parat til å overta kontrollen over Gazastripen hvis Hamas ville bli svekket av Israels angrep. Og da Hamas fikk vite om disse rapportene, satte de flere titalls Fatah-medlemmer i husarrest.

Et av Hamas-medlemmene som ble drept i krigen, var organisasjonens øverste militære leder, Nizar Rayyan, som hadde fire koner og 12 barn. Det var Rayyan som hadde vært lederen for de terroristene som beseiret Fatahs styrker på Gazastripen i juni 2007, og en talsmann for Hamas uttalte at han ikke kunne utelukke at Fatah kanskje hadde bedt Israel om å drepe Rayyan som en hevn for det han hadde gjort halvannet år i forveien.

Fatah ga på sin side Hamas skylden for hele konflikten. Fatahs leder, Mahmoud Abbas, hadde forsøkt å overtale Hamas til å forlenge «den stille perioden», som hadde vart i seks måneder før krigen begynte, men til ingen nytte. Nimr Hammad, en av rådgiverne til Abbas, mente at Hamas hadde skylden for krigen. «Den som bærer ansvaret for massakren, er Hamas, og ikke sionistenheten, som i sine egne øyne reagerte på at palestinske raketter ble skutt mot dem. Hamas må slutte å behandle palestinernes blod på en lettvint måte. De burde ikke gi israelerne et påskudd,» uttalte Hammad.

Over hele araberverdenen og i andre muslimske land ble det arrangert demonstrasjoner og protesttog mot det israelske angrepet på Hamas, og de som spesielt utmerket seg i så måte, var Iran, Syria og HezbAllah i tillegg til Det muslimske brorskap i Egypt og forskjellige islamistiske og palestinske grupper i Jordan.

Samtidig nølte mange arabiske regjeringer med å gi sin hele og fulle støtte til Hamas. Disse regjeringene innså at Hamas er kontrollert av Iran, og den muslimske fundamentalismen i Iran blir betraktet som en trussel mot de moderate arabiske regjeringene. Regjeringene i Jordan og Egypt var nødt til å ta et offentlig standpunkt mot det israelske angrepet, men samtidig var det mange som mente at de i hemmelighet ønsket at Israel skulle utslette Hamas. Et Hamasstan væpnet til tennene var det siste Egypt ønsket seg ved en av sine grenser.

Saudi-Arabia er et av de landene som historisk har hatt nært samarbeid med USA og som ikke ønsker at Iran og Irans støttespillere skal få større innflytelse i Midtøsten. Så da mellom 200 og 300 personer demonstrerte til støtte for Hamas i Saudi-Arabia, skjøt politiet med gummikuler for å spre demonstrantene, og åtte personer skal ha blitt såret.

Fatahs politistyrke i Judea og Samaria strevde også med å legge lokk på demonstrasjoner i de områdene der Fatah hadde kontrollen. Lederen for de palestinske selvstyremyndighetene, Mahmoud Abbas, nedla forbud mot demonstrasjonene til støtte for Hamas, og palestinere i Judea og Samaria kunne fortelle at det palestinske politiet hadde truet med å arrestere dem hvis de vaiet med Hamas' flagg eller ropte ut slagord til støtte for Hamas. I Hebron brukte det palestinske politiet makt for å spre flere hundre demonstranter, og minst fem av dem ble arrestert.

Skjør våpenhvile tar form

Den 17. januar bekjentgjorde Israel at de ville overholde en ensidig våpenhvile selv om de ikke hadde noe løfte fra Hamas om at også de

313

ville slutte å skyte. Men Hamas lovte å fortsette kampen og hevdet at israelske tropper på Gazastripen ville bli betraktet som en krigshandling, og de ville fortsette kampen helt til fienden «slutter å skyte og trekker seg tilbake fra landet vårt og fjerner blokaden og åpner alle grenseoverganger», som en talsmann sa det.

Dagen etter skjøt palestinerne ytterligere seks raketter, og fire av dem landet i eller i nærheten av Sderot. Det israelske forsvaret skjøt tilbake og angrep rakettutskytningsrampene i den nordlige delen av Gazastripen.

Samme ettermiddag sa Hamas og andre terrororganisasjoner at de ville slutte å skyte raketter mot Israel i ei uke dersom Israel trakk alle troppene sine tilbake i løpet av denne perioden, og tre dager senere forlot den siste israelske soldaten Gazastripen.

Mellom 1100 og 1400 palestinere ble drept i krigen, men det er stor uenighet om hvor mange av dem som var sivile. Det palestinske senteret for menneskerettigheter hevdet at 926 av dem var sivile, men det israelske forsvaret påsto at kun 295 av de døde var sivile, mens minst 709 av de drepte var medlemmer av en eller annen militant organisasjon. I tillegg ble tre sivile israelere og 10 soldater drept under konflikten, mens 182 sivile israelere og 336 soldater ble såret. Flere personer i staben til UNRWA, Verdens matvareprogram og Verdens helseorganisasjon måtte også bøte med livet.

Men selv om partene nå angivelig hadde en våpenhvile, ble Israel fortsatt angrepet av raketter og granater. De to første ukene etter at våpenhvilen begynte, brøt terroristene våpenhvilen hele 12 ganger, og en av disse gangene ble en israelsk soldat drept da en hjemmelaget bombe eksploderte like ved veien.

Atter et valg

Selv om «Operasjon støpt bly» ikke fikk satt en stopper for terrorangrepene fra Gazastripen, skapte operasjonen umiddelbart røre på israelske meningsmålinger. Noen dager før operasjonen startet viste meningsmålingene at venstresiden i israelsk politikk kunne få 45 mandater i valget, men da det ble gjort meningsmålinger den andre dagen av krigen, hadde denne støtten økt til 53 mandater. Statsministerens parti, Kadima, gikk fram fra 25 til 28 mandater, og Arbeiderpartiet gikk fram fra 11 til 16 mandater. Partiene på høyresiden gikk samtidig tilbake fra 66 til 57 mandater.

De fleste israelere støttet operasjonen på Gazastripen, og mye av «æren» for operasjonen gikk til forsvarsminister Ehud Barak, som også var Arbeiderpartiets leder og kandidat til statsministerposten.

Arbeiderpartiets resultat ble en sterk framgang fra det som meningsmålingene hadde vist bare noen uker tidligere, da partiet hadde fått så lite som seks mandater i en meningsmåling og noen kommentatorer mente at man var vitne til slutten for Arbeiderpartiet.

Etter at krigen var over, gikk høyresiden noe fram igjen, og i valget den 10. februar 2009 fikk de religiøse partiene og partiene på høyresiden totalt 65 mandater. Samtidig falt partiene på venstresiden tilbake til 44 mandater, og de arabiske partiene fikk de siste 11 mandatene. Den store taperen var Meretz, som gikk tilbake til tre mandater.

Meretz hadde vært med i flere regjeringer de siste 15 årene, og da de var som mest populære, hadde de 12 mandater i Knesset. Men Meretz var også det partiet som lå lengst til venstre av de sionistiske partiene; de hadde hele tiden presset på for at Israel skulle imøtekomme palestinernes krav i forskjellige fredsforhandlinger. Men etter hvert som fredsprosessen hadde utviklet seg til en krigsprosess, etter hvert som de israelske byene var blitt fylt av selvmordsterrorister som sprengte seg selv og andre i lufta i de israelske byene, og etter hvert som rakettene begynte å falle, mistet Meretz en stor del av den støtten de en gang hadde hatt.

Resultatet av valget i 2009 viste at Kadima ble det største partiet i Knesset, men selv om Likud hadde fått ett mandat mindre, var det nettopp det sistnevnte partiets leder Benjamin Netanyahu som fikk i oppdrag å danne ny regjering. Selv om Kadima fikk flest stemmer, hadde de ikke tilstrekkelig støtte i Knesset til å danne en koalisjonsregjering, og en mindretallsregjering har svært dårlige levevilkår i en nasjonalforsamling der 12 partier og lister er representert.

Den 31. mars 2009 ble Israels 32. regjering tatt i ed, og i tillegg til Likud var også Yisrael Beiteinu, Shas, Jødisk hjem og Likuds gamle rival, Arbeiderpartiet, representert i den nye regjeringen. Dagen etter gikk dessuten Yahadit Hatorah med i koalisjonen, som forøvrig skulle bli den største regjeringen i Israels historie med 30 statsråder og ni visestatsråder.

Netanyahu selv ble statsminister mens Barak fortsatte i posten som forsvarsminister, Avigdor Lieberman ble utenriksminister og Yuval Steinitz ble finansminister. Den regjeringen som skal lede Israel fram til det neste valget, som etter planen skal holdes i 2013, var nå et faktum.

Etterord

Det jødiske folkets historie er en reise på godt og vondt. Fra den øverste tinde da tre millioner israelitter hørte Guds stemme og inngikk en pakt med Gud ved Sinaifjellet, til de dypeste daler da brødre kjempet mot brødre, det jødiske templet ble lagt i ruiner, rundt en million jøder ble drept og mange av de overlevende ble sendt i eksil.

I moderne tid har vi også sett hvordan den jødiske historien svinger kolossalt på meget kort tid. Fra ovnene i Auschwitz og de andre konsentrasjonsleirene, der det foregikk en slakt på seks millioner jøder, til den jødiske statens gjenopprettelse cirka 2000 år etter at de mistet sin politiske uavhengighet.

Det merkelige er at det virker som om flere av disse hendelsene ble forutsagt av Jesaja, Jeremia, Esekiel og de andre profetene. Hvis profetene virkelig var inspirert av en allmektig og allvitende Gud, er det stor sannsynlighet for at den jødiske hjemkomsten slett ikke er en tilfeldighet, men heller en oppfyllelse av gudgitte profetier.

Når Gud taler, er det sjelden at den røde løperen ligger foran deg. Det fikk disiplene erfare da de forsøkte «å gå ut i all verden og gjøre alle folkeslag til disipler» etter at Jesus befalte dem å gjøre det. Det fikk Moses erfare da han vendte tilbake til Egypt for å befale Farao «å la mitt folk reise». Det fikk Jeremia erfare da han fikk budskap som slett ikke var politisk korrekte i et Jerusalem som var styrt av korrupte konger som tilba avguder. Jødene i Israel i dag har også fått erfare at Guds profetier ikke alltid betyr at omstendighetene automatisk legger seg til rette for dem på alle kanter. Og de største problemene kan man dessverre ofte finne blant jødene selv, når hyrdene «røkter seg selv» og «slakter gjøfeet, men dere røkter ikke flokken». Mange av Israels problemer har kommet over dem nettopp fordi hyrdene ikke har tatt sitt ansvar og satt flokkens ve og vel i høysetet.

Men på tross av alle farer og problemer, finnes det store skarer av jøder i Israel i dag som ikke har gitt opp troen på at Gud er med dem og at Gud til slutt vil gi dem den freden de har lengtet etter i lang tid. Jeg må si at jeg beundrer dem. Jeg har truffet jøder som bor i Hebron, i Gush Katif og i andre israelske «bosettinger», der de lever i konstant fare for sine liv. Mange av disse har amerikansk eller fransk statsborgerskap, og det ville være den letteste sak av verden å flytte tilbake til en forstad i

317

New Jersey, der de kunne ha funnet seg en god jobb og bodd i et stort hus. Allikevel har de valgt å bo i jødenes hjemland, der deres stamfar Abraham vandret, fordi de tror at Gud har kalt dem til å gjøre det.

I skrivende stund er det nesten to måneder siden Israel fikk en ny regjering. Likuds leder Benjamin Netanyahu fikk i oppdrag å danne regjering, og han inviterte de fleste jødiske partier i Knesset til å slutte seg til koalisjonen. Kadima takket nei, men Arbeiderpartiet, som ligger til venstre for Kadima, takket ja til å bli med i den israelske regjeringen. Tiden vil vise hvilken retning Netanyahus regjering tar, men vi kan allerede se tegn på at den nye amerikanske presidenten, Barack Obama, presser på for at Netanyahu skal godkjenne opprettelsen av en palestinsk stat.

Undertegnede har studert Israel og det jødiske folket siden 1990, da jeg besøkte landet deres for første gang. I løpet av denne tiden har jeg lært at det er uhyre vanskelig, for ikke å si umulig, å spå utviklingen og framtiden i Israel og hele Midtøsten. Det politiske livet i Israel er like uforutsigbart som trafikken på Jerusalems gater. *Plutselig* svinger en bil over i en annen fil. *Plutselig* går en fotgjenger rett ut i gata uten å se seg for. *Plutselig* snur en politiker om på en femøring og bestemmer seg for å følge en helt annen politikk enn det som sto i valgprogrammet. Ordet *plutselig* får en helt ny betydning når man forlater de relativt forutsigbare institusjonene på Karl Johans gate og reiser 3600 kilometer sørøstover til det lille landet i Midtøsten der det eneste man kan forutse med stor nøyaktighet, er været.

Jødene har møtt mange farer, mange utfordringer og mange herskere som ville utrydde dem eller slå den siste spikeren i kista for folkets framtid.

Men selv om mange av jødenes fiender opp gjennom tidene ikke lenger eksisterer eller har mistet sin betydning som en maktfaktor i verdenshistorien, finnes jødene der den dag i dag. Jeg er overbevist om at det kommer til å fortsette på den samme måten. Verden rystes i disse økonomisk turbulente tider, men jødene og Israel vil overleve disse rystelsene på samme måte som de har overlevd alle andre utfordringer som har kommet i deres vei siden Abrahams tid. Hvis det finnes noe folk i verden i dag som har en lys framtid i sikte, så må det være jødene.

Jon Andersen
Mai 2009

Tillegg I
Kronologi over sionismen og Staten Israel

1860–1916: Under tyrkisk okkupasjon

1860 Den første jødiske bydelen blir bygd utenfor Jerusalems bymur.

1870–1890: Hovevei Tzion i Russland og Romania jobber for å opprette jordbrukssamfunn i *Eretz Israel*.

1882–1903 Den første *aliya* (immigrasjon i stor skala), fra Russland.

1882 Medlemmer av Bilu blir den første organiserte gruppen av pionerer som begynner å immigrere til landet.

1885 Nathan Birnbaum blir den første til å bruke ordet «sionisme». Det skjer i en publikasjon som fremmer Hovevei Tzions tanker.

1890 Komiteen for hebraisk språk blir grunnlagt av Eliezer Ben Yehuda, det hebraiske folkets «far», som en del av arbeidet for å gjenoppvekke det hebraiske språket.

1897 Theodor Herzl sammenkaller til den første sionistkongressen i Basel i Sveits. Sionistorganisasjonen blir skapt.

1898 Den andre sionistkongressen. Kaiser Wilhelm II av Tyskland besøker Palestina og treffer Theodor Herzl.

1899 Den tredje sionistkongressen.

1900 Den fjerde sionistkongressen.

1901 Den femte sionistkongressen. Jødisk nasjonalfond blir opprettet; fondets oppgave skal være å kjøpe land i *Eretz Israel* som skal være «det jødiske folkets evige eiendel».

1902 Den sjette sionistkongressen diskuterer den britiske regjeringens forslag om å opprette et jødisk hjemland i Uganda.

1904–1914 Den andre *aliya*; i hovedsak immigranter fra Russland og Polen kommer til landet etter gjentatte pogromer og fattigdom i sine hjemland. Theodor Herzl dør.

1905 Den sjuende sionistkongressen. David Wolffsohn blir valgt til president for Sionistorganisasjonen.

1907 Den åttende sionistkongressen bestemmer seg for å fortsette med den politiske sionismen og den praktiske sionismen.

1909 Tel Aviv, den første moderne hebraisktalende byen, blir grunnlagt. Organisasjonen Hashomer blir grunnlagt for å ivareta de jødiske bosettingenes sikkerhet. Jødiske arbeidere i Palestina får for første gang lov til å delta på den niende sionistkongressen.

1910 Den første kibbutzen, Deganya, blir grunnlagt.

1911 Otto Warburg blir valgt til president for Sionistorganisasjonen på den tiende sionistkongressen.

1913 Den ellevte sionistkongressen vedtar å bygge Det hebraiske universitet i Jerusalem.

1914–1918 Første verdenskrig.

1915–1917 Den hemmelige jødiske organisasjonen NILI spionerer for britene inntil medlemmene blir arrestert av de osmanske myndigheter.

1917–1947: Den britiske mandatperioden

1917 Den jødiske legion, den første jødiske militære styrke på nesten 1800 år, blir opprettet. Landet blir okkupert av britene, og general Allenby marsjerer inn i Jerusalem. Den engelske utenriksministeren utsteder Balfourdeklarasjonen.

1918 Chaim Weizmann, lederen for Sionistkommisjonen, treffer emir Feisal, lederen for den arabiske nasjonalistbevegelsen, for første gang.

1919 Weizmann og Feisal undertegner en avtale om nært samarbeid mellom de to nasjonalistiske bevegelsene.

1919–1923 Mange unge mennesker fra Russland kommer til Israel under den tredje *aliya*.

1920 Yosef Trumpeldor og andre jøder blir et symbol på jødisk selvforsvar når de gjør en heroisk innsats i kampen for å forsvare Tel Hai mot et arabisk angrep. Fredskonferansen i San Remo beslutter at Storbritannia skal få et mandat over Palestina. Forsvarsorganisasjonen Haganah blir opprettet. Sir Herbert Samuel blir utnevnt til den første britiske høykommissæren for Palestina. Chaim Weizmann blir valgt til president for Sionistorganisasjonen. Keren Hayesod, som er Sionistorganisasjonens organ for å samle inn penger, blir grunnlagt. Hebraisk blir landets offisielle språk. Fagorganisasjonen Histadrut blir grunnlagt.

1921 Arabiske opptøyer bryter ut i Jaffa, Rehovot, Petah Tikva, Hadera og andre steder, 47 jøder blir drept og mange såret. Myndighetene oppretter et sjefsrabbinat. Rabbi Abraham Isaac Hacohen Kook blir utnevnt til Palestinas askenasiske sjefsrabbiner, og rabbi Yaakov Meir blir utnevnt til sefardisk sjefsrabbiner. Den første mosjaven, Nahalal, blir grunnlagt. Den tolvte sionistkongressen.

1922 Folkeforbundet gir Storbritannia et mandat til å opprette et jødisk nasjonalt hjemland i *Eretz Israel*. Storbritannia deler Palestina i to deler, 78 prosent øst for Jordanelven og 22 prosent vest for Jordanelven. Spiren til det som senere blir Det hasjemittiske kongeriket Transjordan, blir etablert på østsiden av Jordanelven.

1923 Den trettende sionistkongressen diskuterer Sionistorganisasjonen.

1924 Technion, Israels teknologiske institutt, blir grunnlagt i Haifa, og undervisningen foregår på hebraisk.

1924–1932 Mange jøder fra middelklassen i Polen ankommer landet i den fjerde *aliya*.

1925 Zeev Jabotinsky og andre kommer sammen i Paris for å grunnlegge Revisjonistpartiet. Det hebraiske universitetet blir grunnlagt på Skopusberget i Jerusalem. Den fjortende sionistkongressen diskuterer utviklingen i kjølvannet av den fjerde *aliya*.

1927 Den femtende sionistkongressen diskuterer den økonomiske krisen i Palestina.

1929 Arabiske opptøyer i Hebron, der 67 jøder blir drept og resten kastet ut av byen. Haganah forsvarer jødene i Jerusalem, Tel Aviv og Haifa. Jewish Agency blir opprettet på den sekstende sionistkongressen.

1931 Etzel (Irgun) blir grunnlagt. Det blir splid i Sionistorganisasjonen når den syttende sionistkongressen diskuterer samarbeidet med den britiske regjeringen. Nahum Sokolow blir valgt til president for Sionistorganisasjonen.

1933–1939 Mange tyske jøder ankommer landet i den femte aliya.

1933 Det nasjonale busselskapet Egged blir etablert. Hitler kommer til makten i Tyskland. Arbeiderbevegelsen og revisjonistene diskuterer på den attende sionistkongressen.

1935 Chaim Weizmann blir atter en gang valgt til president for Sionistorganisasjonen på den nittende sionistkongressen.

1936–1939 Flere hundre jøder blir myrdet under arabiske antisemittiske opptøyer over hele landet.

1936 Cirka 50 nye bosettinger blir grunnlagt i periferien. Palestine Philharmonic Orchestra, som senere skifter navn til Israel Philharmonic Orchestra, blir grunnlagt.

1937 Peel-kommisjonen anbefaler at man deler Vest-Palestina i to stater – en jødisk og en arabisk, bortsett fra et område rundt Jerusalem, som fortsatt skulle stå under britenes kontroll. Den tjuende sionistkongressen vedtar å forhandle med britene om å få til en bedre deling av landet.

1938 Charles Orde Wingate hjelper til med å opprette jødiske nattpatruljer for å kjempe mot arabiske røvere. Shlomo ben Yosef, som er medlem av Etzel, blir hengt av britene.

1939 Hviteboka blir vedtatt; den begrenser den jødiske immigrasjonen til landet. Hadassah-sykehuset åpner på Skopusberget. Den tjueførste sionistkongressen støtter illegal immigrasjon og går dermed imot hviteboka. Andre verdenskrig bryter ut.

1939–1945 Seks millioner jøder dør i Holocaust; blant dem er det 1,5 millioner barn.

1940 Undergrunnsbevegelsen Lehi bryter ut av Etzel.

1941 Palmach blir grunnlagt. *Patria* blir sabotert av Haganah for å forhindre britene fra å sende flyktningene til Mauritius, og båten synker i havna i Haifa med 250 personer om bord.

1942 *Struma* synker i Svartehavet med 770 personer om bord.

1944 Den jødiske brigaden, som består av jøder fra Palestina, blir en del av den britiske hæren.

1945 Andre verdenskrig er over. General sir Alan Cunningham blir utnevnt til den siste høykommissæren.

1945–1948 De jødene som overlevde Holocaust, ønsker å forlate Europa og reise til Israel. Det britiske militæret prøver å stoppe dem og sender noen tilbake til Tyskland og andre til britiske interneringsleire på Kypros. Jødene kjemper en kamp mot de britiske okkupasjonsstyrkene.

1946 De jødiske forsvarsorganisasjonene, Haganah, Etzel og Lehi, samarbeider om angrep på de britiske myndighetene. På den såkalte svarte sabbaten arresterer myndighetene mange jøder. Etzel sprenger sørvingen av King David Hotel i lufta. Den arabiske liga starter en boikott av det jødiske samfunnet i Palestina. Den tjueandre sionistkongressen møtes i Basel.

1947 Skipet *Exodus 1947* ankommer Haifa, men de 4500 flyktningene om bord blir sendt tilbake til Tyskland. Sju medlemmer av Etzel og Lehi blir hengt av britene, og Etzel henger to britiske sersjanter som represalier. FNs generalforsamling stemmer for å dele det britiske Palestinamandatet inn i en jødisk og en arabisk stat. Arabiske opptøyer mot jødene begynner.

1948

Jerusalem blir beleiret, og jødene bygger Burmaveien for å kunne sende forsyninger til Jerusalem.

Staten Israel blir opprettet idet David Ben-Gurion kunngjør erklæringen om opprettelsen av Staten Israel. Israel blir umiddelbart anerkjent av USA (14. mai).

Uavhengighetskrigen begynner. Israel blir angrepet av Egypt, Syria, Transjordan, Libanon og Irak (15. mai).

Transjordan erobrer jødiske bosettinger i Gush Etzion, ved Dødehavet, nord for Jerusalem og det jødiske kvarteret i Gamlebyen.

Israel Defense Forces (IDF, Tzahal) blir grunnlagt.

Tzahal skyter mot og senker Etzels båt *Altalena* utenfor Tel Aviv.

Ifølge den første folketellingen bor det nå 716 700 jøder og 156 000 ikke-jøder i landet.

Den israelske lira, som også kalles for israelske pund, erstatter det britiske pundet som offisiell valuta med samme verdi.

Masseimmigrasjonen fra Europa og araberstatene begynner. Fra 1948 til 1952 kommer 687 000 personer til Israel.

Grev Bernadotte blir myrdet i Jerusalem.

1949

Israel trekker styrkene sine ut av Sinaihalvøya og Gazastripen.

Det første Knesset-valget blir holdt den 25. januar.

David-Ben Gurion blir statsminister for en koalisjonsregjering der Mapai er det største partiet.

Chaim Weizmann blir valgt til Israels første president.

Umm Rashrash (dagens Eilat) blir erobret av Tzahal (Israels forsvarsstyrker).

Jerusalem blir erklært for Israels hovedstad.

Israel blir opptatt som FNs 59. medlemsland.

Våpenhvileavtaler blir undertegnet med Egypt, Jordan, Syria og Libanon, men ikke med Irak.

Jerusalem blir delt i to mellom Israel og Jordan. Jordan okkuperer Gamlebyen.

Regjeringen begynner å rasjonere matvarer og andre nødvendige ting.

«Operasjon magisk teppe» begynner arbeidet med å bringe jødene fra Jemen til Israel.

Theodor Herzls grav blir flyttet fra Wien til Jerusalem.

Israels befolkning passerer én million.

1950

De fleste av regjeringens departementer flytter til Jerusalem.

«Operasjon Esra» og «Operasjon Nehemja» begynner; jødene fra Irak bringes til Israel.

De første midlertidige leirene for nye immigranter opprettes.
Knesset vedtar loven om tilbakevending, som gir alle jøder rett til å
immigrere til Israel og bli statsborgere.
Havna i Eilat åpnes.

1951
Israels havner blir paralysert i flere måneder når sjøfolkene streiker.
Israel begynner å forvandle sumpmarkene i Huladalen til dyrkbar mark.
Det andre Knesset-valget blir holdt.
Sionistkongressen kommer sammen i Jerusalem for første gang.

1952
Regjeringen undertegner en avtale med Tyskland om
krigsskadeerstatninger.
President Chaim Weizmann dør, og Yitzhak Ben-Tzvi blir valgt til Israels
andre president.
Israel deltar i de olympiske leker i Helsinki for første gang.
Operasjon Kyros bringer de iranske jødene til Israel.

1953
Yad Vashem, Israels minnesmerke over ofrene fra Holocaust, åpner i
Jerusalem.
Sikkerhetssituasjonen ved grensa til Jordan forverres.
Moshe Dayan blir utnevnt til forsvarssjef.
David Ben-Gurion trekker seg tilbake til Kibbutz Sde Boker. Moshe
Sharett blir Israels andre statsminister.

1954
Egypt hindrer det israelske lasteskipet *Bat Galim* i å passere gjennom
Suezkanalen på tross av det som står skrevet i våpenhvileavtalen.
En israelsk etterretningsfiasko i Egypt forårsaker en skandale og tvinger
den israelske forsvarsministeren, Pinchas Lavon, til å trekke seg.
Immigrasjonen fra Nord-Afrika øker på grunn av antisemittisme i de
landene.
Infiltratører fra Jordan angriper en buss ved Maale Akrabim i
Negevørkenen og dreper 11 passasjerer.

1955
De fire siste Dødehavsrullene ankommer Israel.
Man finner en liten mengde olje i Heletz i Negev.

Det tredje Knesset-valget blir holdt. David Ben-Gurion blir statsminister
   igjen.
Bar Ilan University åpner i Ramat Gan.
To egyptiske jøder blir hengt etter at de blir dømt for å ha spionert for
   Israel.
Burmas statsminister, U Nu, blir den første statslederen som kommer til
   Israel på offisielt besøk.
Dr. Israel Kastner, en ungarsk jødisk leder som arbeidet for Jewish
   Agency i Ungarn under andre verdenskrig, blir erklært skyldig i
   samarbeid med nazistene under krigen.
Bulgarske jagerfly skyter ned et sivilt El Al-fly over Bulgaria, og 58
   personer blir drept.

1956
Flere og flere infiltratører krysser grensa fra Egypt for å angripe israelske
   mål.
Golda Meir blir utenriksminister.
Nasser nasjonaliserer Suezkanalen.
Frankrike gir Israel militær hjelp.
Egypt blokkerer Tiranstredet. Israel starter Sinaikrigen samtidig som
   britene og franskmennene starter sin egen operasjon. Israel erobrer
   Gazastripen og hele Sinaiørkenen.
Tel Aviv University åpner dørene.
Israelske soldater bryter sine ordre og skyter og dreper 49 arabere som
   ikke overholder portforbudet i Kafr Kassem.

1957
Israel trekker seg ut av Gazastripen og Sinaihalvøya for andre gang og
   mottar forsikringer om at israelske skip skal få fritt leide gjennom
   Suezkanalen.
Israel fullfører dreneringsprosjektet i Huladalen.
Immigrasjonen fra Øst-Europa øker.

1958
Den første internasjonale bibelkonkurransen blir arrangert i Jerusalem.
Hjørnesteinen for den nye Knesset-bygningen blir lagt i Jerusalem.
Egypt og Syria går sammen om å etablere Den forente arabiske
   republikk.
Høyesterett frikjenner Israel Kastner for å ha samarbeidet med nazistene.
Det nye universitetsområdet til Det hebraiske universitetet i Givat Ram
   blir innviet.

Israel passerer to millioner innbyggere.

1959

Heichal Shlomo, der Israels øverste rabbinat sitter, blir innviet.
Det fjerde Knesset-valget blir holdt.
Marinens første ubåt, *Tanin*, ankommer Haifa.
Habima blir utpekt til Israels nasjonalteater.

1960

Hadassah-sykehuset åpner dørene i Ein Kerem i Jerusalem.
Israel Lands Authority blir opprettet for å forvalte all offentlig mark.
Arkeologer finner brev fra Bar Kochba-arkivet i Judeas ørken.
Adolf Eichmann, som hadde ansvaret for å planlegge og utføre
    Holocaust, blir tatt til fange i Argentina og ført til Israel.
Sionistorganisasjonen endrer navn til Verdens sionistorganisasjon.

1961

Marokkos jøder begynner å immigrere til Israel i «Operasjon Yachin».
Skipet *Egoz* synker med migranter fra Marokko om bord, og 43
    passasjerer drukner.
Den meteorologiske satellitten Shavit II blir skutt opp i rommet.
Adolf Eichmann blir stilt for retten og dømt til døden for sine
    forbrytelser mot menneskeheten og det jødiske folk.
Den militære historikeren og rådgiveren for forsvarsministeren, Israel
    Beer, blir arrestert for å ha spionert for Sovjetunionen og dømt til
    15 års fengsel.
Det holdes valg til det femte Knesset.

1962

Den internasjonale handelsmessen Yerid Hamizrach blir arrangert i Tel
    Aviv, og 33 land deltar.
Den israelske lira blir devaluert, Israel opplever sterk inflasjon, og den
    negative handelsbalansen med utlandet øker.

1963

President Yitzhak Ben-Tzvi dør, og Zalman Shazar blir valgt til Israels
    tredje president.
David Ben-Gurion trekker seg fra det politiske liv, og Levi Eshkol blir
    Israels tredje statsminister.
Haifa University åpner dørene.

Arkeologer under ledelse av professor Yigael Yadin begynner utgravinger på Masada.

1964
Pave Paulus VI besøker Israel, og president Zalman Shazar mottar paven i Megiddo.

PLO, Palestinas frigjøringsorganisasjon, blir grunnlagt. Organisasjonens mål er å ødelegge Staten Israel med terrorisme som våpen. PLOs charter blir skrevet.

Den nasjonale vannledningen som skal føre vann fra Galileasjøen i nord til landets sentrale deler og Negevørkenen i sør, blir fullført.

Zeev Jabotinskys grav blir flyttet til Jerusalem.

Yitzhak Rabin blir utnevnt til forsvarssjef.

1965
PLOs første terroristangrep finner sted. Terroristene angriper den nasjonale vannledningen.

Den israelske agenten Eli Cohen blir dømt til døden og hengt i Damaskus

Israel-museet i Jerusalem åpner; dette blir landets offisielle nasjonalmuseum.

Teddy Kollek blir valgt til borgermester i Jerusalem. Kollek vinner senere ytterligere seks valg og sitter som borgermester i 28 år.

Det sjette Knesset blir valgt.

Israel oppretter diplomatiske forbindelser med Vest-Tyskland.

1966
Knessets nye bygning blir innviet i Jerusalem.

Den israelske forfatteren S.Y. Agnon får nobelprisen i litteratur.

Coca Cola opplyser at de vil åpne en fabrikk i Israel på tross av den arabiske boikotten.

Arbeidsløsheten stiger kolossalt.

De første skolefjernsynsprogrammer blir sendt i Israel.

1967
Egypt blokkerer Tiranstredet.

En nasjonal samlingsregjering blir dannet.

Seksdagerskrigen finner sted. Israel erobrer Øst-Jerusalem, Judea, Samaria, Gazastripen, Sinaihalvøya og Golanhøydene. Jerusalem blir gjenforenet under israelsk kontroll.

De åpne broers politikk for varer og personer over Jordanelven blir grunnlagt.

De første trefningene i Utmattelseskrigen finner sted.

Egyptiske rakettbåter senker den israelske jageren *Eilat*, og 47 personer blir drept.

FNs sikkerhetsråd vedtar resolusjon 242, som vedtar et rammeverk for en fredelig løsning på den arabisk-israelske konflikten.

Ben-Gurion University i Negevørkenens hovedstad, Beer Sheva, blir grunnlagt.

1968

Ubåten *Dakar* synker under jomfruturen i Middelhavet, og 69 personer dør.

Partiene Mapai, Ahdut Haavoda og Rafi går sammen om å grunnlegge Arbeiderpartiet.

Jødene vender tilbake til Gush Etzion og Hebron.

Israeli Broadcasting Authority (IBA) begynner å sende offentlige TV-programmer på 20-årsdagen for opprettelsen av Staten Israel.

PLO reviderer charteret sitt.

Palestinske terrorister kaprer et El Al-fly og tvinger pilotene til å fly til Algerie.

Utmattelseskrigen begynner «offisielt». Mange israelske, egyptiske og jordanske soldater blir drept eller såret.

Tolv personer blir drept og 70 såret når en bilbombe eksploderer på markedsplassen Mahane Yehuda i Jerusalem.

1969

Statsminister Levi Eshkol dør, og Golda Meir blir Israels fjerde statsminister. Meir er den tredje kvinnen som får denne posisjonen på verdensbasis.

Israel smugler fem nybygde torpedobåter ut av havna i Cherbourg da de franske myndighetene nekter å sende båtene til Israel.

Det sjuende Knesset blir valgt, og Golda Meir danner regjering.

Israel kjøper Phantom-fly fra USA.

1970

Tolv barn fra Moshav Avivim blir drept i et terroristangrep.

Refusnikere i Sovjetunionen blir dømt til døden for å ha kapret et fly.

Israel og Egypt undertegner en våpenhvileavtale, og Utmattelseskrigen er over.

Palestinske terrorister kaprer en rekke fly. På en dag i september blir fire vestlige fly kapret.

De jordanske styrkene går til angrep på terrorister fra PLO da terroristene prøver å ta over kontrollen av landet. De jordanske styrkene kaster PLO ut av Jordan, og PLO omgrupperer seg i Libanon.
Israels befolkning passerer tre millioner.

1971
USA forsøker å megle til fred mellom Israel og Egypt, men de mislykkes.
Israels generalkonsul i Istanbul blir drept av terrorister.

1972
Israels forsvar, Tzahal, befrir gisler fra et Sabena-fly som ble kapret og fløyet til Lod.
Tre japanske terrorister skyter og dreper 25 personer og sårer 72 personer på flyplassen utenfor Lod i Israel.
PLO dreper 11 israelske idrettsutøvere under sommer-OL i München.
Antallet immigranter fra Sovjetunionen øker.
Kommunikasjonsstasjonen for satellitter i Elahdalen blir åpnet.
Et antall brevbomber blir sendt til israelske ambassader over hele verden.
Det israelske jagerflyet Nesher blir introdusert i det israelske flyvåpenet.

1973
Det israelske luftforsvaret skyter ned et libysk passasjerfly over Sinaihalvøya.
Efraim Katzir blir valgt til Israels fjerde president.
Herut og Det liberale partiet går sammen om å danne Likud.
Israels militærattaché i Washington blir drept av terrorister.
Jom kippur-krigen bryter ut. Egypt og Syria går til et overraskelsesangrep på Israel på jom kippur, den helligste dagen i det jødiske året.
Sikkerhetsrådet vedtar resolusjon 338, som legger grunnlaget for en våpenhvile, og ber partene om å løse konflikten basert på resolusjon 242 fra 1967.
David Ben-Gurion dør.
Det åttende Knesset blir valgt.

1974
Golda Meir danner en ny regjering.
Agranat-kommisjonen blir dannet. Kommisjonens rapport hevder at det var de øverste militære offiserene, og ikke de politiske lederne, som hadde ansvaret for Jom kippur-krigen.

Opinionen demonstrerer mot regjeringen.

Statsminister Golda Meir trekker seg, og Yitzhak Rabin blir Israels femte statsminister.

Palestinske terrorister dreper 22 ungdommer og mange andre sivile i et angrep i byen Maalot i det nordlige Israel.

Israel undertegner avtaler med Egypt og Syria om atskillelse av styrkene.

Gush Emunim, en bevegelse som påpeker at jødene har rett til å bosette seg overalt i det historiske Israel, blir aktiv.

Open University of Israel åpner dørene.

PLO presenterer sin faseplan om hvordan de skal virkeliggjøre PLOs charter.

1975

FNs generalforsamlings resolusjon 3379 setter likhetstegn mellom sionisme og rasisme.

Israel undertegner en frihandelsavtale med EF.

Terrorister ankommer Tel Aviv med båt og angriper Savoy Hotel, der tre israelske soldater blir drept.

Det israelske jagerflyet Kfir begynner sin aktive tjeneste.

Suezkanalen åpnes igjen åtte år etter at den ble stengt.

1976

Et antall israelere og andre jøder blir befridd i et heroisk angrep etter at Air France-flyet deres ble kapret og flydd til Entebbe i Uganda.

«Det gode gjerdets politikk» innledes mellom Israel og Libanon.

De israelske araberne markerer «land-dagen» for første gang.

Yad Sarah, en organisasjon som låner ut medisinsk utstyr gratis, blir opprettet.

1977

Det niende Knesset blir valgt. Likud vinner og danner ny regjering.

Menachem Begin blir Israels sjette statsminister og den første fra høyresiden i israelsk politikk.

Egypts president Anwar Sadat besøker Jerusalem og gir uttrykk for at han ønsker å undertegne en fredsavtale med den jødiske staten.

Basketballaget Maccabi Tel Aviv vinner Europamesterskapet for første gang.

Statsminister Menachem Begin åpner grensene for et antall båtflyktninger fra Vietnam.

1978

En buss blir kapret av terrorister, og 35 passasjerer blir drept.

Israel går til angrep på terrorister i Libanon som et svar på terrorangrep i den nordlige delen av Israel.

Aktivistbevegelsen «Fred nå» blir grunnlagt.

Izhar Cohen og Alphabeta vinner Eurovision Song Contest med sangen «A-Ba-Ni-Bi». Dette er første gang som Israel vinner konkurransen.

Diaspora-museet åpner dørene på Tel Aviv University.

Yitzhak Navon blir valgt til Israels femte president.

Israel og Egypt undertegner Camp David-avtalen, som legger grunnlaget for en fredsavtale mellom de to landene.

Statsminister Menachem Begin og president Anwar Sadat får Nobels fredspris for sine forsøk på å skape fred i Midtøsten.

1979

Israel og Egypt undertegner en fredsavtale.

Den forente kibbutzbevegelsen blir grunnlagt.

Israel begynner tilbaketrekningen fra Sinaihalvøya.

Israel arrangerer Eurovision Song Contest i Jerusalem, og Gali Atari og Milk and Honey vinner konkurransen på hjemmebane med sangen «Hallelujah».

1980

Israel åpner en ambassade i Kairo.

Knesset vedtar Grunnleggende lov: Jerusalem, Israels hovedstad. Tretten utenlandske ambassader flytter fra Jerusalem til Tel Aviv.

Den israelske lira blir erstattet av en israelsk shekel.

For første gang kommer mer enn en million turister til Israel i løpet av ett år.

Israel eksporterer varer for mer enn 10 milliarder dollar.

1981

Den irakiske kjernefysiske reaktoren Tammuz blir bombet og ødelagt av det israelske flyvåpenet noen få uker før den ville blitt operativ.

Det tiende Knesset blir valgt. Menachem Begin fortsetter som statsminister.

Israel og USA undertegner en avtale som blir grunnlaget for alt sivilt og militært samarbeid.

Knesset vedtar Golan-loven.

1982

Israelske soldater kaster ut 3000 jøder fra husene deres i Yamit i Sinai og jevner husene med jorda før de evakuerer området og Egypt overtar kontrollen over hele Sinaihalvøya.

En attaché ved Israels ambassade i Paris blir drept av terrorister.

Israels ambassadør i London blir såret i et terrorangrep.

Israel angriper PLOs terrorbaser i Libanon i «Operasjon fred for Galilea».

Flere hundre tusen israelere demonstrerer mot krigen i Libanon.

Kristne libanesiske falangister massakrerer muslimske flyktninger i Sabra og Shatilla i Libanon. Israels forsvarsminister Ariel Sharon blir kritisert fordi han kunne ha gjort mer for å forhindre angrepet på flyktningene.

Tzahals hovedkvarter i Tyrus blir ødelagt av en bombe, og 75 personer blir drept.

Shaare Tzedek-sykehuset flytter inn i en ny bygning i Jerusalem.

Israels befolkning passerer fire millioner.

1983

Chaim Herzog blir valgt til Israels sjette president.

Statsminister Menachem Begin trekker seg, og Yitzhak Shamir blir Israels sjuende statsminister.

En stor krise på børsen truer hele den israelske økonomien.

1984

Terrorister kaprer en buss på vei fra Tel Aviv til Jerusalem og dreper en passasjer.

En jødisk undergrunnsbevegelse blir avslørt, og medlemmene får fengselsstraffer på mellom åtte år og livstid.

Det ellevte Knesset blir valgt. En nasjonal samlingsregjering blir dannet. Shimon Peres blir Israels åttende statsminister.

«Operasjon Moses» fører 7000 etiopiske jøder til Israel.

1985

Israel trekker seg ut fra Libanon, men beholder en sikkerhetssone i den sørlige delen av landet.

Israel undertegner en frihandelsavtale med USA.

Mer enn 1000 terrorister i israelske fengsler blir utvekslet mot tre israelske krigsfanger fra krigen i Libanon.

Regjeringen klarer å få bukt med inflasjonen, som faller fra 445 prosent til 20 prosent.

En attache ved den israelske ambassaden i Kairo blir drept av terrorister.

Den israelske myntenheten, shekel, blir erstattet av nye israelske shekel. Én ny shekel er verdt 1000 shekel.

En egyptisk soldat åpner ild mot en gruppe israelske turister og dreper sju personer.

Eilat blir en frihandelssone.

Jonathan Pollard blir stilt for retten fordi han har spionert for Israel i USA. Han får livstid.

1986

Den første prototypen av det israelske jagerflyet Lavi foretar sin første flyvning.

Den kjente refusniken Anatoly (Natan) Sharansky fra Sovjetunionen immigrerer til Israel.

Ansatte ved den israelske ambassaden i Kairo blir drept av terrorister.

Statsminister Shimon Peres treffer kong Hassan II i Marokko.

Den israelske piloten Ron Arad blir tatt til fange i Libanon.

Yitzhak Shamir blir statsminister.

Israel oppretter begrensede diplomatiske forbindelser med Øst-Europa når de åpner et kontor i Warszawa.

1987

John Demjanjuk, som er anklaget for å ha myrdet jøder under Holocaust, blir stilt for retten i Jerusalem. Han blir dømt, men da han anker saken, blir han frikjent.

Den første hjertetransplantasjonen finner sted i Israel.

Palestinske terrororganisasjoner egger palestinere til å starte en intifada i de administrerte områdene.

1988

Israel og USA undertegner en samarbeidsavtale og begynner å samarbeide om å produsere Arrow-rakettene.

Det tolvte Knesset blir valgt. Yitzhak Shamir forblir statsminister i en nasjonal samlingsregjering.

Palestinere tenner på og brenner ned mange hundre dekar skog.

Israel åpner et konsulat i Moskva.

1989

Israel trekker seg ut fra Taba.

Den nye israelske operaen åpner dørene.

En terrorist styrer en buss utfor et stup på hovedveien mellom Jerusalem og Tel Aviv, og 16 passasjerer blir drept.

En syrisk pilot hopper av til Israel og tar et MiG-23-fly med seg.

Flere tusen jøder strømmer inn over Israels grenser etter at Sovjetunionens porter åpner seg på vidt gap for den jødiske emigrasjonen. I løpet av noen få år kommer mer enn 700 000 sovjetiske jøder til Israel.

1990

Den nasjonale samlingsregjeringen kollapser, og Arbeiderpartiet trekker seg ut av koalisjonen. De religiøse partiene og partiene på høyresiden danner ny regjering. Yitzhak Shamir forblir statsminister.

Den israelske satellitten Ofek-2 blir skutt opp.

Den første vellykkede prøveoppskytingen av Arrow-raketten finner sted.

Israel gjenoppretter formelle diplomatiske forbindelser med Sovjetunionen og andre østeuropeiske land.

Ti israelske turister blir drept i et terrorangrep i Egypt.

1991

Israel blir angrepet av irakiske Scud-raketter i Golfkrigen.

Over 14 000 etiopiske jøder kommer til Israel i løpet av 36 timer i «Operasjon Salomo».

Representanter for Israel, Egypt, Jordan, Syria, Libanon og palestinerne kommer sammen på en fredskonferanse for Midtøsten i Madrid.

FNs generalforsamling opphever resolusjon 3379, som satt likhetstegn mellom sionisme og rasisme.

Israels befolkning passerer fem millioner.

1992

Israel og Kina oppretter diplomatiske forbindelser.

Israel og India oppretter diplomatiske forbindelser.

Knesset vedtar en lov om direkte valg av statsminister.

Terrorister angriper Israels ambassade i Buenos Aires, og 29 blir drept og flere titalls mennesker såret.

Det trettende Knesset blir valgt. Arbeiderpartiet kommer til makten, og Yitzhak Rabin blir statsminister.

Israel vinner sine første medaljer i de olympiske leker: en sølvmedalje og en bronsemedalje i judo.

Høyesterett flytter inn i ny bygning i Jerusalem.

1993

Ezer Weizman blir valgt til Israels sjuende president.

Israel går til angrep på HezbAllahs baser i det sørlige Libanon.

Israel og PLO undertegner Prinsipperklæringen, en avtale om midlertidig selvstyre for palestinerne i Judea, Samaria og Gazastripen.

Israel og Vatikanet oppretter diplomatiske forbindelser.

1994

Tjueni arabere blir drept i Makpelahulen i Hebron av israeleren Baruch Goldstein.

En selvmordsbomber dreper 24 og sårer flere titalls mennesker da han sprenger en buss i lufta i Tel Aviv.

Israel og PLO undertegner Gaza-Jeriko-avtalen i Kairo.

Israel og Jordan undertegner en fredsavtale. Begge stater oppretter diplomatiske forbindelser.

Yitzhak Rabin, Shimon Peres og Yasser Arafat får Nobels fredspris.

1995

Den israelske satellitten Ofek-3 blir skutt opp.

Israel og PLO undertegner en avtale om selvstyre på Gazastripen og vestbredden.

Israel utvider frihandelsavtalen med EU.

Statsminister Yitzhak Rabin blir skutt og drept, og Shimon Peres blir statsminister.

For første gang får Israel besøk av mer enn to millioner turister i løpet av ett år.

1996

Israel feirer at det er 3000 år siden kong David gjorde Jerusalem til jødenes evige hovedstad.

Mer enn 60 israelere blir drept i en rekke selvmordsangrep i Jerusalem, Ashkelon og Tel Aviv.

Israel går til angrep på terroristbaser i Libanon i «Operasjon vredens druer».

Det israelske militæret trekker seg ut av seks byer i Judea og Samaria.

Israel oppretter handelskontor i Oman og Qatar.

Det fjortende Knesset blir valgt. Samtidig vinner Benjamin Netanyahu det første direkte valget på statsminister. Likud danner regjering sammen med flere andre partier.

Oman åpner et handelskontor i Tel Aviv.

Palestinere gjør opprør når Israel åpner en ny utgang fra Vestmurens tunneler.
Israel vinner en olympisk bronsemedalje i windsurfing.

1997
Israel trekker seg ut av 80 prosent av Hebron, kong Davids første hovedstad, etter at den israelske regjeringen undertegner en avtale med PLO.
To helikoptre kolliderer i lufta over det nordlige Israel, og 73 soldater blir drept.
Sju skolejenter blir drept av en jordansk soldat ved grensa mellom Israel og Jordan.
Selvmordsbombere dreper 21 personer i to separate angrep i Jerusalem.

1998
Israel feirer sitt 50-årsjubileum.
Dana International vinner Eurovision Song Contest med sangen «Diva».
Israel og PLO undertegner Wye-avtalen, der Israel trekker seg ut fra 27 prosent av Judea og Samaria.

1999
Det femtende Knesset blir valgt. Samtidig vinner Ehud Barak det andre direkte valget på statsminister. Arbeiderpartiet danner regjering sammen med flere andre partier.
Israel og PLO undertegner Sharm el-Sheikh-avtalen.

2000
Israel gjenopptar fredsforhandlinger med Syria, men forhandlingene strander når den syriske presidenten Hafez Assad forkaster det israelske tilbudet.
Israel trekker styrkene sine ut fra sikkerhetssonen i Libanon til den internasjonalt anerkjente grensa mellom de to landene.
Ezer Weizman trekker seg fra posten som Israels president etter en skandale. Moshe Katsav blir valgt til Israels åttende president.
HezbAllah kidnapper tre israelske soldater.
Israels statsminister Ehud Barak, PLOs leder Yasser Arafat og USAs president Bill Clinton kommer sammen på Camp David for å forhandle fram en fredsavtale mellom de to partene. Forhandlingene kollapser.
Pave Johannes Paulus II besøker Israel.

Den israelske opposisjonslederen Ariel Sharon besøker Tempelplassen i Jerusalem.

Palestinerne begynner en langvarig terrorkrig mot Israel.

Israel og palestinerne forhandler om fred i Taba, Egypt.

2001

Ariel Sharon blir valgt til ny statsminister i det tredje og siste direkte valget på statsminister i Israel.

En selvmordsbomber angriper et diskotek i Tel Aviv, og 20 personer blir drept.

En selvmordsbomber angriper en pizzarestaurant i Jerusalem, og 15 personer blir drept og 130 såret.

Terrorister fra PFLP dreper den israelske turistministeren Rekhavam Zeevi.

2002

Israel border båten *Karine A* som er på vei mot Gaza med store mengder ulovlige våpen.

Den saudiske prinsen Abdullah offentliggjør en plan om hvordan Israel kan trekke seg ut fra de administerte områdene og bli anerkjent av araberstatene.

Som en reaksjon på alle terrorangrepene lanserer Israel «Operasjon forsvarsskjold» i Judea og Samaria. Mange terrorister blir enten skutt eller arrestert.

Israel begynner å bygge et sikkerhetsgjerde mellom palestinske og israelske befolkningssentra for å sette en stopper for selvmordsterroristene.

Cirka 50 palestinere og 23 israelere blir drept i kamper mellom israelske soldater og palestinske terrorister i byen Jenin.

Et antall terrorister blir sendt i eksil etter at de forskanset seg i Fødselskirken i Betlehem.

USAs president George Bush sier i en tale at målet med fredsprosessen er en palestinsk stat.

2003

Flere palestinske grupper kommer sammen på en konferanse i Kairo.

Det sekstende Knesset blir valgt. Ariel Sharon fortsetter som statsminister etter at Likud vinner 40 mandater i valget.

Israel går inn på Gazastripen etter at palestinske terrorister sender Kassam-raketter mot den israelske byen Sderot.

PNA utnevner Mahmoud Abbas til statsminister.

Ved et møte mellom Ariel Sharon og Mahmoud Abbas i Aqaba lover de to partene å sette en stopper for volden og følge «veikartet for fred».

Hamas og Islamsk Jihad lover at de vil fortsette krigen.

Mahmoud Abbas trekker seg, og Ahmed Qurei blir utnevnt til ny palestinsk statsminister.

Ariel Sharon offentliggjør en plan om å trekke alle israelske soldater og sivile ut fra Gazastripen dersom «veikartet for fred» ikke bærer frukt.

2004

USAs president George Bush støtter Ariel Sharons plan på en israelsk tilbaketrekning fra Gazastripen.

Ariel Sharons plan for en tilbaketrekning fra Gazastripen blir forkastet i en avstemning i Likudpartiet, men Ariel Sharon forkaster resultatet og går videre med planen.

Den internasjonale domstolen erklærer at det israelske sikkerhetsgjerdet er ulovlig og må rives.

To barn i den israelske byen Sderot blir drept av Kassam-raketter.

Terrorister går til angrep på flere egyptiske hoteller der mange israelske turister oppholder seg på feriereise. De fleste av de 27 som blir drept, er israelere.

Knesset vedtar Ariel Sharons plan for en tilbaketrekning fra Gazastripen.

Yasser Arafat dør, og Mahmoud Abbas tar over lederstaven for Fatah og de palestinske selvstyremyndighetene.

2005

Ariel Sharon danner en samlingsregjering med Arbeiderpartiet og andre israelske partier.

Den israelske statsministeren Ariel Sharon, den egyptiske presidenten Hosni Mubarak, den jordanske kongen Abdullah II og den palestinske lederen Mahmoud Abbas kommer sammen i Sharm el Sheikh, der de diskuterer hvordan de kan få en slutt på volden.

Palestinske terrorgrupper vedtar en våpenhvile under en konferanse i Kairo.

Mer enn 10 000 jøder blir kastet ut av hjemmene sine når Gazastripen og den nordlige delen av Samaria blir etnisk renset for jøder.

Ariel Sharon går ut av Likud og starter et nytt parti, Kadima.

2006

Den israelske statsministeren Ariel Sharon får slag og blir liggende i koma. Ehud Olmert tar over tømmene som leder for Kadima og som fungerende statsminister.

Hamas vinner valget til den palestinske lovgivende forsamlingen.

Det syttende Knesset blir valgt. Ehud Olmert fortsetter som statsminister og danner en samlingsregjering.

Israel går til angrep på terroristene på Gazastripen etter at en israelsk soldat blir tatt til fange.

HezbAllah dreper flere israelske soldater og tar to til fange. Samtidig begynner de å bombardere Israel med raketter. Israel svarer med å gå til angrep på HezbAllahs styrker i Libanon. Krigen varer i en måned.

2007

Hamas og Fatah kommer sammen i Mekka og blir enige om å dele makten seg imellom.

Israels statsminister Ehud Olmert, palestinernes leder Mahmoud Abbas og USAs utenriksminister Condoleezza Rice kommer sammen i et toppmøte.

Hamas kaster Fatah ut fra Gazastripen i et blodig kupp.

Moshe Katsav trekker seg fra posten som Israels president etter en skandale. Shimon Peres blir valgt til Israels niende president.

2008

Staten Israel feirer 60-årsjubileum.

Israels statsminister Ehud Olmert skriver sin avskjedssøknad.

Utenriksminister Tzipi Livni tar over som leder for Kadima og forsøker å danne ny regjering, men hun mislykkes. Det skrives ut nyvalg til Knesset.

Det bryter ut krig mellom Israel og Hamas på Gazastripen. Krigen varer i over tre uker.

2009

Det attende Knesset blir valgt. Benjamin Netanyahu tar over som statsminister og danner en samlingsregjering.

Pave Benedikt XVI besøker Israel.

Tillegg II
Viktige dokumenter

Basel-programmet
30. august 1897

Sionistmens mål er å skape for det jødiske folk et hjem i Palestina sikret av offentlig lov. Kongressen overveier følgende midler for å oppnå dette målet:

1. Forfremmelsen, langs passende linjer, av koloniseringen av Palestina av jødiske jordbruks- og industriarbeidere.

2. Organiseringen og sammenkoblingen av alle jøder ved passende institusjoner, lokale og internasjonale, i overensstemmelse med lovene i hvert land.

3. Styrking og fostring av jødiske nasjonale holdninger og bevissthet.

4. Forberedende skritt for å oppnå regjeringers overenskomst, der det er nødvendig, for å oppnå sionismens mål.

Balfour-deklarasjonen
2. november 1917

Utenrikskontoret
2. november 1917

Kjære Lord Rothschild,

Det er en stor glede for meg å overbringe til deg, på vegne av Hans Majestets regjering, den følgende sympatierklæringen med de jødiske sionistiske ambisjoner som er blitt lagt fram for og godkjent av regjeringen:

«Hans Majestets regjering ser med velvilje på opprettelsen i Palestina av et nasjonalt hjem for det jødiske folk og vil gjøre sitt ytterste for å legge til rette for at dette målet kan nås. Det er klart underforstått at ingenting skal gjøres som kan skade de sivile og religiøse rettighetene til eksisterende ikke-jødiske samfunn i Palestina, eller rettighetene og den politiske status som jøder i ethvert annet land har.»

Jeg er takknemlig om du vil la Sionistføderasjonen få kjennskap til denne erklæringen.

Med vennlig hilsen,

Arthur James Balfour

Avtale mellom emir Feisal Ibn al-Hashemi og presidenten for Sionistorganisasjonen, dr. Chaim Weizmann
3. januar 1919

Hans kongelige høyhet, emir Feisal, som representerer og handler på vegne av det arabiske kongedømmet Hijaz, og dr. Chaim Weizmann, som representerer og handler på vegne av Sionistorganisasjonen, er oppmerksom på det rasemessige slektskapet og eldgamle bånd som eksisterer mellom araberne og det jødiske folk, og innser at den sikreste måten for å oppnå fullbyrdelsen av sine naturlige bestrebelser er med det nærmest mulige samarbeid i utviklingen av den arabiske staten og Palestina, og ønsker videre å bekrefte den gode forståelsen som eksisterer mellom dem, er blitt enige om følgende:

Artikkel I
Den arabiske staten og Palestina i alle sine forbindelser og foretagende skal være kontrollert av den hjerteligste godvilje og forståelse, og for å nå dette målet skal man opprette og opprettholde arabiske og jødiske akkrediterte agenter i de respektive territorier.

Artikkel II
Umiddelbart etter at forhandlingene i fredskonferansen er fullbyrdet, skal de definitive grensene mellom den arabiske staten og Palestina bli fastsatt av en kommisjon som partene skal bli enige om.

Artikkel III
Når man oppretter en konstitusjon og administrasjon i Palestina, skal man ta alle slike skritt som vil tilveiebringe fulle garantier for at den britiske regjeringens erklæring fra 2. november 1917 blir satt i verk.

Artikkel IV
Alle nødvendige skritt skal tas for å oppmuntre til og stimulere jødisk immigrasjon til Palestina i stor skala, og så snart som mulig å bosette jødiske immigranter i landet ved nærmere bosetning og intensiv dyrking av marken. Når disse skritt tas, skal den arabiske bonden og leiebonden

være beskyttet i sine rettigheter og skal motta hjelp for å fremme sin økonomiske utvikling.

Artikkel V
Ingen forskrifter eller lover skal lages som forbyr eller på noen måte blander seg inn i den frie religionsutøvelsen; og den frie utøvelsen og nytelsen av religiøse yrker og tilbedelse, uten diskriminering eller fortrinn, skal for evig være tillatt. Ingen religiøse prøver skal noensinne være påkrevd for å utøve sivile eller politiske rettigheter.

Artikkel VI
De muhammedanske hellige plasser skal være under muhammedansk kontroll.

Artikkel VII
Sionistorganisasjonen foreslår å sende til Palestina en kommisjon av eksperter som skal kartlegge de økonomiske mulighetene i landet, og å rapportere om den beste måten for å utvikle den. Sionistorganisasjonen vil la den tidligere nevnte kommisjonen være tilgjengelig for den arabiske staten for å kartlegge de økonomiske mulighetene i den arabiske staten og vil gjøre sitt beste for å hjelpe den arabiske staten med å tilveiebringe midlene for å utvikle naturressursene og de økonomiske mulighetene der.

Artikkel VIII
Partene er så langt enige om å handle i full enighet og harmoni i alle spørsmål som er innbefattet her innfor fredskonferansen.

Artikkel IX
Enhver tvist som kan oppstå mellom de partene som skriver under denne avtalen, skal henvises til den britiske regjeringen for megling.

Gitt under vår hånd i London, England, den tredje dagen i januar, ett tusen ni hundre og nitten.
Chaim Weizmann
Feisal Ibn-Hussein

Reservasjon av emir Feisal
Hvis araberne blir etablert som jeg har bedt om i mitt manifest den 4. januar, adressert til den britiske utenriksministeren, vil jeg utføre det som

er skrevet i denne avtalen. Hvis endringer blir gjort, kan jeg ikke stå til svars hvis jeg ikke utfører denne avtalen.

Erklæringen om opprettelsen av Staten Israel
14. mai 1948

ERETZ ISRAEL var det jødiske folkets fødested. Her ble deres åndelige, religiøse og politiske identitet formet. Her fikk de sin stat for første gang, skapte kulturelle verdier av nasjonal og universal betydning og ga verden den evige Bøkenes bok.

Etter å ha blitt tvunget i eksil fra landet sitt, beholdt folket troen i hele adspredelsen og sluttet aldri å be om og håpe på å få komme tilbake til det og for gjenopprettelsen i det av deres politiske frihet.

Drevet av denne historiske og tradisjonelle koblingen søkte jøder i alle etterfølgende generasjoner å gjenopprette seg selv i det gamle hjemlandet sitt. I nylige tiår vendte de tilbake i massevis. Pionerer, immigranter og forsvarere, de fikk ørkenen til å blomstre, gjenoppvekket det hebraiske språket, bygde landsbyer og byer og skapte et blomstrende samfunn som kontrollerte sin egen økonomi og kultur, som elsket fred men visste hvordan de kunne forsvare seg selv, som brakte framgangens velsignelser til alle landets innbyggere og strebet mot en uavhengig nasjon.

I året 5657, ved invitasjon av den jødiske statens åndelige far, Theodor Herzl, kom den første sionistkongressen sammen og erklærte det jødiske folkets rett til en nasjonal gjenfødsel i sitt eget land. Denne rettigheten ble anerkjent i Balfour-deklarasjonen av 2. november 1917 og bekreftet i Folkeforbundets mandat, som spesielt ga internasjonal sanksjon for det historiske båndet mellom det jødiske folket og *Eretz Israel* og til det jødiske folkets rett til å gjenoppbygge sitt nasjonale hjemland.

Den katastrofen som nylig tilfalt det jødiske folket, massakren av flere millioner jøder i Europa, var et nytt tydelig bevis på nødvendigheten av å løse problemet med deres hjemløshet ved å gjenopprette i *Eretz Israel* den jødiske staten, som ville åpne hjemlandets porter på vidt gap til enhver jøde og tildele det jødiske folket en status som et fullt privilegert medlem av samfunnet av nasjoner.

De overlevende fra det nazistiske Holocaust i Europa, i tillegg til jøder fra andre deler av verden, fortsatte med å migrere til *Eretz Israel*, uanfektet av vanskeligheter, restriksjoner og farer, og sluttet aldri med å hevde sin rett til et liv i verdighet, frihet og ærlig arbeid i sitt nasjonale hjemland.

Under andre verdenskrig bidro det jødiske samfunnet i dette landet med sin fulle del i kampen til de frihets- og fredselskende nasjonene mot den nazistiske ondskapens styrker, og på grunnlag av sine soldaters blod og sin innsats i krigen, fikk de rett til å bli regnet blant de folkene som grunnla De forente nasjoner (FN).

Den 29. november 1947 vedtok FNs generalforsamling en resolusjon som anmodet om opprettelsen av en jødisk stat i *Eretz Israel*. Generalforsamlingen ba innbyggerne i *Eretz Israel* om å ta de skritt som var nødvendige for deres del for å iverksette den resolusjonen. Denne anerkjennelsen fra FN i forhold til det jødiske folkets rett til å opprette sin egen stat, er

ugjenkallelig. Denne retten er det jødiske folkets naturlige rett til å være herrer for sin egen skjebne, i likhet med alle andre nasjoner, i sin egen suverene stat.

DERMED ER VI, MEDLEMMER AV FOLKETS RÅD, REPRESENTANTER FOR DET JØDISKE SAMFUNN I *ERETZ ISRAEL* OG FOR SIONISTBEVEGELSEN, SAMLET HER PÅ DEN DAGEN SOM DET BRITISKE MANDATET OVER *ERETZ ISRAEL* AVSLUTTES. OG I KRAFT AV VÅR NATURLIGE OG HISTORISKE RETT, OG I KRAFT AV FORENTE NASJONERS GENERALFORSAMLINGS RESOLUSJON, ERKLÆRER VI HERVED OPPRETTELSEN AV EN JØDISK STAT I *ERETZ ISRAEL*, SOM SKAL VÆRE KJENT SOM STATEN ISRAEL.

Vi erklærer at fra det øyeblikk mandatet opphører i kveld, sabbatskvelden den 6. ijar 5708, inntil de folkevalgte, regulære myndigheter i staten blir opprettet i overensstemmelse med den konstitusjonen som skal bli godkjent av den folkevalgte forsamlingen ikke senere enn 1. oktober 1948, skal folkets råd fungere som et midlertidig statsråd, og dets utøvende organ, folkets administrasjon, skal være den midlertidige regjeringen for den jødiske staten, som skal kalles «Israel».

Staten Israel vil være åpen for jødisk immigrasjon og for innsamlingen av folket i eksil. Den vil fremme utviklingen av landet til fordel for alle innbyggere. Den vil være grunnlagt på frihet, rettferdighet og fred slik som Israels profeter forutså. Den vil sikre total likhet med sosiale og politiske rettigheter til alle innbyggere uansett religion, rase eller kjønn. Den vil garantere frihet for religioner, samvittighet, språk, utdannelse og kultur. Den vil vokte alle religioners hellige plasser. Og den vil være trofast mot prinsippene i FNs charter.

Staten Israel er rede til å samarbeide med FNs råd og representanter for å iverksette Generalforsamlingens resolusjon fra 29. november 1947 og vil ta skritt for å skape en økonomisk union i hele *Eretz Israel*. Vi bønnfaller FN om å hjelpe det jødiske folk i å bygge opp sin stat og å ta imot Staten Israel til samfunnet av nasjoner.

Vi bønnfaller, midt i dette stormangrepet som har pågått mot oss i flere måneder, til de arabiske innbyggerne i Staten Israel om å bevare freden og delta i oppbyggelsen av staten på grunnlag av full og likeverdig statsborgerskap og rettmessig representasjon i alle de midlertidige og permanente institusjonene.

Vi rekker ut vår hånd til alle nabostatene og deres folk med et tilbud om fred og godt naboskap, og bønnfaller dem om å opprette bånd av samarbeid og gjensidig hjelp med det suverene jødiske folket som har slått seg ned i sitt eget land. Staten Israel er rede til å gjøre sin del i en felles anstrengelse for å fremme hele Midtøsten.

Vi bønnfaller det jødiske folk over hele diasporaen om å støtte opp om jødene i *Eretz Israel* i oppgaven med å immigrere og bygge opp og å stå ved deres side i den store kampen for å virkeliggjøre den eldgamle drømmen, Israels forløsning.

VI SETTER VÅR LIT TIL «ISRAELS KLIPPE», OG VI TILFØYER VÅRE SIGNATURER TIL DENNE ERKLÆRINGEN PÅ DETTE MØTET FOR DET MIDLERTIDIGE STATSRÅDET, PÅ HJEMLANDETS JORD, I BYEN TEL AVIV, PÅ DENNE SABBATSKVELDEN, DEN 5. DAGEN I IJAR, 5708.

David Ben-Gurion
Daniel Auster
Mordekhai Bentov
Yitzchak Ben Zvi
Eliyahu Berligne
Fritz Bernstein
Rabbi Wolf Gold
Meir Grabovsky
Yitzchak Gruenbaum
Dr. Abraham Granovsky
Eliyahu Dobkin
Meir Wilner-Kovner
Zerach Wahrhaftig
Herzl Vardi
Rachel Cohen
Rabbi Kalman Kahana
Saadia Kobashi

Rabbi Yitzchak Meir Levin
Meir David Loewenstein
Zvi Luria
Golda Myerson
Nachum Nir
Zvi Segal
Rabbi Yehuda Leib Hacohen Fishman
David Zvi Pinkas
Aharon Zisling
Moshe Kolodny
Eliezer Kaplan
Abraham Katznelson
Felix Rosenblueth
David Remez
Berl Repetur
Mordekhai Shattner
Ben Zion Sternberg
Bekhor Shitreet
Moshe Shapira
Moshe Shertok

Loven om tilbakevending
5. juli 1950

1. Enhver jøde har rett til å komme til dette landet som immigrant.

2. (a) Aliya skal skje ved et immigrantvisum.

(b) Et immigrantvisum skal gis til enhver jøde som har uttrykt sitt ønske om å bosette seg i Israel, hvis ikke innenriksministeren er overbevist om at søkeren

(1) er opptatt av en aktivitet rettet mot det jødiske folk; eller

(2) trolig vil sette offentlighetens helse eller statens sikkerhet i fare; eller

(3) er en person med en kriminell fortid, som trolig vil sette offentlighetens velferd i fare.

3 (a) En jøde som har kommet til Israel og etter sin ankomst har uttrykt sitt ønske om å bosette seg i Israel, kan, mens han fortsatt oppholder seg i Israel, få en immigrantattest.

(b) De restriksjonene som er spesifisert i del 2(b) skal også gjelde for å utstede en immigrantattest, men en person skal ikke betraktes som en fare for den offentlige helsen på grunnlag av en sykdom som er pådratt etter hans ankomst i Israel.

4. Enhver jøde som har immigrert til dette landet før denne loven begynte å gjelde, og enhver jøde som ble født i dette landet, uansett om det var før eller etter at denne loven begynte å gjelde, skal betraktes som en person som har kommet til dette landet som en immigrant under denne loven.

4A. (a) En jødes rettigheter under denne loven og en immigrants rettigheter under nasjonalitetsloven, 5712-1952, i likhet med rettighetene til en immigrant under enhver annen forordning, er også nedfelt i et barn og et barnebarn til en jøde, ektefellen til en jøde, ektefellen til et barn av en jøde og ektefellen til et barnebarn av en jøde, bortsett fra en person som har vært en jøde og frivillig har skiftet religion.

(b) Det skal være uvesentlig hvorvidt en jøde hvis rettigheter under del (a) man forfekter fortsatt lever og om han har immigrert til Israel eller ei.

(c) De restriksjoner og vilkår som er foreskrevet for en jøde eller en immigrant ved eller under denne loven eller de forordninger som det er henvist til i del (a), skal også gjelde en person som forfekter en rettighet under del (a).

4B. Etter denne loven betyr «jøde» en person som er født av en jødisk mor eller har konvertert til jødedommen og som ikke er medlem av en annen religion.

5. Innenriksministeren får ansvaret for gjennomføringen av denne loven og kan innføre forordninger i alle saker som dreier seg om denne gjennomføringen, samt når det gjelder å gi immigrantvisum og immigrantattest til mindreårige under 18 år. Forordninger for del 4A og 4B krever godkjennelse av Knessets konstitusjons-, lovgivnings- og juridiske komité.

(Opprinnelig vedtatt av Knesset den 5. juli 1950 og endret den 23. august 1954 og 10. mars 1970.)

Khartoum-resolusjonen
1. september 1967

Konferansen har bekreftet enheten i de arabiske rekkene, enheten i felles handlinger og behovet for å koordinere og å eliminere alle forskjeller. Kongene, presidentene og representantene for de andre arabiske statsoverhodene ved konferansen har bekreftet at landene deres står ved og iverksetter det arabiske solidaritets-charteret som ble undertegnet under det tredje arabiske toppmøtet i Casablanca.

Konferansen er blitt enig om behovet for å konsolidere alle forsøk på å eliminere effektene av aggresjonen på grunnlag av at de okkuperte landområdene er arabiske landområder og at byrden for å gjenvinne disse landområdene faller på alle arabiske stater.

De arabiske statsoverhodene er blitt enige om å forene sine politiske anstrengelser på det internasjonale og diplomatiske nivå for å eliminere effektene av aggresjonen og for å sikre tilbaketrekningen av de aggressive israelske styrkene fra de arabiske landområdene som har vært okkupert siden aggresjonen den 5. juni. Dette vil bli gjort innenfor rammeverket av de viktigste prinsippene som araberstatene holder seg til, nemlig: ingen fred med Israel, ingen anerkjennelse av Israel, ingen forhandlinger med dem, og at man insisterer på det palestinske folks rettigheter i deres eget land.

Konferansen med de arabiske statsrådene for finanser, økonomi og olje anbefaler at man slutter å pumpe olje som et våpen i kampen. Men etter at man har studert saken nøye, har toppmøtet kommet fram til den konklusjonen at å pumpe olje kan i seg selv bli brukt som et positivt våpen, siden olje er en arabisk ressurs som kan bli brukt til å styrke økonomien i de arabiske statene som er direkte påvirket av aggresjonen, slik at disse statene vil være i stand til å stå fast i kampen. Konferansen har derfor bestemt seg for å gjenoppta pumpingen av olje, siden olje er en positiv arabisk ressurs som kan bli brukt i tjeneste for de arabiske målene. Den kan bidra til anstrengelsene for å hjelpe de arabiske statene som ble utsatt for aggresjonen, og dermed mistet økonomiske ressurser, til å stå fast og fjerne effektene av aggresjonen. De oljeproduserende statene har faktisk deltatt i anstrengelsene for å hjelpe de statene som er påvirket av aggresjonen, til å stå fast når de møter økonomisk press.

Deltagerne på konferansen har godkjent den planen som ble foreslått av Kuwait om å opprette et arabisk fond for økonomi og sosial utvikling på grunnlag av anbefalingene fra Bagdad-konferansen med de arabiske statsrådene for finans, økonomi og olje.

Deltagerne på konferansen er blitt enige om behovet for å ta de nødvendige skritt for å styrke militære forberedelser for alle muligheter.

Konferansen har bestemt seg for å påskynde elimineringen av utenlandske baser i de arabiske statene.

FNs sikkerhetsråds resolusjon 242
22. november 1967

Sikkerhetsrådet,

Uttrykker sin pågående bekymring med den alvorlige situasjonen i Midtøsten,

Legger vekt på den manglende berettigelsen ved å anskaffe territorium gjennom krig og behovet for å arbeide for en rettferdig og varig fred der alle stater i området kan leve i trygghet,

Legger videre vekt på at alle medlemsstater da de aksepterte FNs charter har påtatt seg et løfte om å handle i overensstemmelse med artikkel 2 i charteret,

Bekrefter at oppfyllelsen av charterets prinsipper betyr at det må opprettes en rettferdig og varig fred i Midtøsten, som burde medføre at begge de følgende prinsipper blir praktisert:

1. Tilbaketrekning av israelske bevæpnede styrker fra territorier som er okkupert i den nylige konflikten;

2. En slutt på alle påstander eller tilstander av krigstilstand og respekt for og anerkjennelse av suvereniteten, den territoriale integriteten og den politiske uavhengigheten av enhver stat i området og deres rett til å leve i fred innenfor sikre og anerkjente grenser frie for trusler eller bruk av makt;

Bekrefter videre behovet

For å garantere frihet til å seile gjennom internasjonale vannveier i området;

For å oppnå en rettferdig løsning på flyktningproblemet;

For å garantere den territoriale ukrenkeligheten og den politiske uavhengigheten for alle stater i området, ved midler som blant annet betyr opprettelsen av demilitariserte soner;

Ber generalsekretæren om å utnevne en spesiell representant for å reise til Midtøsten for å opprette og holde kontakt med de statene som er berørt for å kunne fremme enighet og hjelpe til med å oppnå en fredelig og akseptert avgjørelse i overensstemmelse med forordningene og prinsippene i denne resolusjonen;

Ber generalsekretæren om å rapportere til Sikkerhetsrådet angående framgangen i anstrengelsene til den spesielle representanten så snart som mulig.

Det palestinske nasjonale charteret
Resolusjoner i det palestinske nasjonale råd
1-17. juli 1968

Artikkel 1: Palestina er hjemlandet for det arabiske palestinske folk; det er en udelelig del av det arabiske hjemlandet, og det palestinske folk er en integrert del av den arabiske nasjonen.

Artikkel 2: Palestina, med de grensene det hadde under det britiske mandatet, er en udelelig territorial enhet.

Artikkel 3: Det palestinske arabiske folk innehar de lovlige rettighetene til hjemlandet sitt og har rett til å bestemme over sin skjebne etter å ha oppnådd frigjøringen av landet sitt i overensstemmelse med deres ønsker og på alle måter ifølge sin egen samstemmighet og vilje.

Artikkel 4: Den palestinske identiteten er en genuin, nødvendig og iboende karakteristikk; den blir overført fra foreldre til barn. Den sionistiske okkupasjonen og adspredelsen av det palestinske arabiske folk, gjennom de katastrofer som tilfalt dem, gjør ikke at de mister sin palestinske identitet og sitt medlemskap i det palestinske samfunnet, og de nekter dem ikke.

Artikkel 5: Palestinerne er de nasjonale araberne som inntil 1947 normalt bodde i Palestina, uansett om de ble kastet ut derfra eller har blitt værende der. Enhver som er født etter den datoen av en palestinsk far, uansett om det er i Palestina eller utenfor, er også en palestiner.

Artikkel 6: De jødene som normalt hadde bodd i Palestina inntil begynnelsen av den sionistiske invasjonen, vil bli betraktet som palestinere.

Artikkel 7: Det at det finnes et palestinsk samfunn og at det har materielle, åndelige og historiske bånd til Palestina, er ubestridelige fakta. Det er en nasjonal plikt å oppfostre individuelle palestinere på en arabisk revolusjonær måte. Alle midler for informasjon og utdannelse må tas i bruk for å gjøre palestineren kjent med sitt eget land på den dypeste måten, både åndelig og materielt, som er mulig. Han må være forberedt på den bevæpnede kampen og rede til å ofre sin rikdom og sitt liv for å kunne vinne tilbake sitt hjemland og føre til at det blir frigjort.

Artikkel 8: Den fasen i sin historie som det palestinske folk nå lever i, er den nasjonale kampen for frigjøringen av Palestina. Dermed er konfliktene blant de palestinske nasjonale styrkene av underordnet art, og de burde ta slutt på grunn av den grunnleggende konflikten som eksisterer mellom sionismens og imperialismens styrker på den ene siden og det palestinske arabiske folk på den andre. På dette grunnlaget er de palestinske massene, uansett om de bor i det nasjonale hjemlandet eller i en diaspora, både organisasjonene og individene, en nasjonal front som jobber for å gjenvinne Palestina og frigjøre det ved væpnet kamp.

Artikkel 9: Væpnet kamp er den eneste måten for å frigjøre Palestina. Dette er den generelle strategien, ikke bare en taktisk fase. Det palestinske arabiske folk forfekter sin absolutte besluttsomhet og faste bestemmelse for å fortsette den væpnede kampen og å jobbe for en bevæpnet folkelig revolusjon for å frigjøre landet og vende tilbake til det. De forfekter også retten til et normalt liv i Palestina og å utøve retten til selvbestemmelse og suverenitet i det.

Artikkel 10: Kommandohandlinger utgjør kjernen av den palestinske folkelige frigjøringskrigen. Dette krever en opptrapping, omfattende og mobilisering av alle palestinske folkelige innsatser og utdannelse og organiseringen og innblandingen i den bevæpnede palestinske revolusjonen. Det krever også en oppnåelse av enhet for den nasjonale kampen blant de forskjellige gruppene i det palestinske folk, og mellom det palestinske folk og de arabiske massene, for å sikre en fortsettelse, opptrapping og seier for revolusjonen.

Artikkel 11: Palestinerne skal ha tre mottoer: nasjonal enhet, nasjonal mobilisering og frigjøring.

Artikkel 12: Det palestinske folk tror på arabisk enhet. For å kunne bidra med sin del mot å oppnå det målet, må de imidlertid på det nåværende nivået av sin kamp bevokte sin palestinske identitet og utvikle sin bevissthet angående den identiteten, og motsette seg enhver plan som kan oppløse eller svekke den.

Artikkel 13: Arabisk enhet og frigjøringen av Palestina er to utfyllende mål, og oppnåelsen av det ene gjør det lettere å oppnå det andre. Dermed fører arabisk enhet til frigjøringen av Palestina, frigjøringen av Palestina fører til arabisk enhet; og innsatser mot oppnåelsen av et mål pågår side ved side med innsatser mot oppnåelsen av det andre.

Artikkel 14: Den arabiske nasjonens skjebne, og selve den arabiske eksistensen, er avhengig av den palestinske sakens skjebne. Ut fra denne gjensidige avhengigheten kommer den arabiske nasjonens forfølgelse av og lengsel etter frigjøringen av Palestina. Folket i Palestina spiller rollen som fortropp i oppnåelsen av dette hellige mål.

Artikkel 15: Frigjøringen av Palestina, fra et arabisk synspunkt, er en nasjonal plikt, og den forsøker å drive tilbake den sionistiske og imperialistiske aggresjonen mot det arabiske hjemlandet, og har som målsetning å eliminere sionismen i Palestina. Absolutt ansvar for dette faller på den arabiske nasjonen, folk og regjeringer, med det arabiske folk i Palestina i fortroppen. Dermed må den arabiske nasjonen mobilisere alle sine militære, menneskelige, moralske og åndelige evner for å delta aktivt med det palestinske folk i frigjøringen av Palestina. De må, spesielt i fasen av den bevæpnede palestinske revolusjonen, tilby og utruste det palestinske folk med all mulig hjelp, og materiell og menneskelig støtte, og gjøre tilgjengelig for dem de midler og muligheter som vil gjøre dem i stand til å fortsette med å utføre sin ledende rolle i den bevæpnede revolusjonen, inntil de frigjør sitt hjemland.

Artikkel 16: Frigjøringen av Palestina, fra et åndelig synspunkt, vil gi Det hellige land en atmosfære av sikkerhet og ro, som i sin tur vil trygge landets religiøse helligdommer og garantere frihet til å tilbe og besøke alle, uten diskriminering av raser, farger, språk eller religion. Dermed forventer Palestinas folk seg støtte fra alle åndelige krefter i verden.

Artikkel 17: Frigjøringen av Palestina, fra et menneskelig synspunkt, vil gjenopprette for det palestinske individet hans verdighet, stolthet og frihet. Dermed ser det palestinske arabiske folk fram til å få støtte fra alle de som tror på menneskets verdighet og hans frihet i verden.

Artikkel 18: Frigjøringen av Palestina, fra et internasjonalt synspunkt, er en defensiv handling som er nødvendig på grunn av selvforsvarets krav. Dermed ser det palestinske folk, som ønsker vennskap med alle folk, til frihetselskende og fredselskende stater for å få støtte for å kunne gjenopprette sine legitime rettigheter i Palestina, for å gjenopprette fred og sikkerhet i landet og for å gjøre folket i stand til å utøve nasjonal suverenitet og frihet.

Artikkel 19: Delingen av Palestina i 1947 og opprettelsen av Staten Israel er helt ulovlig, uansett om tiden går, fordi de var i strid med det palestinske folkets vilje og deres naturlige rettigheter i sitt hjemland og ufornelig med prinsippene som er innlemmet i FNs charter, spesielt retten til selvbestemmelse.

Artikkel 20: Balfour-deklarasjonen, Palestinamandatet og alt som er blitt grunnlagt på dem, er erklært tomt og ugyldig. Påstander om jøders historiske eller religiøse bånd til Palestina er uforenlige med historiens fakta og den sanne oppfatningen av det som utgjør statsskap. Jødedommen er en religion og ikke en uavhengig nasjonalitet. Jøder utgjør heller ikke en enkelt nasjon med en egen identitet; de er statsborgere i de stater som de tilhører.

Artikkel 21: Det arabiske palestinske folk, som uttrykker seg selv ved den bevæpnede palestinske revolusjonen, forkaster alle løsninger som er erstatninger for den totale frigjøringen av Palestina og forkaster alle forslag som sikter på likvideringen av det palestinske problemet eller en internasjonalisering.

353

Artikkel 22: Sionistmen er en politisk bevegelse som er organisk forbundet til internasjonal imperialisme og fiendtligsinnet mot alle handlinger for frigjøring og progressive bevegelser i verden. Den er rasistisk og fanatisk i sin natur, aggressiv, ekspansjonistisk og kolonial i sine mål, og fascistisk i sine metoder. Israel er instrumentet for den sionistiske bevegelsen og den geografiske basen for verdens imperialisme med strategisk plassering midt i det arabiske hjemlandet for å kjempe mot det arabiske folkets håp om frigjøring, enhet og framgang. Israel er en konstant kilde til trusler vis-a-vis fred i Midtøsten og hele verden. Siden frigjøringen av Palestina vil ødelegge det sionistiske og imperialistiske nærværet og vil bidra med opprettelsen av fred i Midtøsten, ser det palestinske folk fram mot å få støtte fra alle progressive og fredelige krefter og bønnfaller dem alle, uansett tilknytning og tro, å tilby det palestinske folk all hjelp og støtte i deres rettferdige kamp for frigjøringen av deres hjemland.

Artikkel 23: Behovet for sikkerhet og fred, i likhet med behovet for rett og rettferdighet, krever at alle stater betrakter sionismen som en illegitim bevegelse, å forby deres eksistens og forby deres handlinger, for at det vennskapelige båndet mellom folk kan bli bevart, og at statsborgernes lojalitet mot sitt respektive hjemland kan bli vernet.

Artikkel 24: Det palestinske folk tror på prinsippene for rettferdighet, frihet, suverenitet, selvbestemmelse, menneskelig verdighet og på alle folks rett til å utøve dette.

Artikkel 25: For å oppnå målene i dette charteret og dets prinsipper, vil Den palestinske frigjøringsorganisasjonen utføre sin rolle i frigjøringen av Palestina i overensstemmelse med denne organisasjonens konstitusjon.

Artikkel 26: Den palestinske frigjøringsorganisasjonen, som er representanten for de palestinske revolusjonære styrkene, har ansvaret for det palestinske arabiske folkets bevegelse i sin kamp, for å gjenvinne sitt hjemland, frigjøre og vende tilbake til det og utøve retten til selvbestemmelse i det, på alle militære, politiske og økonomiske felt og også for alt som kan bli påkrevd av den palestinske saken på det inter-arabiske og internasjonale nivå.

Artikkel 27: Den palestinske frigjøringsorganisasjonen skal samarbeide med alle araberstater, hver ifølge sitt eget potensiale, og vil innta en nøytral politikk blant dem i lys av behovene i frigjøringskrigen; og på dette grunnlaget skal de ikke blande seg opp i noen arabisk stats interne spørsmål.

Artikkel 28: Det palestinske arabiske folk forfekter oppriktigheten og uavhengigheten i sin nasjonale revolusjon og forkaster alle former for innblanding, forvaltning og underordning.

Artikkel 29: Det palestinske folk har de grunnleggende og genuine lovlige rettigheter til å frigjøre og gjenvinne sitt hjemland. Det palestinske folk bestemmer hvilken holdning de skal ha mot alle stater og krefter på grunnlag av det standpunktet de inntar vis-à-vis den palestinske revolusjonen for å oppfylle målene til det palestinske folk.

Artikkel 30: De som kjemper og bærer våpen i frigjøringskrigen er kjernen av den folkelige hæren som vil være den beskyttende styrken for vinningene til det palestinske arabiske folk.

Artikkel 31: Organisasjonen skal ha et flagg, en troskapsed og en nasjonalsang. Alt dette skal bli bestemt i overensstemmelse med særskilte regler.

Artikkel 32: Forordninger, som skal være kjent som konstitusjonen for Den palestinske frigjøringsorganisasjonen, skal vedlegges dette charteret. Det vil bestemme på hvilken måte organisasjonen, dens organer og institusjoner skal etableres; deres respektive kompetanse; og behovene for deres forpliktelser under charteret.

Artikkel 33: Dette charteret skal ikke bli endret bortsett fra av et flertall av to tredjedeler av alle medlemmene i det nasjonale kongressen av Den palestinske frigjøringsorganisasjonen på en spesiell samling som er sammenkalt for det formålet.

FNs Sikkerhetsråds resolusjon 338
22. oktober 1973

Sikkerhetsrådet,

Oppfordrer alle parter som for tiden kjemper til å stoppe all skyting og avslutte all militær aktivitet umiddelbart, ikke senere enn 12 timer etter at denne beslutningen er blitt tatt, i de posisjoner de hadde i øyeblikket etter at denne beslutningen ble tatt, i de posisjoner de nå har;

Oppfordrer alle innblandede parter til umiddelbart etter våpenhvilen å begynne å iverksette Sikkerhetsrådets resolusjon 242 (1967) i alle sine deler;

Bestemmer at, umiddelbart og samtidig som våpenhvilen, skal forhandlinger starte mellom de innblandede parter under tilbørlig ledelse, med et mål om å opprette en rettferdig og varig fred i Midtøsten.

Det palestinske nasjonale råd
Resolusjoner
9. juni 1974

1. PLO bekrefter sin tidligere holdning angående Sikkerhetsrådets resolusjon 242 som utsletter de patriotiske og nasjonale rettighetene til vårt folk og behandler vår nasjonale sak som et flyktningproblem. Derfor nekter de kategorisk alle forhandlinger på grunnlag av denne resolusjonen på noe nivå av inter-arabisk eller internasjonal forhandling inkludert Geneve-konferansen.

2. PLO vil kjempe med alle mulige midler og først og fremst med den væpnede kampen for å frigjøre palestinske landområder og å opprette et patriotisk, uavhengig regime for kjempende folk i enhver del av det palestinske territoriet som vil bli frigjort. De bekrefter at dette bare vil bli gjennomført ved større endringer i styrkebalansen til fordel for vårt folk og deres kamp.

3. PLO vil kjempe mot ethvert forslag om å opprette en palestinsk enhet til pris av forhandlinger, fred og sikre grenser, å oppgi sin historiske rettighet og frarøve vårt folk retten til å vende tilbake og selvbestemmelse på sin nasjonale jord.

4. PLO vil betrakte ethvert skritt mot frigjøring som blir oppnådd, som et skritt i forfølgelsen av strategien for å opprette en demokratisk palestinsk stat, som er blitt nedfelt i beslutningene ved tidligere møter i det nasjonale råd.

5. PLO vil kjempe sammen med patriotiske jordanske styrker for skapelsen av en jordansk-palestinsk patriotisk front, og målet med denne vil være opprettelsen av et patriotisk, demokratisk regime i Jordan som vil gjøre felles sak med den palestinske enheten som vil oppstå som et resultat av kamp og konflikt.

6. PLO vil kjempe for opprettelsen av en kjempende union mellom det palestinske og de arabiske folkene og mellom alle arabiske frigjøringsstyrker som er enige i dette programmet.

7. De palestinske nasjonale myndighetene vil søke etter å anmode de arabiske statene i konfrontasjon om å fullbyrde frigjøringen av hele Palestinas jord, som et skritt på veien til omfattende arabisk enhet.

8. PLO vil streve etter å styrke sin solidaritet med de sosialistiske landene og verdens styrker for frigjøring og framgang for å sette en stopper for alle sionistiske, reaksjonære og imperialistiske hensikter.

9. I lys av dette programmet vil PLO streve etter å styrke den patriotiske enheten og høyne den til det nivået der den vil være i stand til å oppfylle sine patriotiske og nasjonale oppgaver og plikter.

10. I lys av dette programmet vil den revolusjonære kommandoen forberede taktikk som vil tjene og gjøre oppnåelsen av disse målene til en mulighet.

Grunnleggende lov: Jerusalem, Israels hovedstad
30. juli 1980

1. Jerusalem, hel og forenet, er Israels hovedstad.
2. Jerusalem er sete for statens president, Knesset, regjeringen og høyesterett.
3. De hellige plassene skal være beskyttet fra ødeleggelse og enhver annen overtredelse og fra alt som trolig vil forhindre adgangen for medlemmene fra de forskjellige religionene til de plassene som er hellige for dem eller deres følelser overfor de plassene.
4. (a) Regjeringen skal sørge for utviklingen og framgangen i Jerusalem og innbyggernes velferd ved å tilveiebringe spesielle midler, inkludert en spesiell årlig bevilgning til Jerusalems kommune (hovedstadens bevilgning) med godkjenning av Knessets finanskomité.

(b) Jerusalem skal få spesiell prioritet i myndighetenes aktiviteter, slik at utviklingen fremmes både økonomisk og på andre måter.

(c) Regjeringen skal opprette en spesiell enhet eller spesielle enheter for å virkeliggjøre denne delen.

Loven om Golanhøydene
14. desember 1981

Statens lov, jurisdiksjon og administrasjon skal gjelde på Golanhøydene, som beskrevet i tillegget.

Denne loven skal bli gyldig den dagen den blir vedtatt i Knesset.

Innenriksministeren skal ha ansvaret for å iverksette denne loven, og han har rett til, i konsultasjoner med justisministeren, å vedta forskrifter for å iverksette den og å formulere forskrifter for overgangsregler angående den pågående anvendelse av regler, ordre, administrative ordre, rettigheter og plikter som var i kraft på Golanhøydene før denne loven begynte å gjelde.

Utdrag fra charteret til Hamas
August 1988

Artikkel 6: Motstandsbevegelsen Hamas er en distinkt palestinsk bevegelse som viser lojalitet overfor Allah, henter sin livsmåte fra islam og strever etter å reise Allahs banner over enhver tomme av Palestina. Det er bare under islams skygge som medlemmer av alle religioner kan eksistere sammen i trygghet og sikkerhet for sine liv, eiendommer og rettigheter. I fravær av islam dukker konfliktene opp, undertrykkelsen regjerer, korrupsjonen utbrer seg og kamper og kriger varer ved...

Artikkel 11: Den islamske motstandsbevegelsen tror at landområdene i Palestina har vært en islamsk *Waqf* i alle generasjoner, og inntil oppstandelsens dag kan ingen gi avkall på det eller deler av det, eller overgi det eller deler av det. Ingen arabiske land eller summen av alle arabiske land, og ingen arabisk konge eller president eller summen av dem alle sammen, har den retten, og den retten har heller ikke noen organisasjon eller summen av alle organisasjoner, uansett om de er palestinere eller arabere...

Artikkel 12: Hamas betrakter nasjonalismen som en fast bestanddel av den religiøse troen. Ingenting er høyere eller dypere i nasjonalismen enn å føre *jihad* mot fienden og konfrontere ham når han setter sin fot på muslimenes land. Og dette blir en individuell plikt som binder hver muslimsk mann og kvinne. En kvinne må gå ut og kjempe mot fienden til og med uten sin manns godkjenning og en slave uten sin mesters tillatelse. Dette prinsippet eksisterer ikke under noen andre regimer, og det er en sannhet som det ikke skal settes spørsmålstegn ved. Samtidig som andre nasjonalismer består av materielle, menneskelige og territorielle vurderinger, bærer Hamas sin nasjonalisme, i tillegg til alle disse, de viktige guddommelige faktorene som gir det sin ånd og liv. Til en slik grad at det kobles sammen med opprinnelsen til ånden og kilden til liv og reiser herrens banner på hjemlandets himmel, og dermed blir jorda ufravikelig koblet sammen med himmelen...

Artikkel 32: Verdenssionismen og imperialistiske krefter har forsøkt med smarte trekk og overveid planlegging å skyve de arabiske landene, en etter en annen, ut av sirkelen med konflikt med sionistene, for at de til slutt skal klare å isolere det palestinske folk. Egypt er allerede blitt kastet ut av konflikten, i stor del ved de forræderske Camp David-avtalene, og hun har forsøkt å dra andre land inn i lignende avtaler for å kunne skyve dem ut av konfliktens sirkel. Hamas oppfordrer de arabiske og islamske folk til å handle seriøst og utrettelig for å sette en stopper for den fryktelige planen og å gjøre massene oppmerksom på faren ved å hoppe ut av sirkelen av kampen med sionistene. I dag er det Palestina, og i morgen kan det være et annet land eller andre land. For sionistenes intriger har ingen ende, og etter Palestina vil de begjære ekspansjon fra Nilen til Eufrat. Det er bare når de har fullbyrdet fordøyelsen av området der de har lagt sin hånd, som de vil se framover mot mer ekspansjon etc. Intrigene deres er blitt lagt ut i Sions vises protokoller, og deres nåværende oppførsel er det beste beviset på det som står der. Å forlate sirkelen av konflikt med Israel er en forrædersk handling, og den vil bringe forbannelse over gjerningsmennene...

Israel og PLO anerkjenner hverandre
Statsminister Rabin og formann Arafat utveksler brev

1. BREV FRA YASSER ARAFAT TIL STATSMINISTER RABIN
9. september 1993

Yitzhak Rabin,
Israels statsminister

Herr statsminister!

Undertegnelsen av Prinsipperklæringen betegner en ny æra i Midtøstens historie. I fast overbevisning om dette vil jeg bekrefte følgende forpliktelser fra PLO sin side:

PLO anerkjenner Staten Israels rett til å eksistere i fred og sikkerhet.

PLO aksepterer FNs sikkerhetsråds resolusjoner 242 og 338.

PLO forplikter seg til fredsprosessen i Midtøsten og til en fredelig løsning på konflikten mellom de to sidene og erklærer at alle utestående spørsmål som omhandler den permanente statusen, vil bli løst gjennom forhandlinger.

PLO anser at undertegnelsen av Prinsipperklæringen utgjør en historisk hendelse, innvier en ny epoke med fredelig sameksistens, fri fra vold og alle andre handlinger som setter freden og stabiliteten i fare. Dermed avsier PLO seg bruken av terrorisme og andre voldelige handlinger og vil ta ansvar for alle elementer og personale innenfor PLO for å kunne forsikre at de overholder dette, forhindrer brudd og straffer overtredere.

I lys av løftet om en ny æra og undertegnelsen av Prinsipperklæringen og på grunnlag av palestinernes aksept av Sikkerhetsrådets resolusjoner 242 og 338 bekrefter PLO at de artiklene i den palestinske pakt som fornekter Israels rett til å eksistere, og de regler i pakten som er uforenlig med løftene i dette brevet nå er inoperative og ikke lenger gyldige. Dermed påtar PLO seg å la det palestinske nasjonale rådet gi en formell godkjennelse til de nødvendige endringer når det gjelder den palestinske pakt.

Ærbødigst,
Yasser Arafat
Formann

Palestinas Frigjøringsorganisasjon
2. BREV FRA YASSER ARAFAT TIL DEN NORSKE UTENRIKSMINISTEREN
9. september 1993

Hans eksellense
Johan Jørgen Holst
Norges utenriksminister

Kjære minister Holst!
Jeg vil bekrefte for deg at når vi undertegner Prinsipperklæringen, vil PLO oppmuntre og oppfordre det palestinske folk på Vestbredden og i Gazastripen til å delta i de skrittene som fører til en normalisering av livet, forkaster vold og terrorisme, bidrar til fred og stabilitet og deltar aktivt i å forme gjenoppbygging, økonomisk utvikling og samarbeid.

Ærbødigst,
Yasser Arafat
Formann
Palestinas frigjøringsorganisasjon

3. BREV FRA STATSMINISTER RABIN TIL YASSER ARAFAT
9. september 1993

Yasser Arafat
Formann
Palestinas Frigjøringsorganisasjon

Herr formann!

Som svar på ditt brev den 9. september 1993 vil jeg bekrefte for deg at i lys av det som PLO lovte i ditt brev, har Israels regjering bestemt seg for å anerkjenne PLO som representant for det palestinske folk og begynne forhandlinger med PLO innenfor fredsprosessen i Midtøsten.

Yitzhak Rabin
Israels statsminister

Pressemelding om Annapolis-konferansen
20. november 2007
Utenriksdepartementet i USA

Den 27. november vil USA være vert for den israelske statsminister Olmert, de palestinske selvstyremyndighetenes president Abbas, sammen med medlemmer av Kvartetten, medlemmene av oppfølgingskomiteen til Den arabiske liga, G8, de permanente medlemmene av FNs sikkerhetsråd, og andre viktige internasjonale aktører for en konferanse ved den amerikanske marinens akademi i Annapolis i Maryland. Kvelden i forveien vil utenriksminister Rice være vert for en middag her i Washington, der president Bush vil holde en tale. President Bush og de israelske og palestinske lederne vil holde taler for å åpne de formelle forhandlingene i Annapolis.

Annapolis-konferansen vil være et signal på bred internasjonal støtte for de israelske og palestinske ledernes modige forsøk, og vil være et utgangspunkt for forhandlinger som fører til opprettelsen av en palestinsk stat og gjennomføringen av israelsk-palestinsk fred.

De som er invitert til å delta på konferansen, er:
USA
Israel
De palestinske selvstyremyndighetene
Algerie
Den arabiske ligas generalsekretær
Bahrain
Brasil
Canada
Kina
Egypt
EU-kommisjonen
EU High Rep
EU Pres Portugal

Frankrike
Tyskland
Hellas
India
Indonesia
Irak
Italia
Japan
Jemen
Jordan
Libanon
Malaysia
Mauritania
Marokko
Norge
Oman
Pakistan
Polen
Qatar
Russland
Saudi-Arabia
Senegal
Slovenia
Sør-Afrika
Spania
Sudan
Sverige
Syria
Kvartettens spesielle utsending Tony Blair
Tunisia
Tyrkia
De forente arabiske emirater
Storbritannia
UNSYG
Observatører:
IMF
Verdensbanken

Tillegg III
Valg til Knesset

Valg til det første Knesset
25. januar 1949

Mapai 46
Mapam 19
Den forenede religiøse fronten 16
Herut 14
De generelle sionistene 7
Det progressive partiet 5
Sefardiske og Edot Mizrah 4
Maki 4
Nasarets demokratiske parti 2
De kjempendes liste 1
WIZO 1
Den jemenittiske foreningen 1

Valg til det andre Knesset
30. juli 1951

Mapai 45
De generelle sionistene 20
Mapam 15
Hapoel Hamizrahi 8
Herut 8
Maki 5
Det progressive partiet 4
Den demokratiske lista for israelske arabere 3
Agudat Yisrael 3
Sefardiske og Edot Mizrah 2
Poalei Agudat Yisrael   2
Hamizrahi 2
Kidmah Vaavodah 1
Den jemenittiske foreningen 1

Haklaut Ufituah 1

Valg til det tredje Knesset
26. juli 1955

Mapai 40
Herut 15
De generelle sionistene 13
Den forenede religiøse fronten 11
Ahdut Haavodah 10
Mapam 9
Den religiøse Tora-fronten 6
Maki 6
Det progressive partiet 5
Den demokratiske lista for israelske arabere 2
Kidmah Vaavodah 2
Haklaut Ufituah 1

Valg til det fjerde Knesset
3. november 1959

Mapai 47
Herut 17
Det nasjonale religiøse partiet 12
Mapam 9
De generelle sionistene 8
Ahdut Haavodah 7
Den religiøse Tora-fronten 6
Det progressive partiet 6
Maki 3
Kidmah Ufituah 2
Shituf Veahvah 2
Haklaut Ufituah 1

Valg til det femte Knesset
15. august 1961

Mapai 42

Herut 17
Det liberale partiet 17
Det nasjonale religiøse partiet 12
Mapam 9
Ahdut Haavodah 8
Maki 5
Agudat Yisrael 4
Poalei Agudat Yisrael   2
Shituf Veahvah 2
Kidmah Ufituah 2

Valg til det sjette Knesset
1. november 1965

Alliansen 45
Gahal 26
Det nasjonale religiøse partiet 11
Rafi 10
Mapam 8
De uavhengige liberale 5
Agudat Yisrael 4
Rakah 3
Kidmah Ufituah 2
Poalei Agudat Yisrael 2
Shituf Veahvah 2
Haolam Hazeh-Koah Hadash 1
Maki 1

Valg til det sjuende Knesset
28. oktober 1969

Alliansen 56
Gahal 26
Det nasjonale religiøse partiet 12
Agudat Yisrael 4
De uavhengige liberale 4
Statslista 4
Rakah 3
Kidmah Ufituah 2

Poalei Agudat Yisrael 2
Shituf Veahvah 2
Haolam Hazeh-Koah Hadash   2
Hamerkaz Hahofshi 2
Maki 1

Valg til det åttende Knesset
31. desember 1973

Alliansen 51
Likud 39
Det nasjonale religiøse partiet 10
Den forenede Tora-fronten 5
De uavhengige liberale 4
Rakah 4
Ratz 3
Kidmah Ufituah 2
Moked 1
Den arabiske lista for beduiner og landsbyboere 1

Valg til det niende Knesset
17. mai 1977

Likud 43
Alliansen 32
Den demokratiske bevegelsen for forandring 15
Det nasjonale religiøse partiet 12
Hadash 5
Agudat Yisrael 4
Shlomzion 2
Mahaneh Sheli 2
Plato Sharon 1
Den forenede arabiske lista 1
Poalei Agudat Yisrael 1
Ratz 1
De uavhengige liberale 1

Valg til det tiende Knesset
30. juni 1981

Likud 48
Alliansen 47
Det nasjonale religiøse partiet 6
Agudat Yisrael 4
Hadash 4
Tami 3
Tehiya 3
Telem 2
Shinui 2
Ratz 1

Valg til det ellevte Knesset
23. juli 1984

Alliansen 44
Likud 41
Tehiya-Tsomet 5
Det nasjonale religiøse partiet 4
Hadash 4
Shas 4
Shinui 3
Ratz 3
Yahad 3
Den progressive lista for fred 2
Agudat Yisrael 2
Morasha-Poaeli Agudat Yisrael 2
Tami 1
Kach 1
Ometz 1

Valg til det tolvte Knesset
1. november 1988

Likud 40
Alliansen 39
Shas 6

Agudat Yisrael 5
Ratz 5
Det nasjonale religiøse partiet 5
Hadash 4
Tehiya 3
Mapam 3
Tsomet 2
Moledet 2
Shinui 2
Degel Hatorah   2
Den progressive lista for fred 1
Det arabiske demokratiske partiet 1

Valg til det trettende Knesset
23. juni 1992

Arbeiderpartiet 44
Likud 32
Meretz 12
Tsomet 8
Det nasjonale religiøse partiet 6
Shas 6
Yahadut Hatorah 4
Hadash 3
Moledet 3
Det arabiske demokratiske partiet 2

Valg til det fjortende Knesset
29. mai 1996

Arbeiderpartiet 34
Likud-Gesher-Tsomet   32
Shas 10
Det nasjonale religiøse partiet 9
Meretz 9
Yisrael BaAliyah 7
Hadash 5
Yahadut Hatorah 4
Den tredje veien 4

Den forenede arabiske lista 4
Moledet 2

Det første direkte valget på statsminister
29. mai 1996

Benjamin Netanyahu 50,4 prosent
Shimon Peres 49,5 prosent

Valg til det femtende Knesset
17. mai 1999

En Israel 26
Likud 19
Shas 17
Meretz   10
Yisrael BaAliyah 6
Shinui 6
Senterpartiet 6
Det nasjonale religiøse partiet 5
Yahadut Hatorah 5
Den forenede arabiske lista 5
Ichud Leumi 4
Yisrael Beiteinu 4
Hadash 3
Balad 2
Am Ehad 2

Det andre direkte valget på statsminister
17. mai 1999

Ehud Barak 56,08 prosent
Benjamin Netanyahu 43,92 prosent

Det tredje direkte valget på statsminister
6. februar 2001

Ariel Sharon 62,39 prosent
Ehud Barak 37,61 prosent

Valg til det sekstende Knesset
28. januar 2003

Likud 38
Arbeiderpartiet-Meimad 19
Shinui 15
Shas 11
Ichud Leumi 7
Meretz 6
Det nasjonale religiøse partiet 6
Yahadut Hatorah 5
Hadash 3
Am Ehad 3
Balad 3
Yisrael BaAliyah 2
Den forenede arabiske lista 2

Valg til det syttende Knesset
28. mars 2006

Kadima 29
Arbeiderpartiet-Meimad 19
Likud 12
Shas 12
Yisrael Beiteinu 11
Ichud Leumi-Det nasjonale religiøse partiet 9
Pensjonistpartiet 7
Tora og sabbat jødedom 6
Meretz 5
Den forenede arabiske lista-Arabisk fornyelse 4
Hadash 3
Den nasjonale demokratiske forsamlingen 3

Valg til det attende Knesset
10. februar 2009

Kadima 28
Likud 27
Yisrael Beiteinu 15
Arbeiderpartiet 13
Shas 11
Yahadut Hatorah 5
Den forenede arabiske lista-Arabisk fornyelse 4
Ichud Leumi 4
Hadash 4
Meretz 3
Jødisk hjem 3
Den nasjonale demokratiske samlingen 3

Tillegg IV
Israels presidenter og statsministre

Chaim Weizmann
27.11.1874–09.11.1952
Israels første president

President: 01.02.1949–09.11.1952

Chaim Azriel Weizmann ble født den 27. november 1874 i den lille landsbyen Motol i nærheten av Pinsk, i det som i dag er Hviterussland. I 1899 tok han eksamen i kjemi ved L'Université de Fribourg i Sveits. Senere underviste han i kjemi ved Université de Geneve og University of Manchester.

Weizmann var ikke med på den første sionistkongressen i 1897, men han var med på alle sionistkongresser som ble holdt senere. I 1902 brøt han kontakten med Theodor Herzl og grunnla Det demokratiske sionistpartiet.

Under første verdenskrig var Weizmann direktør for laboratoriene i det britiske admiralitetet, og da han underviste i Manchester, gjorde han oppdagelser som førte til at han i dag blir betraktet som den industrielle fermenteringens far. Det var på denne tiden han oppdaget hvordan kan kunne bruke Clostridium acetobutylicum til å produsere syntetisk aceton, som de allierte trengte for å kunne produsere sprengstoff.

Da Weizmann begynte som professor ved University of Manchester i 1904, ble han også en av de øverste lederne for sionismen i Storbritannia. I løpet av første verdenskrig forsøkte han å overbevise den britiske regjeringen om behovet for et jødisk hjemland, og Weizmanns arbeid bar frukt da regjeringen utstedte Balfour-deklarasjonen i 1917.

Etter krigen skrev Weizmann under på en avtale med emir Feisal, som senere ble kong Feisal I av Irak, der de ble enige om å samarbeide for å opprette en jødisk og en arabisk stat i Midtøsten. Fra 1920 til 1931 og fra 1935 til 1946 var han president for Sionistorganisasjonen, og i 1921 samarbeidet han med Albert Einstein om å samle inn midler til opprettelsen av et hebraisk universitet i Jerusalem.

I 1934 var han med på å legge grunnlaget for Daniel Sieff Research Institute, som senere fikk det nye navnet Weizmann Institute of Science.

I løpet av andre verdenskrig var han rådgiver for det britiske forsyningsdepartementet og forsket på syntetisk gummi og bensin. Under krigen ble dessuten sønnen hans, Michael Oser, drept da flyet hans ble skutt ned over Biscayabukta.

Etter krigen traff han USAs president Harry Truman og forsøkte å få presidentens støtte til opprettelsen av en jødisk stat. Etter at Staten Israel ble opprettet, ble Weizmann utnevnt til president. Weizmann var den eneste israelske presidenten som ikke bodde i Jerusalem under sin periode ved makten. Weizmann bodde i sitt eget hjem i Rehovot.

Chaim Weizmann døde den 9. november 1952, og han er gravlagt ved siden av sin kone Vera.

Yitzhak Ben-Zvi
24.11.1884–23.04.1963
Israels andre president

President: 08.12.1952–23.04.1963

Yitzhak Shimshelevitz ble født i Poltava i Ukraina den 24. november 1884. Faren hans endret senere navn fra Zvi Shimshelevitz til det hebraiske Zvi Shimshi, og Yitzhak fikk navnet Ben-Zvi (sønn av Zvi).

I ungdomstiden var han aktivt med i det jødiske selvforsvaret i Ukraina for å forsvare jødene fra pogromene i 1905, og han ble medlem i det sionistiske partiet Poalei Zion.

I 1907 ble Ben-Zvi utvalgt til å representere partiet på sionistkongressen. Senere samme år immigrerte han til Palestina og slo seg ned i Jaffa.

I 1907 organiserte han «Bar Giora», en hemmelig forsvarsorganisasjon, i leiligheten sin.

Mellom 1912 og 1914 studerte han jus ved Istanbul University sammen med David Ben-Gurion, og i august 1914 vendte de tilbake til Palestina før de ble kastet ut av osmanske myndigheter i 1915. Da flyttet de til New York, der de ble med i sionistiske aktiviteter og grunnla pionerbevegelsen HeHalutz.

Han vendte tilbake til Palestina i 1918 og giftet seg med Rachel Yanait. De fikk to sønner, Amram og Eli. Eli ble drept under Uavhengighetskrigen mens han forsvarte kibbutzen sin, Beit Keshet.

Ben-Zvi tjente dessuten i den jødiske legionen sammen med Ben-Gurion. I 1919 var han med på å grunnlegge partiet Ahdut HaAvoda, og han var aktivt med i Haganah. Senere ble han valgt til å sitte i Jerusalems

374

kommunestyre og det nasjonale rådet, som representerte det jødiske samfunnet i Palestinamandatet.

I 1948 var Ben-Zvi en av dem som undertegnet Uavhengighetserklæringen, og han var representant i det første og det andre Knesset for Mapai.

Han var også leder for Instituttet for studier av orientalske jødiske samfunn i Midtøsten, som senere ble oppkalt etter ham.

Da Chaim Weizmann døde, ble Ben-Zvi valgt til ny president den 8. desember 1952. Ben-Zvi var president lenger enn noen annen israelsk president.

Siden han mente at presidenten burde være et eksempel for folket, forsøkte han å leve et enkelt liv. I mer enn 26 år bodde familien hans i en enkel hytte av tre i bydelen Rehavia i Jerusalem. Israels regjering bestemte seg senere for å kjøpe nabohuset for å bruke det som presidentens offisielle bolig.

Han tjente som president i to fulle perioder og ble gjenvalgt for en tredje periode i desember 1962, men fem måneder senere døde han.

I dag er Ben-Zvi avbildet på israelske 100 shekel-sedler.

Zalman Shazar
24.11.1889–05.10.1974
Israels tredje president

President: 21.05.1963–24.05.1973

Shneur Zalman Rubashov ble født den 24. november 1889 i Mir i nærheten av Minsk. Familien hans besto av hasidiske jøder, og som barn fikk han den sedvanlige religiøse utdannelsen. Det hebraiske navnet Shazar fikk han ved å kombinere initialene i navnet sitt, SZR.

I tenårene ble han involvert i Poalei Zion, og som 18-åring ble han arrestert av tsarens politi på grunn av hans revolusjonære aktiviteter og skrifter. Shazar var også en av grunnleggerne av pionerbevegelsen HeHalutz i Tyskland. I 1924 immigrerte han til Palestina og ble medlem av sekretariatet i fagbevegelsen Histadrut.

Fra 1944 til 1949 var han sjefredaktør for den israelske avisa Davar, og i 1947 var han med i Jewish Agencys delegasjon til FNs generalforsamling.

I 1949 ble han valgt inn i Knesset som representant for Mapai. I David Ben-Gurions første regjering fikk han jobb som utdanningsminister, men han fikk ingen posisjon i den andre regjeringen.

375

I valgene i 1951 og 1955 beholdt han plassen sin i Knesset, inntil han trakk seg fra Knesset i 1956.

Fra 1956 til 1960 var han leder for Jewish Agencys styre i Jerusalem, og i 1963 ble han valgt til president. I 1968 ble han valgt til en ny presidentperiode, men i 1973 hadde han ikke lov til å sitte som president lenger.

Zalman Shazar er også en anerkjent poet, forfatter og taler.

Han døde den 5. oktober 1974 i Jerusalem. Zalman Shazar er i dag avbildet på de israelske 200 shekel-sedlene.

Efraim Katzir
16.05.1916–30.5.2009
Israels fjerde president

President: 24.05.1973 – 19.04.1978

Efraim Katchalsky ble født i Kiev, i det som den gang var en del av det russiske riket, den 16. mai 1916. Da han var seks år gammel, immigrerte familien hans til Palestina, og han vokste opp i Jerusalem.

Han studerte ved Hebrew University, der han fikk en doktorgrad. På denne tiden var han også medlem av Haganah, og under Uavhengighetskrigen var han sjef for hærens vitenskapelige korps.

I 1949 var han en av dem som grunnla Weizmann Institute of Science i Rehovot, og i 1966 ble han sjefsforsker for den israelske hæren.

Broren hans, Aharon, var en av dem som ble drept i massakren på Israels internasjonale flyplass i 1972.

Katzir var ved Harvard University da Golda Meir kontaktet ham og spurte om han var interessert i å bli president, og da han ble valgt til president i 1973, endret han navn til det hebraiske Katzir.

I mai 1978 trakk han seg som president for å kunne bruke mer tid på vitenskapelig forskning, og han vendte tilbake til Weizmann Institute.

Katzir døde i sitt hjem i Rehovot i mai 2009.

Yitzhak Navon
09.04.1921–
Israels femte president

President: 19.04.1978–05.05.1983

Yitzhak Navon var den første israelske presidenten som ble født på israelsk jord og den første sefardiske presidenten.

Navon kommer fra en slekt med sefardiske rabbinere. På sin fars side er han etterkommer av spanske jøder som slo seg ned i Tyrkia etter at jødene ble kastet ut av Spania i 1492. I 1670 flyttet familien til Jerusalem. På sin mors side er han etterkommer av den kjente kabbalisten Chaim Ben Attar. Denne familien kom fra Marokko til Jerusalem i 1884.

Navon studerte hebraisk litteratur og islamske studier ved Hebrew University, og etter at han hadde tjent i Haganah, ble han sendt for å representere Israel i Uruguay og Argentina.

I 1951 ble han utnevnt til politisk sekretær for David Ben-Gurion, og senere var han byråsjef for Ben-Gurion og Moshe Sharett. Da han var sjef for den kulturelle avdelingen i utdannings- og kulturdepartementet, mobiliserte han flere hundre kvinnelige soldater til å bli hebraisklærere for nye immigranter.

I 1965 ble han valgt inn i Knesset som et medlem av Rafi. Navon var visetalsmann i Knesset og leder for Knessets utenriks- og forsvarskomité.

I 1978, i den relativt unge alder av 57 år, ble han valgt til Israels femte president, og han var den første presidenten som flyttet inn i presidentboligen med små barn. Hans kone Ofira var aktivt opptatt av å fremme israelske barns velferd.

Som president prøvde han å bygge broer mellom de forskjellige etniske gruppene i samfunnet, slik som religiøse og verdslige, sefardiske og askenasiske jøder, venstre og høyresiden, jøder og arabere.

Da han besøkte Egypt i 1980, ble vertene hans imponert da de hørte at han snakket flytende arabisk.

I 1983 forkastet Navon muligheten til å stille til valg for fem nye år som president. Han ble i stedet den første presidenten som vendte tilbake til det politiske liv. I 1984 ble han valgt inn i Knesset og var minister for utdanning og kultur fra 1984 til 1990.

I 1992 trakk han seg fra Knesset og det politiske liv.

Hans kone, Ofira, døde av kreft i 1993. De fikk en datter, Naama, og en sønn, Erez.

Per oktober 2011 er Yitzhak Navon fortsatt i live.

Chaim Herzog
17.09.1918–17.04.1997
Israels sjette president

President: 05.05.1983–13.05.1993

Chaim Herzog ble født i Belfast den 17. september 1918. Året etter flyttet familien til Dublin.

Faren hans var rabbi Yitzhak HaLevi Herzog, som var sjefsrabbiner i Irland fra 1921 til 1936, og som senere var sjefsrabbi i Palestinamandatet og Israel.

I ung alder studerte Herzog ved Wesley College i Dublin. I 1935 immigrerte han til Palestina for å studere ved en yeshiva, og under det arabiske opprøret mellom 1936 og 1939 tjente han i Haganah. Senere fikk han utdannelse i jus ved University College London, og i 1942 vervet han seg i den britiske hæren.

Under andre verdenskrig var han sjef for en stridsvogn og etterretningsoffiser i Tyskland og Normandie. Herzog var med da flere konsentrasjonsleire ble befridd, og han var med da Heinrich Himmler ble identifisert. Da han forlot hæren i 1947, var han major.

I 1947 giftet han seg med Aura Ambache, som var svigerinne til den senere velkjente utenriksministeren Abba Eban. De fikk fire barn sammen: Yoel, Michael, Yitzhak og Ronit.

I 1948 kjempet han på Israels side i Uavhengighetskrigen som offiser i kampene ved Latrun. Fra 1948 til 1950 og fra 1959 til 1962 var han sjef for den israelske militære etterretningen, og fra 1950 til 1954 var han forsvarsattaché ved den israelske ambassaden i Washington. Da han forlot hæren i 1962, var han generalmajor.

Da Seksdagerskrigen brøt ut i 1967, var han militær kommentator for radiokanalen Kol Israel, og etter krigen ble han utnevnt til militær guvernør for Øst-Jerusalem, Judea og Samaria.

I 1972 var han med på å grunnlegge advokatfirmaet Herzog, Fox & Newman, som er et av de største advokatfirmaene i Israel.

Fra 1975 til 1978 var han FN-ambassadør. Da Generalforsamlingen vedtok resolusjon 3379, som satte likhetstegn mellom sionisme og rasisme, rev han papiret i filler og sa: «For oss, det jødiske folk, er denne resolusjonen basert på hat, falskhet og arroganse, og den er blottet for enhver moralsk eller juridisk verdi.»

I 1981 ble han valgt til Knesset, og i 1983 ble han valgt til Israels sjette president. Siden han snakket flytende engelsk, var han opptatt av å forbedre andre lands inntrykk av Israel.

Herzog var den første israelske presidenten som besøkte Tyskland og Kina. Han talte til 15 parlamenter over hele verden. Han tjente som president i ti år og trakk seg fra det politiske liv i 1993.

Herzog døde den 17. april 1997 og er gravlagt på Herzls berg i Jerusalem.

Ezer Weizman
15.06.1924–24.05.2005
Israels sjuende president

President: 13.05.1993–13.07.2000

Ezer Weizman ble født i Tel Aviv den 15. juni 1924 og vokste opp i Haifa. Faren hans, Yechiel, var bror av Israels første president, Chaim Weizmann.

Weizman studerte ved gymnaset Reali, og i 1942 vervet han seg til den britiske hæren. Han tjente som lastebilsjåfør i Egypt og Libya, og i 1943 gikk han inn i Royal Air Force og fikk utdannelse som pilot i Rhodesia. I 1944 var han pilot i India, og da han forlot RAF, var han sersjant.

Mellom 1944 og 1946 var han med i den hemmelige forsvarsorganisasjonen Etzel, og fra 1946 til 1947 studerte han flyvning i England.

I 1948 var han en av de første jagerflypilotene i det israelske flyvåpenet, og i 1950 giftet han seg med Reuma Schwartz, som var svigerinne til den berømte israelske generalen Moshe Dayan. De fikk to barn sammen: Shaul og Michal.

I 1951 studerte han ved RAF Command and Staff College i England. Da han vendte tilbake til Israel, ble han skvadronsjef for den første israelske Gloster Meteor-skvadronen.

Fra 1958 til 1966 var han sjef for det israelske flyvåpenet, og under Seksdagerskrigen var han nestsjef for den israelske generalstaben.

I 1969 trakk han seg fra militæret og sluttet seg til Gahal-partiet. Der var han transportminister i den nasjonale samlingsregjeringen inntil Gahal forlot koalisjonen i 1970. Weizman forlot Gahal i 1972, men i 1976 vendte han tilbake til partiet, som da var en del av Likud.

I 1977 ble han forsvarsminister i Menachem Begins regjering, og da fredsprosessen med Egypt begynte, ble han en nær venn av Anwar Sadat.

I 1980 trakk han seg fra regjeringen og hengja seg til næringslivet. I 1984 grunnla han partiet Yachad, som fikk fire mandater i valget og

379

sluttet seg til den nasjonale samlingsregjeringen med Shimon Peres og Yitzhak Shamir. I 1986 slo Yachad seg sammen med Arbeiderpartiet.

Fra 1984 til 1990 var Weizman først minister for arabiske spørsmål og senere minister for vitenskap og teknologi.

I 1991 ble sønnen hans, Shaul, drept i en bilulykke sammen med sin kone Rachel.

Den 13. mai 1993 ble Weizman tatt i ed som Israels sjuende president. Under sin tid som president besøkte han familiene til de soldatene som ble drept i tjeneste for landet, og familier som mistet sine kjære i terrorangrep. Han besøkte også ofte de sårede som lå på israelske sykehus. Han var kjent for å være uformell og for å tale likeframt om kontroversielle spørsmål.

I et forsøk på å fremme fredsprosessen inviterte han Yasser Arafat til et privat besøk i hjemmet sitt i 1996, og i 1999 traff han terroristlederen Nayef Hawatmeh. Han var en åpen tilhenger av tilbaketrekning fra Golanhøydene som en del av en fredsavtale med Syria.

Da israelske aviser trykket påstander om at Weizman hadde mottatt store pengesummer fra forretningsfolk uten å ha oppgitt inntektene, ble han tvunget til å trekke seg fra embetet etter press fra opinionen.

Han døde i sitt hjem i Cæsarea den 24. april 2005 i en alder av 80 år. Han er gravlagt ved siden av sin sønn og svigerdatter i Or Akiva.

Moshe Katsav
05.12.1945–
Israels åttende president

President: 01.08.2000–01.07.2007

Moshe Katsav ble født i Yazd, Iran, den 5. desember 1945. Familien flyttet til Teheran mens han fortsatt var en baby, og da han var fem år, immigrerte de til Israel.

Da de kom til Israel, bodde familien hans i en teltleir for immigranter i nærheten av havnebyen Ashdod i to år. Da teltleiren ble oversvømmet i 1951, ble Katsavs to måneder gamle bror, Zion, drept. Deretter flyttet de til ei brakke, der de bodde i fire år. I løpet av den tiden var transittleiren blitt til en liten by ved navn Miryat Malakhi.

I 1968 begynte Katsav å studere på Det hebraiske universitet, og i 1971 gikk han ut med en bachelor i økonomi og historie.

I 1969 giftet han seg med Gila, og de fikk fem barn.

I den unge alder av 24 år ble Katsav valgt til borgermester i Kiryat Malakhi, og i 1977 ble han valgt til Knesset for Likud. I løpet av tiden som Knesset-representant ble han to ganger sendt på offentlige oppdrag til Iran for å oppmuntre jødene der til å immigrere til Israel.

Fra 1981 til 1983 var han viseboligminister, og fra 1984 til 1988 var han arbeids- og velferdsminister. Fra 1988 til 1992 var han transportminister, og fra 1996 til 1999 var han visestatsminister og turistminister.

Den 31. juli 2000 ble han valgt til Israels åttende president, og han var den første israelske presidenten som ble valgt for en sjuårsperiode og den første kandidaten fra Likud som ble valgt til president. Katsav var dessuten den første presidenten som var blitt født i et muslimsk land.

Da Katsav deltok ved begravelsen til pave Johannes Paulus II i 2005, ble han plassert i nærheten av den iranske presidenten Mohammad Khatami. Katsav fortalte pressen at han håndhilste på Khatami og snakket med ham på persisk, men Khatami fornektet dette.

I 2006 begynte en skandale å rulle opp der Katsav ble anklaget for å ha bedrevet seksuelle trakasserier av opptil ti kvinner, og en av kvinnene påstod til og med at Katsav hadde voldtatt henne.

I januar 2007 ble Katsav løst fra sine oppgaver i løpet av tre måneder, og i løpet av den tiden påtok Knessets talskvinne, Dalia Itzik, seg presidentens oppgaver. Den 1. juli 2007 trakk han seg fra embetet for godt.

Per oktober 2011 er Katsav fortsatt i live.

Shimon Peres
02.08.1923–
Israels niende president
Israels åttende statsminister

President: 15.07.2007–
Statsminister: 14.09.1984–20.10.1986; 22.11.1995–18.06.1996
Fungerende statsminister: 22.04.1977–21.06.1977; 04.11.1995–
22.11.1995

Szymon Perski ble født den 2. august 1923 i Wiszniew i Polen. Foreldrene hans het Yitzhak og Sara Perski, og da han immigrerte til Palestinamandatet sammen med familien sin i 1934, bosatte de seg i Tel Aviv.

Der gikk han på Balfour Elementary School and High School og på gymnaset Geula. I 15 års alder studerte han ved jordbruksskolen Ben Shemen og bodde på Kibbutz Geva i flere år. Han var også med blant de ungdommene som grunnla Kibbutz Alumot.

I 1945 giftet han seg med Sonya Gelman, og de fikk tre barn: datteren Zvia og sønnene Yoni og Hemi.

I 1947 ble han medlem av Haganah, og David Ben-Gurion ga ham ansvaret for personalspørsmål og kjøp av våpen. Hans første stilling i regjeringen var som visegeneraldirektør for forsvarsdepartementet i 1952, og i 29 års alder ble han generaldirektør for forsvarsdepartementet i 1953. Peres var involert i oppbyggingen av Israels atomvåpenprogram og i avtaler med den franske regjeringen om kjøp av franske jagerfly.

Han ble valgt inn i Knesset i 1959, og i løpet av karrieren har han representert fem forskjellige partier i Knesset: Mapai, Rafi, Alliansen, Arbeiderpartiet og Kadima. Fra 1959 til 1965 var han viseforsvarsminister, inntil han ble nødt til å trekke seg i kjølvannet av Lavon-skandalen.

I 1969 ble han utnevnt til immigrasjonsminister, og i 1970 ble han transport- og kommunikasjonsminister. Da han tapte kampen om å bli leder for Arbeiderpartiet i 1974, ble han utnevnt til forsvarsminister.

Da Yitzhak Rabin ble tvunget til å trekke seg fra statsministerposten i 1977, var Peres fungerende statsminister i to måneder. Peres var leder for Alliansen (som på den tiden var navnet på Arbeiderpartiet) da de led sitt første nederlag i Knesset-valget i 1977.

I 1984 dannet han en nasjonal samlingsregjering sammen med Likud, der Peres var statsminister i to år og Yitzhak Shamir var statsminister de neste to årene. De siste to årene var Peres utenriksminister.

Da han tapte valget i 1988, ble han med i Shamirs samlingsregjering. Peres var visestatsminister og finansminister, men i 1990 trakk han seg fra koalisjonen.

I 1992 tok Rabin over ansvaret som leder for Arbeiderpartiet, og da partiet vant valget det året, ble Peres utnevnt til utenriksminister. Uten at Rabin visste om det, begynte Peres å forhandle med terrororganisasjonen PLO. Disse forhandlingene førte senere til at Oslo-avtalene ble undertegnet, og i 1994 fikk Peres, Rabin og Yasser Arafat Nobels fredspris.

Da Rabin ble skutt og drept i november 1995, ble Peres først utnevnt til fungerende statsminister og senere statsminister, inntil han tapte det første direkte valget på statsminister i juni 1996.

I 1999 ble han utnevnt til minister for regional utvikling i Ehud Baraks regjering, og året deretter tapte han valget da han forsøkte å bli Israels president.

I 2001 førte han Arbeiderpartiet inn i en nasjonal samlingsregjering med Likud, og Peres ble utenriksminister i Ariel Sharons regjering. Partiet trakk seg fra koalisjonen i 2003, men i slutten av 2004 gikk de med i koalisjonen igjen for å støtte Sharons plan om en israelsk tilbaketrekning fra Gazastripen.

Da Ariel Sharon dannet Kadima-partiet i november 2005, sluttet Peres seg til det nye partiet.

I begynnelsen av 2006 trakk han seg fra Knesset i tre måneder. På den tiden hadde han vært kontinuerlig medlem av Knesset siden 1959. Senere vendte han tilbake til Knesset igjen, og han var representant i forsamlingen inntil han ble president i juni 2007.

Etter å ha vært medlem av 12 regjeringer, ble Peres valgt til president for Staten Israel. I november 2007 ble han den første israelske presidenten som talte til nasjonalforsamlingen i et muslimsk land da han besøkte Tyrkia.

Per oktober 2011 er Shimon Peres Israels president.

David Ben-Gurion
16.10.1886–01.12.1973
Israels første statsminister

Statsminister: 14.05.1948–07.12.1953; 02.11.1955–21.06.1963

David Grün ble født den 16. oktober 1886 i Plonsk i det som i dag er Polen men som den gangen var en del av det russiske riket. Faren hans, Avigdor, var en advokat, og moren hans, Scheindel, døde da han var 11 år gammel.

Da han studerte ved universitetet i Warszawa, ble han medlem i en marxistisk sionistisk bevegelse, og han ble arrestert to ganger under 1905-revolusjonen i Russland.

I 1906 immigrerte han til Palestina, der han jobbet med å plukke appelsiner, og senere meldte han seg frivillig til å hjelpe til med å vokte isolerte jødiske samfunn.

I 1912 flyttet han til Tyrkia for å studere jus ved Istanbul University sammen med Yitzhak Ben-Zvi, og han tok navnet Ben-Gurion etter Yosef Ben-Gurion, en jødisk general under den første jødisk-romerske krigen. I

1915 ble han og Ben-Zvi kastet ut av Palestina på grunn av sine politiske aktiviteter.

Samme år slo han seg ned i New York, der han traff den russiske jødinnen Paula Munweis. I 1917 giftet de seg, og de fikk tre barn.

I 1918 sluttet han seg til den britiske hæren som en del av den jødiske legionen, og etter første verdenskrig vendte han og familien tilbake til Palestina.

Da Poalei Zion ble splittet i 1919, tok Ben-Gurion og Berl Katznelson over lederansvaret for den ene fløyen av partiet. I 1920 hjalp han til med å opprette fagorganisasjonen Histadrut, og i 1930 slo Polaei Zion seg sammen med Ahdut HaAvoda og dannet Mapai. Ben-Gurion ble Mapais leder.

I 1935 ble han formann i Jewish Agency, en stilling han beholdt inntil Staten Israel ble opprettet i 1948.

Da Peel-kommisjonen anbefalte en deling av landet i en jødisk og en arabisk stat i 1937, støttet han disse planene.

Under andre verdenskrig bestemte han seg for «å støtte britene som om det ikke fantes noen hvitebok, og kjempe mot hviteboka som om det ikke fantes noen krig». I 1946 gikk han med på at Haganah kunne samarbeide med Etzel i kampen mot britene, men da britene begynte å arrestere mange av de sentrale lederne i landet, opphørte dette samarbeidet.

Den 14. mai 1948 sto Ben-Gurion på talerstolen i Tel Avivs museum og leste opp Uavhengighetserklæringen. Under krigen samme år var Ben-Gurion landets *de facto* statsminister og forsvarsminister. I 1953 trakk han seg fra det politiske liv, men to år senere vendte han tilbake og ble landets statsminister i ytterligere åtte år.

I løpet av de to årene han ikke var statsminister, bodde han i Kibbutz Sde Boker i Negevørkenen. Ben-Gurion mente at Negevørkenen var en ypperlig løsning for de jødene som ville bosette seg i landet uten å skape problemer for den arabiske befolkningen i landet, og han mente at Negevørkenen var Israels framtid.

I 1963 trakk han seg fra statsministerposten av personlige grunner, og han valgte Levi Eshkol som sin etterfølger. I juni 1965 meldte Ben-Gurion seg ut av Mapai og startet sitt eget parti, Rafi, som fikk 10 mandater i Knesset. Før Seksdagerskrigen var Ben-Gurion sterkt kritisk til Eshkol, og etter krigen var han tilhenger av å gi alle de administrerte områdene bortsett fra Jerusalem, Golanhøydene og Hebron tilbake til araberne.

Da Rafi slo seg sammen med Mapai i 1968, startet han et nytt parti, Den nasjonale lista, som fikk fire mandater i Knesset ved valget i 1969.

I 1970 trakk han seg tilbake fra politikken for godt, og de siste årene bodde han i et enkelt hus på Kibbutz Sde Boker.

I dag ligger han gravlagt ved siden av sin kone Paula noen kilometer fra deres hjem i Negevørkenen.

Moshe Sharett
15.10.1894–07.07.1965
Israels andre statsminister

Statsminister: 07.12.1953–02.11.1955

Moshe Shertok ble født den 15. oktober 1894 i Kherson, i det som i dag er Ukraina. Som 12-åring immigrerte han til Palestina sammen med familien sin, og de slo seg ned i den arabiske landsbyen Ein Sinia, der han lærte seg arabisk. I 1910 flyttet de til Jaffa der de ble en av de familiene som var med på å grunnlegge Tel Aviv.

Senere reiste han til Istanbul for å studere jus, men han fikk ikke fullført studiene, da han begynte å jobbe som tolk for den tyrkiske hæren.

Han giftet seg med Tzipora Meirov og fikk to sønner, Yaakov og Chaim, og en datter, Yael.

Etter krigen jobbet han med å kjøpe arabisk land for det jødiske samfunnet, og senere ble han medlem i Ahdut HaAvoda og senere Mapai. I 1922 studerte han ved London School of Economics, og fra 1929 til 1931 var han redaktør for den engelske utgaven av avisa *Davar*.

I 1931 ble han sekretær for Jewish Agencys politiske avdeling, og fra 1933 til 1945 var han sjef for Jewish Agency.

Sharett var en av dem som undertegnet Uavhengighetserklæringen i 1948, og i 1949 ble han valgt inn i Knesset. Han ble utnevnt til utenriksminister, og i den jobben opprettet han diplomatiske forbindelser med et titalls nasjoner og fikk Israel med i FN.

Da David Ben-Gurion trakk seg fra det politiske liv i 1953, ble Sharett valgt til ny statsminister, en posisjon han kun hadde i to år inntil Ben-Gurion vendte tilbake til det politiske liv i 1955. I 1956 trakk han seg fra utenriksministerposten og det politiske liv.

Sharett var senere sjef for forlaget Am Oved, formann i Beit Berl College, og formann i Verdens Sionistorganisasjon og Jewish Agency.

Den 7. juli 1965 døde Sharett. Han er i dag avbildet på de israelske 20 shekel-sedlene.

Levi Eshkol
25.10.1895–26.02.1969
Israels tredje statsminister

Statsminister: 21.06.1963–26.02.1969

Levi Shkolnik ble født i landsbyen Oratov i nærheten av Kiev. I barndommen fikk han en tradisjonell utdannelse, og i 1914 reiste han til Palestina.

Han var en av dem som grunnla Kibbutz Degania Bet, og deretter meldte han seg frivillig til å delta i den jødiske legionen. Han var også en av dem som grunnla fagbevegelsen Histadrut.

I 1937 spilte han en sentral rolle i opprettelsen av vannverket Mekorot, og han deltok i forhandlinger med den tyske regjeringen om å la jøder få migrere til Palestina og at de kunne få ta med seg en del av sine eiendeler.

I 1951 ble han valgt til Knesset som medlem av Mapai, og han var jordbruksminister inntil 1952 da han ble utnevnt til finansminister. Han beholdt den stillingen i 12 år.

Da David Ben-Gurion trakk seg i juni 1963, ble Eshkol valgt til partiets leder og statsminister. Det var under Eshkols ledelse at Mapai slo seg sammen med Ahdut HaAvoda og startet Alliansen.

Eshkol opprettet diplomatiske forbindelser med Vest-Tyskland i 1965 og styrket de kulturelle båndene med Sovjetunionen. I mai 1964 ble han den første israelske statsministeren som ble invitert til et offisielt statsbesøk i USA.

Før Seksdagerskrigen brøt ut i 1967, ble han kritisert fordi han nølte med å gå til angrep på araberstatene, og mange israelere fikk panikk da han stammet fram en tale på israelsk radio ei uke før krigen begynte. Etter press fra opinionen ble han nødt til å danne en nasjonal samlingsregjering der Moshe Dayan ble utnevnt til forsvarsminister.

Den 26. februar 1969 ble han den første israelske statsministeren som døde mens han fortsatt satt ved makten.

Golda Meir
03.05.1898–08.12.1978
Israels fjerde statsminister

Statsminister: 17.03.1969–03.06.1974

Golda Mabovitch ble født den 3. mai 1898 i Kiev. Foreldrene hennes het Blume Naidich og Moshe Mabovitch. I 1906 flyttet Mabovitch til USA sammen med familien sin, og der slo de seg ned i Milwaukee, Wisconsin.

Mabovitch utmerket seg tidlig som leder. Hun organiserte en pengeinnsamling for å betale for skolebøkene til klassekameratene sine ved Fourth Street School. Da hun begynte på skolen, kunne hun ikke engelsk, men gikk likevel ut av skolen som klassens beste elev.

I 1913 ble hun et aktivt medlem av Young Poalei Zion, som senere ble til Habonim, den sionistiske arbeiderbevegelsens ungdomsbevegelse. Hun talte på offentlige møter og støttet den sosialistiske sionismen.

I Denver, der søsteren hennes bodde, traff hun Morris Myerson, og de to giftet seg i 1917 da Golda Myerson var 19 år gammel. Et av Goldas krav for å gifte seg, var at de skulle flytte til Palestina.

Kort tid etter bryllupet reiste hun på kryss og tvers over USA for å samle inn penger til Poalei Zion, og da hun ble gravid, tok hun abort siden hun følte at «sionist-forpliktelsene mine ikke gir rom for et barn». I 1921 flyttet paret til Palestina sammen med Goldas søster, Sheyna.

I Palestina slo de seg ned i Kibbutz Merhavia i Jezreeldalen, og Myerson ble snart utnevnt til kibbutzens representant i Histadrut. I 1924 forlot paret kibbutzen og bodde en kort tid i Tel Aviv før de slo seg ned i Jerusalem. Der fikk de sønnen Menachem og datteren Sarah.

I 1928 ble Myerson valgt til sekretær for Moetzet HaPoalot, og denne stillingen betydde at hun ble nødt til å jobbe to år i USA. Hun tok med seg barna, men Morris ble værende i Jerusalem. Senere skilte paret seg, og Morris døde i 1951.

Da hun vendte tilbake til Palestina igjen, ble hun snart leder for den politiske avdelingen i Histadrut, og i juli 1938 ble hun utnevnt som den jødiske representanten fra Palestina ved Eviankonferansen.

Da mange av sionistenes ledere ble arrestert av britene i 1946, tok Myerson over som ansvarlig leder for den politiske avdelingen i Jewish Agency. Dermed fikk hun ansvaret for alle forhandlinger med de britiske myndighetene.

I januar 1948 sendte David Ben-Gurion henne til USA for å samle inn penger blant de amerikanske jødene, og Myerson klarte å samle inn 50 millioner dollar.

Fire dager før Staten Israel ble opprettet, reiste hun til Amman der hun hadde et hemmelig møte med kong Abdullah av Transjordan der hun ba ham om ikke å gå til krig mot den jødiske staten.

Myerson var en av de to kvinnene som undertegnet Uavhengighetserklæringen, og med det første israelske passet i hånden reiste hun til Moskva som ambassadør. Flere tusen russiske jøder sang navnet hennes da hun kom til den store synagogen i Moskva, og bildet av Golda Myerson blant skaren av russiske jøder prydet i mange år de israelske 10 000 shekel- og 10 shekel-sedlene.

I 1949 ble hun valgt til Knesset som medlem av Mapai. Fra 1949 til 1956 var hun arbeidsminister, og i 1956 ble hun utenriksminister. Hennes forgjenger, Moshe Sharett, hadde bedt alle medlemmer av Israels utenrikstjeneste om å ta et hebraisk navn, og nå byttet hun ut navnet Myerson med det hebraiske Meir, som betyr «opplyse».

I januar 1966 trakk hun seg fra stillingen som utenriksminister av helsemessige årsaker, men da Levi Eshkol døde uventet i februar 1969, valgte partiet Meir som hans etterfølger. I mars overtok hun stillingen som statsminister, og hun var da den tredje kvinnelige statsministeren i verden.

Under sin tid som statsminister traff hun mange av verdens ledere for å fremme sine tanker om fred, blant annet USAs president Richard Nixon, Romanias president Nicolae Ceausescu og pave Paulus VI, og i 1973 kom Vest-Tysklands kansler Willy Brandt på besøk til Israel.

Etter massakren på israelske idrettsutøvere under OL i München i 1972, ga hun Mossad ordre om å finne og henrette de palestinske terroristene som hade ansvaret for massakren.

Etter Jom kippur-krigen ble Meir kritisert fordi landet ikke hadde vært forberedt på en krig. Agranatkommisjonen renvasket henne for direkte ansvar, og partiet hennes vant valget i desember 1973, men hun trakk seg den 11. april 1974 fordi opinionen fortsatte å legge press på henne.

Den 8. desember 1978 døde Golda Meir av kreft i Jerusalem i en alder av 80 år. Hun ble gravlagt på Herzls berg i Jerusalem.

Yitzhak Rabin
01.03.1922–04.11.1995
Israels femte statsminister

Statsminister: 03.06.1974–22.04.1977; 13.07.1992–04.11.1995

Yizthak Rabin ble født i Jerusalem den 1. mars 1922. Han er den første israelske statsministeren som ble født i Israels land. Faren hans migrerte fra USA til Palestina i 1917, og moren hans kom fra Hviterussland til Palestina i 1919.

Da Rabin var ett år gammel, flyttet familien til Tel Aviv, og i 1940 tok han eksamen ved Kadoori Agricultural High School. Han kom til Kibbutz Ramat Yochanan for å praktisere jordbruk, og i 1941 sluttet han seg til Palmach på kibbutzen.

Da krigen brøt ut i 1948, var han sjef for Harel-brigaden, som kjempet om kontrollen på veien til Jerusalem. Han kjempet også mot den egyptiske hæren i Negev og deltok i bombardementet av Etzels båt, *Altalena*, som kom til Israel med immigranter og våpen.

I 1948 giftet han seg med Leah, som på den tiden jobbet som journalist for en avis som ble drevet av Palmach. De fikk to barn, Dalia og Yuval.

Etter krigen fortsatte han å stige i gradene i militæret, og i 1964 ble han utnevnt til forsvarssjef for det israelske militæret. Det var i denne posisjonen Rabin ledet de israelske styrkene til å vinne seier over Egypt, Syria og Jordan under Seksdagerskrigen i 1967. Etter at Israel erobret Gamlebyen i Jerusalem, var han en av de første som besøkte bydelen.

I 1968 ble han utnevnt til Israels ambassadør til USA, og i 1973 begynte han å vie livet sitt til politikken og ble valgt inn i Knesset.

I april 1974 ble han utnevnt til arbeidsminister. Den 2. juni samme år ble han valgt til partiets leder og overtok etter Golda Meir som Israels statsminister.

Rabin trakk seg fra embetet i kjølvannet av to kriser på slutten av 1976. Den ene krisen var at fire jagerfly var blitt levert på sabbaten, og den andre var at kona hans hadde en ulovlig bankkonto i amerikanske dollar.

Inntil 1984 satt Rabin som representant i Knesset og var medlem av Knessets utenriks- og forsvarskomité. Fra 1984 til 1990 var han forsvarsminister i flere regjeringer. Som forsvarsminister ga Rabin ordre om at de israelske troppene skulle trekke seg tilbake fra de posisjonene de hadde dypt inne i Libanon, til en sikkerhetssone på den libanesiske siden av grensa.

Da Intifadaen brøt ut, forsøkte Rabin å sette en stopper for demonstrasjonene ved bruk av makt, men han mislyktes.

Fra 1990 til 1992 satt Rabin enda en gang som representant i Knesset og i Knessets utenriks- og forsvarskomité.

I 1992 ble han valgt til leder for Arbeiderpartiet, og i juni samme år vant han en klar seier over Likud i Knesset-valget, og han kunne danne ny regjering. Dette var den første rene venstreregjeringen siden 1977.

Det var under Rabins tid i statsministerposten at Israel undertegnet Oslo-avtalene med PLO. Som et resultat av disse avtalene, ble de palestinske selvstyremyndighetene skapt. Året etter, i 1994, undertegnet Israel en fredsavtale med Jordan.

I 1994 fikk Rabin Nobels fredspris sammen med Shimon Peres og Yasser Arafat fordi de hadde påbegynt fredsprosessen. Men da det viste seg at et av resultatene av fredsprosessen med PLO var økt terrorisme mot israelske mål, skapte fredsprosessen splittelse innad i Israel.

Den 4. november 1995 deltok Rabin på et demonstrasjonsmøte for fred i Tel Aviv. Etter at demonstrasjonen var over, ble Rabin overfalt på veien til limousinen sin. Han ble fraktet til sykehuset, men senere samme kveld døde han på operasjonsbordet. Yigal Amir, en jøde fra Herzliya som tidligere hadde jobbet for den israelske etterretningstjenesten Nativ, ble senere funnet skyldig i mordet på Rabin.

Yitzhak Rabin ble gravlagt på Herzls berg i Jerusalem, og da hans kone Leah døde i november 2000, ble hun gravlagt ved siden av mannen sin.

Menachem Begin
16.08.1913–09.03.1992
Israels sjette statsminister

Statsminister: 21.06.1977–10.10.1983

Mieczyslaw Biegun ble født den 16.august 1913 i Brest-Litovsk i Hviterussland, en by som var kjent fordi så mange jødiske lærde hadde bodd der. Han var den yngste av tre barn, og på sin mors side var han etterkommer etter flere velkjente rabbinere. Jordmoren hans ble senere Ariel Sharons bestemor.

Begin studerte på yeshiva i ung alder, og som 12-åring ble han med i den sionistiske ungdomsbevegelsen Hashomer Hatzair. Som 14-åring ble han sendt til en polsk regjeringsskole, der han studerte verdslige fag, blant annet latin.

Begin begynte å studere jus ved universitetet i Warszawa, der han lærte seg retoriske ferdigheter som han senere fikk bruk for som politiker.

Senere sluttet han seg til den revisjonistiske sionistiske bevegelsen og ungdomsbevegelsen Beitar, og han beundret bevegelsens leder, Zeev Jabotinsky. I 1937 ble han leder for Beitar i Tsjekkoslovakia og Polen.

Etter at Tyskland invaderte Polen, unnslapp Begin nazistene ved å flykte til Vilnius, der omtrent 40 prosent av befolkningen var jøder. Mens han var i Vilnius, giftet han seg med Aliza Arnold, og de fikk tre barn sammen: Binyamin, Leah og Hassia.

Etter at Sovjetunionen invaderte Litauen, ble Begin og 120 000 andre personer arrestert av NKVD. Begin ble anklaget for å være «en agent for den britiske imperialismen» og dømt til åtte år i en sovjetisk fangeleir. Den 1. juni 1941 ble han sendt til Pechora-leiren i den nordlige delen av Russland, og han satt i fangeleiren fram til mai 1942.

Da Tyskland angrep Sovjetunionen i 1941, ble Polen plutselig en alliert av Sovjetunionen, og alle polakker i fangeleiren ble satt fri, inkludert Begin. Nå sluttet Begin seg til den polske hæren, og etter at han ble sendt til Persia, kom han i august 1942 til Palestina. Der ble han gjenforenet med kona, som hadde kommet til landet med Beitars hjelp.

I 1942 gikk han også med i Etzel, som hadde skilt lag med Haganah i 1931, og i 1944 tok han over lederansvaret for organisasjonen. Mellom 1944 og 1948 gikk Etzel til opprør mot de britiske styresmaktene i landet, siden Begin og de andre lederne mente at britene hadde brutt alle løfter de hadde gitt til jødene om å opprette et jødisk hjemland i Palestina. På tross av at britene konstant forsøkte å arrestere ham og utlovte en dusør på 10 000 pund, klarte han å skjule seg for dem. Dette til tross for at Jewish Agency ved flere anledninger arresterte og overleverte medlemmer av Etzel til de britiske myndighetene.

Da Uavhengighetskrigen brøt ut, slo Etzel seg sammen med Haganah og Lehi i kampen mot de arabiske angriperne, og senere ble Etzels medlemmer innlemmet i det israelske forsvaret.

I august 1948 la Begin grunnlaget for det politiske partiet Herut, som senere utviklet seg til Likud. Mellom 1948 og 1977 var Herut det dominerende opposisjonspartiet i Knesset, og Begin ble ofte baktalt av David Ben-Gurion, som nektet å snakke direkte til ham eller å henvise til ham ved navn.

I 1965 slo Herut seg sammen med Det liberale partiet og ble til Gahal, og selv om den unge Ehud Olmert oppfordret Begin til å trekke seg, forble han leder for partiet.

Rett før Seksdagerskrigen brøt ut gikk Gahal med i en nasjonal samlingsregjering, og Begin ble statsråd i regjeringen. I 1970 trakk partiet seg fra regjeringen da de var uenige med Golda Meir om landets politikk.

I 1973 ble Gahal slått sammen med Det frie sentrum og andre mindre partier, og navnet på det nye partiet ble Likud. I det første valget etter sammenslåingen fikk Likud hele 39 mandater, og i valget den 17. mai 1977 ble Likud for første gang landets største parti med 43 mandater. Nå kunne Begin danne regjering. For å få bredest mulig støtte i folket, tilbød han Moshe Dayan å bli utenriksminister, selv om Dayan kom fra venstresiden i israelsk politikk.

I 1977 inviterte Begin den egyptiske presidenten Anwar Sadat til å besøke Jerusalem, og de fleste israelere ble overrasket da Sadat takket ja til invitasjonen. Året etter undertegnet Israel og Egypt Camp David-avtalen, og i 1979 undertegnet de to landene en fredsavtale. I løpet av de kommende tre årene skulle de israelske styrkene gradvis trekke seg ut fra Sinaihalvøya. På grunn av dette fredsarbeidet fikk Begin og Sadat Nobels fredspris i 1978.

Begin tok også et oppgjør med Saddam Hussein da han valgte å gi det israelske flyvåpenet ordre om å bombe den irakiske atomreaktoren Tammuz 1. Mange regjeringer, blant dem USAs regjering, fordømte det israelske angrepet.

I 1982 ga Begin grønt lys for en operasjon som skulle sette en stopper for terroristenes aktiviteter i Libanon, og denne operasjonen utviklet seg senere til en krig i full skala.

Begin trakk seg fra det politiske liv i august 1983, trett og sliten etter det som hadde skjedd de foregående årene. Han kone, Aliza, døde mens han var på offisielt besøk i Washington, og nå tilbrakte Begin det meste av tiden hjemme hos seg selv. Få utenforstående personer fikk treffe Begin de siste årene han var i live.

Menachem Begin døde i Tel Aviv i 1992. Han ble gravlagt på Oljeberget og ikke på Herzls berg, fordi han selv hadde ønsket å ligge ved siden av Meir Feinstein fra Etzel og Moshe Barazani fra Lehi, som begge begikk selvmord i fengselet i 1947 mens de ventet på at britene skulle henrette dem.

Yitzhak Shamir
15.10.1915–30.06.2012
Israels sjuende statsminister

Statsminister: 10.10.1983–14.09.1984; 20.10.1986–13.07.1992

Icchak Jaziernicki ble født i Ruzhany i det som i dag er Hviterussland. Senere flyttet han til Warszawa der han tok eksamen ved det juridiske fakultetet på universitetet.

I ungdommen sluttet han seg til Beitar, som var ungdomsbevegelsen til den revisjonistiske sionistiske bevegelsen.

I 1935 immigrerte han til Palestina og endret etternavn til Shamir. Han ble medlem av Etzel, men da Avraham Stern brøt ut fra Etzel i 1940 og startet Lehi, ble han med i den nye organisasjonen.

I 1941 ble Shamir fengslet av de britiske myndighetene. Etter at Stern ble drept av britene i 1942, flyktet Shamir fra fangeleiren, og i 1943 ble han en av de tre øverste lederne for Lehi.

I oktober 1944 sendte britene ham i eksil til en fangeleir i Afrika, men han ble sendt tilbake til Israel etter at Staten Israel ble opprettet.

Fra 1955 til 1965 var Shamir agent for Mossad, og i 1969 ble han medlem av Gahal. I 1973 ble han valgt inn i Knesset på Likuds liste, og i 1977 ble han talsmann i Knesset.

I 1980 overtok han jobben som utenriksminister, og han beholdt denne jobben så lenge Menachem Begin var statsminister.

Da Begin trakk seg, ble Shamir valgt til partiets leder og statsminister. Siden han ikke klarte å stabilisere den israelske økonomien, ble det skrevet ut nyvalg i 1984. Etter valget ble det dannet en nasjonal samlingsregjering der Shimon Peres satt som statsminister de første to årene og Yitzhak Shamir de siste to årene. Koalisjonen fortsatte å sitte ved makten etter valget i 1988, men i 1990 forlot Alliansen koalisjonen, og Shamir satt igjen med en liten koalisjon av partier på høyresiden i israelsk politikk.

I 1991 bestemte den israelske regjeringen seg for ikke å slå tilbake mot Irak, som bombarderte landet med Scud-raketter, fordi den amerikanske regjeringen ba dem om å holde igjen. Noen måneder senere ga Shamir ordre om at Israel måtte redde over 14 000 etiopiske jøder i «Operasjon Salomo», og senere samme år deltok Shamir på fredskonferansen i Madrid.

I 1992 tapte Likud valget, og året etter tok Benjamin Netanyahu over som leder for Likud. Shamir satt som representant på Knesset fram til

1998, men han trakk seg fordi han mente at Netanyahu var altfor ettergivende overfor araberne.

Shamir døde i Tel Aviv i juni 2012.

Benjamin Netanyahu
21.10.1949–
Israels niende statsminister

Statsminister: 18.06.1996–06.07.1999; 31.03.2009–

Benjamin Netanyahu ble født i Tel Aviv halvannet år etter at Staten Israel ble opprettet. Han var den første og hittil eneste israelske statsministeren som er født i den jødiske staten.

Netanyahu kom fra en familie med sionister. Hans far, Benzion, er professor i jødisk historie og var i sin tid rådgiver for Zeev Jabotinsky.

Da Netanyahu var 14 år gammel, flyttet familien hans til USA og slo seg ned i en forstad til Philadelphia, der han studerte ved Cheltenham High School.

I 1967 vendte han tilbake til Israel og vervet seg til det israelske forsvaret, der han ble utpekt til å tjene som kommandosoldat i elitetroppene som går under navnet Sayeret Matkal, med Ehud Barak som øverstkommanderende. Netanyahu deltok i flere operasjoner under Utmattelseskrigen, blant annet under raidet på flyplassen i Beirut og da de israelske kommandosoldatene reddet passasjerene fra et Sabena-fly på flyplassen utenfor Lod. Netanyahu ble såret i den sistnevnte operasjonen. Han forlot aktiv tjeneste i 1972 og ble forfremmet til kaptein etter Jom kippur-krigen.

Netanyahu vendte senere tilbake til USA der han studerte ved MIT og Harvard University. Deretter gikk han over til næringslivet.

I 1976 ble Netanyahus bror Yonatan skutt og drept da han ledet raidet på flyplassen i Entebbe, dit palestinske og tyske terrorister hadde ført gislene fra et fransk passasjerfly. Tre år senere arrangerte Netanyahu en internasjonal konferanse mot terrorisme. Flere av de høyeste politiske lederne i verden, blant annet George Bush og George Schultz, deltok på denne og en annen konferanse i 1984.

I 1982 ble han utnevnt til nestleder ved den israelske ambassaden i Washington, og fra 1984 til 1988 var han Israels FN-ambassadør.

I 1988 ble han valgt inn i Knesset, og han ble utnevnt til viseutenriksminister. I denne stillingen ble han kjent over hele verden da han overtok rollen som Israels «talsmann» under Golfkrigen i 1991.

I 1993 ble han valgt til leder for Likud, og i 1996 vant han det første direkte valget på statsminister i Israel. Han dannet regjering sammen med Gesher, Tzomet og de religiøse partiene.

Som statsminister forhandlet Netanyahu ved flere anledninger med Yasser Arafats selvstyremyndigheter, blant annet da mesteparten av Hebron ble overlevert til de palestinske selvstyremyndighetene og da Wye-avtalen ble undertegnet. Etter Wye-avtalen falt Netanyahus regjering, og da det ble skrevet ut nyvalg i mai 1999, tapte Netanyahu og Likud valget.

I et par år holdt Netanyahu seg borte fra politikken, men i 2002 utnevnte Ariel Sharon ham til utenriksminister. Netanyahu forsøkte å overta plassen som Likuds leder, men Sharon vant primærvalget.

Etter valget i 2003 ble Netanyahu utnevnt til finansminister i en ny regjering under ledelse av Sharon. Som finansminister reformerte han den israelske økonomien, som var skakkjørt på grunn av den palestinske terrorismen.

Netanyahu trakk seg fra regjeringen kort tid før den israelske tilbaketrekningen fra Gazastripen, men i desember samme år, etter at Sharon hadde gått ut av Likud og dannet det nye partiet Kadima (navnet betyr «framover»), tok Netanyahu over jobben som Likuds leder.

Netanyahu var leder for opposisjonen fra 2006 til 2009, men etter valget i februar 2009 ble han atter en gang utnevnt til Israels statsminister og dannet en ny regjering.

Netanyahu har vært gift tre ganger. Først med Micki Weizman, og de fikk en datter sammen, Noa. Deretter var han gift med Fleur Cates. Nå er han gift med Sarah Ben-Artzi, og de har to barn sammen, Yair og Avner.

Ehud Barak
12.02.1942–
Israels tiende statsminister

Statsminister: 06.07.1999–07.03.2001

Ehud Barak ble født den 12. februar 1942 på Kibbutz Mishmar HaSharon. Han er den eldste av fire sønner, og foreldrene hans het Esther og Israel Brog.

Da han ble innrullert som soldat i 1959, endret han navn fra Brog til det hebraiske Barak. Mens han hadde militærtjeneste, traff han dessuten den kvinnen han senere skulle gifte seg med, Naava. De fikk tre døtre sammen: Michal, Yael og Anat.

I 1968 tok Barak en bachelorgrad i fysikk og matematikk ved Det hebraiske universitet i Jerusalem, og i 1978 tok han en mastergrad i økonomi ved Stanford University.

Under Jom kippur-krigen var Barak sjef for et improvisert regiment med stridsvogner som blant annet hjalp til med å redde fallskjermsoldatene i bataljon 890. Barak var også øverstkommanderende for elitestyrkene i Sayeret Matkal, og det var Barak som hadde ansvaret for å redde gislene på flight SN 572 i 1972. Barak var også en av dem som planla «Operasjon Yonatan» i juli 1976.

Fra 1983 til 1985 var Barak sjef for den militære etterretningstjenesten Aman, fra 1986 til 1987 var han nestsjef for sentralkommandoen, og fra 1987 til 1991 var han viseforsvarssjef. Fra 1. april 1991 til 1. januar 1995 var han forsvarssjef i det israelske militæret med graden *rav aluf*. Barak har, sammen med Nechemya Cohen, fått flere medaljer enn noen annen soldat i det israelske forsvaret.

Barak sluttet seg til Arbeiderpartiet og ble først utnevnt til innenriksminister og senere til utenriksminister. I 1996 ble han valgt inn i Knesset og ble medlem av Knessets utenriks- og forsvarskomité. I 1996 ble Barak også valgt til leder for Arbeiderpartiet.

Den 17. mai 1999 vant han det andre direkte valget på israelsk statsminister, og han dannet en koalisjon med det religiøse partiet Shas.

I mai 2000 ga han det israelske militæret ordre om å trekke seg ut fra sikkerhetssonen i det sørlige Libanon. Senere samme sommer ledet han den israelske delegasjonen til fredsforhandlingene ved Camp David, der Barak tilbød Yasser Arafat en palestinsk stat i nesten hele Judea, Samaria og Gazastripen. Arafat forkastet Baraks tilbud, og et par måneder senere lanserte de palestinske terrororganisasjonene en langvarig terrorkrig mot Israel.

Da han tapte valget på ny statsminister i 2001, reiste han til USA og fikk jobb i et selskap som drev med elektronikk.

I 2003 skilte han seg fra sin kone, og i juli 2007 giftet han seg med Nili Priel.

I 2005 vendte han tilbake til det politiske liv og forsøkte å bli valgt til ny leder for Arbeiderpartiet. I juni 2007 lyktes han, og siden den gang har Barak vært Arbeiderpartiets leder. Senere samme måned tok han over jobben som landets forsvarsminister.

Etter valget i februar 2009 gikk Arbeiderpartiet med i Likuds koalisjon, og Barak er for tiden forsvarsminister og visestatsminister i Netanyahus regjering.

Ariel Sharon
26.02.1928–
Israels ellevte statsminister

Statsminister: 07.03.2001–04.01.2006

Ariel Scheinerman ble født i Kfar Malal. Foreldrene hans het Shmuel og Dvora Scheinerman.

Da familien nektet å delta på offentlige demonstrasjoner for å latterliggjøre revisjonistene på 1930-tallet, ble de kastet ut fra den lokale klinikken og synagogen i landsbyen deres, og lastebilen nektet å hente produkter eller levere varer til bondegården deres.

Som 10-åring ble Sharon medlem av ungdomsbevegelsen Hassadeh, og i en alder av 14 år ble han med i den paramilitære ungdomsbataljonen Gadna. Senere sluttet han seg til Haganah.

Etter at Staten Israel ble opprettet, ble Sharon utnevnt til troppesjef i Alexandronibrigaden, og han ble alvorlig såret i kampene ved Latrun.

I september 1949 ble han forfremmet til kompanisjef for Golanibrigadens rekognoseringsenhet, og i 1950 ble han utnevnt til etterretningsoffiser for sentralkommandoen. Deretter begynte han å studere historie og Midtøstens kultur ved Det hebraiske universitet.

Halvannet år senere ble han forfremmet til major og utnevnt til leder for enhet 101, som var Israels første enhet med spesialstyrker. Enhet 101 gikk til angrep mot arabiske terrorister i nabolandene, og høsten 1953 drepte de 69 sivile arabere i et hevnangrep mot landsbyen Qibya. Kort tid etter ble enhet 101 slått sammen med den 890. fallskjermbrigaden, og Sharon ble senere utnevnt til øverstkommanderende for denne brigaden.

Kort tid etter at han ble utnevnt til instruktør i militæret, giftet han seg med Margalit, og de fikk en sønn sammen, Gur. Margalit døde i en bilulykke i 1962, og Gur døde av et skudd da han og en venn lekte med et gevær i 1967. Etter at Margalit døde, giftet Sharon seg med hennes yngre søster, Lily. De fikk to sønner, Omri og Gilad.

I Sinaikampanjen i 1956 hadde Sharon kommandoen over enhet 202, og han hadde ansvaret for å erobre Mitlapasset. Fra 1958 til 1962 var Sharon sjef for en infanteribrigade samtidig som han studerte jus ved Tel Aviv University.

Da Yitzhak Rabin tok over som forsvarssjef i 1964, begynte Sharon raskt å stige i gradene, og snart ble han utnevnt til generalmajor. Under Seksdagerskrigen hadde han kommandoen over den mektigste panserdivisjonen på Sinaihalvøya, og i 1969 ble han utnevnt til sjef for sørkommandoen.

I 1973 trakk han seg fra militæret, og han var med på å danne det nye Likudpartiet.

I begynnelsen av Jom kippur-krigen gikk han tilbake til aktiv tjeneste og fikk kommandoen over en panserdivisjon med reservister. Mot slutten av krigen opererte styrkene hans på vestsiden av Suezkanalen.

Sharon ble valgt til Knesset i valget i desember 1973, men ett år senere trakk han seg, og fra juni 1975 til mars 1976 var han rådgiver for statsminister Yitzhak Rabin.

I 1977 forsøkte han å utkonkurrere Menachem Begin om lederposisjonen i Likud, og da han ikke lyktes, forsøkte han å slutte seg til Arbeiderpartiet og et parti i sentrum, men begge disse to partiene forkastet Sharon.

Dermed bestemte han seg for å danne sitt eget parti, Shlomtzion, som vant to mandater i Knesset ved neste valg. Umiddelbart etter valget slo han partiet sammen med Likud og ble utnevnt til jordbruksminister.

I 1981 ble Sharon utnevnt til forsvarsminister, og i løpet av 1980-tallet støttet Sharon de jødiske bosetterne i Judea, Samaria og Gazastripen, og han ble betraktet som bosetternes skytsengel.

Som forsvarsminister hadde Sharon ansvaret for krigen i Libanon i 1982, og han ble kritisert da kristne arabere massakrere palestinske flyktninger i flyktningleirene Sabra og Shatila. I kjølvannet av denne krisen ble Sharon nødt til å trekke seg som forsvarsminister.

I løpet av de neste årene var Sharon statsråd, handels- og industriminister og boligminister. Han forsøkte å erstatte Yitzhak Shamir som leder for Likud, men lyktes aldri.

Fra 1996 til 1998 var Sharon nasjonal infrastrukturminister, og fra 1998 til 1999 var han utenriksminister. Da Ehud Barak vant valget i 1999, ble Sharon valgt til leder for Likud.

Året etter, i 2000, døde hans kone Lily av kreft.

Den 28. september 2000 gikk Sharon, som da var leder for opposisjonen, opp på Tempelplassen sammen med mer enn 1000 israelske politifolk. Omtrent samtidig brøt det ut opptøyer blant arabere og palestinere på forskjellige steder i landet, og de palestinske terrororganisasjonene startet en terrorkrig mot Israel.

I februar 2001 vant Sharon det tredje og siste direkte valget på statsminister i Israel, og han dannet en nasjonal samlingsregjering. Året etter tok Sharon en beslutning om å bygge det omstridte sikkerhetsgjerdet mellom israelske og palestinske befolkningssentra, og i mai 2003 aksepterte han «veikartet for fred», hvis mål var opprettelsen av en palestinsk stat. Senere samme år offentliggjorde han planer på å trekke alle israelske sivile og soldater ut fra Gazastripen.

I januar 2005 dannet han atter en gang en ny nasjonal samlingsregjering, og i august 2005 kastet Sharon ut omtrent 10 000 jøder fra sine hjem på Gazastripen og i den nordlige delen av Samaria. Måneden etter forlot de siste israelske soldatene Gazastripen.

I november 2005 trakk Sharon seg fra Likud og dannet sitt eget parti, Kadima. Men bare noen uker senere fikk han slag.

Per august 2013 ligger Sharon fortsatt i koma etter hjerneslaget han ble rammet av i januar 2006.

Ehud Olmert
30.09.1945–
Israels tolvte statsminister

Statsminister: 14.04.2006–31.03.2009
Fungerende statsminister: 04.01.2006–14.04.2006

Ehud Olmert ble født nær Binyamina, og foreldrene hans het Bellah og Mordechai. I ungdommen var han medlem av ungdomsorganisasjonen Beitar.

Olmert tjente i militæret, men ble utskrevet da han ble såret. Senere fullførte han militærtjenesten som journalist for forsvarets blad *BaMahane*, og i løpet av Jom kippur-krigen var han knyttet til Ariel Sharons hovedkvarter som militær korrespondent.

Olmert giftet seg med Aliza, og de fikk fire biologiske barn og en adoptivdatter: Michal, Dana, Shaul, Ariel og Shuli.

Som 28-åring, i 1973, ble Olmert ble valgt inn i Knesset, og han ble gjenvalgt sju ganger. Mellom 1981 og 1989 var han medlem av utenriks- og forsvarskomiteen.

Fra 1988 til 1990 var han statsråd, og fra 1990 til 1992 var han helseminister. I november 1993 stilte han til valg som borgermester i Jerusalem, og han klarte å beseire Teddy Kollek i valget.

Mellom 1993 og 2003 var Olmert borgermester i Jerusalem i to perioder. Han var den første personen fra Likud som fikk denne stillingen.

I januar 2003 ble han valgt til Knesset, og etter valget ble han utnevnt til visestatsminister og minister for industri, handel og arbeid. Fra 2003 til 2004 var han dessuten kommunikasjonsminister. Den 7. august ble han utnevnt til fungerende finansminister da Benjamin Netanyahu trakk seg fra regjeringen.

Olmert var en av Ariel Sharons sterkeste støttespillere under planleggingen av tilbaketrekningen fra Gazastripen, og han slo følge med Sharon da Sharon startet Kadima i november 2005. Da Sharon fikk slag i januar 2006, tok Olmert over jobben som fungerende statsminister. Da Kadima vant valget i mars samme år, kunne Olmert starte forhandlingene for å danne en ny regjering, og i mai samme år ble Olmerts regjering dannet.

Olmerts tid som statsminister var preget av en rekke skandaler. En av dem var da israelsk politi utviste unødvendig bruk av makt da de kastet ut bosettere fra bosettingen Amona. Politiet har etterforsket – og er i skrivende stund fortsatt i gang med å etterforske – flere beskyldninger som er framsatt angående en rekke kriminelle aktiviteter som Olmert har vært involvert i. I skrivende stund ser det ut til at Olmert vil bli tiltalt for disse kriminelle aktivitetene.

Etter Libanon-krigen sommeren 2006 sank Olmerts popularitet kraftig i Israel. Opinionen ga Olmert mye av skylden for den fiaskoen som krigen var, men også fordi palestinerne har brukt, og bruker fortsatt, Gazastripen som oppskytningsrampe for raketter mot Sderot og andre israelske byer og landsbyer.

I juli 2008 bekjentgjorde Olmert at han ville trekke seg fra posten som Kadimas leder. I februar 2009 ble det holdt nyvalg til Knesset, og noen uker etter valget forlot Olmert statsministerposten.

Bibliografi

Aburish, Said K: Arafat: *From Defender to Dictator*, London; Bloomsbury Publishing, 1998.

Allon, Yigal: *The Making of Israel's Army*, London; Sphere Books, 1971.

Bard, Mitchell G.: *Myths and Facts: A Guide to the Arab-Israeli Conflict*, Chevy Chase, Maryland, USA; American-Israeli Cooperative Enterprise, 2002.

Begin, Menachem: *The Revolt*, Bnei Brak, Israel; Steimatzky, eleventh printing, 1993.

Bein, Alex: *Theodor Herzl: A Biography*, publisert i *Theodor Herzl: The Jewish State*, London; Constable and Company, 1988.

Ben-Hanan, Eli: *Our Man in Damascus: Eli Cohn*, Israel; Steimatzky.

Churchill, Randolph S. og Winston S.: *The Six Day War*, London; Heinemann, 1967.

Collins, Larry og Dominique Lapierre: *O Jerusalem: The bitter and epic struggle for the City of Peace*, London; Pan Books, 1972.

Dayan, Moshe: *Story of My Life*, London; Sphere Books, 1976.

Eban, Abba: *Mitt folk: Jødenes liv og historie*, Nomi forlag, Norge, 1971.

Eitan, Raful: *A Soldier's Story*, New York; S.P.I. Books, 1992.

Gilbert, Martin: *Israel: A History*, London; Doubleday, 1998.

Gilbert, Martin: *Jerusalem in the Twentieth Century*, New York; John Wiley & Sons, 1996.

Golan, Matti: *Kissingers hemmelige samtaler*, Oslo; Gyldendal, 1976.

Golan, Matti: *The Road to Peace: A Biography of Shimon Peres*, New York; Warner Books, 1989.

Greenfield, Richard Pierce og Irving A. Greenfield: *The Life Story of Menachem Begin*, New York; Manor Books, 1977.

Harel, Isser: *Huset i Garibaldigaten*, Cappelen, 1976.

Herzl, Theodor: *The Jewish State*, London; Constable and Company, 1988.

Herzog, Chaim: *The Arab-Israeli Wars*, New York; Vintage Books, 1984.

Hillel, Shlomo: *Operation Babylon*, Storbritannia; Fontana Paperbacks, 1989.

Hurwitz, Harry: *Begin: A Portrait*, Washington, D.C.; B'nai B'rith Books, 1994.

Karsh, Efraim: *The Arab-Israeli Conflict: The Palestine War 1948*, Oxford; Osprey Publishing, 2002.

Katz, Samuel: *Battleground: Fact and Fantasy in Palestine*, New York; Bantam Books, 1973.

Laqueur, Walter and Barry Rubin (editors), *The Israel-Arab Reader*, New York: Penguin Books, sixth edition, 2001.

Mansfield, Peter: *Nasser's Egypt*, Harmondsworth, England; Penguin Books, 1965.

Meir, Golda: *My Life*, New York; Dell Publishing, 1975.

Naor, Mordechai: *Haapala: Clandestine Immigration*, Tel Aviv; Ministry of Defence Publishing House and IDF Museum, 1987.

Nedava, Joseph: *Vladimir Jabotinsky: The Man and His Struggles*, Tel Aviv; Jabotinsky Institute, 1986.

Ofer, Yehuda: *Operation Thunder: The Entebbe Raid*, Harmondsworth, England; Penguin Books, 1976.

Oren, Michael B.: *Six Days of War*, New York: Presidion Press, 2003.

Parfitt, Tudor: *Operation Moses*, London; Weidenfeld and Nicolson, 1985.

Perlmutter, Amos, Michael Handel, og Uri Bar-Joseph: *Two Minutes over Baghdad*, London; Corgi Books, 1982.

Peters, Joan: *From Time Immemorial: The Origins of the Arab-Jewish Conflict over Palestine*, Chicago; JKAP Publications, 2002.

Puschel, Karen L.: *US-Israeli Strategic Cooperation in the Post-Cold War Era: An American Perspective*, Tel Aviv; JCSS Studies, 1992.

Raviv, Dan og Yossi Melman: *Every Spy a Prince*, Boston; Houghton Mifflin, 1990.

Ross, Dennis: *The Missing Peace: The Inside Story of the Fight for Middle East Peace*, New York; Farrar, Straus and Giroux, 2004.

Sachar, Howard M.: *A History of Israel: From the Rise of Zionism to Our Time*, New York; Alfred A. Knopf, 1982.

Savir, Uri: *The Process: 1,100 Days that Changed the Middle East*, New York; Random House, 1998.

Schiff, Zeev og Ehud Yaari: *Intifada - The Inside Story of the Palestinian Uprising that Changed the Middle East Equation*, New York; Touchstone, 1991.

Sharon, Ariel: *Warrior: An Autobiography*, New York; Touchstone, 2. opplag 2001.

Sherman, Arnold: *To the Skies: The El Al Story*, New York; Bantam Books, 1972.

Shindler, Colin: *A History of Modern Israel*, Cambridge University Press, 2008.

Slater, Leonard: *The Pledge*, New York; Pocket Books, 1970.

Steven, Stewart: *The Spymasters of Israel*, New York; Ballantine Books, 1980.

Stevenson, William: *Strike Zion*, New York; Bantam Books, 1967.

Teveth, Shabtai: *The Tanks of Tammuz*, London; Sphere Books, 1970.

Weizman, Ezer: *On Eagles' Wings*, New York; Berkley Publishing, 1979.

Wiesenthal, Simon: *Morderne iblant oss*, Oslo; Cappelen, 1967.

Yonay, Ehud: *No Margin for Error*, New York; Pantheon Books, 1993.

Nettsider og nyhetsbrev

Alaska Airlines
Etzel
Haaretz
Independent Media Review and Analysis
Intelligence and Terrorism Information Center
Israel Defense Forces
Israel Ministry of Foreign Affairs
Israel National News
Israel National Radio
Jerusalem Post
Jewish Agency
Jewish Virtual Library
Knesset
Palestinefacts.org
Sderot Media Center
Telegraph
Truman Library
Wikipedia
World Zionist Organization
Yad Vashem
og mange andre...

Om forfatteren

Jon Andersen har vært aktivt involvert i arbeid blant det jødiske folk siden 1994. I åtte år bodde han i Russland der han arbeidet for den svenske organisasjonen Operation Jabotinsky med å bygge opp et nettverk av menigheter for å bekjempe antisemittismen og hjelpe jødene. I løpet av denne perioden besøkte han cirka 100 kristne menigheter fra St. Petersburg i vest til Vladivostok i øst, underviste på 10 bibelskoler, og ble invitert til å tale i jødiske synagoger, klubber og andre sammenkomster.

I løpet av de siste ti årene har Andersen foretatt en rekke reportasjeturer til Israel, og i 2004 bodde han et halvt år i Jerusalem, der han var redaktør og skribent for det elektroniske nyhetsbrevet Israelrapport. I skrivende stund er forfatteren bosatt i Sverige.

Siden 1990 har Andersen besøkt Israel 40 ganger, og han har vært guide for flere mindre turistgrupper som har besøkt landet. Han driver en blogg på www.sionblogg.com, mens følgende bøker er til salgs på www.himmelbok.no:

Slagmark – Israels historie 1945-2009. Denne boka ble opprinnelig utgitt på Hermon Forlag i 2009. En ny, heftet billigutgave av boka er nå til salgs.

Israel – Fra Dan til Beer Sheva. Dette er en reisehåndbok som beskriver mer enn 200 severdigheter over hele Det hellige land med fargefotografier fra de fleste severdighetene.

Hvem bryr seg om palestinerne? Bok nummer en i serien «Israel og nasjonene». Boka handler om Israels forhold til de palestinske araberne.

Onkel Sam eller onkel Judas? Bok nummer to i serien «Israel og nasjonene». Boka handler om Israels forhold til USA.

www.himmelbok.no
www.facebook.com/himmelbok

www.ingramcontent.com/pod-product-compliance
Lightning Source LLC
Chambersburg PA
CBHW071702120626
46550CB00001B/74